工业和信息化普通高等教育
"十三五"规划教材立项项目

21世纪高等学校
经济管理类规划教材
高校系列

ECONOMIC LAW

经济法教程

李巧毅 王明亮 主编

ECONOMICS AND MANAGEMENT

人民邮电出版社
北京

图书在版编目（CIP）数据

经济法教程 / 李巧毅，王明亮主编. -- 北京 : 人民邮电出版社，2016.8（2020.8重印）
21世纪高等学校经济管理类规划教材. 高校系列
ISBN 978-7-115-42637-6

Ⅰ. ①经… Ⅱ. ①李… ②王… Ⅲ. ①经济法－中国－高等学校－教材 Ⅳ. ①D922.29

中国版本图书馆CIP数据核字(2016)第176262号

内容提要

本书根据教育部高等教育司制定的“经济法”教学大纲的要求编写而成。主要内容包括导论、企业法律制度、市场行为规制法律制度、宏观调控法律制度、劳动与社会保障法律制度、自然资源与环境保护法律制度、经济犯罪的处罚与经济纠纷的解决。本书内容新颖，反映了经济法立法和学科研究的最新情况；体系科学，适合经济管理类专业的学生学习；难易程度适中，每节均附有思考练习题，便于学生把握学习的重点。

本书可以作为高等院校经济管理类专业“经济法”课程的教材，也可作为企业管理人员的培训教材或参考书。

◆ 主　　编　李巧毅　王明亮
　责任编辑　许金霞
　责任印制　沈　蓉　彭志环
◆ 人民邮电出版社出版发行　　北京市丰台区成寿寺路 11 号
　邮编　100164　　电子邮件　315@ptpress.com.cn
　网址　http://www.ptpress.com.cn
　大厂回族自治县聚鑫印刷有限责任公司印刷
◆ 开本：700×1000　1/16
　印张：22.25　　　　2016 年 8 月第 1 版
　字数：484 千字　　　2020 年 8 月河北第 5 次印刷

定价：48.00 元

读者服务热线：(010)81055256　印装质量热线：(010)81055316
反盗版热线：(010)81055315

前言 FOREWORD

随着我国改革开放的不断深入和社会主义市场经济的迅速发展，急需大批拥有广博的知识基础，懂得市场经济的一般规律，熟悉相关法律法规的经济管理人才。“经济法”是教育部规定的经济管理类专业的核心课程之一。在多年的教学过程中，我们深深体会到一本质量上乘的《经济法》教材对于经济管理类专业学生学习相关法律知识至关重要。编写一本难易适中、技术规范、体系科学、内容合理的《经济法》教材不是一件容易的事情，但我们仍愿意知难而上，总结自身教学心得，尝试编写一本既能反映我国现行市场经济法律规则及体系，又适用于经济管理类学生的教材，服务于广大师生。

本书的编写原则如下：

（1）立足于我国现行的相关法律、法规，讲求时效；

（2）借鉴、吸收近年来学术界研究的最新成果，力求新颖；

（3）结合自身教学和科研工作的心得，追求实用。

本书的主要特色如下：

（1）内容新颖，能够反映出经济法立法和学科研究的最新情况；

（2）体系科学，适合经济管理类专业的学生学习；

（3）难易程度适中，重点突出，每节均有重点提示，便于学生把握学习的重点；文中重点、难点的知识点穿插案例予以分析，便于学生理解；每节的最后附有思考练习题，辅助学生复习；

（4）案例引导，既有利于激发学生的学习兴趣，又有利于学生在一定程度上了解我国社会经济生活相关领域的法治现状。

本书由李巧毅、王明亮担任主编。具体分工如下：王明亮编写第一章、第三章、第四节、第八章；路雨编写第二章；李巧毅编写第三章第一、第二、第三节；许维利编写第四章；岳鹄编写第五章；刘芳编写第六章、第七章。由王明亮、李巧毅负责拟定编写提纲，李巧毅负责统稿工作。

由于水平所限，本书的体系和内容可能存在不足之处，我们真诚地希望读者批评指正，以便我们再版时的修正和完善。

编　者

2016 年 6 月

目录 CONTENTS

第一章 导 论

第一节 经济法概述

【本节重点】

1. 经济法的调整对象。
2. 经济法的渊源。

【引例】 关于深圳市小汽车限牌令的争议

2014 年 12 月 29 日，深圳市政府发布《深圳市人民政府关于实行小汽车增量调控管理的通告》（以下简称“限牌令”），决定从当日 18 时起，在深圳实行小汽车增量调控管理，单位和个人购置小汽车、小汽车过户、非本市小汽车转入本市的，在申请办理小汽车注册、转移、转入本市的变更登记前，应按规定申请并取得本市小汽车指标证明文件。

一石激起千层浪。深圳限牌令的正当性、合法性问题引起了广泛的争议。深圳市政府发布限牌令的目的在于改善交通状况，减少汽车尾气排放带来的环境污染。但有人认为，限牌令以时间为划分，将处于时间节点后的公民购买机动车的权利作了严格限制，不符合宪法关于公民在法律面前一律平等的精神；也有人提出，深圳限牌令违法了《中华人民共和国立法法》（以下简称《立法法》）《中华人民共和国行政许可法》（以下简称《行政许可法》）《中华人民共和国道路交通安全法》（以下简称《道路交通安全法》）《中华人民共和国物权法》（以下简称《物权法》）等法律，没有上位法依据；还有人指限牌令的制定和发布违反行政决策程序，莫衷一是。

评析：

深圳小汽车限牌令在性质上属于地方行政规章，是经济法的渊源之一。而经济法与其他部门法一样，主要的功能是调整社会关系，定纷止争。经济法与其他法律部门的区分在于所调整的社会关系不同。正是因为法律是调整社会关系、规定法律主体的权利义务的，与法律主体的权益息息相关，所以深圳小汽车限牌令与北京、广州等其他地方的小汽车限牌令以及房屋限购令一样，一发布就引起广泛关注。

随着现代国家行政权的不断扩张，公民权利与行政权力之间的摩擦错综复杂，《立法法》所规定的下位法不能违反上位法，是使公民权利能够得到平等而有效的保障的法律原则之一。深圳小汽车限牌令在各类经济法的渊源中，位阶是比较低的，所以它的规定有没有违反上位法、有没有减损公民权利成为争议焦点之一。针对深圳小汽车限牌令这类地方行政规章是否逾越自身权力的争议，2015 年修订的《立法法》第八十二条第六款明确规定："没有法律、行政法规、地方性法规的依据，地方政府规章不得设定减损公民、法人和其他组织权利或者增加其义务的规范。"

在行政管理领域，法谚曰法无授权即禁止；在民事权利方面，法谚曰法无禁止即权利。中国共产党第十八届中央委员会第四次全体会议审议通过了《中共中央关于全面推进依法治国若干重大问题的决定》，明确提出依法治国的理念。而深圳限购令的出台，正是考验国家治理能力、考验法治政府、考验科学立法的一块试金石。这让我们清醒地意识到建设法治国家任重而道远。

一、经济法的产生与发展

经济法的历史与经济法的定义紧密相关。将经济法定义为"调整经济的法律规范"，经济法的历史就将追溯到古代社会；而将经济法作为一个独立的法律部门看待，经济法则是 20 世纪以后才出现的事物。作为实证意义上的经济法，最早出现在第一次世界大战前后的德国。为转移严重的社会经济危机、扩军备战，德国政府通过立法手段，控制重要物资和企业集团。一战期间，德国议会通过了诸如《关于限制契约最高价格的通知》《兴登堡纲领》《确保战时国民粮食措施令》等 14 项战时经济法规。一战之后，为缓和阶级矛盾，挽救国民经济，德国继续加强控制经济生活。颁布《煤炭经济法》等经济法规。与德国相似，日本"二战"以后出于类似目的，也出台了一系列由国家直接参与控制经济生活的法规。在英美法系国家，虽然没有"经济法"这个概念，但从 19 世纪末 20 世纪初开始，为解决经济危机，这些国家逐渐放弃早期自由资本主义信条，从多方面、以多种手段干预经济生活。具体表现有：制定标准合同，限制契约自由；制定国家计划，引导经济行为；通过公司立法，强化企业的社会责任；限制垄断，维持基本竞争等。历史地看，西方资本主义国家的"经济法"诞生于市场失灵的经济危机时期，繁荣于二战以后社会经济调整阶段。

我国经济法与经济体制改革息息相关。可以说，我国经济法是党的十一届三中全会思想路线的产物。学界通常将十一届三中全会以前的经济法制建设视为经济法萌芽时期，1978 年至 20 世纪 90 年代中期为发展时期，1992 年决定实行社会主义市场经济体制至今为经济法日趋成熟的阶段。十一届三中全会以前，我国已经颁布和施行过大量的经济法规，但当时的"经济法"是指与经济建设或经济运行有关的法律、法规，即所谓用法律手段管理经济的法，而不是当前学者们理解的作为独立法律部门的经济法。从十一届三中全会召开至 20 世纪 90 年代中期，中共中央决定推行经济体制改革，建立有计划的商品经济。与此相适应，国家颁布、施行了《中华人民共和国中外合资经营企业法》《中华人民共和国外资企业法》《中华人民共和国中外合作经营企业法》《中华人民共和国全民所有制工业企业法》等一大批法律、法规。但学界对是否存在独立的经济法律部门仍存有较大争议。20 世纪 90 年代中期以后，中共中央确立了社会主义市场经济的新的改革目标。从此，我国的经济法制建设迈入了一个新的历史时期，《中华人民共和国公司法》《中华人民共和国税收征收管理法》《中华人民共和国商业银行法》《中华人民共和国反不正当竞争法》《中华人民共和国产品质量法》《中华人民共和国消费者权益保护法》《中华人民共和国价格法》《中华人民共和国合同法》《中华人民共和国证券法》《中华人民共和国反垄断法》等重要的经济法律纷纷出台，基本构建起相对完整的经济法律体系。综合各方观点，可以将经济法界定为：经济法是规范国家管理社会经济生活、维护市场秩序、促进社会保障与经济社会可持续发展的法律规范的总称。

二、经济法的调整对象

关于经济法的调整对象，国内学界有不同看法，较为流行的学说有以下几种。

（1）经济管理与市场运行关系说。

该说将经济法的具体调整对象分为：①国家经济管理关系；②市场运行关系；③组织内部经济关系；④涉外经济关系（刘文华，1993）。

（2）国家干预经济关系说。该说将经济法的具体调整对象分为：①微观经济调控关系，包括国家对经济组织的调控及经济组织内部的经济关系；②市场调控关系；③宏观经济调控关系；④社会分配关系（李昌麒，1995）。

（3）国家管理经济领域说。该说将经济法的具体调整对象分为：①经济管理关系；②维护公平竞争关系；③组织管理性的流转与协作关系（史际春等，1998）。

（4）经济协调关系说。该说将经济法的具体调整对象分为：①企业组织管理关系；②市场管理关系；③宏观调控关系；④社会保障关系（杨紫煊，1999）。

（5）社会公共性说。该说将经济法的具体调整对象分为：①市场管理关系；②宏观经济管理关系；③对外经济管理关系（王保树，1999）。

（6）国家调节经济关系说。该说将经济法的具体调整对象分为：①市场规制关系；②国家投资经营关系；③宏观调控关系（漆多俊，2000）。

借鉴上述各方观点，本书将经济法的调整对象概括为：①企业组织管理关系；②市场规制关系；③宏观调控关系；④社会保障关系；⑤自然资源与环境保护关系。

三、经济法的渊源

经济法的渊源，从形式意义上说，就是指经济法规范的表现形式，主要包括：

（1）宪法。作为国家的根本大法，宪法是经济法的重要渊源。

（2）法律。法律指由全国人民代表大会及其常务委员会制定的具有普遍约束力的行为规范。

（3）行政法规。行政法规指以国务院名义发布的行为规范，常以“条例”形式出现。国务院发布的规范性决定和命令，同行政法规具有同等效力，也属于经济法的渊源。

（4）地方性法规。地方性法规指我国各省、自治区、直辖市在不同宪法、法律、行政法规相抵触的前提下制定的规范性文件以及设区的市的人民代表大会及其常务委员会在不同宪法、法律、行政法规和本省、自治区的地方性法规相抵触的前提下就城乡建设与管理、环境保护、历史文化保护等方面的事项制定的规范性文件。上述机构作出的规范性决议、决定，也都属于经济法的渊源。

（5）自治条例和单行条例。自治条例和单行条例指我国民族自治地方（自治区、自治州、自治县）的人民代表大会根据当地特点制定和修改的规范性文件。

（6）行政规章。行政规章指国务院各部、委员会、中国人民银行、审计署、具有行政管理职能的直属机构以及省、自治区、直辖市和设区的市、自治州的人民政府制定的规章。上述机构发布的规范性命令、指示、决议也属于经济法的渊源。

（7）特别行政区制定的有关规范性文件。特别行政区实行其特有的法律制度。全国人民代表大会授权特别行政区享有立法权，特别行政区可以根据基本法的规定并依照法定程序制定、修改和废除法律。特别行政区制定的有关规范性文件也属于经济法的渊源。

（8）法律解释。法律解释包括：①立法解释，即全国人大常委会对宪法及法律的解释；②司法解释，即最高人民法院及最高人民检察院在司法工作中对具体应用法律所作的解释；③行政解释，即法定的国家行政机关对如何适用法律法规或自己依法制定的规范性文件所作的解释。

（9）国际条约。国际条约不属于国内法的范畴，但我国签订和加入的国际条约对于国内的国家机关、社会团体、企事业单位和自然人具有约束力。

思考练习题

简答题

1. 简述经济法的调整对象。
2. 请从本书中抽取部分援引的经济法的渊源，分析其属于什么类别的渊源。

第二节 经济法律关系

【本节重点】

1. 经济法律关系的构成要素。
2. 经济法律关系的主体的类型。

【引例】 苹果公司与唯冠公司关于IPAD商标的争议

2000 年，唯冠国际旗下的唯冠台北公司在多个国家与地区注册了 IPAD 商标。2001 年，唯冠国际旗下的深圳唯冠在中国内地注册了 IPAD 商标的两种类别，其中包括计算机。此时，苹果公司并未推出 iPad 平板电脑产品。2009 年，唯冠台北公司将 IPAD 全球商标权转让给苹果公司。但 IPAD 的中国内地商标权是否包含在转让中，引发了苹果公司与唯冠之间的争议。之后，苹果公司起诉深圳唯冠，要求法院判 IPAD 商标在中国内地的专用权归自己所有。该案最后以双方和解的方式结案，苹果公司向深圳唯冠支付 6000 万美元，取得 IPAD 商标在中国内地的专用权。

评析：

经济法调整具体的经济关系后，该经济关系在法律上表现为经济法律关系。经济法律关系由主体、客体和内容这三个要素构成。法院审理案件，判断当事人的是非责任，实际上就是在分析当事人之间的法律关系，判令没有履行法律关系中的义务的当事人履行其义务并承担相应的法律责任。如果原被告不是一个法律关系中的双方当事人，自然就没有权利义务可言。唯冠台北公司和深圳唯冠虽属于同一企业集团下的二级企业，但它们在法律上均属于独立的主体。IPAD 商标在中国内地的专用权属于深圳唯冠，深圳唯冠不是唯冠台北公司和苹果公司商标转让合同的当事人，与苹果公司之间没有法律关系，所以苹果公司认为深圳唯冠已经将商标专用权转让给自己了是不成立的。所谓冤有头债有主，当事人只能向与自己属同一法律关系的对方当事人主张权利。

一、经济法律关系概述

（一）经济法律关系的概念

经济法律关系，是指国家对经济生活进行调控过程中，根据经济法的规定发生的权利和义务关系。经济法律关系与经济法的调整对象有着密切的关系。经济法律关系是作为经济法调整对象的特定经济关系在法律上的反映，是该特定经济关系的法律表现。

（二）经济法律关系的构成要素

经济法律关系由经济法律关系的主体、内容和客体三个要素构成。

经济法律关系的主体，是指在经济法律关系中，享有经济权利和承担其义务的当事人。

经济法律关系的内容，是指经济法律关系的主体所享有的经济权利和承担的经济义务。

经济法律关系的客体，是指经济法律关系的主体享有的经济权利和承担的经济义务所指向的对象。

（三）经济法律关系的发生、变更和终止

经济法律关系的发生，是指经济法律关系主体之间形成一定的经济权利和经济义务关系。

经济法律关系的变更，是指经济法律关系的主体、客体或内容发生变化。

经济法律关系的终止，是指经济法律关系主体之间的经济权利和经济义务关系的消灭。

经济法律关系的发生、变更和终止，都必须以法律事实为依据。所谓法律事实，在经济法中，是指由经济法所规定的，能够引起经济法律关系发生、变更和终止的情况。经济法律事实可以分为经济法律行为和经济法律事件两类。

二、经济法律关系的主体

经济法律关系主体的资格，由法律规定或因国家机关授权取得。在我国，经济法律关

系的主体包括以下几类。

（1）国家机关。国家机关是经济法律关系中的重要主体。国家机关，包括国家权力机关、国家行政机关和国家司法机关。国家权力机关通过预结算、经济立法和法律监督来实现国家对经济生活的调控。国家各级行政机关，是最活跃的宏观调控主体和市场规制主体，也是国家经济政策和相关法律的实施主体，其中起主要作用的是经济管理机关。人民法院和人民检察院，通过自己的司法活动在国家调控经济生活中发挥作用。

（2）企业、事业单位和社会团体。企业是市场经济的最主要参与者。根据不同标准，企业可以划分为不同的类型。如按投资者的责任形式，可将企业分为独资企业、合伙企业和公司等。事业单位和社会团体在特定情况下也可成为经济法律关系的主体。

（3）自然人、农村承包经营户和个体工商户。自然人、农村承包经营户和个体工商户，在参与经济法律法规规定的经济活动时，便成为经济法律关系的主体。此外，经济组织的内部机构和有关人员，在一定条件下，如参与企业内部的经营管理活动时，也可能成为经济法律关系的主体。

一般来说，各主体可通过代理制度设立、变更或终止与其他主体的经济法律关系。代理是指代理人在被授权范围内，以被代理人名义或者以自己的名义与第三人进行的对被代理人发生法律效力的法律行为。

三、经济法律关系的内容

（一）经济权利

经济权利是指经济法律关系主体依法享有的自己为或不为一定行为和要求他人为或不为一定行为的资格。经济权利的种类主要有：经济职权、经营管理权、所有权、知识产权、债权等。

（二）经济义务

经济义务是指经济法关系主体必须为或不为一定行为的义务。经济义务可因法律规定产生，也可因当事人的约定而产生。前者为法定义务，后者为约定义务。经济权利与经济义务相辅相成，对立统一。

四、经济法律关系的客体

经济法律关系的客体是指经济法律关系主体的权利和义务所共同指向的对象。经济法律关系的客体主要有以下几类。

（1）物。这里的物是指具有一定形态的并具有一定价值的财物，包括自然存在的物品和人类劳动产品，以及货币、有价证券等。

（2）经济行为。经济行为是指经济法律关系主体为达到一定的经济目的而进行的经济活动。

（3）智力成果。智力成果指人们通过智力活动所创造的非物质财富。

思考练习题

一、简答题

什么是经济法律关系主体？我国经济法律关系主体的种类有哪些？

二、案例分析

张某委托某中介公司寻找合适的出租房。双方在合同中约定：出租房应是位于城中心的一居室，月租金不高于 2000 元，张某支付 800 元作为中介费；中介公司应在合同签订后 1 个月内提供房源，否则退还中介费。合同签订 2 周后，中介公司通知张某已有房源，但月租金需 2500 元，张某表示同意。准备入住时，张某发现出租房不是一居室，而是两居室中的一间。张某要求退还中介费，遭到拒绝，双方发生争议。争议过程中发生肢体接触，造成张某住院 1 周。出院后，张某继续要求中介公司退回中介费并支付医药费。

试分析：本案存在几种法律关系？

第三节 法律责任

【本节重点】

1. 违法行为的构成要素。
2. 法律责任的种类和承担方式。

一、法律责任的概念

法律责任这一概念可以从正反两方面理解，即积极意义上（正面）的法律责任与消极意义上（反面）的法律责任。积极意义上的法律责任，是指所有组织和个人都应有遵守法律的义务，包括“作为责任”与“不作为责任”。消极意义上的法律责任，是指社会对违反法律的行为所应承担的带有强制性的否定性评价。我国现行立法、司法一般都在消极意义上使用法律责任概念。

二、违法行为的构成要素

违法行为的一般构成要素包括以下几个方面。

（1）违法的客观方面。违法行为必须是具有一定的社会危害性，并违反现行的法律规定，包括作为和不作为。

（2）违法客体。违法客体指违法行为所侵犯的法律所保护的权利、利益和秩序。

（3）违法主体。违法主体指违法行为人，包括自然人、法人和其他组织。

（4）违法的主观方面。违法责任的认定一般需要考虑行为人的主观过错情况。法律上所谓的主观过错一般是指故意或者过失。必须指出的是，现代法律的责任认定已经不仅仅采用过错原则，在许多法律关系中已采用无过错责任原则，或推定过错责任原则，或公平原则。

三、法律责任的种类和承担方式

法律责任因行为人所违反的法律不同而有不同的种类，因而也有不同的责任承担方式。

（一）民事法律责任

民事法律责任，是指违反民事法律、法规所应承担的法律责任。民事法律责任可分为两大类：合同责任和侵权责任。合同责任是指合同当事人不履行合同或不适当履行合同而应承担的责任；侵权责任是指侵犯他人的财产权、人身权以及知识产权而产生的责任。

承担民事法律责任的形式主要有：停止侵害，排除妨碍，消除危险，返还财产，恢复原状，修理、重作、更换，赔偿损失，支付违约金，消除影响，恢复名誉，赔礼道歉等。

（二）行政法律责任

行政法律责任，是指违反行政法律、法规所应承担的法律责任。按责任主体和责任形式可分为以下两大类。

（1）行政处分。国家工作人员（包括一切国家机关工作人员及其他具有公务身份的人员）在执行公务过程中违反行政法律、法规规定的，按行政隶属关系给予行政处分。责任形式有：警告，记过，记大过，降级，降职，撤职，开除留用察看，开除等。

（2）行政处罚。行政处罚是指行政机关对行政相对人违反行政法律、法规的规定，尚未构成犯罪的行为所给予的法律制裁。行政处罚的种类有：人身罚（行政拘留、劳动教养、驱逐出境等），财产罚（罚款、没收等），行为罚（责令停产、停业，暂扣或吊销营业执照或许可证等），申诫罚（警告、通报批评等）。

（三）刑事法律责任

刑事法律责任是指触犯刑法而应承担的法律责任。我国的刑事法律责任形式可概括为两大类：主刑法律和附加刑。主刑包括管制、拘役、有期徒刑、无期徒刑和死刑；附加刑包括罚金、剥夺政治权利、没收财产和驱逐出境。

思考练习题

简答题

1. 简述违法行为的构成要素。
2. 简述法律责任的种类和承担方式。

第二章　企业法律制度

第一节　企业法概述

【本节重点】

1. 企业的类型。
2. 国有企业的权利和义务。
3. 国有企业与政府的关系。

【引例】　　大学生创业投资形式的选择

小张、小关、小杨、小唐是某大学的四名在校大学生。他们积极响应国家关于鼓励创新创业的号召，经过缜密的市场调查，决定在大学城商业中心创办一家大学生情侣餐厅。他们一方面可充分利用高校的学生顾客资源，另一方面又可以利用熟悉同龄人的消费习惯和消费心理的优势，在餐厅布局、装饰风格、菜式设计等方面做出特色来吸引顾客，相对容易形成竞争优势。经学校创客中心引荐，他们的项目方案获得了某天使投资基金的青睐，该天使投资基金同意出资 500 万元扶持该项目落地实施。小张、小关、小杨、小唐应该以怎样的形式去创办这家餐厅以及以怎样的形式获得这 500 万元的投资呢？请你帮他们出个主意。

评析：

小张、小关、小杨、小唐的创业项目是创办一家大学生情侣餐厅，这是一个经营实体。经营实体在现代经济中大多采用企业的形式。但企业有多种类型，哪一种适用于小张、小关、小杨、小唐的餐厅呢？这就需要对我国的主要企业类型及其主要特点进行对比、梳理。

按照企业的投资方式和责任方式为标准，将企业划分为个人独资企业、合伙企业和公司企业，这是目前世界各国最常见的企业分类方法，也是我国经济生活中普遍存在的三种企业形式。个人独资企业的形式肯定不适合小张、小关、小杨、小唐的餐厅，因为个人独资企业的投资人仅限于一个自然人。合伙企业的合伙人可以是自然人、法人和其他组织，小张、小关、小杨、小唐和天使投资基金均符合担任合伙人的资格。但是，合伙企业的合伙人又有普通合伙人和有限合伙人之分，普通合伙人最大的一个特点是须对企业的债务承担无限连带责任，天使投资基金这样的投资人名下有众多的投资项目，它是不会为其中某一个项目承担无限责任这么大的风险的，因此，从天使投资基金的角度看，只会考虑投资人承担有限责任的有限合伙或者公司的形式。而在这两种企业形式中，如果选择成为有限合伙企业中的有限合伙人，天使投资基金将丧失对企业的经营管理权。经初步洽谈，天使投资基金考虑到小张、小关、小杨、小唐初次创业，毕竟经验不足，故不愿完全放弃对餐厅的经营管理权。这样一来，餐厅只能办成公司的形式。我国的公司又分为有限责任公司和股份有限公司两种，股份有限公司通常适合于大中型企业，股东之间同股同权，同股同利；有限责任公司在经营管理权的分享、利润分配等方面相对灵活，《中华人民共和国公司法》(以下简称《公司法》)允许股东在章程中自行约定。情侣餐厅只是一家刚设立的小企业，而且小张、小关、小杨、小唐的出资与天使投资基金的出资比例悬殊，如果采用股份有限公司，小张、小关、小杨、小唐会因股权比例低和表决权少而对自己的创业项目失去话语权。最后，小张、小关、小杨、小唐与天使投资基金双方经友好协商，一致决定将情侣餐厅办成有限责任公司，由小张、小关、小杨、小唐先申请登记成立公司，然后再将部分股权高溢价转让给天使投资基金，这样天使投资基金虽然投入了餐厅所需的绝大部分资金，但是，双方仍然可以实现股权比例的平衡。

一、企业法律制度概述

企业是现代经济关系中最重要、最活跃的主体，是社会经济赖以生存和发展的基础。同时，作为经济发展的原动力，企业从它诞生之日起，就为了满足经济发展的需求而不断进行变化和创新。企业法是规定企业的法律地位及调整其内外部关系的法律规范。随着社会经济的不断发展，企业制度也在不断演变，企业法的内容日趋庞杂。

（一）企业的概念

企业是指由各种生产要素所组成的，从事生产、流通或服务性活动的营利性组织。企业具有如下特征。

（1）企业是各种生产要素的组合体。企业一般是指以营利为目的，运用各种生产要素（土地、劳动力、资本、技术和企业家才能等）向市场提供商品或服务，实行自主经营、自负盈亏、独立核算的法人或其他社会经济组织。

（2）企业是从事生产、流通或服务性活动的经济组织。与国家机关和公益性组织不同，企业是为了满足人们生产、生活的各种需要而产生的。作为国家经济的基本生产单位，企业所从事的经济活动范围包括生产领域、销售领域和服务领域。

（3）企业是经营性的经济组织。经营性是指基于一定的经济目的来策划和运营某一组织，参与社会的经济、文化等活动。经营性不等于营利性。企业既可以从事竞争性经营、追求利润的最大化，如一般的竞争性企业；也可以从事政策性经营活动、执行政府某种政策，如政府设立的水、电等公用事业企业。

（4）企业是具有某种主体资格的经济组织。企业在法律上均具有一定的主体资格。合伙企业和个人独资企业等非法人企业具有相对独立的主体资格；公司等法人企业具有独立的主体资格。

（二）我国企业的类型

按照不同标准，企业有不同的划分方法。

（1）以企业的生产资料所有制为标准，可将企业划分为全民所有制企业、集体所有制企业、私营企业和混合所有制企业。

（2）以投资主体的国籍为标准，可将企业划分为内资企业和外商投资企业。外商投资企业包括中外合资经营企业、中外合作经营企业和外资企业。

（3）以企业的法律地位为标准，可将企业划分为法人企业和非法人企业。前者以公司为典型代表，后者则包括合伙企业、个人独资企业及部分中外合作经营企业。

（4）以企业的投资方式和责任方式为标准，可将企业划分为个人独资企业、合伙企业、公司和非公司制法人企业。

（5）以企业所属的经济部门为标准，可将企业划分为工业企业、农业企业、商业企业、金融企业等。

（6）以注册地为标准，可将企业划分为本国企业和外国企业。

（三）企业法的概念及其体系特点

企业法是规定企业的法律地位及调整其内外部关系的法律规范的总称。它规定并调整企业的设立、变更、终止，企业的法律地位，企业的权利和义务，企业的资本，企业内部组织机构，等等。

我国现行企业法体系中出现了两种立法模式并存的现象。一种是传统的立法模式，它的基本特点是：以单行法律、法规为基本表现形式，以企业的所有制和投资主体的涉外性为立法的出发点，原则规定与实施细则相结合。这些特点反映了中华人民共和国成立以来社会经济关系的发展变化。这种立法模式主要的法律有《中华人民共和国全民所有制工业企业法》（以下简称《国有企业法》）、《中华人民共和国乡镇企业法》（以下简称《乡镇企业法》）、《中华人民共和国城镇集体所有制企业条例》（以下简称《城镇集体所有制企业条例》）、《中华人民共和国中外合资经营企业法》（以下简称《合营企业法》）、《中华人民共和国中外合作经营企业法》（以下简称《合作企业法》）、《中华人民共和国外资企业法》（以下简称《外资企业法》）等。但这种立法模式在存在企业之间权利和义务不平等、规则不统一、法出多门的弊端。随着全球经济一体化的发展及我国社会主义改革开放的深入，这些弊端越来越明显。第二种立法模式是以企业的组织形式为出发点制定企业法，即《中华人民共和国合伙企业法》（以下简称《合伙企业法》）、《中华人民共和国个人独资企业法》（以下简称《个人独资企业法》）、《中华人民共和国公司法》（以下简称《公司法》）。这种立法模式实现了投资者与企业之间的平等，更适应市场经济的公平竞争，是与国际通行做法相一致的立法模式。

二、国有企业法律制度

（一）国有企业与国有企业法

1. 国有企业的概念

国有企业，过去称国营企业、全民所有制企业，1993 年 3 月 29 日第八届全国人民代表大会第一次会议正式确认“国有企业”这一名称。

2. 国有企业的基本特点

国有企业的基本特点是：①生产资料为全民所有；②是在国家宏观调控下，以市场为导向的商品经济组织；③依法独立经营，承担法律责任。

3. 国有企业法

我国第一部比较完整地规范国有企业行为及内外部关系的法律是《国有企业法》。它由全国人民代表大会第七届第一次会议于 1988 年 4 月 13 日通过，同年 8 月 1 日起实施，共 8 章 69 条。除适用于国有工业企业外，其原则也适用于国有的交通运输、邮电、地质勘探、建筑安装、商业、外贸、物资、农林、水利等企业。1992 年 6 月 30 日，国务院常务会议通过了《全民所有制工业企业转换经营机制条例》(以下简称《条例》)，同年 7 月 23 日起施行，共 7 章 54 条。它以《国有企业法》为依据，对转换企业的经营机制做出了具体规定。

《国有企业法》确定了企业的法律地位，明确了企业的权利义务，对保障企业合法权益、促进国有资产保值增值具有重要意义。

（二）国有企业的设立

1. 设立的条件

《国有企业法》第十七条规定，申请设立工业企业必须具备下列条件：①产品为社会所需要。②有能源、原材料、交通运输的必要条件。③有自己的名称和生产经营场所。④有符合国家规定的资金。⑤有自己的组织机构。⑥有明确的经营范围。⑦法律、法规所规定的其他条件。

2. 设立程序

《国有企业法》第十六条规定，设立企业，必须依照法律和国务院规定，报请政府或者政府主管部门审核批准。经工商行政管理部门核准登记、发给营业执照，企业取得法人资格。

（三）国有企业的内部管理制度

1. 厂长（经理）负责制

《国有企业法》第七条明确规定，企业实行厂长（经理）负责制。即国有企业的生产经营管理工作由厂长实行统一领导和全面负责。

（1）厂长（经理）的产生及其条件。除国务院另有规定的外，企业厂长的产生有两种方式：①由政府主管部门委任或者招聘，但对其委任或招聘的厂长人选，应征求企业职工代表的意见；②企业职工代表大会选举产生，但对其选举产生的厂长须报请政府主管部门批准。

根据国务院颁布的《全民所有制工业企业厂长工作条例》第八条规定，厂长应具备如下条件：①具有从事社会主义建设事业的精神，并能坚持社会主义经营方向；②熟悉本行业生产业务，懂得有关的经济政策和法律、法规，善于经营管理，并有组织领导能力；③廉洁奉公，联系群众，有民主作风；④大中型企业的厂长一般应有大专以上文化水平，小型企业的厂长一般不低于中等文化水平，或者通过国家规定的厂长考试，成绩及格；⑤身体健康，能适应工作需要。上述条件是对厂长资格的总要求，必须同时具备。

（2）厂长（经理）的地位和职权。《国有企业法》第四十五条规定，厂长是企业的法定代表人，企业建立以厂长为首的生产经营管理系统，厂长在企业中处于中心地位，对企业的物质文明建设和精神文明建设负有全面的责任。厂长是法定代表人，依法行使各种职权，任何单位和个人不得干预。

关于厂长（经理）的职权，《国有企业法》第四十五条规定，厂长领导企业的生产经营管理工作，行使下列职权：①依照法律和国务院规定，决定或者报请审查批准企业的各项计划；②决定企业行政机构的设置；③提请政府主管部门任免或者聘任、解聘副厂级行政领导干部，法律和国务院另有规定的除外；④任免或者聘任、解聘企业中层行政领导干部，法律另有规定的除外；⑤提出工资调整方案、奖金分配方案和重要的规章制度，提请职工代表大会审查同意；提出福利基金使用方案和其他有关职工生活福利的重大事项的建议，提请职工代表大会审议决定；⑥依法奖惩职工，提请政府主管部门奖惩副厂级行政领导干部。

2. 企业党委的政治核心地位

根据《国有企业法》的有关规定，企业在实行厂长（经理）负责制后，企业基层、党组织必须适应企业领导体制改革的要求，改善和加强党组织的工作。要充分发挥党委的政治核心作用，保证党的路线、方针、政策和国家的有关法律、法规正确贯彻实施。开展思想政治教育，调动广大职工的积极性和创造性。领导和支持企业的职工代表大会、工会、共青团、妇联等群众组织，充分发挥其作用。加强党的思想、组织和作风建设，发挥企业党组织的战斗堡垒作用和党员的先锋模范作用。

3. 企业的民主管理制度

根据《国有企业法》第五十一条规定，职工代表大会是企业实行民主管理的基本形式，是职工行使民主权利的机构。这项规定明确了职工代表大会的性质。《国有企业法》第五十二条规定，职工代表大会行使以下职权：①参与企业重大经营决策的审议权；②对企业重要规章制度的表决权；③参与重大生活福利事项的审议决定权；④评议和监督企业行政领导干部权；⑤选举厂长权。

（四）国有企业的权利和义务

1. 国有企业的权利

根据《国有企业法》和《条例》有关规定，企业的权利可概括为产、供、销和人、财、物两大类，具体包括：①生产经营决策权；②产品劳务定价权；③产品销售权；④物资采购权；⑤进出口权；⑥投资决策权；⑦留用资金支配权；⑧资产处置权；⑨联营、兼并权；⑩劳动用工权；⑪人事管理权；⑫工资、奖金分配权；⑬内部机构设置权；⑭拒绝摊派权。

2. 国有企业的义务

根据《国有企业法》和《条例》有关规定，国有企业的义务可概括为 3 个方面，即对国家的义务、对社会的义务和对职工的义务。具体包括：①完成指令性计划；②保障固定资产的正常维修、改进和更新设备；③遵守国家关于财政、税收、财务、劳动工资和国有资产管理及物价管理等方面的法律、法规；④保证产品质量和服务质量，对用户和消费者负责；⑤提高劳动效率，节约能源和原材料，努力降低成本；⑥加强保卫工作，维护生产秩序，保护国家财产；⑦做好劳动保护工作，做到安全生产和文明生产；⑧加强教育，提高职工队伍素质；⑨支持和奖励职工进行科学研究、发明创造，开展技术革新、合理化建议和劳动竞赛活动。

（五）国有企业和政府的关系

国有企业和政府的关系表现在两个方面：一是政府作为企业资产的所有者（国家）的代表，在行使财产所有权时与企业形成的关系；二是政府作为行政管理者，在行使管理经济的职能时与企业形成的关系。为确保企业财产的国家所有权，政府及有关部门有权行使以下职责：①考核企业财产保值和增值指标，对企业的资产负债及损益情况进行审查与审计监督；②依照有关规定，决定国家与企业之间对财产收益的分配方式、比例或定额；③依据有关规定，批准企业生产性建设项目，企业依据规定自主决定的投资项目除外；④决定或者批准企业的资产经营形式，企业的设立、合并（不含兼并）、分立、终止、拍卖，批准企业提出的被兼并申请和破产申请；⑤依照国务院有关规定，审批企业财产的报损、冲减、核销及关键设备、成套设备或重要建筑物的抵押、有偿转让，组织清算和收缴被撤销、解散企业的财产；⑥依法决定或批准厂长的任免（含聘任、解聘）和奖惩；⑦拟订企业财产管理的规定，并对其执行情况进行监督、检查；⑧维护企业依法行使经营权，保障企业依法生产经营不受干预，协助企业解决实际困难。同时，作为行政管理者，政府应积极采取措施，加强宏观调控和行业管理，进一步培育和完善市场体系，建立和完善社会保障体系，为企业提供社会服务。

【案例】2014 年 4 月 2 日，原告张某向法院提起诉讼，称某县政府在其所在单位卫东化工厂的改制过程中不履行法定职责，造成原告未得到及时安置，对其合法权益造成损害。经法院查证，卫东化工厂是国有企业，张某于 1986 年至 2001 年 11 月期间在该厂工作。1999 年 9 月 7 日，该厂所在县企改办发出《关于卫东化工厂出售部分产权的批复》，批复称：“一、原则同意西植卫东化工厂将部分产权出售给西安鼎天科技集团的改制意见……三、西安鼎天科技集团收购组建的新企业，可继续享受国家破产兼并有关挂账停息的优惠政策，但必须接受卫东在册职工……”1999 年 10 月 12 日，卫东化工厂与鼎天集团签订《产权交易合同》、接收安置卫东化工厂职工的《协议书》，对合同双方的权利、义务以及职工接收安置等事宜进行了约定。鼎天集团在接收资产和人员后，组建注册了新企业陕西某医药化工有限公司。新企业成立后，原卫东化工厂继续存在，剩余职工及部分资产和相关债务留在卫东化工厂。张某不满其待遇，向法院起诉。

［**试分析**］被告某县政府在卫东化工厂进行改制、出售部分产权的经济活动中行使什么职权？

【分析】《条例》第四十二条规定“为确保企业财产所有权，政府及其有关部门分别行使下列职责：……（四）决定或者批准企业的资产经营形式和企业的设立、合并（不含兼并）、分立、终止、拍卖；批准企业提出的被兼并申请和破产申请……”根据上述法律规定，在卫东化工厂进行改制、出售部分产权的经济活动中，县政府作为卫东化工厂企业财产所有权的行使人，具有审批的行政职能。县政府作出《批复》，属于县政府对国有企业改制进行协调、监督和管理的行政行为，并不对卫东化工厂与鼎天集团之间订立的《协议书》负有履行民事合同的责任和义务。张某提出的争议不属于县政府依法具有的法定行政职责，故其要求缺乏法律依据，不能成立。

三、集体企业法律制度

（一）集体企业的概念与特征

1. 集体所有制企业的概念

集体所有制企业是指以生产资料的劳动群众集体所有制为基础的独立经济组织，包括城镇集体所有制企业和乡村集体所有制企业（乡镇企业）。前者是指企业财产属于劳动群众集体所有、共同劳动、按劳分配、设立在城镇区域的社会主义经济组织，后者则指农村集体经济组织或者农民投资为主、在乡镇（含所辖村）成立的各类企业。

2. 集体所有制企业的特征

集体所有制企业具有如下特征：①集体所有制企业的财产归集体所有，即属于组成、设立该企业的全体劳动群众集体所有；②集体所有制企业是独立的经济组织，它自主经营、自负盈亏，能独立承担法律责任；③集体所有制企业实行共同劳动，分配方式以按劳分配为主。

（二）集体所有制企业法

集体所有制企业法，是指调整国家在管理集体所有制企业的过程中以及集体所有制企业在生产经营过程中所发生的经济关系的法律规范的总称。

我国重视运用法律手段扶持、指导和管理集体所有制经济。1990 年 5 月 11 日，国务院第五十九次常务会议通过了《中华人民共和国乡村集体所有制企业条例》（以下简称《乡村集体所有制企业条例》），该条例自 1990 年 7 月 1 日起施行， 2011 年 1 月 8 日，《国务院关于废止和修改部分行政法规的决定》对该条例进行了修正。1991 年 9 月 9 日，国务院发布了《城镇集体所有制企业条例》，2011 年 1 月 8 日对部分条款做出修改。1996 年 10 月 29 日，第八届全国人大常委会第二十二次会议通过了《中华人民共和国乡镇企业法》（以下简称《乡镇企业法》），该法自 1997 年 1 月 1 日起施行。这些法律法规对我国城乡集体所有制企业有关问题作了比较完备的规定，成为集体所有制企业行为的基本法律依据。

（三）集体所有制企业的设立

1. 设立的条件

根据《城镇集体所有制企业条例》第十二条的规定，设立城镇集体所有制企业必须具备下列条件：①有企业名称、组织机构和企业章程；②有固定的生产经营场所、必要的设施和符合规定的安全卫生条件；③有符合国家规定并与其生产经营和服务规模相适应的资金数额和从业人员；④有明确的经营范围；⑤能够独立承担民事责任；⑥法律、法规规定的其他条件。

根据《乡村集体所有制企业条例》第十三条规定，设立乡村集体企业应具备下列条件：①产品和提供的服务为社会所需要，并符合国家法律、法规和政策规定；②有自己的名称、组织机构和生产经营场所；③有确定的经营范围；④有与生产经营和服务规模相适应的资金、设备、从业人员和必要的原材料条件；⑤有必要的劳动卫生、安全生产和环境保护措施；⑥符合当地乡村建设规划，合理利用土地。

2. 设立的程序

设立城镇集体所有制企业应经省、自治区、直辖市人民政府规定的审批部门批准，并依法经工商行政管理机关核准登记，领取企业法人营业执照、取得法人资格后，方可开始生产经营活动。城镇集体所有制企业应当在核准登记的经营范围内从事生产经营活动。

设立乡村集体所有制企业必须依照法律、法规的规定，经乡级人民政府审核并报请县级人民政府乡镇企业主管部门以及法律、法规规定的有关部门批准后，向企业所在地工商管理机关办理登记手续。具备法人资格的，领取企业法人营业执照；不具备法人资格的，取得营业执照后，也可进行生产经营活动。

（四）集体所有制企业的组织机构

1. 城镇集体所有制企业的组织机构

城镇集体所有制企业必须建立、健全职工（代表）大会制度。职工代表大会代表由职工选举产生，代表应当是思想进步、工作积极、联系群众、有参加民主管理能力的职工。城镇集体所有制企业的职工（代表）大会在国家法律、法规的规定范围内行使下列职权：①制定、修改集体企业章程；②按照国家规定选举、罢免、聘用、解聘厂长（经理）、副厂长（副经理）；③审议厂长（经理）提交的各项议案，决定企业经营管理的重大问题；④审议并决定企业职工工资形式、工资调整方案、奖金和分红方案、职工住宅分配方案和其他有关职工生活福利的重大事项；⑤审议并决定企业的职工奖惩办法和其他重要规章制度；⑥法律、法规和企业章程规定的其他职权。

城镇集体所有制企业实行厂长（经理）负责制。厂长（经理）对企业职工（代表）大会负责，是城镇集体所有制企业的法定代表人。厂长（经理）由企业职工代表大会选举或者招聘产生，选举和招聘的具体办法由省、自治区、直辖市人民政府规定。由集体企业联合经济组织投资开办的集体企业，其厂长（经理）可以由该联合经济组织任免。投资主体多元化的集体企业，其中国家投资达到一定比例的，其厂长（经理）可以由上级管理机构按照国家有关规定任免。

厂长（经理）应当具备下列条件：①懂得有关法律、法规和方针、政策，坚持企业的社会主义经营方向；②熟悉本行业业务，善于经营管理，有组织领导能力；③热爱集体，廉洁奉公，联系群众，有民主作风；④法律、法规规定的其他条件。

厂长（经理）在法律、法规的规定范围内行使下列职权：①领导和组织企业日常生产经营和行政工作；②主持编制并向职工（代表）大会提出企业的中长期发展规划、年度生产经营计划、固定资产投资方案；③主持编制并向职工（代表）大会提出企业机构设置的方案，决定劳动组织的调整方案；④按照国家规定任免或者聘任、解聘企业中层行政领导干部，但法律、法规另有规定的，从其规定；⑤提出企业年度财务预算、决算方案和利润分配方案；⑥提出企业的经济责任制方案、工资调整方案、劳动保护措施方案、奖惩办法和其他重要的规章制度；⑦奖惩职工；⑧遇到特殊情况时，提出召开职工（代表）大会的建议；⑨企业章程规定的其他职权。

2. 乡村集体所有制企业的内部管理制度

乡镇企业所有者依法决定企业的经营方向、经营形式、厂长（经理）人选或者选聘方式，依法决定企业税后利润在其与企业之间的具体分配比例，有权作出关于企业分立、合并、迁移、停业、终止、申请破产等决议。企业经营者是企业的厂长（经理）。企业实行厂长（经理）负责制。厂长（经理）对企业全面负责，代表企业行使职权。企业依法实行民主管理，投资者在确定企业经营管理制度及企业负责人作出重大经营决策和决定职工工资、生活福利、劳动保护、劳动安全等重大问题时，应当听取本企业工会或者职工的意见，实施情况要定期向职工公布，接受职工监督。

（五）集体所有制企业的权利与义务

1. 城镇集体所有制企业的权利与义务

城镇集体所有制企业的权利包括：①对其全部财产享有占有、使用、收益和处分的权利，拒绝任何形式的平调；②自主安排生产、经营、服务活动；③除国家规定由物价部门和有关主管部门控制价格的以外，企业有权自行确定产品价格、劳务价格；④企业有权依照国家规定与外商谈判并签订合同，提取和使用分成的外汇收入；⑤依照国家信贷政策的规定向有关专业银行申请贷款；⑥依照国家规定确定适合本企业情况的经济责任制形式、工资形式和奖金、分红办法；⑦享受国家政策规定的各种优惠待遇；⑧吸收职工和其他企业、事业单位、个人集资入股，与其他企业、事业单位联营，向其他企业、事业单位投资，持有其他企业的股份；⑨按照国家规定决定本企业的机构设置、人员编制、劳动组织形式和用工办法，录用和辞退职工；⑩奖惩职工。

城镇集体所有制企业应承担下列义务：①遵守国家法律、法规，接受国家计划指导；②依法缴纳税金和缴纳费用；③依法履行合同；④改善经营管理，推进技术进步，提高经济效益；⑤保证产品质量和服务质量，对用户和消费者负责；⑥贯彻安全生产制度，落实劳动保护和环境保护措施；⑦做好企业内部的安全保卫工作；⑧维护职工合法权益，尊重职工的民主管理权利，改善劳动条件，做好计划生育工作，提高职工物质文化生活水平；⑨加强对职工的思想政治教育、法制教育、国防教育、科学文化教育和技术业务培训，提高职工队伍素质。

2. 乡村集体所有制企业的权利和义务

乡村集体所有制企业在生产经营活动中享有下列权利：①占有和使用企业资产，依照国家规定筹集资金；②在核准登记的范围内自主安排生产经营活动；③确定企业内部机构设置和人员配备，依法招聘、辞退职工，并确定工资形式和奖惩办法；④有权自行销售本企业的产品，但国务院另有规定的除外；⑤有权自行确定本企业的产品价格、劳务价格，但国务院规定由物价部门和有关主管部门控制价格的除外；⑥自愿参加行业协会和产品评比；⑦依照国家规定自愿参加各种招标、投标活动，申请产品定点生产，取得生产许可证；⑧自主订立经济合同，开展经济技术合作；⑨依法开发和利用自然资源；⑩依法利用外资、引进先进技术和设备，开展进出口贸易等涉外经济活动，并依照国家规定提留企业的外汇收入；⑪拒绝摊派和非法罚款，但法律、法规规定应当提供财力、物力、人力的除外。

乡村集体所有制企业在生产经营活动中应当履行下列义务：①依法缴纳税金；②依照国家以及省、自治区、直辖市人民政府的规定，上交支农资金和管理费；③依法建立健全财务会计、审计、统计等制度，按期编报财务、统计报表；④保护自然资源和环境，防止和治理污染；⑤努力降低原材料和能源消耗，发展符合国家产业政策的产品；⑥做好劳动保护工作，实行安全生产；⑦保证产品质量和服务质量；⑧依法履行合同；⑨对职工进行政治思想、科学文化、技术业务和职业道德等方面的教育；⑩遵守法律、法规和政策的其他规定。

（六）集体所有制企业和政府的关系

1. 城镇集体所有制企业和政府的关系

各级人民政府应把发展城镇集体经济纳入各级政府的国民经济和社会发展计划，从各方面给予扶持和指导，保障城镇集体经济的健康发展。

国务院城镇集体经济的主管机构，负责全国城镇集体经济的宏观指导和管理，其主要职责是：拟订城镇集体经济的发展政策和法律法规，协调全国城镇集体经济发展中的重大问题，组织有关方面监督、检查集体企业政策、法规的执行情况。市（含县级市，下同）以上人民政府应当根据城镇集体经济发展的需要，确定城镇集体企业的指导部门，加强对集体企业的政策指导，协调当地城镇集体经济发展中的问题，组织有关方面监督、检查集体企业的政策、法规执行情况。政府有关行业管理部门，应当依照法律、法规的规定，在各自的职责范围内，负责本行业集体企业的行业指导和管理工作。各级人民政府的其他有关部门，依法对集体企业进行监督和提供服务。

国家保护集体企业的合法权益。任何政府部门及其他单位和个人不得改变集体企业的集体所有制性质和损害集体企业的财产所有权，不得向集体企业摊派人力、物力、财力，不得干预集体企业的生产经营和民主管理。

2. 乡村集体所有制企业和政府的关系

各级人民政府乡镇企业行政主管部门根据国家的法律、法规和政策，加强对企业的指导、管理、监督、协调和服务：①监督检查企业执行国家法律、法规和政策；②制定企业发展规划，协同有关部门制定农村剩余劳动力就业规划；③会同有关部门指导企业的计划、统计、财务、审计、价格、物资、质量、设备、技术、劳动、安全生产、环境保护等管理工作；④组织和指导企业的技术进步、职工教育和培训；⑤向企业提供经济、技术咨询和信息服务；⑥协调企业与有关方面的关系，帮助企业开展经济技术合作；⑦总结推广企业发展的经验；⑧组织和指导企业的思想政治工作，促进企业的社会主义精神文明建设。

各级人民政府有关行业管理部门应当根据国家的产业政策和行业发展规划，对企业的发展方向进行指导和监督；对企业开展技术指导、人才培训和经济、技术信息服务；指导、帮助和监督企业开展劳动保护、环境保护等工作。政府有关部门应当为符合国家产业政策、经济和社会效益好的企业创造发展条件：①根据国家有关规定，对生产名、优产品和出口创汇产品的企业，应当在信贷、能源、原材料和运输等方面给予扶持；②为企业培训、招用专业技术人才和引进先进技术创造条件。

思考练习题

一、名词解释

1. 企业
2. 企业法
3. 集体企业

二、选择题

1. 以（　　）为标准，可将企业划分为全民所有制企业、集体所有制企业、私营企业和混合所有制企业。

A. 企业的法定代表人　　B. 企业的生产资料所有制
C. 公司登记地　　D. 企业的组织形式

2. 以（　　）为标准，可将企业划分为内资企业和外商投资企业。外商投资企业包括中外合资经营企业、中外合作经营企业和外资企业。

A. 投资主体的国籍　　B. 企业的法律特征
C. 企业的责任方式　　D. 企业的名称

3. 以（　　）为标准，可将企业划分为法人企业和非法人企业。前者以公司为典型代表，后者则包括合伙企业、个人独资企业及部分中外合作经营企业。

A. 企业的注册地　　B. 所属经济部门
C. 企业的法律地位　　D. 企业的主管部门

4. 以（　　）为标准，可将企业划分为个人独资企业、合伙企业、公司和非公司制法人企业。

A. 投资主体的国籍　　B. 企业的主要营业地
C. 企业的组织形式和责任方式　　D. 企业的生产资料所有制

5. 以（　　）为标准，可将企业划分为工业企业、农业企业、商业企业、金融企业等。

A. 企业的经营范围　　B. 企业的法律地位
C. 企业的责任方式　　D. 企业所属的经济部门

6. 以（　　）为标准，可将企业划分为本国企业和外国企业。

A. 企业的地址　　B. 企业的主要营业地
C. 注册地　　D. 投资主体的国籍

三、简答题

1. 企业有哪些法律特征？
2. 简述我国企业法体系的特点。
3. 国有企业和集体企业的设立条件分别是什么？
4. 简述国有企业和集体企业的管理制度。
5. 国有企业的权利与义务分别是什么？

四、论述题

1. 论述国有企业与政府的关系。
2. 论述国有企业的社会责任。

第二节 外商投资企业法律制度

【本节重点】

1. 外商投资企业的类型。
2. 合营企业和合作企业的异同。

【引例】 韩国某株式会社与青岛某机械公司合营企业合同纠纷案

2015 年 9 月 24 日，山东省高级人民法院对韩国某工业株式会社（以下简称株式会社）与青岛某机械公司（以下简称青岛公司）、菏泽某特种车制造有限公司（以下简称“特种车制造公司”）中外合资经营企业合同纠纷一案作出二审民事判决。经审理查明，2003 年 4 月经中方合营者青岛公司的上级主管部门同意，青岛公司和株式会社拟设立合营企业特种车制造公司，投资总额为 8162 万元人民币，注册资本为 5000 万元人民币，经营范围为特种移动吊车、消防车、垃圾车生产。

2005 年 10 月 29 日，株式会社与青岛公司签订合营合同和合营章程，约定设立合营企业。合营的目的为：采用先进而适用的技术和科学的经营管理办法，提高产品质量，发展新产品，并在质量、价格等方面具有国际市场上的竞争能力，提高经济效益，使投资各方获得满意的经济利益。合同还约定合资公司投资总额、注册资本、出资方式、违约责任等。其中，青岛公司的出资义务是以位于曹县东关大街张家巷 5 号的土地、建筑物、设备、存货、办公设施等资产出资。某株式会社负责出资 1350 万元，第一批出资以专用设备中的模具及焊接设备按作价 516 万元出资。第二批出资以专用设备的夹具作价 834 万元出资，出资缴付期限为领取营业执照之日起两年内完成。

合营合同和合营章程签订后，依法报经菏泽市对外贸易经济合作局批准。青岛公司所有的土地、房屋及设备实际投入至合营企业使用。但是，截止到起诉之日，上述土地、房屋没有办理过户给合营企业的手续。2010 年 9 月 29 日，由于青岛公司涉及其他诉讼，上述土地及房产被公开拍卖，买受人为曹县某房地产开发有限公司，随后办理产权过户给了买受人。为此，合营双方发生争议，诉至法院。

2013 年 9 月 6 日，青岛公司提出司法鉴定申请。2014 年 3 月 5 日，湖南大学司法鉴定中心作出湖大司鉴中心（2014）知鉴字第 1 号司法鉴定意见书，结论为：株式会社出资的设备不属于适合我国需要的先进技术和设备，出资的设备（除部分可用的焊接设备外）不可用于生产株式会社提供的样品垃圾车。

评析：

自改革开放以来，我国吸引了大批外资进入来投资办厂，这对发展我国经济、优化产业结构、引进先进技术、提高人民生活水平、促进就业有着重要意义，外商直接投资成为了我国国民经济的重要组成部分。当然，大量的外商投资项目中，难免会出现个别鱼目混珠的，本案就具有一定的代表性。针对合营双方的纠纷，法院分析和判决如下。

（1）关于本案准据法问题。《中外合资经营企业法实施条例》第十二条规定，合营企业合同的订立、效力、解释、执行及其争议的解决，均应当适用中国的法律。本案当事人株式会社系在大韩民国注册成立的公司，故本案为中外合资经营企业合同纠纷，按照该规定应适用中国法律解决。

（2）关于合同效力问题。《中外合资经营企业法实施条例》第十四条规定：合营企业协议、合同和章程经审批机构批准后生效，其修改时同。株式会社与青岛公司签订的合营企业协议、合同和章程获得了菏泽市对外贸易经济合作局的批准，合营合同为有效合同。

（3）关于合营合同的履行问题。青岛公司出资的土地及房产已被拍卖给他人，并办理了产权过户手续，合营合同已丧失继续履行的条件。该案在审理过程中，株式会社出资的设备经司法鉴定，不属于适用我国需要的先进技术和设备，不可用于生产样品垃圾车。因此，双方在合同的履行中均存在根本违约。

（4）关于双方责任问题。鉴于双方在履行合同过程中均存在违约行为，合营合同已丧失继续履行的条件，故合同应当予以解除。由于双方违约程度相当，故株式会社及青岛公司要对方支付违金的诉讼请求均不应予以支持。

一、外商投资企业与外商投资企业法概述

（一）外商投资企业的概念与类型

为了扩大国际经济合作和技术交流，我国允许外国的经济组织或者个人在我国境内投资设立经济组织。这类企业统称为外商投资企业。

外商投资企业包括中外合资经营企业、中外合作经营企业和外资企业三种类型。中外合资经营企业（以下简称“合营企业”）是指中国合营者和外国（或地区）合营者依照中华人民共和国法律的规定，在中国境内共同投资、共同经营并按投资比例分享利润、分担风险及亏损的企业。中外合作经营企业（以下简称“合作企业”）是指中国合作者与外国合作者依照中华人民共和国法律的规定，在中国境内共同举办的，按合作企业合同的约定分配收益或者产品、分担风险和亏损的企业。外资企业是指依照中华人民共和国法律的规

定在中国设立的、全部资本由外国投资者投资的企业。

（二）外商投资企业法

外商投资企业法是指调整外商投资企业在设立、终止及其生产经营管理活动中发生的各种关系的法律规范的总称，包括：《合营企业法》《合作企业法》《外资企业法》及有关配套的法律、法规等。这些法律、法规对保证外商投资企业的健康发展、维护国家主权和经济利益具有重要意义。

二、外商投资企业的设立

（一）外商投资企业的设立条件

申请设立外商投资企业，应当符合国家的发展政策和产业政策，遵守国家关于指导外商投资方向的规定。根据《合营企业法》的规定，申请设立合营企业有下列情况之一的，不予批准：①有损中国主权的；②违反中国法律的；③不符合中国国民经济发展要求的；④造成环境污染的；⑤签订的协议、合同、章程显属不公平，损害合营一方权益的。关于合作企业、外资企业的设立条件，在《合作企业法》《外资企业法》中也有类似的负面清单。

（二）外商投资企业的设立程序

申请设立外商投资企业，须向有关审批机构提交相关文件，获得批准后方能办理设立登记。

（1）审批机构。在中国境内设立外商投资企业，必须经国家对外经济贸易主管部门审查批准，批准后，发给批准证书。根据《中外合资经营企业法实施条例》的规定，符合下列条件的，国务院授权省、自治区、直辖市人民政府或者国务院有关部门审批：①投资总额在国务院规定的投资审批权限以内，中国合营者的资金来源已经落实的；②不需要国家增拨原材料，不影响燃料、动力、交通运输、外贸出口配额等方面的全国平衡的。依此条件批准设立的合营企业，应当报对外贸易经济合作部备案。省、自治区、直辖市根据各自的情况，可将其审批权限内的审批权进一步下放，一般下放到地级市人民政府。关于授权地方人民政府审批，在《中外合作经营企业法实施细则》《外资企业法》中也有类似的规定。

（2）报送文件。申请设立外商投资企业，由投资者向审批机构报送下列文件：①设立申请书；②可行性研究报告；③企业章程，申请设立合营企业和合作企业的还需提供合营（合作）企业协议、合同；④企业的组织结构及任职人员名单；⑤外国投资者的法律证明文件和资信证明文件；⑥审批机构规定的其他文件。

此外，申请设立外资企业的，在申报审批前外国投资者应当就下列事项先行向拟设立外资企业所在地的县级或者县级以上地方人民政府提交报告。报告内容包括：设立外资企业的宗旨；经营范围、规模；生产产品；使用的技术设备；用地面积及要求；需要用水、电、煤炭、煤气或者其他能源的条件及数量；对公共设施的要求等。县级或者县级以上地方人民政府应当在收到外国投资者提交的报告之日起30天内以书面形式答复外国投资者。

为进一步扩大对外开放，推进外商投资管理体制改革，完善法治化、国际化、便利化的营商环境，自 2016 年 10 月 1 日起，外商投资企业的设立及变更，如不涉及国家规定实施准入特别管理措施的，适用备案管理，无需再办理审批。

（3）审批与登记。审批机构自接到全部申请文件之日起，对设立合营企业或者外资企业的申请，在 3 个月内决定批准或者不批准；对设立合作企业的申请，在 45 天内决定批准或者不批准。申请者应当自收到批准证书之日起 1 个月内，按照国家有关规定，向工商行政管理机关办理登记手续。营业执照签发日期，即为企业的成立日期。

三、外商投资企业的组织形式和法律地位

（一）合营企业的组织形式和法律地位

合营企业是具有法人地位的有限责任公司。合营企业属于股权式企业，合资经营各方签订的合同以建立具有法人资格的企业为主要目的，合同的内容包括企业的名称、地址、营业内容、营业规模、注册资本、企业各方的出资额、出资比例、合营企业的最高权力机构、重大问题的决策、争执和仲裁、股权的变更、合营期限、企业的终止、解散后的清算等。合营企业成立后，其业务由董事会领导，并任命总经理负责日常经营管理工作，各股东仅能通过行使股东权利对企业事务进行间接管理，不能直接干涉企业事务。

（二）合作企业的组织形式和法律地位

合作企业的组织形式则有两种情况，第一种和合营企业一样，是具有法人地位的经济组织；第二种是合伙的组织形式，不具有法人地位。

合作企业依法取得中国法人资格的，为有限责任公司。除合企业合同另有约定外，合作各方以其投资或者提供的合作条件为限对合作企业承担责任。合作企业以其全部资产对合作企业的债务承担责任。

合作企业没有取得法人地位的，属于契约式企业，它不以合营各方投入资本的数额、股权作为利润分配的依据，而是通过签订合同具体规定各方的权利和义务，合同的内容主要包括各方的出资方式、出资额、共同经营的业务内容、经营规模、经营期限、遇到风险时各方承担的责任、有盈利时各方享受的权利等，合作各方按合同规定进行经营活动。

（三）外资企业的组织形式和法律地位

外资企业的组织形式为有限责任公司，经批准也可以为其他组织形式。外资企业为有限责任公司的，外国投资者对企业的责任以其认缴的出资额为限。外资企业为其他组织形式的，外国投资者对企业的责任适用中国法律、法规的规定。

四、外商投资企业的管理机构

根据法律的规定，合营企业必须组成董事会，在董事会领导下实行总经理负责制，董事长由中外合营者一方担任，他方担任副董事长。董事会成员不得少于 3 人。董事名额的分配由合营各方参照出资比例协商确定。董事的任期为 4 年，经合营各方继续委派可以连任。

合作企业则不同，既可设立董事会，也可设立联合管理机构，董事会的董事长或联合管理机构主任可协商产生，《合作企业法》第十二条对此作了灵活规定。中外合作者一方

担任董事会董事长或联合管理机构主任的，由另一方担任副董事长或副主任。

外资企业由外国投资者根据企业的法律地位确定企业的管理机构。

五、外商投资企业的出资与利润分配

（一）外商投资企业的出资规定

1. 投资方式

（1）合营企业的投资方式。合营者可以用货币出资，也可以用建筑物、厂房、机器设备或者其他物料、工业产权、专有技术、场地使用权等作价出资。以建筑物、厂房、机器设备或者其他物料、工业产权、专有技术作为出资的，其作价由合营各方按照公平合理的原则协商确定，或者聘请合营各方同意的第三者评定。

外国合营者出资的外币，按缴款当日中国人民银行公布的基准汇率折算成人民币或者套算成约定的外币。中国合营者出资的人民币现金，需要折算成外币的，按缴款当日中国人民银行公布的基准汇率折算。

作为外国合营者出资的机器设备或者其他物料，应当是合营企业生产所必需的。机器设备或者其他物料的作价，不得高于同类机器设备或者其他物料当时的国际市场价格。作为外国合营者出资的工业产权或者专有技术，必须符合下列条件之一：①能显著改进现有产品的性能、质量，提高生产效率的；②能显著节约原材料、燃料、动力的。外国合营者作为出资的机器设备或者其他物料、工业产权或者专有技术，应当报审批机构批准。

（2）合作企业的投资方式。合作企业的投资方式比较灵活，合作各方向合作企业的投资或者提供的合作条件可以是货币，也可以是实物或者工业产业、专有技术、土地使用权等财产权利。中国合作者的投资或者提供的合作条件，属于国有资产的，应当依照有关法律、行政法规的规定进行资产评估。

而合作企业投资可以不必折算成货币金额，盈亏分配的比例也可以不必按照投资比例而另行规定。

2. 外商投资比例

《合营企业法》规定合营企业的注册资本中，外国投资者所占比例一般不低于25%。

在《合作企业法》中，对中外双方投资比例并无明确规定，但是，根据《中外合作经营企业法实施细则》的规定，依法取得中国法人资格的合作企业中，外国合作者的投资一般不低于合作企业注册资本的25%。在不具有法人资格的合作企业中，对合作各方向合作企业投资或者提供合作条件的具体要求，由审批机构规定。

外资企业是由外国投资者全额出资。

3. 投资回收方式

在投资回收方式上，《合营企业法》规定，合营企业只有在依法解散及清算完毕后，外国投资者才能分得剩余财产；在合营企业的存续期间，外国投资者不能收回自己的出资。

而合作企业中，外国投资者在一定条件下，可以在合作期满前收回出资。根据《中外合作经营企业法实施细则》的规定，中外合作者在合作企业合同中约定合作期限届满时，合作企业的全部固定资产归中国合作者所有的，外国合作者在合作期限内可以申请按照下列方式先行回收其投资：①在按照投资或者提供合作条件进行分配的基础上，在合作企业合同中约定扩大外国合作者的收益分配比例；②经财政税务机关按照国家有关税收的规定审查批准，外国合作者在合作企业缴纳所得税前回收投资；③经财政税务机关和审查批准机关批准的其他回收投资方式。外国合作者在合作期限内先行回收投资的，中外合作者应当依照有关法律的规定和合作企业合同的约定，对合作企业的债务承担责任。

（二）外商投资企业的利润分配

在所得毛利润扣除应缴的所得税和应提取的 3 项基金（储备基金、职工奖励和福利基金、企业发展基金）后，分配净利润时，合营企业按合营各方股权比例进行分配；而合作企业则根据企业组织形式的不同，按照股权比例或者合同约定的方式和比例分配利润；外资企业的利润全部归外方投资者所有，不存在和中方投资者分配的情况。

【案例】1994 年 10 月 20 日，台湾某公司（以下简称台湾公司）与福建省石狮市某礼品有限公司（以下简称礼品公司）签订《协议书》，承包由双方创办的中外合作经营企业福建石狮市某化妆品有限公司，经营期限二年，自 1994 年 11 月 1 日起至 1996 年 10 月 31 日止。协议约定：承包经营第一年，台湾公司每月应提成承包利润 7 万元给礼品公司作为股东红利；承包经营第二年，台湾公司每月应提成承包利润 9 万元给礼品公司作为股东红利。若有违约，应按承包总额月 5‰计算赔偿对方违约金。协议签订后，化妆品公司由台湾公司单方经营管理。

［试分析］通过本案，可以看出与合营企业比较，合作企业有哪些特征？

【分析】合作企业具有合作模式多样化及分红形式灵活的特点。

六、外商投资企业的解散与清算

（一）合营企业的解散与清算

1. 解散

根据《合营企业法》的规定，合营企业在下列情况下解散：①合营期限届满；②企业发生严重亏损，无力继续经营；③合营一方不履行合营企业协议、合同、章程规定的义务，致使企业无法继续经营；④因自然灾害、战争等不可抗力遭受严重损失，无法继续经营；⑤合营企业未达到其经营目的，同时又无发展前途；⑥合营企业合同、章程所规定的其他解散原因已经出现。

上述第②、④、⑤、⑥项情况发生的，由董事会提出解散申请书，报审批机构批准；第⑥项情况发生的，由履行合同的一方提出申请，报审批机构批准。

2. 清算

（1）清算委员会。合营企业宣告解散时，应当进行清算。合营企业应当按照《外商投资企业清算办法》的规定成立清算委员会，由清算委员会负责清算事宜。清算委员会的成员一般应当在合营企业的董事中选任。董事不能担任或者不适合担任清算委员会成员时，合营企业可以聘请中国的注册会计师、律师担任。审批机构认为有必要时，可以派人进行监督。

清算委员会的任务是对合营企业的财产、债权、债务进行全面清查，编制资产负债表和财产目录，提出财产作价和计算依据，制订清算方案，提请董事会会议通过后执行。

清算费用和清算委员会成员的酬劳应当从合营企业现存财产中优先支付。

合营企业的清算工作结束后，由清算委员会提出清算结束报告，提请董事会会议通过后，报告审批机构，并向登记管理机构办理注销登记手续，缴销营业执照。

（2）剩余财产的分配。合营企业以其全部资产对其债务承担责任。合营企业清偿债务后的剩余财产按照合营各方的出资比例进行分配，但合营企业协议、合同、章程另有规定的除外。合营企业解散时，其资产净额或者剩余财产减除企业未分配利润、各项基金和清算费用后的余额，超过实缴资本的部分为清算所得，应当依法缴纳所得税。

（二）合作企业的解散与清算

1. 解散

根据《中外合作经营企业法实施细则》的规定，合作企业因下列情形之一出现时解散：①合作期限届满；②合作企业发生严重亏损，或者因不抗力遭受严重损失，无力继续经营；③中外合作者一方或者数方不履行合作企业合同、章程规定的义务，致使合作企业无法继续经营；④合作企业合同、章程中规定的其他解散原因已经出现；⑤合作企业违反法律、行政法规，被依法责令关闭。

上述第②、④项所列情形发生，应当由合作企业的董事会或者联合管理委员会做出决定，报审批机关批准。在第③项所列情形下，不履行合作企业合同、章程规定的义务的中外合作者一方或者数方，应当对履行合同的他方因此遭受的损失承担赔偿责任；履行合同的一方或者数方有权向审批机关提出申请，解散合作企业。

2. 清算

合作企业的清算事宜依照国家有关法律、行政法规及合作企业合同、章程的规定办理。

（三）外资企业的终止与清算

1. 终止

根据《外资企业法实施细则》的规定，外资企业有下列情形之一的，应予终止：①经营期限届满；②经营不善，严重亏损，外国投资者决定解散；③因自然灾害、战争等不可抗力而遭受严重损失，无法继续经营；④破产；⑤违反中国法律、法规，危害社会公共利益被依法撤销；⑥外资企业章程规定的其他解散事由已经出现。

2. 清算

外资企业如存在上述第②、③、④项所列情形，应当自行提交终止申请书，报审批机关核准。审批机关作出核准的日期为企业的终止日期。外资企业依照第①、②、③、⑥项的规定终止的，应当在终止之日起 15 天内对外公告并通知债权人，并在终止公告发出之日起 15 天内，提出清算程序、原则和清算委员会人选，报审批机关审核后进行清算。外资企业依照第④、⑤项的规定终止的，参照中国有关法律、法规进行清算。

清算委员会应当由外资企业的法定代表人、债权人代表以及有关主管机关的代表组成，并聘请中国的注册会计师、律师等参加。

外资企业清算结束，其资产净额和剩余财产超过注册资本的部分视同利润，应当依照中国税法缴纳所得税。

外资企业清算结束，应当向工商行政管理机关办理注销登记手续，缴销营业执照。

思考练习题

一、名词解释

1. 中外合资经营企业
2. 中外合作经营企业
3. 外资企业

二、选择题

1. 中外合资经营企业的组织形式是（ ）。

A. 合伙企业　B. 有限责任公司　C. 股份有限公司　D. 工厂

2.（ ）的外国投资者可以在一定情形下先行收回投资。

A. 合营企业　B. 合作企业　C. 外资企业　D. 以上均不对

3.《合营企业法》规定合营企业的注册资本中，外国投资者所占比例一般不低于（ ）。

A. 15%　B. 20%　C. 25%　D. 30%

4. 根据《中外合作经营企业法实施细则》的规定，依法取得中国法人资格的合作企业中，外国合作者的投资一般不低于合作企业注册资本的（ ）。

A. 25%　B. 30%　C. 35%　D. 40%

三、简答题

1. 外商投资企业设立的条件是什么？
2. 外商投资企业的管理机构是什么？
3. 作为外国合营者出资的工业产权或者专有技术，需要符合什么条件？
4. 比较外商投资企业的特点。

第三节　个人独资企业法律制度

【本节重点】

1. 个人独资企业的概念。
2. 个人独资企业的特点。

【引例】某小额贷款股份有限公司与万某、某铁矿等企业借贷纠纷案

万某个人投资设立了某铁矿。经营期间，铁矿向某小额贷款股份有限公司（以下简称“小贷公司”）申请贷款。该铁矿于2013年1月30日在工商部门登记注销，但是所欠贷款并未归还。小贷公司向法院起诉，要求万某偿还。安徽省高级人民法院作出（2014）皖民二终字第00206民事判决，判决万某须承担还款义务。万某不服，向最高人民法院提出再审申请，最高院于2015年2月作出驳回万某再审申请的裁定。

评析：

根据《个人独资企业法》的规定，个人独资企业的投资人对企业债务承担无限责任，而且在个人独资企业解散后，原投资人对个人独资企业存续期间的债务仍应承担偿还责任，但债权人在五年内未向债务人提出偿债请求的，该责任消灭。本案中，基于上述法律规定，万某作为个人独资企业某铁矿的投资人，其应对铁矿的债务承担清偿责任。

个人独资企业是最古老、最简单的企业形式，是市场经济与生俱来的产物。历史上，农业、商业、手工业、渔业、手工作坊基本上都是采用这种形式。一个自然人以个人的名义从事商事活动并以此作为经常性的职业和谋生手段，经过商事登记，就成为了个人独资企业。本案例中，万某一个人投资设立和经营铁矿，就具备了个人独资企业的特征。

个人独资企业由一个自然人投资，因此，个人投资企业设立容易，规模小，灵活多样，而且因为多数由投资者个人经营，效率相对也比较高。所以，在我国实际经济生活中，即使多数人选择设立公司，也还是有一定的数量的投资人采用个人独资企业的形式从事生产经营。但是，必须看到，投资人依法需对企业的债务承担无限责任，这意味着投资人将自己的全部个人财产与企业的经营风险捆绑在一起，不愿意承担这种风险的投资人就不宜选择个人独资企业的形式。本案例中的万某被判决承担铁矿贷款的还款责任，就承担了较大的风险。

个人独资企业是国际通行的企业三分法：公司、合伙企业与独资企业中的一种。我国宪法和党的决议均确认“非公有制经济是社会主义市场经济的重要组成部分”，个人独资企业从企业生产资料的经济成分看，为民营经济的组织形式之一，也属于我国鼓励和扶持的企业。1999年第九届全国人民代表大会常务委员会第十一次会议通过了《个人独资企业法》，以专门的立法形式保障和促进了独资企业的设立发展。

一、个人独资企业和个人独资企业法概述

（一）个人独资企业的概念

根据《人独资企业法》的规定，个人独资企业是指依法在中国境内设立，由一个自然人投资，财产为投资人个人所有，投资人以其个人财产对企业债务承担无限责任的经营实体。

（二）个人独资企业的特征

与我国《公司法》所规定的一人公司相比较，个人独资企业具有以下特征。

（1）投资人为一个自然人。虽然个人独资企业与一人公司均属于单一投资主体设立的

商事组织，但是一人公司的设立主体除自然人以外，还包括法人、其他组织。

（2）投资人对企业债务承担无限责任。在个人独资企业中，当企业的财产不足以清偿所欠债务时，投资人应以其全部个人财产清偿到期债务。而一人有限责任公司的投资人，除非出现股东不能证明公司财产独立于股东自己的财产的情况，一般只承担有限责任。

（三）个人独资企业法

为了规范个人独资企业的行为，保护个人独资企业投资人和债权人的合法权益，维护社会经济秩序，促进社会主义市场经济的发展，1999 年 8 月 30 日第九届全国人民代表大会常务委员会第十一次会议通过了《个人独资企业法》，该法自 2000 年 1 月 1 日起施行。该法共六章四十八条，分别规定了个人独资企业的设立、个人独资企业的投资人及事务管理、个人独资企业的解散和清算以及法律责任等内容。

二、个人独资企业的设立

（一）设立条件

根据《个人独资企业法》第八条规定，设立个人投资企业应当具备下列条件。

（1）投资人为一个自然人，该自然人是指具有中国国籍的自然人。此外，《个人独资企业法》第十六条规定，法律、行政法规禁止从事营利性活动的人，不得作为投资人申请设立个人独资企业。

（2）有合法的企业名称，个人独资企业的名称中不得使用“有限”“有限责任”和“公司”字样。

（3）有投资人申报的出资，出资金额没有法定最低限额。

（4）有固定的生产经营场所和必要的生产经营条件。

（5）有必要的从业人员。

（二）设立的程序

申请设立个人独资企业，应当由投资人或其委托的代理人向个人独资企业所在地的登记机关提交申请书、投资人身份证明、生产经营的场所使用证明等文件。委托代理人申请设立登记时，应当出具投资人的委托书和代理人的合法证明。从事法律、行政法规规定须报经有关部门审批的业务，应当在申请设立登记时提交有关部门的批准文件。申请书应当载明下列事项：企业的名称和住所、投资人的姓名和住所、投资人的出资额和出资方式、经营范围。

登记机关应当在收到设立申请文件之日起 15 日内对符合规定条件的予以登记，发给营业执照；对不符合规定条件的，不予登记，并应当给予书面答复，说明理由。

三、个人独资企业投资人的权利与企业事务管理

（一）个人独资企业投资人的权利

根据《个人独资企业法》的规定，个人独资企业投资人主要权利如下。

（1）财产所有权。投资人对本企业的财产依法享有所有权。根据《个人独资企业法》

有关的规定，该权利可以依法进行转让或继承。

（2）管理权。投资人可以自行管理企业事务，也可以委托或者聘用其他具有民事行为能力的人负责企业的事务管理。

（二）企业事务的管理

个人独资企业投资人可以自行管理企业事务，也可以委托或聘用他人负责企业的事务管理。委托或聘用他人管理企业事务时，投资人应当与受委托人或者被聘用人签订书面合同，明确委托的具体内容和授予的权利范围。受委托或受聘用的人员应当履行诚信、勤勉义务，按照与投资人签订的合同负责个人独资企业的事务管理。但是，投资人对受委托人或者被聘用的人员职权限制，不得对抗善意第三人。

个人独资企业应当依法设置会计账簿，进行会计核算。招用职工的，应依法与职工签订劳动合同，保障职工的劳动安全，按时、足额发放职工工资，并按照国家规定参加社会保险，为职工缴纳社会保险费。

四、个人独资企业的解散和清算

（一）个人独资企业的解散

个人独资企业的解散是指个人独资企业因发生某些法定事由而使其民事主体归于消灭的行为。根据《个人独资企业法》第二十六条规定，个人独资企业有下列情形之一时，应当解散：①投资人决定解散；②投资人死亡或者被宣告死亡，无继承人或者继承人放弃继承；③被依法吊销营业执照；④法律、行政法规规定的其他情形。

（二）个人独资企业的清算

个人独资企业的清算是指依法清理个人独资企业债权、债务的行为。个人独资企业解散，由投资人自行清算或由债权人申请人民法院指定清算人清算。

个人独资企业财产应按下列顺序清偿：①所欠职工工资和社会保险费用；②所欠税款；③其他债务。个人独资企业财产不足以清偿债务的，投资人应当以其个人的其他财产予以清偿。个人独资企业解散后，原投资人对个人独资企业存续期间的债务仍应承担偿还责任。但债权人在五年内未向债务人提出偿债请求的，该责任消灭。

个人独资企业清算结束后，投资人或者人民法院指定的清算人应当编制清算报告，并于15日内到登记机关办理注销登记。

五、法律责任

（一）个人独资企业及其投资人应承担的法律责任

（1）提交虚假文件或采取其他欺骗手段取得企业登记的，责令改正，处以五千元以下的罚款；情节严重的，并处吊销营业执照。

（2）个人独资企业使用的名称与其在登记机关登记的名称不相符合的，责令限期改正，处以二千元以下的罚款。

（3）涂改、出租、转让营业执照的，责令改正，没收违法所得，处以三千元以下的罚款；情节严重的，吊销营业执照。伪造营业执照的，责令停业，没收违法所得，处以五千元以下的罚款；构成犯罪的，依法追究刑事责任。

（4）个人独资企业成立后无正当理由超过 6 个月未开业的，或者开业后自行停业连续六个月以上的，吊销营业执照。

（5）未领取营业执照，以个人独资企业名义从事经营活动的，责令停止经营活动，处以三千元以下的罚款。个人独资企业登记事项发生变更时，未按本法规定办理有关变更登记的，责令限期办理变更登记；逾期不办理的，处以二千元以下的罚款。

（6）个人独资企业违反法律规定，侵犯职工合法权益，未保障职工劳动安全，不缴纳社会保险费用的，按照有关法律、行政法规予以处罚，并追究有关责任人员的责任。

（7）个人独资企业及其投资人在清算前或清算期间隐匿或转移财产，逃避债务的，依法追回其财产，并按照有关规定予以处罚；构成犯罪的，依法追究刑事责任。

（8）投资人违反本法规定，应当承担民事赔偿责任和缴纳罚款、罚金，其财产不足以支付的，或者被判处没收财产的，应当先承担民事赔偿责任。

（二）投资人委托或者聘用的人员应承担的法律责任

（1）投资人委托或者聘用的人员管理个人独资企业事务时违反双方订立的合同，给投资人造成损害的，承担民事赔偿责任。

（2）投资人委托或者聘用的人员违反法律规定，侵犯个人独资企业财产权益的，责令退还侵占的财产；给企业造成损失的，依法承担赔偿责任；有违法所得的，没收违法所得；构成犯罪的，依法追究刑事责任。

（三）登记机关及登记机关的上级部门应承担的法律责任

（1）登记机关对不符合法律规定条件的个人独资企业予以登记，或者对符合本法规定条件的企业不予登记的，对直接责任人员依法给予行政处分；构成犯罪的，依法追究刑事责任。

（2）登记机关的上级部门的有关主管人员强令登记机关对不符合法律规定条件的企业予以登记，或者对符合法律规定条件的企业不予登记的，或者对登记机关的违法登记行为进行包庇的，对直接责任人员依法给予行政处分；构成犯罪的，依法追究刑事责任。

（3）登记机关对符合法定条件的申请不予登记或者超过法定时限不予答复的，当事人可依法申请行政复议或提起行政诉讼。

（4）违反法律、行政法规的规定强制个人独资企业提供财力、物力、人力的，按照有关法律、行政法规予以处罚，并追究有关责任人员的责任。

思考练习题

一、选择题

1. 对个人独资企业的外债，投资人应当承担的法律责任是（　　）。

A. 无限连带责任　　B. 有限责任　　C. 无限责任　　D. 无责任

2. 个人独资企业解散后，原投资人对个人独资企业存续期间的债务仍应承担偿还责任。但债权人在（　）未向债务人提出偿债请求的，该责任消灭。

A. 一年内　　B. 两年内　　C. 三年内　　D. 五年内

二、简答题

1. 个人独资企业设立的条件是什么？
2. 与一人公司相比，个人独资企业的特征是什么？
3. 个人独资企业在清算时如何承担企业的债务？

第四节　合伙企业法律制度

【本节重点】

1. 合伙企业的种类。
2. 普通合伙企业的内部和外部关系。

【引例】嘉善县某信用合作社与嘉善县某助胶厂、杨某等借款合同纠纷案

嘉善县某助胶厂（以下简称“助胶厂”）是一家普通合伙企业。某年，其与嘉善县某信用合作社（以下简称“信用社”）签订两份最高额抵押借款合同，约定：助胶厂以生产设备、厂房作抵押，在两年内由贷款人在最高限额人民币 9.5 万元内，对借款人分次发放贷款。后双方在嘉善县工商局办理了抵押登记手续。信用社依合同约定发放贷款两次各 9.5 万元给助胶厂，利率分别为月息 7.965‰ 及 7.521‰，并均约定一年之内归还。借款到期后，信用社多次催讨，助胶厂都未能按约偿还借款本息。在此期间，助胶厂的合伙人杨某、冯某将各自在助胶厂的份额分别全部转让给冯某某和陈某，并办理了相应的工商变更手续。信用社向法院起诉助胶厂杨某、冯某、冯某某和陈某，要求归还贷款。

评析：

根据《合伙企业法》的有关规定，普通合伙企业的合伙人承担无限连带责任。合伙人对其退伙前已发生的合伙企业债务，与其他合伙人承担连带责任。因此，助胶厂须清偿原告信用社贷款的本金及利息，助胶厂无法清偿的部分，由杨某、冯某、冯某某、陈某承担连带清偿责任。

在各种商事组织形式中，合伙企业具有非常独特的优势。一般来说，合伙企业适合于中小型企业。企业在发展初期，自有财产价值不高，信用基础薄弱，叠加合伙人的信用，可以帮助企业相应提高自身信用，从而在市场交易中争取到商业机会，有助于企业在初期的立足和发展。本案中，除了助胶厂承担自己的贷款债务外，其合伙人也以全部个人财产承担连带清偿责任，增强了助胶厂的债务偿还能力。美国波音公司最早也是从合伙企业发展而来。当然，合伙企业除了是个人集资的联合，也可以是企业之间的强强联合。合伙企业有不同的类型，各有其特点，分别适合于不同的事业投资。在原有的普通合伙企业的基础上，我国 2007 年修订的《合伙企业法》增设了特殊的普通合伙企业和有限合伙企业制度。特殊的普通合伙企业尤为适合于会计师事务所、税务师事务所、破产清算事务所、律师事务所等以专业知识和专门技能为客户提供有偿服务的专业服务机构采用。而有限合伙企业的增设，对于创业投资企业具有重要意义，是最适合于风险投资的企业形式。据统计，在美国，风险投资机构中，有限合伙制约占 80%。2007 年 6 月 28 日，南海成长创业投资有限合伙企业在深圳成立，成为国内第一家以有限合伙方式组织的创业投资企业，也是国内首家真正意义的私募股权基金企业。

一、合伙企业和合伙企业法概述

（一）合伙企业的概念和法律特征

合伙企业是指依法由两个以上的自然人、法人或其他组织在中国境内设立的，根据共同订立的合伙协议，形成经营关系、共同承担风险和共同分享利润的营利性组织。

作为企业的一种组织形式，合伙企业具有以下法律特征：①合伙企业是两个以上的合伙人共同设立。合伙企业是人合企业，是两个以上合伙人在平等、自愿基础上组成的企业形式。单一的投资主体不能形成合伙企业，这是合伙企业与个人独资企业最重要的区别。②合伙协议是合伙企业成立的法律基础。由于合伙企业是合伙人协商一致而成立的人合组织，因此，合伙协议成为合伙人意思表示一致的标志。合伙协议不仅是合伙企业处理内部事务和外部事务的准则，也是合伙企业成立时必备的法律文件。③合伙企业是非法人企业。除了有限合伙企业的有限合伙人，其他各类普通合伙人对合伙企业的债务承担无限连带责任。

（二）合伙企业的类型

根据《合伙企业法》第二条规定，我国合伙企业的法定类型有普通合伙企业和有限合伙企业。

普通合伙企业由普通合伙人组成，合伙人对合伙企业债务承担无限连带责任。法律对普通合伙人承担责任的形式有特别规定的，从其规定。

有限合伙企业由普通合伙人和有限合伙人组成，普通合伙人对合伙企业债务承担无限连带责任，有限合伙人以其认缴的出资额为限对合伙企业债务承担责任。

（三）合伙企业法的概念

合伙企业法是调整合伙企业内、外部关系的法律规范的总称。1997 年以前，我国规范合伙企业的法律主要是《民法通则》《私营企业暂行规定》中关于合伙的规定，前者在《公民》一章和《法人》一章分别对个人合伙与法人合伙作了规定；后者则对合伙企业的概念和特征作了简单规定。1997 年 2 月 23 日，第八届全国人民代表大会常务委员会第二十四次会议通过了《合伙企业法》。该法共九章七十八条，自 1997 年 8 月 1 日起施行。它是我国第一部较为系统规范的合伙企业的法律，对维护社会经济秩序、促进社会主义市场经济的发展具有重要意义。但是，随着社会经济不断发展、社会经济关系日趋复杂，该法在实施中不断面临新的问题，如合伙企业类型过于单一等。为了更好地体现《合伙企业法》的立法宗旨，2006 年 8 月 27 日，全国人民代表大会常务委员会第二十三次会议修订了《合伙企业法》。修订后的《合伙企业法》共六章一百零九条，自2007 年 6 月 1 日起施行。

二、普通合伙企业

（一）普通合伙企业的设立

《合伙企业法》第十四条至第十九条对合伙企业设立的条件和程序作出了规定。

1. 设立条件

根据《合伙企业法》的规定，设立合伙企业应当具备下列条件。

（1）有两个以上合伙人。合伙人为自然人的，应当具有完全民事行能力。

（2）有书面合伙协议。合伙协议依法由全体合伙人协商一致，以书面形式订立。订立合伙协议、设立合伙企业，应当遵循自愿、平等、公平、诚实信用原则。根据《合伙企业法》第十八条规定，合伙协议应当载明下列事项：①合伙企业的名称和主要经营场所的地点；②合伙目的和合伙经营范围；③合伙人的姓名或者名称、住所；④合伙人的出资方式、数额和缴付期限；⑤利润分配、亏损分担方式；⑥合伙事务的执行；⑦入伙与退伙；⑧争议解决办法；⑨合伙企业的解散与清算；⑩违约责任。合伙协议经全体合伙人签名、盖章后生效。合伙人按照合伙协议享有权利，履行义务。修改或者补充合伙协议，应当经全体合伙人一致同意；但是，合伙协议另有约定的除外。合伙协议未约定或者约定不明确的事项，由合伙人协商决定；协商不成的，依照《合伙企业法》和其他有关法律、行政法规的规定处理。

（3）有合伙人认缴或者实际缴付的出资。合伙人可以用货币、实物、知识产权、土地使用权或者其他财产权利出资，也可以用劳务出资。合伙人以实物、知识产权、土地使用权或者其他财产权利出资的，需要评估作价；评估方式可以由全体合伙人协商确定，也可以由全体合伙人委托法定评估机构评估。合伙人以劳务出资的，其评估办法由全体合伙人协商确定，并在合伙协议中载明。合伙人应当按照合伙协议约定的出资方式、数额和缴付期限，履行出资义务。以非货币财产出资的，依照法律、行政法规的规定，需要办理财产权转移手续的，应当依法办理。

（4）有合伙企业的名称和生产经营场所。合伙企业名称中应当标明“普通合伙”字样。

（5）法律、行政法规规定的其他条件。

2. 设立程序

（1）提交有关资料。申请设立合伙企业，应当向企业登记机关提交登记申请书、合伙协议书、合伙人身份证明等文件。合伙企业的经营范围中有属于法律、行政法规规定的登记前须经批准的项目的，该项经营业务应当依法经过批准，并在登记时提交批准文件。

（2）登记。申请人提交的登记申请材料齐全、符合法定形式，企业登记机关能够当场登记的，应予当场登记，发给营业执照。除上述规定情形外，企业登记机关应当自受理申请之日起 20 日内，做出是否登记的决定。予以登记的，发给营业执照；不予登记的，应当给予书面答复，并说明理由。合伙企业的营业执照签发日期为合伙企业成立日期。

（二）合伙企业的财产

1. 合伙企业财产的构成

合伙企业财产来源于三个方面：一是合伙人的出资，这是合伙企业财产最原始的构成部分，既包括在设立合伙企业时所实际缴付的出资，也包括在合伙企业经营过程中合伙人追加的出资；二是合伙企业的收益，这是指合伙企业成立以后以合伙企业名义取得的营业收益；三是依法取得的其他财产，如合伙企业受赠的财产。

2. 合伙企业财产的分割限制

合伙企业财产是合伙企业赖以存在和发展的经济基础。为保全合伙企业财产，维护合伙人的共同利益，《合伙企业法》第二十一条规定，合伙人在合伙企业清算前，不得请求分割合伙企业的财产，法律另有规定的除外；合伙人在合伙企业清算前私自转移或者处分合伙企业财产的，合伙企业不得以此对抗善意第三人。

3. 合伙人财产份额的转让和出质

（1）合伙人财产份额的转让。合伙企业是以合伙人之间的人身信任关系为基础的人合企业，为了维护合伙企业的稳定性，《合伙企业法》对合伙人财产份额的转让做了限制性规定。《合伙企业法》第二十二条规定，除合伙协议另有约定外，合伙人向合伙人以外的人转让其在合伙企业中的全部或部分财产份额时，须经其他合伙人一致同意。第二十三条又规定，合伙人向合伙人以外的人转让其在合伙企业中的财产份额的，在同等条件下，其他合伙人有优先购买权，合伙协议另有约定的除外。

（2）合伙人财产份额的出质。如果合伙人将其财产份额出质，与他人订立质押合同，有可能发生由质权人行使质权的情况，这样必然影响到合伙企业和其他合伙人的利益。因此，《合伙企业法》第二十五条对合伙人将其财产份额的出质做了明确规定，合伙人以其在合伙企业中的财产份额出质的，须经其他合伙人一致同意；未经其他合伙人一致同意的，其行为无效，由此给善意第三人造成损失的，由行为人依法承担赔偿责任。

（三）普通合伙企业的内部关系

合伙企业的内部关系是指合伙人之间的权利与义务关系。合伙人的权利与义务可以由合伙人在合伙协议中自行约定有关内容，约定不明或没有约定的，则遵照《合伙企业法》的有关规定。

根据《合伙企业法》的规定，合伙人享有的权利主要有以下三个方面。

1. 合伙企业利润及剩余财产分配权

合伙企业的利润由全体合伙人共同享有。利润分配的具体比例，由合伙人在合伙协议中约定；合伙协议没有约定的，由全体合伙人协商决定；合伙协议没有约定、全体合伙人无法达成一致意见的，按出资比例分配；出资比例无法确定的由各合伙人平均分配利润。合伙企业清算后，仍有剩余财产的，由各合伙人依约定分配。

2. 合伙企业的事务执行权

合伙企业的事务执行权是指合伙人享有对合伙企业生产经营管理活动中各项事务的决策、执行和监督的权利。根据《合伙企业法》的规定，无论出资多少及类型，各合伙人对执行合伙企业事务享有同等的权利。

合伙企业事务可以由全体合伙人共同执行，也可以由合伙协议约定或者全体合伙人决定，委托 1 名或者数名合伙人执行合伙企业事务，其他合伙人不再执行合伙事务。接受委托执行合伙企业事务的合伙人对外代表合伙企业。其他合伙人有权监督、检查其执行合伙企业事务的情况。被委托执行合伙企业事务的合伙人不遵守合伙协议的，其他合伙人可以决定撤销该委托。

除上述执行方式外，依据合伙协议约定或者经全体合伙人决定，合伙人可以分别执行合伙企业事务，合伙人之间互为代理人。合伙人有权对其他合伙人执行的事务提出异议。提出异议时，应暂停该项事务的执行；如果发生争议，可以由全体合伙人共同决定。

合伙人也可以聘任合伙人以外的人经营合伙企业。

3. 对合伙企业事务的表决权

合伙人享有对合伙企业事务的表决权。合伙人对合伙企业有关事项做出决议，按照合伙协议约定的表决办法办理。合伙协议未约定或者约定不明确的，实行合伙人 1 人 1 票并经全体合伙人过半数通过的表决办法。法律对合伙企业的表决办法另有规定的，从其规定。

除合伙协议另有约定外，合伙企业的下列事项应当经全体合伙人一致同意：①改变合伙企业的名称；②改变合伙企业的经营范围、主要经营场所的地点；③处分合伙企业的不动产；④转让或者处分合伙企业的知识产权和其他财产权利；⑤以合伙企业名义为他人提供担保；⑥聘任合伙人以外的人担任合伙企业的经营管理人员。

（四）普通合伙企业的外部关系

合伙企业的外部关系是指合伙人同第三人之间的关系。《合伙企业法》对于合伙企业与第三人关系的规定有以下两个方面的内容。

1. 关于合伙人执行合伙事务以及对外代表合伙企业时的规定

合伙企业对合伙人执行合伙事务以及对外代表合伙企业权利的限制，不得对抗善意第三人。合伙人共同或者分别执行合伙企业事务，或者委托他人执行合伙企业事务，其权利有时间、地点、内容等方面的限制，但是这种限制是属于合伙企业内部的规定。当善意的第三人与违反合伙企业内部规定的合伙人或者代理人进行交易时，合伙企业不得以该合伙人或者代理人超越权限或者没有代理权对抗第三人，拒绝履行合同义务。

2. 关于合伙企业对外债务的规定

合伙企业对其债务，应先以其全部财产进行清偿。合伙企业不能清偿到期债务的，合伙人承担无限连带责任。无限连带责任，是指在合伙企业的资产不足以清偿合伙企业债务时，合伙人需以个人财产对外清偿企业债务；合伙人除承担企业债务分到自己名下的份额外，还需对企业其他投资人名下的债务份额承担连带性义务，即其他投资人无力偿还其名下的债务份额时，自己有义务代其偿还债务份额。合伙人由于承担无限连带责任，清偿数额超过法律规定的其亏损分担比例的，有权向其他合伙人追偿。

合伙人发生与合伙企业无关的债务，相关债权人不得以其债权抵消其对合伙企业的债务，也不得代位行使合伙人在合伙企业中的权利。合伙人的自有财产不足清偿其与合伙企业无关的债务的，该合伙人可以以其从合伙企业中分取的收益用于清偿；债权人也可以依法请求人民法院强制执行该合伙人在合伙企业中的财产份额用于清偿。

人民法院强制执行合伙人的财产份额时，应当通知全体合伙人，其他合伙人有优先购买权；其他合伙人未购买，又不同意将该财产份额转让给他人的，依照《合伙企业法》第五十一条的规定为该合伙人办理退伙结算，或者办理削减该合伙人相应财产份额的结算。

（五）普通合伙企业的入伙、退伙

1. 入伙

入伙是指合伙企业成立后，合伙人以外的第三人加入合伙企业，取得合伙人资格的行为。《合伙企业法》第四十三条规定，新合伙人入伙，除合伙协议另有约定外，应当经全体合伙人一致同意，并依法订立书面入伙协议。订立入伙协议时，原合伙人应当向新合伙人如实告知原合伙企业的经营状况和财务状况。

入伙的新合伙人与原合伙人享有同等权利，承担同等责任。入伙协议另有约定的，从其约定。新合伙人对入伙前合伙企业的债务承担无限连带责任。

合伙人死亡或者被依法宣告死亡的，对该合伙人在合伙企业中的财产份额享有合法继承权的继承人，按照合伙协议的约定或者经全体合伙人一致同意，从继承开始之日起，取得该合伙企业的合伙人资格。但是，有下列情形之一的，合伙企业应当向合伙人的继承人退还被继承合伙人的财产份额：①继承人不愿意成为合伙人；②法律规定或者合伙协议约定合伙人必须具有相关资格，而该继承人未取得该资格；③合伙协议约定不能成为合伙人的其他情形。

合伙人的继承人为无民事行为能力人或者限制民事行为能力人的，经全体合伙人一致同意，可以依法成为有限合伙人，普通合伙企业依法转为有限合伙企业。全体合伙人未能一致同意的，合伙企业应当将被继承合伙人的财产份额退还该继承人。

2. 退伙

退伙是指合伙企业成立后，合伙人退出合伙企业、丧失合伙人资格的行为。退伙有以下几种情形。

（1）自愿退伙。《合伙企业法》第四十五条、第四十六条规定，合伙协议约定合伙期限的，在合伙企业存续期间，有下列情形之一的，合伙人可以退伙：①合伙协议约定的退伙事由出现；②经全体合伙人一致同意；③发生合伙人难以继续参加合伙的事由；④其他合伙人严重违反合伙协议约定的义务。合伙协议未约定合伙期限的，合伙人在不给合伙企业事务执行造成不利影响的情况下，可以退伙，但应当提前 30 日通知其他合伙人。合伙人违反上述规定退伙的，应当赔偿由此给合伙企业造成的损失。

（2）当然退伙。《合伙企业法》第四十八条规定，合伙人有下列情形之一的，当然退伙：①作为合伙人的自然人死亡或者被依法宣告死亡；②个人丧失偿债能力；③作为合伙人的法人或者其他组织依法被吊销营业执照、责令关闭、撤销，或者被宣告破产；④法律规定或者合伙协议约定合伙人必须具有相关资格而丧失该资格；⑤合伙人在合伙企业中的全部财产份额被人民法院强制执行。

合伙人被依法认定为无民事行为能力人或者限制民事行为能力人的，经其他合伙人一致同意，可以依法转为有限合伙人，普通合伙企业依法转为有限合伙企业。其他合伙人未能一致同意的，该无民事行为能力或者限制民事行为能力的合伙人退伙。

退伙事由实际发生之日为退伙生效日。

（3）除名退伙。《合伙企业法》第四十九条规定，合伙人有下列情形之一的，经其他合伙人一致同意，可以决议将其除名：①未履行出资义务；②因故意或者重大过失给合伙企业造成损失；③执行合伙事务时有不正当行为；④发生合伙协议约定的事由。

对合伙人的除名决议应当书面通知被除名人。被除名人接到除名通知之日，除名生效，被除名人退伙。被除名人对除名决议有异议的，可以自接到除名通知之日起 30 日内，向人民法院起诉。

合伙人退伙，其他合伙人应当与该退伙人按照退伙时的合伙企业财产状况进行结算，退还退伙人的财产份额。退伙人对给合伙企业造成的损失负有赔偿责任的，相应扣减其应当赔偿的数额。退伙人在合伙企业中财产份额的退还办法，由合伙协议约定或者由全体合伙人决定，可以退还货币，也可以退还实物。退伙时有未了结的合伙企业事务的，待该事务了结后进行结算。退伙人对基于其退伙前的原因发生的合伙企业债务，承担无限连带责任。合伙人退伙时，合伙企业财产少于合伙企业债务的，退伙人应当依照法律的规定分担亏损。

【案例】黄某、杨某、李某、姜某、王某五人成立了荆州某联合会计师事务所（特殊普通合伙）（以下简称事务所）。2013 年 12 月 30 日，黄某在未与其他合伙人协商一致的情况下，擅自从事务所公章管理人龚某处取走事务所印章，并未予归还，扰乱了事务所正常业务的开展。其后，在事务所改选杨某为事务所主任会计师、执行事务合伙人后，黄某拒不配合。

因无法及时办理相关变更登记手续，致使事务所被省财政厅下文责令限期整改，给事务所的声誉造成了严重影响。因此，根据事务所的合伙协议，出资比例占 71.44% 的杨某、李某、姜某、王某提议召开临时合伙人会议，2014 年 9 月 24 日安排事务所职员龚某、张某向黄某送达了召开临时合伙人会议的通知，黄某拒绝签收。会议上，黄某缺席，其余合伙人全票通过决议将黄某除名。事务所于 2014 年 9 月 30 日向黄某发出了《合伙人除名通知书》，黄某虽然于 10 月 15 日签收了通知，但是对此决定不服，向法院提起诉讼。

［试分析］1. 合伙人退伙有哪几种形式？

2. 本案应如何处理，为什么？

【分析】

1. 合伙人退伙有以下几种情形：自愿退伙、当然退伙和除名退伙。

2. 根据《合伙企业法》第四十九条“合伙人有下列情况之一的，经其他合伙人一致同意，可以决议将其除名……（二）因故意或者重大过失给合伙企业造成损失；（三）执行合伙事务时有不正当行为；（四）发生合伙协议约定的事由”的规定，黄某符合除名条件，法院应判决黄某败诉。

（六）特殊的普通合伙企业

1. 特殊的普通合伙企业的概念

依照《合伙企业法》第五十五条规定，特殊的普通合伙企业是指以专业知识和专门技能为客户提供有偿服务的专业服务机构。

2. 特殊的普通合伙企业的合伙人的责任

一个合伙人或者数个合伙人在执业活动中因故意或者重大过失造成合伙企业债务的，应当承担无限责任或者无限连带责任，其他合伙人以其在合伙企业中的财产份额为限承担责任。

合伙人执业活动中因故意或者重大过失造成的合伙企业债务，以合伙企业财产对外承担责任后，该合伙人应当按照合伙协议的约定对给合伙企业造成的损失承担赔偿责任。

3. 特殊的普通合伙企业的责任分散

特殊的普通合伙企业应当建立执业风险基金、办理职业保险。执业风险基金用于偿付合伙人执业活动造成的债务。执业风险基金应当单独立户管理，具体管理办法由国务院规定。

三、有限合伙企业

（一）设立的条件

设立有限合伙企业，应当具备下列条件。

（1）有 2 个以上 50 个以下符合法律规定的合伙人。合伙人为自然人的，应当具有完全民事行为能力。

（2）书面合伙协议。有限合伙企业的合伙协议除符合《合伙企业法》第十八条规定外，还应当载明下列事项：①普通合伙人和有限合伙人的姓名或者名称、住所；②执行事务合伙人应具备的条件和选择程序；③执行事务合伙人的权限与违约处理办法；④执行事务合伙人的除名条件和更换程序；⑤有限合伙人入伙、退伙的条件、程序以及相关责任；⑥有限合伙人和普通合伙人相互转变程序。

（3）合伙人认缴或者实际缴付的出资。有限合伙人可以用货币、实物、知识产权、土地使用权或者其他财产权利作价出资。

（4）合伙企业的名称和生产经营场所，企业名称中应当标明“有限合伙”字样。

（5）行政法规规定的其他条件。

（二）有限合伙企业的内部关系

有限合伙企业的内部关系是指合伙人之间的权利与义务关系。有限合伙企业的合伙人分为有限合伙人和普通合伙人。

1. 有限合伙人的权利与义务

根据《合伙企业法》第七十条至第七十三条的规定，有限合伙人享有的权利是：有限合伙人可以与本有限合伙企业进行交易；有限合伙人可以自营或者同他人合作经营与本有限合伙企业相竞争的业务；有限合伙人可以将其在有限合伙企业中的财产份额出质；有限合伙人可以按照合伙协议的约定向合伙人以外的人转让其在有限合伙企业中的财产份额，但应当提前 30 日通知其他合伙人；有限合伙人的自有财产不足清偿其与合伙企业无关的债务的，该合伙人可以以其从有限合伙企业中分取的收益用于清偿，债权人也可以依法请求人民法院强制执行该合伙人在有限合伙企业中的财产份额用于清偿。

有限合伙人必须遵守的义务是不得执行合伙事务，不得对外代表有限合伙企业。但是，根据《合伙企业法》第六十八条规定，有限合伙人的下列行为不视为执行合伙事务：①参与决定普通合伙人入伙、退伙；②对企业的经营管理提出建议；③参与选择承办有限合伙企业审计业务的会计师事务所；④获取经审计的有限合伙企业的财产会计报告；⑤对涉及自身利益的情况，查阅有限合伙企业财产会计账簿等财务资料；⑥在有限合伙企业中的利益受到侵害时，向有责任的合伙人主张权利或者提起诉讼；⑦执行事务合伙人怠于行使权力时，督促其行使权力或者为了本企业的利益以自己的名义提起诉讼；⑧依法为本企业提供担保。

2. 普通合伙人的权利与义务

有限合伙企业的普通合伙人的权利和义务与普通合伙企业的合伙人的权利与义务一致。

（三）有限合伙企业的外部关系

合伙企业的外部关系是指合伙人同第三人之间的关系。《合伙企业法》第六十二条规定，有限合伙企业由普通合伙人执行合伙事务。执行事务合伙人可以要求在合伙协议中确定执行事务的报酬及报酬提取方式。

有限合伙人不对外代表合伙企业，但是若第三人有理由相信有限合伙人为普通合伙人并与其交易的，该有限合伙人对该笔交易承担与普通合伙人同样的责任。同时，有限合伙人未经授权以有限合伙企业名义与他人进行交易，给有限合伙企业或者其他合伙人造成损失的，该有限合伙人应当承担赔偿责任。

（四）有限合伙企业的入伙与退伙

1. 入伙

根据《合伙企业法》第七十二条规定，新入伙的有限合伙人对入伙前有限合伙企业的债务，以其认缴的出资额为限承担责任。

2. 退伙

《合伙企业法》第七十八条对于有限合伙人的当然退伙做了特殊规定。合伙人有下列情形之一的，属于当然退伙：①作为合伙人的自然人死亡或者被依法宣告死亡；②作为合伙人的法人或者其他组织依法被吊销营业执照、责令关闭、撤销，或者被宣告破产；③法律规定或者合伙协议约定合伙人必须具有相关资格而丧失该资格；④合伙人在合伙企业中的全部财产份额被人民法院强制执行。

合伙人被依法认定为无民事行为能力人或者限制民事行为能力人的，经其他合伙人一致同意，可以依法转为有限合伙人，普通合伙企业依法转为有限合伙企业。其他合伙人未能一致同意的，该无民事行为能力或者限制民事行为能力的合伙人退伙。

退伙事由实际发生之日为退伙生效日。

同时，《合伙企业法》第七十九条、第八十条又规定，作为有限合伙人的自然人在有限合伙企业存续期间丧失民事行为能力的，其他合伙人不得因此要求其退伙；作为有限合伙人的自然人死亡、被依法宣告死亡或者作为有限合伙人的法人及其他组织终止时，其继承人或者权利承受人可以依法取得该有限合伙人在有限合伙企业中的资格。

有限合伙人退伙后，对基于其退伙前的原因发生的有限合伙企业债务，以其退伙时从有限合伙企业中取回的财产承担责任。

四、合伙企业的解散和清算

（一）合伙企业的解散

合伙企业的解散是指合伙人解除合伙协议，合伙关系归于消灭，合伙企业终止活动的法律行为。《合伙企业法》第八十五条规定，合伙企业有下列情形之一的，应当解散：①合伙期限届满，合伙人决定不再经营；②合伙协议约定的解散事由出现；③全体合伙人决定解散；④合伙人已不具备法定人数满 30 天；⑤合伙协议约定的合伙目的已经实现或者无法实现；⑥依法被吊销营业执照、责令关闭或者被撤销；⑦法律、行政法规规定的其他原因。

（二）清算

合伙企业解散后应当进行清算，并通知和公告债权人。

1. 清算人的确定及其职权

合伙企业解散，应当由清算人进行清算。

（1）清算人的确定。清算人由全体合伙人担任；经全体合伙人过半数同意，可以自合伙企业解散事由出现后 15 日内指定 1 个或者数个合伙人，或者委托第三人，担任清算人。自合伙企业解散事由出现之日起 15 日内未确定清算人的，合伙人或者其他利害关系人可以申请人民法院指定清算人。

（2）清算人的职权。根据《合伙企业法》第八十七条规定，清算人在清算期间执行下列事务：①清理合伙企业财产，分别编制资产负债表和财产清单；②处理与清算有关的合伙企业未了结的事务；③清缴所欠税款；④清理债权、债务；⑤处理合伙企业清偿债务后的剩余财产；⑥代表合伙企业参加诉讼或者仲裁活动。

2. 合伙企业财产清偿顺序

合伙企业财产应首先支付清算费用和职工工资、社会保险费用、法定补偿金以及缴纳所欠税款、清偿债务，其剩余财产，可以依照合伙协议或法律的规定在合伙人之间进行分配。

3. 合伙企业的注销

清算结束，清算人应当编制清算报告，经全体合伙人签名、盖章后，在 15 日内向企业登记机关报送清算报告，申请办理合伙企业注销登记。

4. 合伙人对原合伙企业债务的承担

合伙企业注销后，原普通合伙人对合伙企业存续期间的债务仍应承担无限连带责任。合伙企业不能清偿到期债务的，债权人可以依法向人民法院提出破产清算申请，也可以要求普通合伙人清偿。合伙企业依法被宣告破产的，普通合伙人对合伙企业债务仍应承担无限连带责任。

五、法律责任

（一）违反企业登记管理的法律责任

关于违反企业登记管理的法律责任，《合伙企业法》作了以下三个方面的规定。

（1）提交虚假文件或者采取其他欺骗手段，取得合伙企业登记的，由企业登记机关责令改正，处以五千元以上五万元以下的罚款；情节严重的，撤销企业登记，并处以五万元以上二十万元以下的罚款。

（2）合伙企业未在其名称中标明“普通合伙”“特殊普通合伙”或者“有限合伙”字样的，由企业登记机关责令限期改正，处以二千元以上一万元以下的罚款。

（3）未领取营业执照，而以合伙企业或者合伙企业分支机构名义从事合伙业务的，由企业登记机关责令停止，处以五千元以上五万元以下的罚款。

（二）违反合伙企业事务执行规定的法律责任

关于违反合伙企业事务执行规定的法律责任，《合伙企业法》作了以下四个方面的规定。

（1）合伙人执行合伙事务，或者合伙企业从业人员利用职务上的便利，将应当归合伙企业的利益据为己有的，或者采取其他手段侵占合伙企业财产的，应当将该利益和财产退还合伙企业；给合伙企业或者其他合伙人造成损失的，依法承担赔偿责任。

（2）对本法规定或者合伙协议约定必须经全体合伙人的一致同意方可执行的事务，合伙人擅自处理，给合伙企业或者其他合伙人造成损失的，依法承担赔偿责任。

（3）不具有事务执行权的合伙人擅自执行合伙事务，给合伙企业或者其他合伙人造成损失的，依法承担赔偿责任。

（4）合伙人违反法律规定或者合伙协议的约定，从事与本合伙企业相竞争的业务或者与本合伙企业进行交易的，该收益归合伙企业所有；给合伙企业或者其他合伙人造成损失的，依法承担赔偿责任。

（三）违反清算规定的法律责任

关于违反清算规定的法律责任，《合伙企业法》作了以下三个方面的规定。

（1）清算人未依照法律规定向企业登记机关报送清算报告，或者报送清算报告隐瞒重要事实，或者有重大遗漏的，由企业登记机关责令改正。由此产生的费用和损失，由清算人承担和赔偿。

（2）清算人执行清算事务，牟取非法收入或者侵占合伙企业财产的，应当将该收入和侵占的财产退还合伙企业；给合伙企业或者其他合伙人造成损失的，依法承担赔偿责任。

（3）清算人违反法律规定，隐匿、转移合伙企业财产，对资产负债表或者财产清单作虚假记载，或者在未清偿债务前分配财产，损害债权人利益的，依法承担赔偿责任。

（四）行政管理机关的法律责任

有关行政管理机关的工作人员违反法律规定，滥用职权、徇私舞弊、收受贿赂、分割合伙企业合法权益的，依法给予行政处分。

思考练习题

一、名词解释

1. 合伙企业
2. 无限连带责任
3. 有限合伙企业
4. 入伙
5. 退伙

二、选择题

1. 普通合伙人对合伙企业的债务承担（　　）。

A. 有限责任　　B. 无限责任　　C. 无限连带责任　　D. 不能确定

2. 一般情况下，有限合伙人对合伙企业的债务承担（　　）。

A. 无限责任　　B. 无限连带责任　　C. 有限责任　　D. 不能确定

3. 除合伙协议另有约定外，合伙人向合伙人以外的人转让其在合伙企业中的全部或部分财产份额时，须经（　　）一致同意。

A. 三分之一合伙人　　B. 半数合伙人

C. 三分之二合伙人　　D. 全体合伙人

4. 入伙后，新合伙人对入伙前合伙企业的债务（　　）。

A. 承担有限责任　　B. 承担无限责任

C. 承担无限连带责任　　D. 不承担责任

5. 退伙后，退伙人对基于其退伙前的原因发生的合伙企业债务（　　）。

A. 承担有限责任　　B. 承担无限责任

C. 承担无限连带责任　　D. 不承担责任

三、简答题

1. 合伙企业设立的条件是什么?
2. 简述普通合伙企业的内部和外部关系。
3. 简述协议退伙、当然退伙、除名退伙的情形。
4. 有限合伙人的权利与义务是什么?

四、案例分析

某年初，孙某与程某、陈某合伙开矿，该矿登记为普通合伙企业，由孙某负责执行合伙事务。王某预付 10 万元购买矿石，孙某向王某出具收条一张，载明“今收到王某购买矿石货款现金拾万元整”。之后，王某既未获得矿石，也未能收回预付款。于是，王某将孙某诉至法院，要求其偿还 10 万元欠款。法院审理期间，欲追加其他合伙人，但是王某坚持只要求孙某一人作为被告。

［试分析］本案如何处理？

第五节　公司法律制度

【本节重点】

1. 公司的设立条件。
2. 公司的组织结构。
3. 高级管理人员的任职资格和义务。

【引例】　　全国首例认缴注册资本纠纷案

上海某投资公司于 2013 年 11 月成立，注册资本 2000 万元，实缴金额 400 万元。其中公司发起人徐某认缴出资额为 1400 万元、实缴出资额为 280 万元，毛某认缴出资额为 600 万元，实缴出资额为 120 万元；认缴出资期限为两年。2014 年 4 月，毛某将公司股权转让给林某。同时，投资公司通过股东会决议，决定成立新一届股东会，徐某与林某将公司资本由 2000 万元增资到 10 亿元，实缴金额还是 400 万元。公司新章程约定，两名股东要在 2024 年 12 月 31 日之前完成出资。2014 年 5 月 1 日，上海某国际贸易有限公司（以下简称“国贸公司”）与投资公司签订《股权转让协议》。根据该协议，投资公司同意以人民币 7960 万元的价格购买国贸公司持有的上海某贸易有限公司 99.5%的股权，投资公司应于股权转让协议签订后 30 日内支付全部股权转让款。2014 年 5 月，国贸公司依约完成了上述全部股权转让的工商变更登记手续，但投资公司迟迟未依约支付股权转让款。在国贸公司的多次催促下，2014 年 7 月 1 日，双方达成补充协议，约定了股权转让款的具体分期支付计划，首期 2000 万元股权转让款应在 2014 年 8 月 30 日前支付。2014 年 7 月底，投资公司召开股东会作出如下决议：①公司注册资本金由 10 亿元减至 400 万元；②股东徐某退出公司，将其股份转让给接某。2014 年 9 月，投资公司正式向工商登记机关申请注册资本金额由 10 亿元减至 400 万元。在有关债务清偿及担保情况说明中，投资公司的表述为“公司对外债务为 0 万元。至 2014 年 9 月 22 日，公司已向要求清偿债务或者提供担保的债权人清偿了全部债务或提供了相应的担保。未清偿的债务，由公司继续负责清偿，并由接某和林某在法律规定的范围内提供相应的担保”。2014 年 10 月，工商登记机关准予投资公司注册资本金额由 10 亿元减资至 400 万元的变更登记。国贸公司得知了投资公司减资的消息后，诉至法院，请求判令投资公司支付股权转让款首期款 2000 万元，接某、被告林某在各自未出资本息范围内就投资公司不能清偿的部分承担补充赔偿责任，徐某、毛某、接某、林某之间承担连带责任。2015 年 5 月 25 日，普陀区法院就案件作出一审判决：投资公司在判决生效之日起十日内向国贸公司支付股权转让款首期款 2000 万元；对投资公司不能清偿的股权转让款，徐某和林某在 10 亿元注册资本未出资的本息范围内履行出资义务，承担补充清偿责任。

评析：

众所周知，公司是市场经济中最主要的主体。公司制度是我国社会主义市场经济法律制度的重要组成部分。公司制度的设计既有经济价值目标（如鼓励投资），也有公平、正义的伦理价值目标（如保护公司债权人利益）。公司制度的发展，其实质是不断探索如何平衡股东和债权人之间的利益，兼顾实现公司制度的两个价值目标。

我国《公司法》一直以来严格奉行法定资本制、实缴登记制，被认为更倾向于保护交易秩序和安全，从而在一定程度上抑制了投资创业的积极性。2012 年起我国开始试点商事登记制度改革。2013 年 12 月 28 日全国人大常委会修订《公司法》，国务院 2014 年 2 月 7 日印发《注册资本登记制度改革方案》，在全国范围推进注册资本登记制度的改革。本次改革的目标之一是通过改革公司注册资本及其他登记事项，放松对市场主体准入的管制，降低准入门槛，优化营商环境，促进市场主体加快发展。

公司注册资本改革是本次改革最重要的一项内容，将注册资本的实缴登记制改为认缴登记制，除法律另有规定外，对大部分公司取消最低注册资本限额，不再限制公司设立时全体股东（发起人）的首次出资比例，不再限制公司全体股东（发起人）的货币出资金额占注册资本的比例，不再规定公司股东（发起人）缴足出资的期限，也不要求提交验资报告。但是，认缴不等于不用缴，股东（发起人）应根据公司章程的记载对其认缴的出资额，按照约定的出资方式、出资期限承担出资义务。

在本案中，投资公司在 2014 年 4 月进行将注册资本从 2000 万元增加到 10 亿元，两名股东承诺在 2024 年 12 月 31 日之前完成缴付出资。但是，目前投资公司出现了巨额债务，公司资本已不足以承担债务，因此，此时投资公司的股东应提前履行出资义务，以便能够对原告承担财产责任。如果僵化地坚持股东一直到认缴期限届满时才有出资义务，则会让资本认缴制成为个别股东逃避法律责任的借口。法院判决投资公司的股东缴纳出资以承担本案中的责任，平衡保护了债权人和公司股东的利益。

一、公司概述

（一）公司的概念

当今世界，无论在何处，公司都是社会经济因素中最活跃、最重要的商事组织。但是，对于公司的概念并没有统一的界定。根据《公司法》第二条、第三条规定的有关内容，可以对公司的概念做如下归纳：公司是以营利为目的的企业法人；公司有独立的法人财产，享有法人财产权，以其全部财产对公司的债务承担责任。

（二）公司的特征

一般来说，公司具有下列四个特征。

1. 营利性

公司是以营利为目的的商事组织。公司设立的目的是为了获得一定的利润。尽管存在不少以经营亏损或者破产清算而终结的公司，但公司并不因此丧失其设立目的的营利性特征。这是公司与非营利性的公益法人最主要的区别。

2. 法人性

作为商品生产和商品交换高度发达的产物，公司是企业法人的典型形式：公司拥有独立的法人财产，公司的财产最初源于股东的出资；公司享有法人财产权，股东财产与公司财产分离，股东无权直接处分公司的财产；公司独立承担民事责任，以其全部财产对公司的债务承担责任。股东仅以其认缴的出资额或者认购的股份为限对公司承担责任，这是公司与合伙企业、个人独资企业的主要区别之一。

但是，《公司法》第二十条又作出了关于股东承担连带责任的规定，公司股东应当遵守法律、行政法规和公司章程，依法行使股东权利，不得滥用股东权利损害公司或者其他股东的利益；不得滥用公司法人独立地位和股东有限责任损害公司债权人的利益。公司股东滥用股东权利给公司或者其他股东造成损失的，应当依法承担赔偿责任。公司股东滥用公司法人独立地位和股东有限责任，逃避债务，严重损害公司债权人利益的，应当对公司债务承担连带责任。

3. 依法成立

为了保护公司、股东和债权人的合法权益，维护社会经济秩序，促进社会主义市场经济的发展，公司的成立必须严格符合《公司法》的有关条件，并且遵守公司登记的法定程序。

4. 严密的组织机构

对于一般的企业法人的组织机构，法律上并没有特别细致、严格的规定。但是，《公司法》对公司则要求必须建立特定的组织机构，并相应制定了各个组织机构的名称，设置职权和议事规则，使公司的组织形式比一般的企业法人更严密、更完整。

（三）公司的类型

从世界范围来考察，根据不同的划分标准可将公司分成不同的类型。

（1）无限公司、有限公司、股份有限公司及两合公司。这是根据股东对公司债务承担责任的不同对公司进行的划分。无限公司，是指全体股东对公司债务负无限连带责任的公司。有限责任公司和股份有限公司是指全体股东对公司债务仅以各自出资额为限承担责任的公司，且股份有限公司的注册资本须划分为等额的股份。两合公司是指一部分股东对公司债务负无限责任，另一部分股东对公司债务以其出资额为限承担责任的公司。

（2）人合公司、资合公司和人资两合公司。这是根据公司的信用基础不同对公司所作的分类。凡是公司的信用基础在于股东个人而不取决于公司资本的，称为人合公司，它的典型代表是无限公司。凡公司的信用基础是公司的资本数额而不是个人信用的，称为资合公司，它的典型代表是股份有限公司。凡公司的信用基础兼有股东个人信用和公司资本数额两方面的，称为人合兼资合公司，即人资两合公司，它的典型代表是两合公司。

（3）母公司和子公司。这是根据公司之间的控制或支配关系进行的划分。处于控制、支配地位的是母公司，被控制、被支配的公司则是子公司。无论是母公司还是子公司都是各自独立的法人。

（4）总公司和分公司。这是以公司内部的管辖系统为划分标准。总公司又称本公司，是指属于管理中心地位的公司；分公司则是本公司的分支机构，不具有独立的法人地位。

（5）本国公司和外国公司。这是根据公司国籍的不同进行的划分。凡是在本国登记注册、领取营业执照获得法人地位的公司称为本国公司；依外国法律在外国登记注册、领取营业执照的公司则是外国公司。

我国《公司法》第二条明确指出，我国所称的公司只包括有限责任公司和股份有限公司。

二、公司法的概念

（一）公司法的定义

公司法的概念包括广义概念和狭义概念。狭义的公司法仅指《公司法》法典。《公司法》于 1993 年 12 月 29 日由第八届全国人民代表大会常务委员会第五次会议通过，1994 年 7 月 1 日起施行。2005 年 10 月 27 日第十届全国人民代表大会常务委员会第十八次会议对《公司法》进行了第一次修订。现行《公司法》是 2013 年 12 月 28 日第二次修正的，于 2014 年 3 月 1 日起施行。广义的公司法是指调整公司关系的法律规范的总称，其内容涉及公司的设立、组织、活动、解散及其他对内对外关系，等等。广义公司法除包括狭义的公司法以外，还包括其他，如《中外合资经营企业法》《中华人民共和国商业银行法》（以下简称《商业银行法》）、《中华人民共和国公司登记管理条例》（以下简称《公司登记管理条例》）等法律、法规中关于公司设置、公司登记的特殊规定，以及《最高人民法院关于适用〈中华人民共和国公司法〉若干问题的规定》（一）、（二）、（三）（四）等司法解释。

（二）公司法的特点

作为调整公司关系的法律规范，公司法具有如下特点。

（1）公司法是组织法。它规定了公司的种类，确认了公司的法律地位和资格，明确了公司设立的条件和程序、公司和公司股东权利和义务、公司内部组织机构的设置及其职权，公司的分立、合并、终止程序等。

（2）公司法是行为法。公司的行为可分为两个方面：一方面是开展生产经营业务，如股东会、董事会决议等；另一方面则与其自身特点密切相关，如股票与公司债券的发行与转让等。因此，我国《公司法》还规定了涉及金融证券等方面的内容。

（3）公司法是公私混合法。公司法一方面体现了国家对社会经济生活的干预，要求公司的设立和运行必须严格遵守公司法的规定，对于守法者给予保护，违法者予以惩罚；另一方面又通过某些任意性条款允许公司及股东享有一定的自由决定权。

三、公司的设立

（一）公司设立的概念

公司的设立，是指出资人或者发起人为组建公司、取得法人资格，依照法律规定的条件和程序而完成的一系列的准备行为。根据《最高人民法院关于适用〈中华人民共和国公司法〉若干问题的规定（三）》，为设立公司而签署公司章程、向公司认购出资或者股份并履行公司设立职责的人，应当认定为公司的发起人，包括有限责任公司设立时的股东。

（二）公司设立的方式

1. 有限责任公司设立方式

有限责任公司只能由股东认购公司全部的股本。

2. 股份有限公司设立方式

（1）发起设立。发起设立是指由公司的发起人认购公司应发行的全部股本或股份而设立公司。

（2）募集设立。 募集设立是指由发起人认购公司应发行股份的一部分，其余股份向社会公开募集或者向特定对象募集而设立公司。

（三）公司设立的条件

根据《公司法》的有关规定，设立公司应符合以下条件。

1. 有限责任公司设立的条件

（1）股东人数须符合法律规定。有限责任公司由五十个以下股东出资设立。

（2）有符合公司章程规定的全体股东认缴的出资额。有限责任公司的注册资本是在公司登记机关登记的全体股东认缴的出资额。法律、行政法规以及国务院对有限责任公司注册资本实缴、注册资本最低限额另有规定的，从其规定。

（3）股东共同制定公司章程。有限责任公司的公司章程应当载明下列事项：①公司名称和住所；②公司经营范围；③公司注册资本；④股东的姓名或者名称；⑤股东的出资方式、出资额和出资时间；⑥公司的机构及其产生办法、职权、议事规则；⑦公司法定代表人；⑧股东会会议认为需要规定的其他事项。股东应当在公司章程上签名、盖章。

（4）有公司名称，建立符合有限责任公司要求的组织机构。公司名称是使公司人格特定化的标志。公司以自己的名称独立地进行生产经营活动，区别于其他公司的营业。《公司法》规定，依法设立的有限责任公司，必须在公司名称中标明“有限责任公司”或者“有限公司”字样。有限责任公司必要的组织机构包括股东会、董事会和监事会。

（5）有公司住所。公司住所是公司章程载明并在登记机关依法登记的公司所在地。确定公司住所，对于确认公司登记及税收等的行政管辖、诉讼方面等的司法管辖，以及合同履行等的民事交往方面都具有非常重要的意义。《公司法》第十条规定，公司以其主要办事机构所在地为住所。登记后公司的主要办事机构发生变更的，应依法办理变更手续。

2. 股份有限公司设立条件

（1）发起人符合法定人数。设立股份有限公司，应当有 2 人以上 200 人以下为发起人，其中须有半数以上的发起人在中国境内有住所。

（2）有符合公司章程规定的全体发起人认购的股本总额或者募集的实收股本总额。股份有限公司采取发起方式设立的，注册资本为公司在公司登记机关登记的全体发起人认购的股本总额，在发起人认购的股份缴足前，不得向他人募集股份。股份有限公司采取募集方式设立的，注册资本为在公司登记机关登记的实收股本总额。法律、行政法规以及国务院对股份有限公司注册资本实缴、注册资本最低限额另有规定的，从其规定。募集方式设立时公司全体发起人认购的股份不得少于公司股份总数的百分之三十五。但是，法律、行政法规另有规定的，从其规定。

（3）股份发行、筹办事项符合法律规定。以募集方式设立的股份有限公司，发起人须公告招股说明书，制作认股书，由证券公司承销、银行代收股款。招股说明书应当附有发起人制定的公司章程，并载明下列事项：① 发起人认购的股份数；②每股的票面金额和发行价格；③无记名股票的发行总数；④募集资金的用途；⑤认股人的权利、义务；⑥本次募股的起止期及逾期未募足时认股人可以撤回所认股份的说明。

（4）发起人制定公司章程，采用募集方式设立的经创立大会通过。股份有限公司章程应当载明下列事项：①公司名称和住所；②公司经营范围；③公司设立方式；④公司股份总数、每股金额和注册资本；⑤发起人的姓名或者名称、认购的股份数、出资方式和出资时间；⑥董事会的组成、职权和议事规则；⑦公司法定代表人；⑧监事会的组成、职权和议事规则；⑨公司利润分配方法；⑩公司的解散事由与清算办法；⑪公司的通知和公告办法；⑫股东大会会议认为需要约定的其他事项。

（5）有公司名称，建立符合要求的组织机构。依法设立的股份有限公司，必须在公司名称中标明“股份有限公司”或者“股份公司”字样。股份有限公司必要的组织机构包括股东大会、董事会和监事会。上市公司的组织机构还应符合《公司法》的特别规定。

（6）股份有限公司以其主要办事机构所在地为住所。

（四）公司设立的程序

1. 有限责任公司的设立程序

与股份有限公司设立程序相比较，有限责任公司的设立程序较为简单。有限责任公司的股东需预先申请公司名称核准，在定立公司章程、设立组织机构后，由全体股东指定的代表或者共同委托的代理人向公司登记机关报送公司登记申请书、公司章程等文件，申请设立登记。依法需要前置审批的，须先向审批部门申领许可证或批准文件，才能办理设立登记。

2. 股份有限公司的设立程序

以发起设立的方式设立股份有限公司的，其设立程序与有限责任公司的基本一致。以募集方式设立的股份有限公司，其设立程序则较为复杂。在发起人定立公司章程、缴纳股款后，发起人还须向社会募集股款。发行股份的股款缴足后，必须经依法设立的验资机构验资，并出具验资证明。发起人应当自股款缴足之日起 30 日内主持召开公司创立大会。创立大会由发起人、认股人组成。创立大会除选举董事会和监事会成员外，还审议发起人关于公司筹办情况的报告；通过公司章程；对公司的设立费用及发起人用于抵作股款的财产作价进行审核；当发生不可抗力或者经营条件发生重大变化直接影响公司设立时，可以做出不设立公司的决议。董事会应于创立大会结束后 30 日内，向公司登记机关报送下列文件，申请设立登记：①公司登记申请书；②创立大会的会议记录；③公司的章程；④验资证明；⑤法定代表人、董事、监事的任职文件及身份证明；⑥发起人的法人资格证明或者自然人身份证明；⑦公司住所证明。

公司登记机关接到有限责任公司和股份有限公司的设立登记申请后，依法予以核准登记，并颁发营业执照。公司自营业执照颁发之日起成立。

四、公司的资本与股份

（一）公司的资本

公司的资本有广义和狭义之分。广义的公司资本是指公司生产经营的全部财产，包括股东出资、公司债、利润留成、接受捐款等。狭义的公司资本仅指股本或股份资本，是公司成立时公司章程所规定的、股东出资构成的财产总额。公司资本是公司存在的基本要素，是公司进行生产经营活动的基本物质条件，是对债权人的利益最基本的保证，也是股东对公司享有权益的基础和表现形式。根据我国《公司法》的规定，有限责任公司的注册资本为在公司登记机关登记的全体股东认缴的出资额；股份有限公司采取发起设立方式设立的，注册资本为在公司登记机关登记的全体发起人认缴的股本总额；股份有限公司采取募集方式设立的，注册资本为在公司登记机关登记的实收股本总额。

（二）公司的股份

公司的股份是计量公司股本的最小单位。股份有限公司的资本划分为股份，每一股的金额相等。股份的表现形式是股票。股票是公司签发的证明股东所持股份的凭证。《公司法》规定，股份的发行实行公平的原则，须同股同权、同股同利。股票可分为记名股票和无记名股票，公司向发起人、法人发行的股票应为记名股票，并置备股东名册；发行无记名股票的，公司应当记载其股票数量、编号和发行日期。股票发行价格可以按票面金额，也可以超过票面金额，但不得低于票面金额。股票采用纸面形式或者国务院证券监督管理机构规定的其他形式。股票应载明下列主要事项：①公司名称；②公司成立日期；③股票种类、票面金额及代表的股份数；④股票的编号。

五、股东出资与股份的转让

（一）股东出资

股东出资是公司设立的基本条件。股东可以用货币出资，也可以用实物、知识产权、土地使用权等出资，可以用货币估价并可以用依法转让的非货币财产作价出资，法律、行政法规规定不得作为出资的财产除外。对作为出资的非货币财产应当评估作价、核实财产，不得高估或者低估作价。法律、行政法规对评估作价有规定的，从其规定。

股东应当按期足额缴纳公司章程中规定的各自所认缴的出资额。股东以货币出资的，应当将货币出资足额存入有限责任公司和股份有限公司在银行开设的账户；以非货币财产出资的，应当依法办理其财产权的转移手续。股东不按照前款规定缴纳出资的，除应当向公司足额缴纳外，还应当向已按期足额缴纳出资的股东承担违约责任。

（二）股权与股份转让

公司股权或股份的转让是指持有公司股权或股份的股东依法将自己持有的股权或股份转让与其他人，使其他人成为公司股东的法律行为。有限责任公司的股权转让与股份有限公司的股份转让有很大差别。

1. 有限责任公司的股权转让

根据《公司法》第三章的有关规定，有限责任公司的股权转让情况可以作以下几种分类。

（1）股权自愿转让。有限责任公司的股东之间可以相互转让其全部或部分股权。股东向股东以外的人转让股权，应当经其他股东过半数同意，股东应就其股权转让事项书面通知其他股东征求同意，其他股东自接到书面通知之日起满 30 日未答复的，视为同意转让。其他股东半数以上不同意转让的，不同意的股东应当购买该转让的股权，不购买的，视为同意转让。经股东同意转让的股权，在同等条件下，其他股东有优先购买权。2 个以上股东主张行使优先购买权的，协商确定各自的购买比例，协商不成的，按照转让时各自的出资比例行使优先购买权。公司章程对股权转让另有规定的，从其规定。

（2）股权强制转让。股权强制转让是指人民法院依照法律规定的强制执行程序转让股东的股权。《公司法》第七十二条规定，在转让股权时，应当通知公司及全体股东，其他股东在同等条件下有优先购买权。其他股东自人民法院通知之日起满 20 日不行使优先购买权的，视为放弃优先购买权。

（3）股权收购。根据《公司法》第七十五条规定，有下列情形之一的，对股东会该项决议投反对票的股东可以请求公司按照合理的价格收购其股权：①公司连续 5 年不向股东分配利润，而公司该 5 年连续盈利，并且符合本法规定的分配利润条件的；②公司合并、分立、转让主要财产的；③公司章程规定的营业期限届满或者章程规定的其他解散事由出现，股东会会议通过决议修改章程使公司存续的。《公司法》还规定，自股东会会议决议通过之日起 60 日内，股东与公司不能达成股权收购协议的，股东可以自股东会会议决议通过之日起 90 日内向人民法院提起诉讼，依法请求人民法院维护其合法权益。

（4）股权继承。《公司法》第七十五条规定，自然人股东死亡后，其合法继承人可以继承股东资格，但是公司章程另有规定的除外。

2. 股份有限责任公司的股份转让

由于股份有限公司的股份采用股票的形式，股份的转让实际上是股票的转让。

股东持有的股份可以依法转让，但是，为了维护公司的财产稳定、股东的利益及社会主义经济秩序，《公司法》对公司股份转让做了一些限制。根据《公司法》第五章第二节的有关规定，对股票转让的限制性内容如下。

（1）股东转让其股份，应当在依法设立的证券交易场所进行或者按照国务院规定的其他方式进行。

（2）记名股票，由股东以背书方式或者法律、行政法规规定的其他方式转让，转让后由公司将受让人的姓名或者名称及住所记载于股东名册。无记名股票的转让，由股东将该股票交付给受让人后即发生转让的效力。

（3）发起人持有的本公司股份，自公司成立之日起 1 年内不得转让。公司公开发行股份前已发行的股份，自公司股票在证券交易所上市交易之日起 1 年内不得转让。

（4）公司董事、监事、高级管理人员应当向公司申报所持有的本公司的股份及其变动情况，在任职期间每年转让的股份不得超过其所持有本公司股份总数的百分之二十五；所持有公司股份自公司股票上市交易之日起 1 年内不得转让。上述人员离职后半年内，不得转让其所持有的本公司股份。公司章程可以对公司董事、监事、高级管理人员转让其所持有的本公司股份做出其他限制性规定。

（5）公司不得收购本公司股份。但是，有下列情形之一的除外：①减少本公司注册资本；②与持有本公司股份的其他公司合并；③将股份奖励给本公司职工；④股东因对股东大会做出的公司合并、分立决议持异议，要求公司收购其股份的。

（6）上市公司的股票，依照有关法律、行政法规及证券交易所交易规则上市交易。

（7）公司不得接受本公司的股票作为抵押权的标的。

六、公司债

（一）公司债和公司债券的概念

公司债是指公司通过发行债券，向社会公众公开募集筹措资金而形成的一种金钱债务。公司债券是指公司依照法定程序发行、约定在一定期限还本付息的有价证券，是公司债的表现形式。公司发行公司债券应当符合《公司法》《中华人民共和国证券法》（以下简称《证券法》）的有关规定。

（二）公司债的种类

依照《公司法》的有关内容，公司债主要有以下两种分类。

（1）记名公司债和无记名公司债。根据公司债是否在公司债券上记载公司债债权人的名称，可将公司债划分为记名公司债和无记名公司债。我国《公司法》第一百五十六条规定，公司债券，可以为记名债券，也可以为无记名债券。第一百五十七条又规定，公司发行公司债券应当置备公司债券存根簿。发行记名公司债券的，应当在公司债券存根簿上载明下列事项：①债券持有人的姓名或者名称及住所；②债券持有人取得债券的日期及债券的编号；③债券的总额、债券的票面金额利率、还本利息的期限和方式；④债券的发行日期。发行无记名公司债券的，应当在公司债券存根簿上载明债券总额、利率、偿还期限和方式、发行日期及债券的编号。

（2）转换公司债和非转换公司债。根据公司债是否可以转换为公司股份，可将公司债划分为转换公司债和非转换公司债。前者依公司债债权人的请求，可以按照事先约定的办法转换为公司股份，而后者则不能转换为公司股份。根据我国《公司法》第一百六十一条规定，上市公司经股东大会决议可以发行可转换为股票的公司债券，并在公司债券募集办法中规定具体的转换办法。上市公司发行转换为股票的公司债券，应当报国务院证券监督管理机构核准。

公司发行可转换为股票的公司债券，应当在债券上标明“可转换公司债券”字样，并在公司债券存根簿上载明可转换公司债券的数额。当债券持有人要求将债券转换为股票时，公司应当按照其转换办法向债券持有人换发股票。债券持有人对转换股票或者不转换股票有选择权。

（三）公司债的发行与转让

1. 公司债的发行

公司债是公司筹集资金的重要途径。由于公司债具有广泛的社会性，为了维护社会经济秩序和保障社会公众利益，公司债的发行必须符合法律规定的条件。《公司法》对于公司债的发行并没有涉及具体条件，但明确提出：公司发行公司债券应当符合《证券法》规定的发行条件。这一规定符合《公司法》与《证券法》各自的立法宗旨与职能。

2. 公司债的转让

公司债券可以转让，转让价格由转让人与受让人约定。公司债的转让方式，依其为记名公司债还是无记名公司债而有所不同。根据《公司法》第一百五十九条规定，记名公司债券，由债券持有人以背书方式或者法律、行政法规规定的其他方式转让，转让后由公司将受让人的姓名或者名称及住所记载于公司债券存根簿；而无记名公司债券的转让，由债券持有人将该债券交付给受让人后即发生转让的效力。

七、公司的组织机构

（一）有限责任公司的组织机构

1. 股东会

股东会由全体股东组成，是公司的权力机构，依法行使其职能。

（1）股东会的职权。《公司法》第三十七条规定，股东会行使下列职权：①决定公司的经营方针和投资计划；②选举和更换非由职工代表担任的董事、监事，决定有关董事、监事的报酬事项；③审议批准董事会的报告；④审议批准监事会或者监事的报告；⑤审议批准公司的年度财务预算方案、决算方案；⑥审议批准公司的利润分配方案和弥补亏损方案；⑦对公司增加或者减少注册资本作出决议；⑧对发行公司债券作出决议；⑨对公司合并、分立、解散、清算或者变更公司形式作出决议；⑩修改公司章程；⑪公司章程规定的其他职权。

对上述所列事项，股东以书面形式一致表示同意的，可以不召开股东会会议，直接作出决定，并由全体股东在决定文件上签名、盖章。

（2）股东会的召集。首次股东会会议由出资最多的股东召集和主持，依法行使职权。股东会会议分为定期会议和临时会议。定期会议应当依照公司章程的规定按时召开。代表十分之一以上表决权的股东、三分之一以上的董事、监事会或者不设监事会的公司的监事提议召开临时会议的，应当召开临时会议。

有限责任公司设立董事会的，股东会会议由董事会召集，董事长主持；董事长不能履行职务或者不履行职务的，由副董事长主持；副董事长不能履行职务或者不履行职务的，由半数以上董事共同推举一名董事主持。有限责任公司不设董事会的，股东会会议由执行董事召集和主持；董事会或者执行董事不能履行或者不履行召集股东会会议职责的，由监事会或者不设监事会的公司的监事召集和主持；监事会或者监事不召集和主持的，代表十分之一以上表决权的股东可以自行召集和主持。

（3）股东会的议事规则。召开股东会会议，应当于会议召开 15 日前通知全体股东，公司章程另有规定或者全体股东另有约定的除外。

股东会应当对所议事项的决定做成会议记录，出席会议的股东应当在会议记录上签名。股东会的议事方式和表决程序，除《公司法》另有规定的除外，由公司章程规定。股东会会议做出修改公司章程、增加或者减少注册资本的决议，以及公司合并、分立、解散或者变更公司形式的决议，必须经代表三分之二以上有表决权的股东通过。

2. 董事会

（1）董事会的组成。有限责任公司设董事会，其成员为 3 人至 13 人，法律另有规定的除外。

两个以上的国有企业或者两个以上的其他国有投资主体投资设立的有限责任公司，其董事会成员中应当有公司职工代表；其他有限责任公司董事会成员中可以有公司职工代表。董事会中的职工代表由公司职工通过职工代表大会、职工大会或者其他形式民主选举产生。

董事会设董事长一人，可以设副董事长；董事长、副董事长的产生办法由公司章程规定。

董事任期由公司章程规定，但每届任期不得超过三年，董事任期期满，连选可以连任。

（2）董事会的职权。董事会对股东会负责，行使下列职权：①召集股东会会议，并向股东会报告工作；②执行股东会的决议；③决定公司的经营计划和投资方案；④制订公司的年度财务预算方案、决算方案；⑤制订公司的利润分配方案和弥补亏损方案；⑥制订公司增加或者减少注册资本以及发行公司债券的方案；⑦制订公司合并、分立、解散或者变更公司形式的方案；⑧决定公司内部管理机构的设置；⑨决定聘任或者解聘公司经理及其报酬事项，并根据经理的提名决定聘任或者解聘公司副经理、财务负责人及其报酬事项；⑩制定公司的基本管理制度；⑪公司章程规定的其他职权。

股东人数较少或者规模较小的有限责任公司，可以设 1 名执行董事，不设董事会。执行董事可以兼任公司经理，执行董事的职权由公司章程规定。

（3）董事会的召集和主持。董事会会议由董事长召集和主持；董事长不能履行职务或者不履行职务的，由副董事长召集和主持；副董事长不能履行职务或者不履行职务的，由半数以上董事共同推举 1 名董事召集和主持。

（4）董事会的议事规则。董事会的议事方式和表决程序，除法律有规定的外，由公司章程规定。董事会应当对所议事项的决定做成会议记录，出席会议的董事应当在会议记录上签名。董事会决议的表决，实行1人1票。

（5）经理。有限责任公司可以设经理，由董事会决定聘任或者解聘。经理对董事会负责，行使下列职权：①主持公司的生产经营管理工作，组织实施董事会决议；②组织实施公司年度经营计划和投资方案；③拟订公司内部管理机构设置方案；④拟订公司的基本管理制度；⑤制定公司的具体规章；⑥提请聘任或者解聘公司副经理、财务负责人；⑦决定聘任或者解聘除应由董事会决定聘任或者解聘以外的负责管理人员；⑧董事会授予的其他职权。公司章程对经理职权另有规定的，从其规定。经理列席董事会会议。

3. 监事会

（1）监事会的组成。有限责任公司设监事会，其成员不得少于3人。股东人数较少或者规模较小的有限责任公司，可以设1至2名监事，不设监事会。监事会应当包括股东代表和适当比例的公司职工代表，其中职工代表的比例不得低于三分之一，具体比例由公司章程规定。监事会中的职工代表由公司职工通过职工代表大会、职工大会或者其他形式民主选举产生。监事会设主席1人，由全体监事过半数选举产生。监事的任期每届为3年。监事任期届满，连选可以连任。监事任期届满未及时改选，或者监事在任期内辞职导致监事会成员低于法定人数的，在改选出的监事就任前，原监事仍应当依照法律、行政法规和公司章程的规定，履行监事职务。董事、高级管理人员不得兼任监事。

（2）监事会的召集。监事会主席召集和主持监事会会议；监事会主席不能履行职务或者不履行职务的，由半数以上监事共同推举1名监事召集和主持监事会会议。

（3）监事会的职权。监事会、不设监事会的公司的监事行使下列职权：①检查公司财务；②对董事、高级管理人员执行公司职务的行为进行监督，对违反法律、行政法规、公司章程或者股东会决议的董事、高级管理人员提出罢免的建议；③当董事、高级管理人员的行为损害公司的利益时，要求董事、高级管理人员予以纠正；④提议召开临时股东会会议，在董事会不履行《公司法》规定的召集和主持股东会会议职责时召集和主持股东会会议；⑤向股东会会议提出提案；⑥依照《公司法》规定，对董事、高级管理人员提起诉讼；⑦公司章程规定的其他职权。

（4）监事会的议事规则。监事会每年度至少召开1次会议，监事可以提议召开临时监事会会议。监事会的议事方式和表决程序，除法律有规定的外，由公司章程规定。监事会决议应当经半数以上监事通过。监事会应当将所议事项的决定做成会议记录，出席会议的监事应当在会议记录上签名。

监事可以列席董事会会议，并对董事会决议事项提出质询或者建议。

监事会、不设监事会的公司的监事发现公司经营情况异常，可以进行调查；必要时，可以聘请会计师事务所等协助其工作，费用由公司承担。

4. 国有独资公司的组织机构的特别规定

国有独资公司，是指国家单独出资、由国务院或者地方人民政府授权本级人民政府国有资产监督管理机构履行出资人职责的有限责任公司。国有独资公司设立的组织机构，适用《公司法》的特别规定；没有特别规定的，适用一般规定。

国有独资公司不设股东会，由国有资产监督管理机构行使股东会职权。国有资产监督管理机构可以授权公司董事会行使股东会的部分职权，决定公司的重大事项，但公司的合并、分立、解散、增加或者减少注册资本和发行公司债券，必须由国有资产监督管理机构决定。其中，重要的国有独资公司合并、分立、解散、申请破产的，应由国有资产监督管理机构审核后，报本级人民政府批准。所谓重要的国有独资公司，按照国务院的规定确定。

国有独资公司设董事会，依法行使职权。董事会设董事长 1 人，可以设副董事长。董事长、副董事长由国有资产监督管理机构从董事会成员中指定。董事会成员由国有资产监督管理机构委派，董事会成员中的职工代表由公司职工代表大会选举产生。董事每届任期不得超过 3 年。

国有独资公司监事会成员不得少于 5 人，其中职工代表的比例不得低于三分之一，具体比例由公司章程规定。监事会成员由国有资产监督管理机构委派，监事会成员中的职工代表由公司职工代表大会选举产生。监事会主席由国有资产监督管理机构从监事会成员中指定。监事会行使《公司法》规定的职权和国务院规定的其他职权。

5. 一人有限责任公司的组织机构的特别规定

一人有限责任公司是指只有一个自然人股东或者一个法人股东的有限责任公司。一个自然人只能投资设立一个一人有限责任公司，该一人有限责任公司不能投资设立新的一人责任有限公司。在公司设立时，应当在公司登记中注明自然人独资或者法人独资，并在公司营业执照中载明。一人有限责任公司的设立和组织机构，适用特别规定；没有特别规定的，适用一般规定。

公司章程由股东制定。公司不设股东会，股东作出公司的经营方针和投资计划时，应采用书面形式，并由股东签名后置备于公司。

一人有限责任公司的股东不能证明公司财产独立于股东自己的财产的，应当对公司债务承担连带责任。

（二）股份有限公司的组织机构

1. 股东大会

股份有限公司股东大会由全体股东组成。股东大会是公司的权力机构，依法行使职权。

（1）股东大会的职权。《公司法》第三十七条第一款关于有限责任公司股东会职权的规定，适用于股份有限公司股东大会。

（2）股东大会的召开和召集。《公司法》第一百条规定，股东大会应当每年召开 1 次年会；有下列情形之一的，应当在 2 个月内召开临时股东大会：①董事人数不足《公司法》规定人数或者公司章程所定人数的三分之二时；②公司未弥补的亏损达实收股本总额三分之一时；③单独或者合计持有公司百分之十以上股份的股东请求时；④董事会认为必要时；⑤监事会提议召开时；⑥公司章程规定的其他情形。

召开股东大会会议，应当将会议召开的时间、地点和审议的事项于会议召开 20 日前通知各股东；临时股东大会应当于会议召开 15 日前通知各股东；发行无记名股票的，应当于会议召开 30 日前公告会议召开的时间、地点和审议事项。

单独或者合计持有公司百分之三以上股份的股东，可以在股东大会召开 10 日前提出临时提案并书面提交董事会；董事会应当在收到提案后 2 日内通知其他股东，并将该临时提案提交股东大会审议。临时提案的内容应当属于股东大会职权范围，并有明确议题和具体决议事项。股东大会不得对前两款通知中未列明的事项作出决议。

无记名股票持有人出席股东大会会议的，应当于会议召开 5 日前至股东大会闭会时将股票交存于公司。

股东大会会议由董事会召集，董事长主持；董事长不能履行职务或者不履行职务的，由副董事长主持；副董事长不能履行职务或者不履行职务的，由半数以上董事共同推举 1 名董事主持。董事会不能履行或者不履行召集股东大会会议职责的，监事会应当及时召集和主持；监事会不召集和主持的，连续 90 日以上单独或者合计持有公司百分之十以上股份的股东可以自行召集和主持。

（3）股东大会的议事规则。股东出席股东大会会议，所持每 1 股份有 1 表决权，但是公司持有的本公司股份没有表决权。

股东大会作出决议，必须经出席会议的股东所持表决权过半数通过。但是，股东大会作出修改公司章程、增加或者减少注册资本的决议，以及公司合并、分立、解散或者变更公司形式的决议，必须经出席会议的股东所持表决权的三分之二以上通过。《公司法》和公司章程规定公司转让、受让重大资产或者对外提供担保等事项必须经股东大会作出决议的，董事会应当及时召集股东大会会议，由股东大会就上述事项进行表决。

股东大会选举董事、监事，可以依照公司章程的规定或者股东大会的决议，实行累积投票制。累积投票制，是指股东大会选举董事或者监事时，每 1 股份拥有与应选董事或者监事人数相同的表决权，股东拥有的表决权可以集中使用。股东可以委托代理人出席股东大会会议，代理人应当向公司提交股东授权委托书，并在授权范围内行使表决权。

股东大会应当对所议事项的决定做成会议记录，主持人、出席会议的董事应当在会议记录上签名。会议记录应当与出席股东的签名册及代理出席的委托书一并保存。

2. 董事会

（1）董事会的组成。股份有限公司设董事会，其成员为 5 人至 19 人。董事会成员中可以有公司职工代表。董事会中的职工代表由公司职工通过职工代表大会、职工大会或者其他形式民主选举产生。董事会设董事长 1 人，可以设副董事长。董事长和副董事长由董事会以全体董事的过半数选举产生。

（2）董事会的职权。《公司法》关于有限责任公司董事会职权的规定，适用于股份有限公司董事会。《公司法》关于有限责任公司董事任期的规定，适用于股份有限公司董事。

（3）董事会的召集。董事长召集和主持董事会会议，检查董事会决议的实施情况。副董事长协助董事长工作，董事长不能履行职务或者不履行职务的，由副董事长履行职务；

副董事长不能履行职务或者不履行职务的，由半数以上董事共同推举 1 名董事履行职务。

董事会每年度至少召开 2 次会议，每次会议应当于会议召开 10 日前通知全体董事和监事。代表十分之一以上表决权的股东、三分之一以上董事或者监事会，可以提议召开董事会临时会议。董事长应当自接到提议后 10 日内，召集和主持董事会会议。董事会召开临时会议，可以另定召集董事会的通知方式和通知时限。

（4）董事会的议事规则。董事会会议应有过半数的董事出席方可举行。董事会作出决议，必须经全体董事的过半数通过。董事会决议的表决，实行 1 人 1 票。董事会会议，应由董事本人出席；董事因故不能出席，可以书面委托其他董事代为出席，委托书中应载明授权范围。

董事会应当对会议所议事项的决定做成会议记录，出席会议的董事应当在会议记录上签名。董事应当对董事会的决议承担责任。董事会的决议违反法律、行政法规或者公司章程、股东大会决议，致使公司遭受严重损失的，参与决议的董事对公司负赔偿责任。但经证明在表决时曾表明异议并记载于会议记录的，该董事可以免除责任。

（5）经理。股份有限公司设经理，由董事会决定聘任或者解聘。《公司法》第四十九条关于有限责任公司经理职权的规定，适用于股份有限公司经理。公司董事会可以决定由董事会成员兼任经理。

3. 监事会

（1）监事会的组成。股份有限公司设监事会，其成员不得少于 3 人。监事会应当包括股东代表和适当比例的公司职工代表，其中职工代表的比例不得低于三分之一，具体比例由公司章程规定。监事会中的职工代表由公司职工通过职工代表大会、职工大会或者其他形式民主选举产生。监事会设主席 1 人，可以设副主席。监事会主席和副主席由全体监事过半数选举产生。《公司法》关于有限责任公司监事任期的规定适用于股份有限公司监事。董事、高级管理人员不得兼任监事。

（2）监事会的召集。监事会主席召集和主持监事会会议。监事会主席不能履行职务或者不履行职务的，由监事会副主席召集和主持监事会会议；监事会副主席不能履行职务或者不履行职务的，由半数以上监事共同推举 1 名监事召集和主持监事会会议。

（3）监事会的职权。《公司法》关于有限责任公司监事会职权的规定，适用于股份有限公司监事会。

（4）监事会的召开和议事规则。监事会每 6 个月至少召开 1 次会议。监事可以提议召开临时监事会会议。监事会的议事方式和表决程序，除《公司法》另有规定的外，由公司章程规定。监事会决议应当经半数以上监事通过。监事会应当对所议事项的决定做成会议记录，出席会议的监事应当在会议记录上签名。

4. 上市公司组织机构的特别规定

《公司法》所称上市公司，是指其股票在证券交易所上市交易的股份有限公司。

上市公司在 1 年内购买、出售重大资产或者担保金额超过公司资产总额百分之三十的，应当由股东大会作出决议，并经出席会议的股东所持表决权的三分之二以上通过。

上市公司设立独立董事，具体办法由国务院规定。

上市公司设董事会秘书，负责公司股东大会和董事会会议的筹备、文件保管以及公司股东资料的管理，办理信息披露事务等事宜。

（三）公司董事、监事、高级管理人员的任职资格和义务

1. 公司董事、监事、高级管理人员的任职资格

根据《公司法》的有关规定，公司高级管理人员是指公司的经理、副经理、财务负责人，上市公司董事会秘书和公司章程规定的其他人员。

《公司法》对公司董事、监事、高级管理人员的任职资格作出了限制性规定。有下列情形之一的，不得担任公司董事、监事、高级管理人员：①无民事行为能力或者限制民事行为能力；②因贪污、贿赂、侵占财产、挪用财产或者破坏社会主义市场经济秩序，被判处刑罚，执行期满未逾五年，或者因犯罪被剥夺政治权利，执行期满未逾 5 年；③担任破产清算的公司、企业的董事或者厂长、经理，对该公司、企业的破产负有个人责任的，自该公司、企业破产清算完结之日起未逾 3 年；④担任因违法被吊销营业执照、责令关闭的公司、企业的法定代表人，并负有个人责任的，自该公司、企业被吊销营业执照之日起未逾 3 年；⑤个人所负数额较大的债务到期未清偿。

公司违反规定选举、委派董事、监事或者聘任高级管理人员的，该选举、委派或者聘任无效。董事、监事、高级管理人员在任职期间出现上述所列情形的，公司应当解除其职务。

2. 公司董事、监事、高级管理人员的义务

董事、监事、高级管理人员应当遵守法律、行政法规和公司章程。对公司负有忠实义务和勤勉义务。忠实义务是指公司董事、监事、高级管理人员在执行公司业务时所承担的忠于公司、以追求公司利益作为自己行动的准则，不得追求自己和他人利益的义务。勤勉义务，也称注意义务或审慎义务，是指董事、监事、高级管理人员在管理公司事务过程中，负有运用自己的知识、经验和技能等、为了公司的利益勤勉并谨慎地履行职责的义务。

董事、监事、高级管理人员不得用职权收受贿赂或者其他非法收入，不得侵占公司的财产。董事、高级管理人员也不得有下列行为：①挪用公司资金；②将公司资金以个人名义或者以其他个人名义开立账户存储；③违反公司章程的规定，未经股东会、股东大会或董事会同意，将公司资产借贷给他人或者以公司财产为他人提供担保；④违反公司章程的规定或者未经股东会、股东大会同意，与本公司订立合同或者进行交易；⑤未经股东会或者股东大会同意，利用职务便利为自己或者他人谋取属于公司的商业机会，自营或者与他人经营与所任职公司同类的业务；⑥接受他人与公司交易的佣金归为己有；⑦擅自披露公司秘密；⑧违反对公司忠实义务的其他行为。董事、高级管理人员违反上述规定所得的收入应当归公司所有。

3. 对公司董事、监事、高级管理人员的监督和诉讼

股东会或者股东大会要求董事、监事、高级管理人员列席会议的，董事、监事、

高级管理人员应当列席并接受股东的质询。董事、高级管理人员应当如实向监事会或者不设监事会的有限责任公司的监事提供有关情况和资料，不得妨碍监事会或者监事行使职权。

董事、监事、高级管理人员执行公司职务时违反法律、行政法规或者公司章程的规定，给公司造成损失的，应当承担赔偿责任。对于有上述行为的公司董事、高级管理人员，有限责任公司的股东、股份有限公司连续 180 日以上单独或者合计持有公司百分之一以上股份的股东，可以书面请求监事会或者不设监事会的有限责任公司的监事向人民法院提起诉讼；对于有上述行为的监事，股东可以书面请求董事会或者不设董事会的有限责任公司的执行董事向人民法院提起诉讼。

监事会、不设监事会的有限责任公司的监事或者董事会、执行董事收到上述规定的股东书面请求后拒绝提起诉讼，或者自收到请求之日起 30 日内未提起诉讼，或者情况紧急、不立即提起诉讼将会使公司利益受到难以弥补的损害的，股东有权为了公司的利益以自己的名义直接向人民法院提起诉讼。

他人侵犯公司合法权益，给公司造成损失的，股东可以依照《公司法》的有关规定向人民法院提起诉讼。董事、高级管理人员违反法律、行政法规或公司章程的规定，损害股东利益的，股东可以向人民法院提起诉讼。

八、公司的合并与分立

（一）合并、分立的概念、形式

公司合并是指两个或者两个以上的公司依法达成合意，成为一个公司的法律行为。公司分立是指一个公司分解为两个或两个以上的公司的法律行为。公司合并可以采取吸收合并或者新设合并两种形式：吸收合并是指一个公司吸收其他公司，被吸收的公司解散；新设合并是两个以上公司合并设立一个新的公司，合并各方解散。

（二）合并、分立的程序

依《公司法》第一百七十三条规定，公司合并，应当由合并各方签订合并协议，并编制资产负债表及财产清单。公司应当自做出合并决议之日起 10 日内通知债权人，并于 30 日内在报纸上公告，债权人自接到通知书之日起 30 日内，未接到通知书的自公告之日起 45 日内，可以要求公司清偿债务或提供相应担保。

根据《公司法》第一百七十五条规定，公司分立，应对公司财产进行相应的分割，编制资产负债表及财产清单。公司应当自作出分立决议之日起 10 日内通知债权人，并于 30 日内在报纸上公告。

（三）合并、分立的效力

1. 权利义务的概括承受

公司合并后，合并各方的债权、债务效力应当由合并后存续的公司或者新设的公司承继。公司分立后，公司分立前的债务由分立后的公司承担连带责任。但是，公司在分立前与债权人就债务清偿达成的书面协议另有约定的除外。

2. 合并、分立公司的变化

由于公司的合并、分立导致原有公司发生了公司变更、公司消灭、公司新设三种结果。无论出现哪种情况，都应向公司登记机关办理变更、注销或设立登记。

【案例】郑某与某市电器有限公司签订货物买卖合同。郑某履行合同、交付货物后，电器公司还有 219924 元货款尚未给付。不久，电器公司被某开关柜附件公司吸收合并。郑某向该公司索要货款被拒绝，遂向法院提起诉讼。

[试分析] 本案应由谁承担支付货款的义务？

【分析】本案应由开关柜附件公司承担支付货款的义务。按照《公司法》的规定，公司合并后，合并各方的债权、债务效力应当由合并后存续的公司或者新设的公司承继。开关柜附件公司吸收合并了电器公司后，电器公司解散，开关柜附件公司是合并后存续的公司，依法应当承担原电器公司的债务。

九、公司的解散与清算

（一）公司的解散

公司解散，是指已成立的公司，因发生法律或公司章程规定的事由而停止其积极的营业活动，进入清算程序并最终丧失其法人资格的法律行为。

依《公司法》第一百八十条、第一百八十二条规定，公司解散的原因有：①公司章程规定的营业期限届满或者公司章程规定的其他解散事由出现；②股东会或者股东大会决议解散；③因公司合并或者分立需要解散；④依法被吊销营业执照，责令关闭或者被撤销；⑤公司经营管理发生严重困难，继续存续会使股东利益受到重大损失，通过其他途径不能解决的，持有公司全部股东表决权百分之十以上的股东向人民法院请求解散公司，人民法院依法予以解散的。

此外，根据《最高人民法院关于适用〈公司法〉若干问题的规定（二）》，单独或者合计持有公司全部股东表决权百分之十以上的股东，以下列事由之一提起解散公司诉讼，并符合《公司法》第一百八十三条规定的，人民法院应予受理：①公司持续两年以上无法召开股东会或者股东大会，公司经营管理发生严重困难的；②股东表决时无法达到法定或者公司章程规定的比例，持续两年以上不能做出有效的股东会或者股东大会决议，公司经营管理发生严重困难的；③公司董事长期冲突，且无法通过股东会或者股东大会解决，公司经营管理发生严重困难的；④经营管理发生其他严重困难，公司继续存续会使股东利益受到重大损失的情形。但是，股东以知情权、利润分配请求权等权益受到损害，或者公司亏损、财产不足以偿还全部债务，以及公司被吊销企业法人营业执照未进清算等为由，提起解散公司诉讼的，人民法院不予受理。

公司解散后，一般都必须依法成立清算组织，进入清算程序。

（二）公司的清算

公司的清算是指公司解散时，依照法定程序，对公司的财产和债权债务关系进行清理、处分和分配，终结公司现存的财产和其他法律关系，从而消灭解散公司法人资格的程序。依《公司法》第一百八十三条规定，除因公司合并或者分立需要解散外，均应当在解散事由出现之日起成立清算组，开始清算。

1. 清算组的组成和职权

有限责任公司的清算组由股东组成，股份有限公司的清算组由董事会或者股东大会确定的人员组成。逾期不成立清算组进行清算的，债权人可以申请人民法院指定有关人员组成清算组进行清算，人民法院应当受理该申请，并及时组织清算组进行清算。根据《最高人民法院关于适用〈公司法〉若干问题的规定（二）》，清算组成员可以从下列人员或者机构中产生：①公司股东、董事、监事、高级管理人员；②依法设立的律师事务所、会计师事务所、破产清算事务所等社会中介机构；③依法设立的律师事务所、会计师事务所、破产清算事务所等社会中介机构中具备相关专业知识并取得执业资格的人员。同时，人民法院指定的清算组成员有下列情形之一的，人民法院可以根据债权人、股东的申请，或者依职权更换清算组成员：①有违反法律或者行政法规的行为；②丧失执业能力或者民事行为能力；③有严重损害公司或者债权人利益的行为。

清算组在清算期间行使下列职权：①清理公司财产，分别编制资产负债表和财产清单；②通知、公告债权人；③处理与清算有关的公司未了结的业务；④清缴所欠税款以及清算过程中产生的税款；⑤清理债权、债务；⑥处理公司清偿债务后的剩余财产；⑦代表公司参与民事诉讼活动。

2. 清算程序

清算组应当自成立之日起 10 日内通知债权人，并于 60 日内在报纸上公告。债权人应当自接到通知书之日起 30 日内，未接到通知书的自公告之日起 45 日内，向清算组申报其债权；债权人申报债权，应当说明债权的有关事项，并提供证明材料；清算组应当对债权进行登记。在申报债权期间，清算组不得对债权人进行清偿。

清算组在清理公司财产、编制资产负债表和财产清单后，应当制订清算方案，并报股东会、股东大会或者人民法院确认。公司财产在分别支付清算费用、职工的工资、社会保险费用和法定补偿金，缴纳所欠税款，清偿公司债务后的剩余财产，有限责任公司按照股东的出资比例分配，股份有限公司按照股东持有的股份比例分配。

清算期间，公司存续，但不得开展与清算无关的经营活动。公司财产在未依照规定清偿前，不得分配给股东。

清算组在清理公司财产、编制资产负债表和财产清单后，发现公司财产不足清偿债务的，应当依法向人民法院申请宣告破产。公司经人民法院裁定宣告破产后，清算组应当将清算事务移交给人民法院。公司被依法宣告破产的，依照有关企业破产的法律实施破产清算。

3. 清算组成员义务

清算组成员应当忠于职守，依法履行清算义务：①清算组成员不得利用职权收受贿赂或者其他非法收入，不得侵占公司财产；②清算组成员因故意或者重大过失给公司或者债权人造成损失的，应当承担赔偿责任。

（三）公司的注销

公司清算结束后，清算组应当制作清算报告，报股东会、股东大会或者人民法院确认，并报送公司登记机关，办理注销登记。经公司登记机关注销登记，公司终止。

十、法律责任

（一）公司应承担的法律责任

（1）违反法律规定，虚报注册资本、提交虚假材料或者采取其他欺诈手段隐瞒重要事实取得公司登记的，由公司登记机关责令改正，对虚报注册资本的公司，处以虚报注册资本金额百分之五以上百分之十五以下的罚款；对提交虚假材料或者采取其他欺诈手段隐瞒重要事实的公司，处以五万元以上五十万元以下的罚款；情节严重的，撤销公司登记或者吊销营业执照。

（2）公司违反法律规定，在法定的会计账簿以外另立会计账簿的，由县级以上人民政府财政部门责令改正，处以五万元以上五十万元以下的罚款。

（3）公司在依法向有关主管部门提供的财务会计报告等材料上作虚假记载或者隐瞒重要事实的，由有关主管部门对直接负责的主管人员和其他直接责任人员处以三万元以上三十万元以下的罚款。

（4）公司不依照法律规定提取法定公积金的，由县级以上人民政府财政部门责令如数补足应当提取的金额，可以对公司处以二十万元以下的罚款。

（5）公司在合并、分立、减少注册资本或者进行清算时，不依照法律规定通知或者公告债权人的，由公司登记机关责令改正，对公司处以一万元以上十万元以下的罚款。

公司在进行清算时，隐匿财产，对资产负债表或者财产清单作虚假记载或者在未清偿债务前分配公司财产的，由公司登记机关责令改正，对公司处以隐匿财产或者未清偿债务前分配公司财产金额百分之五以上百分之十以下的罚款；对直接负责的主管人员和其他直接责任人员处以一万元以上十万元以下的罚款。

（6）公司在清算期间开展与清算无关的经营活动的，由公司登记机关予以警告，没收违法所得。

（7）清算组不依照本法规定向公司登记机关报送清算报告，或者报送清算报告隐瞒重要事实或有重大遗漏的，由公司登记机关责令改正。清算组成员利用职权徇私舞弊、谋取非法收入或者侵占公司财产的，由公司登记机关责令退还公司财产，没收违法所得，可以并处违法所得一倍以上五倍以下的罚款。

（8）未依法登记为有限责任公司或者股份有限公司，而冒用有限责任公司或者股份有限公司名义的，或者未依法登记为有限责任公司或者股份有限公司的分公司，而冒用有限责任公司或者股份有限公司的分公司名义的，由公司登记机关责令改正或者予以取缔，可以并处十万元以下的罚款。

（9）公司成立后无正当理由超过 6 个月未开业的，或者开业后自行停业连续 6 个月以上的，可以由公司登记机关吊销营业执照。公司登记事项发生变更时，未依照本法规定办理有关变更登记的，由公司登记机关责令限期登记；逾期不登记的，处以一万元以上十万元以下的罚款。

（10）外国公司违反本法规定，擅自在中国境内设立分支机构的，由公司登记机关责令改正或者关闭，可以并处五万元以上二十万元以下的罚款。

（11）利用公司名义从事危害国家安全、社会公共利益的严重违法行为的，吊销营业执照。

（二）公司的发起人、股东应承担的法律责任

（1）公司的发起人、股东虚假出资，未交付或者未按期交付作为出资的货币或者非货币财产的，由公司登记机关责令改正，处以虚假出资金额百分之五以上百分之十五以下的罚款。

（2）公司的发起人、股东在公司成立后，抽逃其出资的，由公司登记机关责令改正，处以所抽逃出资金额百分之五以上百分之十五以下的罚款。

（三）承担资产评估、验资或者验证的机构应承担的法律责任

（1）承担资产评估、验资或者验证的机构提供虚假材料的，由公司登记机关没收违法所得，处以违法所得一倍以上五倍以下的罚款，并可以由有关主管部门依法责令该机构停业，吊销直接责任人员的资格证书，吊销营业执照。

（2）承担资产评估、验资或者验证的机构因过失提供有重大遗漏报告的，由公司登记机关责令改正，情节较重的，处以所得收入一倍以上五倍以下的罚款，并可以由有关主管部门依法责令该机构停业，吊销直接责任人员的资格证书，吊销营业执照。

（3）承担资产评估、验资或者验证的机构因其出具的评估结果、验资或者验证证明不实，给公司债权人造成损失的，除能够证明自己没有过错的外，在其评估或者证明不实的金额范围内承担赔偿责任。

（四）公司登记机关及其上级部门应承担的法律责任

（1）公司登记机关对不符合法律规定条件的登记申请予以登记，或者对符合本法规定条件的登记申请不予登记的，对直接负责的主管人员和其他直接责任人员，依法给予行政处分。

（2）公司登记机关的上级部门强令公司登记机关对不符合法律规定条件的登记申请予以登记，或者对符合本法规定条件的登记申请不予登记的，或者对违法登记进行包庇的，对直接负责的主管人员和其他直接责任人员依法给予行政处分。

公司违反法律规定，应当承担民事赔偿责任和缴纳罚款、罚金的，其财产不足以支付时，先承担民事赔偿责任。违反法律规定，构成犯罪的，依法追究刑事责任。

思考练习题

一、名词解释

1. 有限责任公司和股份有限公司

2. 发起人

3. 公司债和公司债券

4. 股票

5. 累积投票制

6. 公司合并和公司分立

二、选择题

1. 根据（　　）的划分标准，公司可以分为无限公司、有限公司、股份有限公司及两合公司。

A. 公司的组织形式　　B. 公司的名称

C. 公司的地址　　D. 股东对公司债务承担责任的不同

2. 以（　　）为划分标准，公司可以划分为总公司和分公司。

A. 股东对公司债务承担责任的不同

B. 公司之间的控制或支配关系

C. 公司内部管理与被管理的关系

D. 公司的法定代表人

3. 以（　　）为划分标准，公司分为本国公司和外国公司。

A. 投资主体的国籍　　B. 公司的国籍

C. 公司的组织形式　　D. 公司承担的责任

4.（　　）的设立方式既可以采用发起设立，也可以采用募集设立。

A. 有限责任公司　　B. 无限责任公司

C. 两合公司　　D. 股份有限公司

三、简答题

1. 公司设立的条件是什么？

2. 公司债有哪些类型？

3. 简述公司的组织机构的设置及其职权。

4. 个人独资企业与一人公司的区别是什么？

5. 简述公司董事、监事、高级管理人员的任职资格和义务。

6. 公司合并或者分立后，公司的权利与义务是如何承担的？

四、案例分析

本案例是著名的商战——上市公司万科公司的管理层与股东华润集团、宝能系之间的争夺战中的一场。2016 年 6 月 17 日下午，万科公司召开董事会审议增发股份引入深圳地铁进行重组的预案，如果预案能够在董事会中通过，将会进一步作为议案提交股东大会审议。11 名董事中张某某独立董事认为其任职的黑石集团与万科公司正在洽谈业务，自身存在潜在的关联与利益冲突，申请不对所有相关议案行使表决权，因此相关议案由无关联关系的 10 名董事进行表决。表决结果是 7 票同意、3 票反对、1 票回避。投下反对票的 3 名董事均来自股东华润集团。随后，万科公司发布公告称董事会以超过 2/3 的票数通过此次预案。不过，华润集团坚持认为该方案并没有通过，因为按照万科公司章程相关规定，董事会对重大事项决议需要超过 2/3 的表决权，也就是说 8 张以上赞成票才行。

试分析：

1. 万科公司的上述董事会决议在法律层面是否已经通过、可以提交股东大会审议了？

2. 万科公司一向以完善、透明的公司治理著称。公司法关于公司组织机构的设置是怎样规定的？上市公司的组织机构中独立董事制度设置的目的是什么？张某某担任万科公司的独立董事是否违反法律规定？

第六节　破产法律制度

【本节重点】

1. 破产、重整与和解的关系。
2. 破产原因。
3. 破产清偿顺序。

【引例】

超日公司破产重整案

上海超日太阳能科技股份有限公司成立于 2003 年 6 月，是一家上市民营公司。2012 年超日公司发行“11 超日债”公司债券。2014 年 3 月 4 日，*ST 超日发布公告，宣布违约，不能清偿到期利息。这是我国证券市场上首例违约的债券。同时，超日公司已连续三年亏损，2014 年 5 月 28 日起，公司股票暂停上市，“11 超日债”于 5 月 30 日起终止上市。债权人上海毅华金属材料有限公司向法院申请超日公司重整。2014 年 6 月 26 日，上海一中院裁定受理并指定管理人，超日公司重整进入司法程序。2014 年 8 月 18 日，在上海一中院的主持下，超日公司重整举行第一次债权人会议，通过了《财产管理方案》。2014 年 9 月 3 日，管理人发布公告，通过公开招标方式遴选投资人。2014 年 9 月 30 日，确定由江苏协鑫能源有限公司等共 9 家财务投资人组成的联合体为超日公司的投资人。2014 年 10 月 23 日，超日公司重整举行第二次债权人会议。经投票，《超日公司重整计划草案》依法获得通过，草案初步确定了“11 超日债”的偿还方案：由长城资产管理公司与上海久阳资产管理公司提供担保，“11 超日债”将获得优先受偿，最终将会本息全部偿付；超日公司以资本公积金股本溢价转增股本 16.8 亿股由全体出资人无偿让渡，并由投资人有条件受偿；超日公司职工债权和税款债权全额受偿；有财产担保债权按照担保物评估价值优先受偿，未能就担保物评估价值受偿的部分作为普通债权受偿。2014 年 10 月 28 日，上海一中院裁定批准超日公司重整计划，终止超日公司重整程序，超日公司重整进入执行阶段。2014 年 12 月 24 日，上海一中院裁定确认超日公司重整计划执行完毕，超日公司破产程序终结。2015 年 8 月 12 日，*ST 超日恢复上市，更名为“协鑫集成”。

评析：

在激烈的市场竞争中，总是会有企业败下阵来，出现因资不抵债或者其他原因而不能清偿到期债务的情况，企业需要一种正常退市的法制途径。为此，《中华人民共和国企业破产法》（以下简称《企业破产法》）中设置了破产重整、破产和解、破产清算等法定程序。但是，破产法的运用还不够充分。当前，为配合化解过剩产能、清理“僵尸企业”，最高人民法院将依法清理僵尸企业、审理企业破产案件作为了重点工作之一。一旦进入司法程序，法院要根据《企业破产法》的规定，识别不同类型企业情况，选择最合适的程序，平等保护债权人、债务人、利益相关各方的合法权益，尽可能多兼并重组，少破产清算，让一些企业得到重生。

在本案中，超日公司与投资人、债权人成功达成重整协议，通过破产重整，盘活了企业资产，恢复了生产经营，债权人的受偿率能够提高，员工不会失业，经营项目还能找到新的投资人接手，实现了多方共赢，企业也获得了振兴和再生的机会。由本案可见，《企业破产法》不仅仅是一部关于企业“死亡”的法律，也是一部关于企业“再生”的法律。

一、破产与破产法概述

（一）破产与破产法

破产一词源自拉丁文，本意为失败，法律上是指债务人不能清偿到期债务，在法院的监督下，依法将其全部财产抵偿其所欠的各种债务的清算程序。破产法是指调整破产程序中所发生的各种关系的法律规范。它最早起源于罗马法，后来被商业经济较发达的资本主义国家采用，进而在世界范围内得到确立。

我国破产法律制度是在计划经济体制向市场经济体制过渡中逐步形成的。最早出现的破产法是 1985 年 2 月 9 日沈阳市人民政府颁布并施行的《关于城市集体所有制工业企业破产倒闭处理试行规定》。1986 年 12 月 2 日，第六届全国人大常委会第十八次会议通过了第一部全国性的破产法《企业破产法（试行）》，适用于全民所有制企业。1991 年 4 月 9 日颁布实施的《中华人民共和国民事诉讼法》（以下简称《民事诉讼法》）于第二篇专设“企业法人破产还债程序”一章，适用于非全民所有制的法人企业。最高人民法院先后颁布了若干司法解释，就实践中遇到的问题做出了解释。这些法律、法规的颁布对于满足经济发展和经济体制改革的需要，促进企业自主经营、提高经济效益、保护债权人和债务人合法权益具有重要的作用。但是，这种根据企业所有制性质不同而采用不同破产程序的方法与建立公平公正的社会主义市场经济体制不相适应。因此，2006 年 8 月 27 日第十届全国人民代表大会常务委员会第二十三次会议通过了新的《企业破产法》，该法自 2007 年 6 月 1 日起施行。该法共十二章一百三十六条。最高人民法院分别于 2011 年 8 月 29 日和 2013 年 7 月 29 日通过了《关于适用〈中华人民共和国企业破产法〉若干问题的规定（一）》和《关于适用〈中华人民共和国企业破产法〉若干问题的规定（二）》。

（二）破产原因

根据最高人民法院《关于适用〈中华人民共和国企业破产法〉若干问题的规定

(一)》，债务人不能清偿到期债务并且具有下列情形之一的，人民法院应当认定其具备破产原因：①资产不足以清偿全部债务；②明显缺乏清偿能力。相关当事人以对债务人的债务负有连带责任的人未丧失清偿能力为由，主张债务人不具备破产原因的，人民法院应不予支持。

下列情形同时存在的，人民法院应当认定债务人不能清偿到期债务：①债权债务关系依法成立；②债务履行期限已经届满；③债务人未完全清偿债务。

债务人的资产负债表，或者审计报告、资产评估报告等显示其全部资产不足以偿付全部负债的，人民法院应当认定债务人资产不足以清偿全部债务，但有相反证据足以证明债务人资产能够偿付全部负债的除外。但是，账面资产虽大于负债，但存在下列情形之一的，人民法院应当认定其明显缺乏清偿能力：①因资金严重不足或者财产不能变现等原因，无法清偿债务；②法定代表人下落不明且无其他人员负责管理财产，无法清偿债务；③经人民法院强制执行,无法清偿债务；④长期亏损且经营扭亏困难,无法清偿债务；⑤导致债务人丧失清偿能力的其他情形。

二、破产的申请和受理

（一）破产程序的开始

1. 破产申请的提出

破产申请是破产申请人请求法院受理破产案件的意思表示。破产申请的提出是进入破产程序的前提。根据《企业破产法》第七条规定，债权人、债务人、企业法人清算人均可提出重整、和解或者破产清算申请。

（1）债务人提出破产申请。如果债务人不能清偿到期债务，并且资产不足以清偿全部债务或者明显缺乏清偿能力的，债务人可以自行申请破产。企业法人有上述情形，或者有明显丧失清偿能力可能的，可以依法进行重整。

（2）债权人提出申请。如果债务人不能清偿到期债务，债权人可以向人民法院提出申请，对债务人进行重整或者破产清算。

（3）企业法人清算责任人提出申请。如果企业法人已解散，但未清算或者未清算完毕，资产不足以清偿债务时，依法负有清算责任的人应当向人民法院申请破产清算。

破产案件由债务人住所地人民法院管辖。由债权人向人民法院提出破产申请的，应当提交破产申请书和有关证据。破产申请书应当载明下列事项：①申请人及被申请人的基本情况；②申请目的；③申请的事实和理由；④人民法院认为应当载明的其他事项。由债务人提出申请的，还应当向人民法院提交财产状况说明、债务清册、债权清册、有关财务会计报告、职工安置预案以及职工工资的支付和社会保险费用的缴纳情况。

2. 破产申请的受理

（1）受理。受理是指法院对破产申请权人提出的重整、和解或者破产清算申请进行审查，认为符合受理条件的，予以立案的行为。债权人提出破产申请的，人民法院应当自收到申请之日起 5 日内通知债务人。债务人对申请有异议的，应当自收到人民法院的通知之日起 7 日内向人民法院提出。人民法院应当自异议期满之日起 10 日内裁定是否受理。除上述情形外，人民法院应当自收到破产申请之日起 15 日内裁定是否受理。有特殊情况需要延长裁定受理期限的，经上一级人民法院批准，可以延长15日。

（2）通知和公告。法院受理破产条件后，应当自裁定做出之日起 5 日内送达申请人；由债权人提出申请的，应当自裁定做出之日起 5 日内送达债务人。同时，人民法院应当指定管理人，通知已知债权人并公告。通知和公告应当载明下列事项：①申请人、被申请人的名称或者姓名；②人民法院受理破产申请的时间；③申报债权的期限、地点和注意事项；④管理人的名称或者姓名及其处理事务的地址；⑤债务人的债务人或者财产持有人应当向管理人清偿债务或者交付财产的要求；⑥第一次债权人会议召开的时间和地点；⑦人民法院认为应当通知和公告的其他事项。

3. 受理的效力

《企业破产法》第十四条至第二十一条对人民法院受理破产申请后所产生的效力做了以下四个方面的规定。

（1）对债务人及其有关人员的约束力。人民法院受理破产申请后，债务人对个别债权人的债务清偿无效。根据《企业破产法》第十五条规定，自人民法院受理破产申请的裁定送达债务人之日起至破产程序终结之日，债务人的有关人员应承担下列义务：①妥善保管其占有和管理的财产、印章和账簿、文书等资料；②根据人民法院、管理人的要求进行工作，并如实回答询问；③列席债权人会议并如实回答债权人的询问；④未经人民法院许可，不得离开住所地；⑤不得新任其他企业的董事、监事、高级管理人员。这里所称有关人员，是指企业的法定代表人；经人民法院决定，可以包括企业的财务管理人员和其他经营管理人员。

（2）对债务人的债务人或财产持有人的约束力。人民法院受理破产申请后，债务人的债务人或者财产持有人应当向管理人清偿债务或者交付财产。债务人的债务人或者财产持有人故意违反上述规定向债务人清偿债务或者交付财产，使债权人受到损失的，不能免除其清偿债务或者交付财产的义务。

（3）对履行合同的约束力。人民法院受理破产申请后，管理人对破产申请受理前成立而债务人和对方当事人均未履行完毕的合同有权决定解除或者继续履行，并通知对方当事人。管理人自破产申请受理之日起 2 个月内未通知对方当事人，或者自收到对方当事人催告之日起 30 日内未答复的，视为解除合同。管理人决定继续履行合同的，对方当事人应当履行；但是，对方当事人有权要求管理人提供担保。管理人不提供担保的，视为解除合同。

（4）对涉及债务人的司法程序的约束力。人民法院受理破产申请后，有关债务人财产的保全措施应当解除，执行程序应当中止。人民法院受理破产申请后，已经开始而尚未终结的有关债务人的民事诉讼或者仲裁应当中止；在管理人接管债务人的财产后，该诉讼或者仲裁继续进行。人民法院受理破产申请后，有关债务人的民事诉讼，只能向受理破产申请的人民法院提起。

（二）指定管理人

人民法院裁定受理破产申请的，应当同时指定管理人。如果管理人由机构或个人担任，债权人会议认为管理人不能依法、公正执行职务或者有其他不能胜任职务情形的，可以向人民法院申请予以更换。

1. 管理人资格

根据《企业破产法》第二十四条规定，管理人可以由有关部门、机构的人员组成的清算组或者依法设立的律师事务所、会计师事务所、破产清算事务所等社会中介机构担任。人民法院根据债务人的实际情况，可以在征询有关社会中介机构的意见后，指定该机构具备相关专业知识并取得执业资格的人员担任管理人。

但是，有下列情形之一的，不得担任管理人：①因故意犯罪受过刑事处罚；②曾被吊销相关专业执业证书；③与本案有利害关系；④人民法院认为不宜担任管理人的其他情形。

此外，根据法律的规定，个人担任管理人的，应当参加执业责任保险。

2. 管理人职责和义务

根据《企业破产法》第二十五条规定，管理人的职责是：①接管债务人的财产、印章和账簿、文书等资料；②调查债务人财产状况，制作财产状况报告；③决定债务人的内部管理事务；④决定债务人的日常开支和其他必要开支；⑤在第一次债权人会议召开之前，决定继续或者停止债务人的营业；⑥管理和处分债务人的财产；⑦代表债务人参加诉讼、仲裁或者其他法律程序；⑧提议召开债权人会议；⑨人民法院认为管理人应当履行的其他职责。法律对管理人的职责另有规定的，适用其规定。

管理人应当勤勉尽责、忠实执行职务。

（三）清查债务人财产

债务人财产是指破产申请受理时属于债务人的全部财产，以及破产申请受理后至破产程序终结前债务人取得的财产。因此，债务人财产由两部分构成。一部分是案件受理时属于债务人的全部财产，包括：①固定资产，这是指使用年限在一年以上并在使用过程中保持原来物质形式的资产，如房屋、建筑物、机器设备、办公用品等；②流动资金，如现金、各种存款、存货等；③专项基金，如公积金等；④无形财产，如土地使用权、知识产权等；⑤投资权益，如在其他公司中享有的股权等。另一部分是破产案件受理后至破产程序终结前债务人取得的财产。这部分财产是指在破产宣告时破产企业并不享有而在破产程序进行中新取得的财产，包括：清算期间继续营业的收入、因未履行合同的继续履行而取得的财产等。

三、债权申报

根据《企业破产法》第六章的有关规定，人民法院受理破产申请时对债务人享有债权的债权人，依法定程序行使其权利。人民法院受理破产申请后，应当确定债权人申报债权的期限。债权申报期限自人民法院发布受理破产申请公告之日起计算，最短不得少于 30

日，最长不得超过 3 个月。

债权人应当在人民法院确定的债权申报期限内向管理人申报债权。债权人申报债权时，应当书面说明债权的数额和有无财产担保，并提交有关证据。

四、债权人会议

（一）债权人会议的组成与职权

1. 债权人会议的组成

债权人会议是债权人依法院通知或公告组成，代表债权人的共同意志，参与破产程序的临时性机构。根据《企业破产法》第五十九条规定，债权人会议由依法申报债权的债权人组成。债权人会议应当有债务人的职工和工会的代表参加，对有关事项发表意见。债权人会议设主席 1 人，由人民法院从有表决权的债权人中指定。

依法申报的债权人有权参加债权人会议，享有表决权。但是，债权尚未确定的债权人，除人民法院能够为其行使表决权而临时确定债权额的外，不得行使表决权。对债务人特定财产享有担保权的债权人，未放弃优先受偿权利的，对于是否通过重整计划、破产财产的分配方案事项不享有表决权。

2. 债权人会议的职权

根据《企业破产法》第六十一条规定，债权人会议的职权是：①核查债权；②申请人民法院更换管理人，审查管理人的费用和报酬；③监督管理人；④选任和更换债权人委员会成员；⑤决定继续或者停止债务人的营业；⑥通过重整计划；⑦通过和解协议；⑧通过债务人财产的管理方案；⑨通过破产财产的变价方案；⑩通过破产财产的分配方案；⑪人民法院认为应当由债权人会议行使的其他职权。

债权人会议应当对所议事项的决议做成会议记录。

（二）债权人会议的召集和议事规则

1. 债权人会议的召集

根据《企业破产法》第六十二条规定，第一次债权人会议由人民法院召集，自债权申报期限届满之日起 15 日内召开；以后的债权人会议，在人民法院认为必要时，或者管理人、债权人委员会、占债权总额四分之一以上的债权人向债权人会议主席提议时召开。

2. 债权人会议的议事规则

根据《企业破产法》第六十三条规定，债权人会议的决议，由出席会议的有表决权的债权人过半数通过，并且其所代表的债权额占无财产担保债权总额的二分之一以上，法律另有规定的除外。

债权人认为债权人会议的决议违反法律规定、损害其利益的，可以自债权人会议做出决议之日起 15 日内，请求人民法院裁定撤销决议，责令债权人会议依法重新做出决议。

债权人会议的决议，对于全体债权人均有约束力。

（三）债权人委员会

1. 债权人委员会的组成

为加强对破产程序的监督，债权人会议可以决定设立债权人委员会。根据《企业破产法》第六十七条规定，债权人委员会由债权人会议选任的债权人代表和 1 名债务人的职工代表或者工会代表组成。债权人委员会成员不得超过 9 人。

债权人委员会成员应当经人民法院书面决定认可。

2. 债权人委员会的职权

根据《企业破产法》第六十八条规定，债权人委员会行使下列职权：①监督债权人财产的管理和处分；②监督破产财产分配；③提议召开债权人会议；④债权人会议委托的其他职权。

债权人委员会执行职务时，有权要求管理人、债务人的有关人员对其职权范围内的事务做出说明或者提供有关文件。管理人、债务人的有关人员违反法律规定拒绝接受监督的，债权人委员会有权就监督事项请求人民法院做出决定，人民法院应当在 5 日内做出决定。

五、重整

重整是指当企业出现破产原因或有破产原因出现的危险，同时又具有振兴和再生的希望时，为防止企业破产，经利害关系人申请，在法院的干预下对该企业实施强制治理以促使其复兴的制度。

（一）重整申请的提出

根据《企业破产法》第七十二条规定，重整申请可以在两个阶段提出：一是在破产程序开始前，债务人或者债权人可依法直接向人民法院申请对债务人进行重整；二是由债权人申请对债务人进行破产清算的，在人民法院受理破产申请后宣告债务人破产前，债务人或者出资额占债务人注册资本十分之一以上的出资人，可以向人民法院申请重整。人民法院经审查认为重整申请符合法律规定的，应裁定债务人重整，并予以公告。自法院裁定债务人重整之日起至重整程序终止，为重整期间。

（二）重整计划的制定与通过

1. 重整计划草案的提交

根据《企业破产法》第七十九条规定，债务人或者管理人应当自人民法院裁定债务人重整之日起 6 个月内，同时向人民法院和债权人会议提交重整计划草案。若规定的期限届满，经债务人或者管理人请求有正当理由的，人民法院可以裁定延期 3 个月。

2. 重整计划草案的内容

根据《企业破产法》第八十一条规定，重整计划草案的内容应包括：①债务人的经营方案；②债权分类；③债权调整方案；④债权受偿方案；⑤重整计划的执行期限；⑥重整计划执行的监督期限；⑦有利于债务人重整的其他方案。

3. 重整计划草案的表决与通过

下列各类债权的债权人参加讨论重整计划草案的债权人会议，依照下列债权分类，分组对重整计划草案进行表决：①对债务人的特定财产享有担保权的债权；②债务人所欠职工的工资和医疗、伤残补助、抚恤费用，所欠的应当划入职工个人账户的基本养老保险、基本医疗保险费用，以及法律、行政法规规定应当支付给职工的补偿金；③债务人所欠税款；④普通债权。人民法院在必要时可以决定在普通债权组中设小额债权组，对重整计划草案进行表决。

人民法院应当自收到重整计划草案之日起 30 日内召开债权人会议，对重整计划草案进行表决。出席会议的同一表决组的债权人过半数同意重整计划草案，并且其所代表的债权额占该组债权总额的三分之二以上的，即为该组通过重整计划草案。各表决组均通过重整计划草案时，重整计划即为通过。

自重整计划通过之日起 10 日内，债务人或者管理人应当向人民法院提出批准重整计划的申请。人民法院经审查认为符合法律规定的，应当自收到申请之日起 30 日内裁定批准，终止重整程序，并予以公告。

部分表决组未通过重整计划草案的，债务人或者管理人可以同未通过重整计划草案的表决组协商。该表决组可以在协商后再表决一次。双方协商的结果不得损害其他表决组的利益。

未通过重整计划草案的表决组拒绝再次表决或者再次表决仍未通过重整计划草案，但重整计划草案符合法律规定其他条件的，债务人或者管理人可以申请人民法院批准重整计划草案。

（三）重整计划的执行

重整计划由债务人负责执行。自人民法院裁定批准重整计划之日起，在重整计划规定的监督期内，由管理人监督重整计划的执行。

经人民法院裁定批准的重整计划，对债务人和全体债权人均有约束力。债务人不能执行或者不执行重整计划的，人民法院经管理人或者利害关系人请求，应当裁定终止重整计划的执行，并宣告债务人破产。人民法院裁定终止重整计划执行的，债权人在重整计划中做出的债权调整的承诺失去效力。债权人因执行重整计划所接受的清偿仍然有效，债权未受清偿的部分作为破产债权。

六、和解

和解是指当企业出现破产原因或有破产原因出现的危险时，为避免债务人被宣告破产，由债务人和债权人在法院的干预下达成减轻债务人债务的法律制度。

（一）和解申请的提出和审查

根据《企业破产法》第九十五条规定，债务人可以依法直接向人民法院申请和解，也可以在人民法院受理破产申请后，宣告债务人破产前，向人民法院申请和解。债务人申请和解时，应提出和解协议草案。

人民法院对债务人的和解申请进行审查，认为符合法律规定的，应裁定和解并予以公告，同时召集债权人会议讨论和解协议草案。

（二）和解协议的通过

根据《企业破产法》第九十七条规定，和解协议须由债权人会议表决通过，由出席会议有表决权的债权人过半数同意，并且其所代表的债权额占无财产担保债权总额的三分之二以上。债权人会议通过和解协议的，由人民法院裁定认可，并予以公告。管理人应当向债务人移交财产和营业事务，并向人民法院提交执行职务的报告。

和解协议草案经债权人会议表决未获得通过，或者已经债权人会议通过的和解协议未获得人民法院认可的，人民法院应当裁定终止和解程序，并宣告债务人破产。

（三）和解协议的效力

1. 和解协议对和解债权人的效力

经人民法院裁定认可的和解协议，对债务人和全体和解债权人均有约束力。和解债权人是指人民法院受理破产申请时对债务人享有无财产担保债权的人。但是，和解债权人未依照法律规定申报债权的，在和解协议执行期间不得行使权利；在和解协议执行完毕后，可以按照和解协议规定的清偿条件行使权利。

2. 和解协议对债务人的效力

债务人应当按照和解协议规定的条件清偿债务。如果债务人不能执行或者不执行和解协议的，人民法院经和解债权人请求，应当裁定终止和解协议的执行，并宣告债务人破产。

七、破产费用和共益债务

（一）破产费用

破产费用是指人民法院受理破产申请后发生的，为破产程序的进行以及为破产财产的管理、处分而产生的必须随时支付的费用。根据《企业破产法》第四十一条规定，破产费用包括：①破产案件的诉讼费用；②管理、变价和分配债务人财产的费用；③管理人执行职务的费用、报酬和聘用工作人员的费用。

（二）共益债务

共益债务是指法院受理破产申请后发生的，为全体债权人的共同利益而产生的债务。根据《企业破产法》第四十二条规定，下列债务是共益债务：①因管理人或者债务人请求对方当事人履行双方均未履行完毕的合同所产生的债务；②债务人财产受无因管理所产生的债务；③因债务人不当得利所产生的债务；④为债务人继续营业而应支付的劳动报酬和社会保险费用以及由此产生的其他债务；⑤管理人或者相关人员执行职务致人损害所产生的债务；⑥债务人财产致人损害所产生的债务。《企业破产法》第四十三条规定，破产费用和共益债务由债务人财产随时清偿。债务人财产不足以清偿所有破产费用和共益债务的，先行清偿破产费用。债务人财产不足以清偿所有破产费用或者共益债务的，按照比例清偿。债务人财产不足以清偿破产费用的，管理人应当提请人民法院终结破产程序。

八、破产宣告、破产清算和破产程序的终结

（一）破产宣告

破产宣告是指受理破产案件的人民法院依法审查并宣告债务人破产的行为。根据《企业破产法》的有关规定，企业法人具有下列情况之一的，人民法院依法宣告债务人破产：①依照《企业破产法》第七条有关规定，债务人不能清偿到期债务或企业法人已解散但未

清算或者未清算完毕，资产不足以清偿债务的；②根据《企业破产法》第九十九条规定，债务人不能执行或不执行重整计划的；③根据《企业破产法》第一百零三条规定，因债务人的欺诈或者其他违法行为而成立的和解协议，人民法院应裁定无效并宣告债务人破产；④根据《企业破产法》第一百零四条规定，债务人不能执行或者不执行和解协议的。

人民法院依法宣告债务人破产时，应自裁定做出之日起 5 日内送达债务人和管理人并自裁定做出之日起 10 日内通知已知债权人，同时予以公告。债务人被宣告破产后，债务人称为破产人，债务人财产称为破产财产（但设定了担保物权的除外），人民法院受理破产申请时对债务人享有的债权称为破产债权。

（二）破产财产的变价

破产财产的变价由管理人负责，根据《企业破产法》第一百一十一条规定，管理人应当及时拟订破产财产变价方案，提交债权人会议讨论，变价出售破产财产应当通过拍卖进行。

（三）清偿与分配

1. 清偿顺序

根据《企业破产法》第一百一十三条规定，破产财产在清偿破产费用和共益债务后，依照下列顺序清偿：①破产人所欠职工的工资和医疗、伤残补助、抚恤费用，所欠的应当划入职工个人账户的基本养老保险、基本医疗保险费用，以及法律、行政法规规定应当支付给职工的补偿金；②破产人欠缴的除前款规定以外的社会保险费用和破产人所欠税款；③普通破产债权。当破产财产不足以清偿同一顺序清偿要求的，按照比例分配。

【案例】广东国投破产案是迄今为止我国破产财产标的最大的破产案，而且由于广东国投的数百亿元人民币的债务 80%以上借自包括日本、美国、德国、瑞士等国家和中国香港等地区 130 多家著名银行，因此，该案在全球影响巨大，被称作“中国第一破产案”。

1999 年初广东国投进入破产程序时，共有 494 家境内外债权人申报债权，申报债权总额为人民币 467 亿元。因债权人行使抵销权、或因主债务人履行债务，债权相应减少等原因，最后确认普通债权金额为人民币 202.2 亿元。广东国投的破产财产通过拍卖变现，总值 25.36 多亿元。

［试分析］鉴于广东国投的职工已由政府安置，广东国投 25.36 多亿元破产财产如何分配？

【分析】广东国投 25.36 多亿元破产财产，依法应当首先支付破产费用和共益债务，然后支付所欠税款，剩余的破产财产不足以清偿处于同一顺序的 202.2 亿元普通债权，依法应当按照债权比例进行清偿。最终，广东国投破产清算案的普通债权清偿率为 12.52%。

2. 破产财产的分配

破产财产的分配应以货币分配原则方式进行，债权人会议另有决议的除外。管理人应及时拟订破产财产分配方案，提交债权人会议讨论。破产财产分配方案应载明下列事项：①参加破产财产分配的债权人名称或者姓名、住所；②参加破产财产分配的债权额；③可供分配的破产财产数额；④破产财产分配的顺序、比例及数额；⑤实施破产财产分配的方法。债权人会议通过破产财产分配方案后，由管理人将该方案提请人民法院裁定认可。

（四）终结企业破产程序

《企业破产法》第一百二十条至第一百二十四条对终结企业破产程序作出了明确的规定。

1. 破产程序终结的提出和裁定

当破产人无财产可供分配时，管理人应请求人民法院裁定终结破产程序；管理人在最后分配完结后，应及时向人民法院提交破产财产分配报告，并提请人民法院裁定终结破产程序。

人民法院自收到管理人终结破产程序的请求之日起 15 日内作出是否终结破产程序的裁定。裁定终结破产程序的，应予以公告。

2. 注销登记

管理人应自破产程序终结之日起 10 日内，持人民法院终结破产程序的裁定，向破产人原登记机关办理注销登记。管理人于办理注销登记完毕的次日终止执行职务，但是存在诉讼或者仲裁未决情况的除外。

自破产程序终结之日起 2 年内，发现有依法应当追回的财产的，和破产人有应当供分配的其他财产的，债权人可以请求人民法院按照破产财产分配方案进行追加分配，但财产数量不足以支付分配费用的，不再进行追加分配，由人民法院将其上交国库。

破产人的保证人和其他连带债务人，在破产程序终结后，对债权人依照破产清算程序未受清偿的债权，依法继续承担清偿责任。

九、法律责任

为加强企业管理人员的责任感，保证破产程序依法进行，维护债权人和债务人的利益，《企业破产法》第十一章规定了有关人员违反法律时应承担的法律责任。

（一）企业董事、监事、高级管理人员应承担的法律责任

企业董事、监事或者高级管理人员违反忠实、勤勉义务，致使所在企业破产的，依法承担民事责任。有上述规定情形的人员，自破产程序终结之日起 3 年内不得担任任何企业的董事、监事、高级管理人员。

（二）债务人及其有关人员应承担的法律责任

（1）有义务列席债权人会议的债务人的有关人员，经人民法院传唤，无正当理由拒不列席债权人会议的，人民法院可以拘传，并依法处以罚款。债务人的有关人员违反法律规定，拒不陈述、回答，或者作虚假陈述、回答的，人民法院可以依法处以罚款。

（2）债务人违反法律规定，拒不向人民法院提交或者提交不真实的财产状况说明、债务清册、债权清册、有关财务会计报告以及职工工资的支付情况和社会保险费用的缴纳情况的，人民法院可以对直接责任人员依法处以罚款。

（3）债务人违反法律规定，拒不向管理人移交财产、印章和账簿、文书等资料的，或者伪造、销毁有关财产证据材料而使财产状况不明的，人民法院可以对直接责任人员依法处以罚款。

(4) 债务人有违反法律规定损害债权人利益的，债务人的法定代表人和其他直接责任人员依法承担赔偿责任。

(5) 债务人的有关人员违反法律规定，擅自离开住所地的，人民法院可以予以训诫、拘留，可以依法并处罚款。

(三) 管理人应承担的法律责任

管理人未依照法律规定勤勉尽责、忠实执行职务的，人民法院可以依法处以罚款；给债权人、债务人或者第三人造成损失的，依法承担赔偿责任。

思考练习题

一、名词解释

1. 破产
2. 重整
3. 和解
4. 破产费用
5. 共益债务
6. 破产宣告

二、选择题

1. 破产案件由（　　）住所地人民法院管辖。

A. 债权人　　B. 合同相对人　　C. 债务人　　D. 破产申请人

2. 自破产程序终结之日起（　　）年内，发现有依法应当追回的财产的，和破产人有应当供分配的其他财产的，债权人可以请求人民法院按照破产财产分配方案进行追加分配。

A. 1　　B. 2　　C. 3　　D. 4

三、简答题

1. 破产申请的主体有哪些？
2. 破产原因有哪些？
3. 哪些人可以担任破产管理人？
4. 共益债务包括哪些内容？
5. 破产费用包括哪些内容？
6. 重整和和解可以在什么阶段提出？
7. 在什么情形下人民法院会依法宣告债务人破产？
8. 破产清偿顺序是什么？
9. 简述人民法院受理破产申请的法律效力。

第三章 市场行为规制法律制度（上）

第一节 合同法总则

【本节重点】

1. 合同的成立和合同的生效之间的关系。
2. 合同效力的判断。
3. 合同履行的原则。
4. 违约责任的具体形式。

【引例】 **从一起口头合同纠纷看学习合同法总则的思路**

原告起诉称，其与被告达成了买卖一宗纺织品的口头合同，已送 20 余万元的货，但被告拖欠拒付。被告则辩称，双方之间并没有达成买卖纺织品的合同，其是应原告的请求，为原告代销滞销商品，当时口头商定能卖多少是多少，卖不出去的予以退货，现商品尚未售出，故只同意退货，不同意支付货款。双方对货物的数量和货款的金额均无争议，但对合同性质是买卖合同还是代销合同各持己见。经查，原告曾通过银行向被告办理托收货款，被告在托收承付单证上以“代销商品未销”为由拒付。原告随即明确表示“不同意为代销商品”。

该案应当如何判决呢？原被告的争议焦点在于双方是达成了口头买卖合同还是达成了口头代销合同，这很容易让人误以为案件审理的核心问题是对合同性质作出判断，判断为买卖合同的话就意味着被告违约，原告胜诉；若判断为代销合同的话，则被告不付款的行为不构成违约，原告败诉。但是，法院最后的意见认为当事人对合同主要条款说法不一，又均无充分证据证明自己的主张，故推定当事人未达成合意，因而认定合同不成立，即双方既没有达成买卖合同，也没有达成代销合同，被告收取原告的货物没有法律上或者合同上的依据，应当予以退回。

评析：

法院审理案件的过程，是一个分析法律关系的过程，包括分析法律关系的当事人是谁、标的是什么、当事人的权利义务有哪些、哪一方没有履行自己的义务以及应该承担怎样的法律责任等。但是，一切分析的前提是案件当事人之间存在法律关系。具体到这个案例就是首先要分析原被告之间有没有合同关系，然后才是分析合同的性质。由于没有证据证明原被告就买卖合同或者代销合同达成过合意，因此，合同不成立。不成立的合同谈不上合同性质的问题，也谈不上有没有履行的问题，更谈不上要不要承担责任的问题。由此可见，我们学习合同法，必须要了解合同法的逻辑思路，学习的思路才会更清晰，分析合同案例才不会犯逻辑错误。

《中华人民共和国合同法》(以下简称《合同法》)总则除了第一章“一般规定”和第八章“其他规定”外，第二章到第七章分别规定了合同的订立、合同的效力、合同的履行、合同的变更和转让、合同的权利义务终止和违约责任，这六章内容的先后顺序体现了合同法调整合同关系的逻辑思路。合同法的立法目的是鼓励交易，交易的起点是当事人之间从原本没有合同关系到成立合同关系，这是合同的订立。对于一个已经成立了的合同，需要进行法律价值的判断，即合同效力的认定，因为只有认定为有效的合同才应当予以履行，而无效的不应该履行，未生效的不需要履行。有效的合同如何履行？相关的原则、规则在“合同的履行”这一章中作出规定。合同成立后并不都是一成不变的，在没有履行或者没有履行完毕之前，合同可能会因为种种原因而发生变更或者转让。合同得到履行之后，或者是因为解除、免除等原因而无法继续履行或者无需履行了，当事人在合同中约定的权利义务就终止了。最后是关于违反合同的责任即“违约责任”的追究和承担问题。

一、合同法概述

（一）合同的概念和特征

合同，又称契约，有广义和狭义之分。广义的合同不仅包括民法上的债权合同、物权合同和身份合同，还包括国家法上的国家合同、行政法上的行政合同和劳动法上的劳动合同等。本章所指合同与我国《合同法》规范的合同一致，仅指债权合同，即狭义上的合同，是民法债的一种形式，主要规范财产的流转关系。合同是平等主体的自然人、法人、其他组织之间设立、变更、终止民事权利义务关系的协议，是当事人之间的一种合意。合同的主体分为自然人、法人和其他组织，自然人既包括中国人，也包括外国人和无国籍人；法人指依法成立，能够独立享有民事权利和承担民事义务的组织，包括企业法人、机关法人、事业法人和社会团体法人；“其他组织”指不具备法人资格的合伙组织以及分支机构等。在合同法律关系中，享受合同权利的人称债权人，承担合同义务的人称债务人；在双务合同中，当事人互为债权人、债务人。

合同具有如下法律特征。

1. 合同是一种民事法律行为

民事法律行为是以发生一定民事法律后果为目的的行为。合同当事人订立合同的目的要么是设立一定的民事权利义务关系，要么是变更或者终止一定的民事权利义务关系，无论哪一种情况，都表现出当事人的行为是以产生一定的法律后果为目的的。合同的这一特征使其明显区别于一般社交中的约定行为，一般社交中的约定并不产生法律上的权利义务关系。当然，能够产生一定法律后果的行为不都是合同行为，合同以外的一些行为如侵权等也能在当事人之间产生权利义务关系，但这类行为所产生的法律后果不是当事人双方所希望的结果，因而不是合同行为。

2. 合同是双方或多方的民事法律行为

民事法律行为有单方、双方和多方之分。仅依一方当事人的意思表示即可成立的民事法律行为是单方民事法律行为，须由双方或多方意思表示一致方可成立的民事法律行为是双方或多方民事法律行为。合同是双方或多方当事人协商一致的结果，故属于双方或多方民事法律行为。

3. 合同是当事人在平等的基础上达成的协议

在合同中，当事人的法律地位完全平等，不允许任何一方拥有特殊的法律地位，也不允许任何一方将自己的意志强加给对方。

（二）合同的种类

由于交易关系存在多样性和复杂性，调整交易关系的合同也多种多样，而且随着社会经济的发展，还会不断地出现新型的合同。按照不同的标准，可以对合同进行不同的划分。对合同进行分类，有利于我们掌握同类合同的共同特征，明确同类合同共同的成立、生效条件和适用法律等。合同常见的分类有以下几种。

1. 双务合同和单务合同

这是根据各方当事人权利义务的分担方式来划分的。双务合同是各方当事人都享受权利并承担义务的合同，并且一方享有的权利和承担的义务，正是对方应尽的义务和享有的权利，各方互为债权人和债务人。买卖合同、租赁合同、借款合同、承揽合同等都是双务合同。单务合同指一方只享有权利而不承担义务，另一方则只承担义务而不享受权利的合同，如赠与合同。现实生活中常见的是双务合同。这种分类的意义在于：在双务合同中，任何一方在自己未履行合同义务的情况下，无权请求对方履行；任何一方不能只要求他方履行义务而自己却只享受权利。

2. 有偿合同和无偿合同

这是根据合同是否因给付而取得利益来划分的。有偿合同指当事人享受合同权利必须偿付代价的合同，如买卖合同、租赁合同、保险合同等；无偿合同指当事人无须偿付任何代价即可享受合同权利的合同，如赠与合同、借用合同等。这种分类的意义在于确定当事人履行合同义务时的注意程度和违约责任大小。一般而言，有偿合同在履行时当事人的注意程度要高于无偿合同，违约责任也重于无偿合同。

3. 诺成合同和实践合同

这是根据合同的成立是否以交付标的物为要件来划分的。凡当事人意思表示一致合同即告成立的，为诺成合同，又称为非要物合同。如买卖合同、货物运输合同、租赁合同等；除当事人意思表示一致外，还须交付标的物才能成立的合同，为实践合同，如保管合同、动产质押合同等。在实践当中，大量合同为诺成合同。有的人认为卖方没有将房屋过户给买方的房屋买卖合同是不成立的或无效的合同，这是一种错误的理解，混淆了实践合同的成立要件和诺成合同的交付行为。

4. 要式合同和非要式合同

这是根据合同的成立是否需要特定的形式和手续来划分的。在我国，所谓"特定形式"，主要指书面形式；所谓"特定手续"，主要指经过公证、鉴证或者国家有关的核准。凡是要求具备特定形式或履行一定手续的合同，为要式合同，其中，要式合同由法律直接规定的，称为法定要式合同，如不动产抵押合同等；法律无明文规定，只是当事人约定必须履行特定方式的合同，称为约定要式合同。不要式合同指不需要特定形式或手续为成立要件的合同。实践中常见的合同为非要式合同。

5. 有名合同和无名合同

这是根据合同在法律上是否赋予特定的名称来划分的，这里所称的"法律"，除《合同法》外，还包括《中华人民共和国担保法》(简称《担保法》)、《中华人民共和国物权法》《中华人民共和国保险法》《中华人民共和国海商法》等其他所有民事规范。凡是法律赋予一个特定名称并规定其内容的合同，为有名合同，又称为典型合同、列名合同。我国《合同法》分则所列的买卖合同等 15 种常见合同，以及《保险法》规定的保险合同、《担保法》规定的保证合同、抵押合同、质押合同等，都是有名合同。有名合同的订立、履行以及纠纷的解决，都应当依照法律的有关规定办理。无名合同是指法律未赋予特定名称的合同，如易货合同、劳务交换合同等。无名合同的内容只要不违法，同样具有法律效力。无名合同的订立、履行以及纠纷的解决，适用《合同法》总论和民法关于民事法律行为和合同的一般规定，同时可参照与该无名合同类似的有名合同的有关规定。

6. 主合同和从合同

这是根据合同之间的相互关系来划分的。在有相互关系的合同中，凡是不以其他合同的存在为前提而能独立存在的合同，为主合同。反之，必须以其他合同的存在为前提，自己不能独立存在的合同，为从合同。例如，设立主债务的合同为主合同，为担保主债务人履行债务而设定的担保合同为从合同。这种分类的意义在于：从合同以主合同的存在为前提，主合同消灭，从合同也随之消灭；主合同权利转移的，从合同权利也随之转移。

7. 为己合同和涉他合同

这是根据合同是为当事人自己还是为第三人设定权利义务来划分的。一般情况下，当事人都是为自己的利益而订立合同的，这类合同称为为己合同。但在某些特殊的情况，合同为第三人设定了权利或义务，这类合同称为涉他合同。第三人可以自主决定是否接受合同中的权利、义务。

8. 本合同和预约合同

这是根据订立合同是否有预先约定的关系来划分的。预约合同是当事人约定将来订立一定合同的合同，本合同是履行预约合同的约定而订立的合同。预约合同当事人的义务就是订立本合同。

（三）合同法的概念及调整范围

合同法是调整合同关系的法律规范的总称。狭义的合同法指第九届全国人民代表大会第二次会议通过的、1999 年 10 月 1 日起施行的《中华人民共和国合同法》(简称《合同法》)。该法施行之日起，原《中华人民共和国经济合同法》《中华人民共和国涉外经济合同法》《中华人民共和国技术合同法》废止。《合同法》是我国第一部比较完备的合同基本法，全面、系统地规定了合同的基本制度。该法共 428 条，分为总则、分则和附则三部分。总则规定了合同法的基本原则、合同的订立、合同的效力、合同的履行、合同的变更和转让、合同的权利义务终止、违约责任、涉外合同的法律适用等合同法的一般性规定；分则分别规定了买卖合同，供用电、水、气、热力合同，赠与合同，借款合同，租赁合同，融资租赁合同，承揽合同，建设工程合同，运输合同，技术合同，保管合同，仓储合同，委托合同，行纪合同，居间合同共 15 种常见合同的具体规则。广义的合同法，除了《合同法》外，还包括其他调整合同关系的法律，如《民法总则》《担保法》《物权法》《保险法》《海商法》《合伙企业法》《中外合资经营企业法》《中外合作经营企业法》等。其他法律所规定的具体合同，优先适用该法的规定，此外还适用《合同法》和《民法总则》的一般规定。《合同法》与《民法总则》之间按照特别法优于一般法、新法优于旧法的原则确定法律应用。

《合同法》的调整对象是平等主体之间设立、变更、终止民事权利义务关系的协议，但是，婚姻、收养、监护等有关身份关系的协议，应当适用其他法律的规定。在我国，劳动关系、人事关系均属于特殊的关系，由有关劳动法、人事管理法律法规来调整，不适用《合同法》。政府机关参与的合同，应当区别不同情况来判定是否适用《合同法》：①政府机关作为平等主体与对方签订的合同，如购买办公用品，适用《合同法》；②属于行政管理关系的协议，如有关综合治理、计划生育、环境保护等协议，不是民事合同，不适用《合同法》；③在政府采购活动中，为了防止浪费、杜绝腐败，保护民族产业，应当对政府采购行为加以规范，但这种规范仅约束政府本身，政府与对方订立的合同适用《合同法》；④关于指令性任务或国家订货任务问题，我国实行社会主义市场经济体制，指令性计划不是《合同法》普遍适用的基本原则，为了保证国防重点建设以及国家战略储备的需要，在个别情况下，国家需要下达指令性任务或国家订货任务，有关法人、其他组织之间应当依照有关法律、行政法规规定的权利和义务订立合同。

（四）合同法的基本原则

《合同法》的基本原则是贯穿整个合同法的始终，《合同法》的立法、执法和司法，以及当事人订立、履行合同均应共同遵守的准则。《合同法》规定了以下基本原则：

1. 合同自愿原则

合同自愿原则又称合同自由原则。《合同法》第四条规定：当事人享有自愿订立合同的权利，任何单位和个人不得非法干预。合同自愿原则还表现为当事人有变更和解除合同的权利、选择解决合同争议方式和法律适用的权利。合同自愿原则是合同法最基本的原则，充分体现了现代合同的理念。

当然，自愿也不是绝对的，应受公序良俗原则的限制。当事人之间的合意，只有在法律允许的范围内才能获得拘束力，违反强制性规范或社会公共利益的合意无效。

2. 合同公平原则

《合同法》第五条规定：当事人应当遵循公平原则确定各方的权利和义务。公平原则要求当事人之间的权利义务要公平合理，要大体上平衡，强调一方给付与另一方给付之间的等值性，合同上的负担和风险的合理分配。公平原则是社会公德的体现，符合商业道德的要求。将公平原则作为合同当事人的行为准则，可以防止当事人滥用权利，有利于保护当事人的合法权益，维护和平衡当事人之间的利益。

3. 当事人法律地位平等原则

《合同法》第三条规定：合同当事人的法律地位平等，一方不得将自己的意志强加给另一方。平等原则是指地位平等的合同当事人，在权利义务对等的基础上，经充分协商达成一致，以实现互利互惠的经济利益目的的原则。消费者与经营者之间由于经济实力、知识和信息的掌握程度等的差异，他们的地位实质上是不平等的，消费者处于弱者的地位，这时，可以适用《消费者权益保护法》予以矫正。

4. 诚实信用原则

《合同法》第六条规定：当事人行使权利、履行义务应当遵循诚实信用原则。诚实信用原则要求当事人应忠诚、守信，做到谨慎维护对方的利益、满足对方的正当期待、给对方提供必要的信息等，是最低限度的道德要求在合同法上的体现。诚实信用原则为不少合同法规范提供了正当性依据，也是解释合同的依据之一，此外，诚实信用原则还有填补法律漏洞的功能。当法院在司法审判活动中遇到合同没有约定或约定不明确而法律又没有规定的新情况、新问题时，可以直接依据该原则行使公平裁量权，调整当事人之间的权利义务关系。

5. 公序良俗原则

公序良俗是公共秩序和善良风俗的合称，包括两层含义：一是从国家的角度定义公共秩序，如保护消费者、承租人和接受高利贷的债务人等弱者的规范，就是一种公序；二是从社会的角度定义善良风俗。善良风俗指社会、国家的存在和发展所必要的一般道德，是特定社会所尊重的起码的伦理要求。善良风俗原则与诚实信用原则不同，善良风俗原则只是消极地设定了当事人不得逾越的道德底线，诚实信用原则则强调当事人应积极地实现的特定的道德要求。公序良俗原则属于一般条款，与诚实信用原则一样，具有填补法律漏洞的功能。《合同法》第七条“当事人订立、履行合同，应当遵守法律、行政法规，尊重社会公德，不得扰乱社会经济秩序、损害社会公共利益”，就是公序良俗原则的规定。

二、合同的订立

（一）合同订立的一般程序

合同的订立，是合同各方当事人就其交易内容进行协商并达成一致的过程。这一过程在《合同法》上称为要约和承诺。

1. 要约

（1）要约的概念和条件

要约是希望和他人订立合同的意思表示。该意思表示应当符合下列条件：①内容具体、确定，包含拟订立合同的主要条款；②表明经受要约人承诺，要约人即受该意思表示约束。发出要约的人为要约人，要约人希望与之订立合同的、收到要约的人为受要约人。

在合同实务中，应将要约同要约邀请区别开来。要约邀请又称要约引诱，是希望他人向自己发出要约的意思表示。要约邀请不是订立合同的必经程序，对行为人不具有法律约束力。寄送的价目表、拍卖公告、招标公告、招股说明书、商业广告等均为要约邀请。商业广告具有要约内容的，视为要约。例如，最高人民法院《关于审理商品房买卖合同纠纷案件适用法律若干问题的解释》第三条规定：商品房的销售广告和宣传资料为要约邀请，但是出卖人就商品房开发规划范围内的房屋及相关设施所作的说明和允诺具体确定，并对商品房买卖合同的订立以及房屋价格的确定有重大影响的，应当视为要约。该说明和允诺即使未载入商品房买卖合同，也应当视为合同内容，当事人违反的，应当承担违约责任。再如，悬赏广告，广告人以广告形式声明，对于完成一定行为的人给予约定的报酬，也属于要约而不是要约邀请。

（2）要约的生效、失效、撤回和撤销

要约到达受要约人时生效。采用数据电文形式订立合同，收件人指定特定系统接收数据电文的，该数据电文进入该特定系统的时间，视为到达时间；未指定特定系统的，该数据电文进入收件人的任何系统的首次时间，视为到达时间。

要约可以撤回。撤回要约的通知应当在要约到达受要约人之前或者与要约同时到达受要约人。

要约可以撤销。撤销要约的通知应当在受要约人发出承诺通知之前到达受要约人。《合同法》第十九条规定，有下列情形之一的，要约不得撤销：①要约人确定了承诺期限或者以其他形式明示要约不可撤销；②受要约人有理由认为要约是不可撤销的，并且已为履行合同作了准备工作的。

《合同法》第二十条规定了要约失效的情形，包括：①拒绝要约的通知到达要约人；②要约人依法撤销要约；③承诺期限届满，受要约人未作出承诺；④受要约人对要约的内容作出实质性变更。

2. 承诺

（1）承诺的概念和条件

承诺是受要约人同意要约的意思表示。承诺应当符合如下条件：

第一，承诺应当由受要约人作出。要约和承诺都是一种有相对人的意思表示，因此，承诺应当由受要约人作出。受要约人之外的第三人即使知道要约的内容并作出同意要约的意思表示，也不是承诺。

第二，承诺必须在有效期内作出并到达要约人。所谓“有效期”，指要约确定的承诺期限；要约未确定承诺期限的，承诺应当依照下列规定到达：①要约以对话方式作出的，应当即时作出承诺，但当事人另有约定的除外；②要约以非对话方式作出的，承诺应当在合理的期限内到达。要约以信件或者电报作出的，承诺期限自信件载明的日期或者电报交发之日开始计算；信件未载明日期的，自投递该信件的邮戳日期开始计算；要约以电话、传真等快速通信方式作出的，承诺期限自要约到达受要约人时开始计算。受要约人超过承诺期限发出承诺的，除要约人及时通知受要约人该承诺有效的以外，为新要约。但是，受要约人在承诺期限内发出承诺，按照通常情形能够及时到达要约人，但因其他原因承诺到达要约人时超过承诺期限的，除要约人及时通知受要约人因承诺超过期限不接受该承诺的以外，该承诺有效。

第三，承诺的内容应当与要约的内容一致。受要约人对要约内容作出实质性变更的，为新要约。有关合同标的、数量、质量、价款或者报酬、履行期限、履行地点和方式、违约责任和解决争议办法等的变更，是对要约内容的实质性变更。承诺对要约的内容作出非实质性变更的，除要约人及时表示反对或者要约表明承诺不得对要约的内容作出任何变更的以外，该承诺有效，合同的内容以承诺的内容为准。

（2）承诺的方式

承诺应当以通知的方式作出，但根据交易习惯或者要约表明可以通过行为作出承诺的除外。如根据交易习惯或者要约的要求，承诺人可以作出某种行为（如发货或者支付价款）表示同意而无须向要约人发出通知，该行为视为承诺。除有特别规定或约定外，沉默不能视为承诺的形式。

（3）承诺的生效和撤回

承诺生效时，合同成立。因此，承诺的生效时间非常重要。关于承诺的生效时间，英美法系与大陆法系的规定是不同的，就是大陆法系各国，其规定也不尽相同。英美法系规定，以书信、电报形式作出承诺时，承诺一经投邮，立刻生效。这种承诺生效时间的规定，称为“投邮主义”。德国法律规定承诺必须在到达要约人时才生效。这种承诺生效时间的规定，称为“到达主义”。我国《合同法》规定，承诺通知到达要约人时生效。承诺不需要通知的，根据交易习惯或者要约的要求作出承诺的行为时生效。采用数据电文形式订立合同的，承诺到达的时间适用要约到达的有关规定。

承诺在生效前可以撤回，但撤回承诺的通知应当在承诺通知到达要约人之前或者与承诺通知同时到达要约人。

（二）合同的内容

合同的内容是合同当事人的权利和义务。这种权利和义务，除少数由法律直接规定产生之外，绝大部分是由当事人约定的。合同的内容一般包括以下条款。

1. 当事人的名称或者姓名和住所

为了确定合同的当事人，合同除了列明当事人的名称或者姓名外，通常还将当事人的基本信息，如住所、法定代表人、身份证号码等加以明确。

2. 标的

标的是合同法律关系的客体，是合同权利和义务指向的对象，是任何一个合同都必须具备的。标的可以是物，如买卖合同中出卖的货物；可以是行为，如运输合同中运送旅客或者货物的行为；也可以是智力成果，如技术转让合同中的专利权等；还可以是金钱，如借款合同中的款项。但法律禁止的行为或者禁止转让的物不得作为合同的标的。

3. 数量

数量是衡量标的的尺度，以当事人共同选择的计量单位和计量方法来确定。对于有形财产，数量是对单位个数、体积、面积、长度、容积、重量等的计量；对于无形财产，数量是个数、件数、字数以及使用范围等多种量度方式；对于劳务，数量为劳动量；对于工作成果，数量是工作量及成果量。

4. 质量

质量是标的质的规定性，对于有形财产，质量是标的的物理、化学、机械、生物等性质；对于无形财产、劳务、工作成果，也有质量高低的问题，并有衡量的特定方法。

5. 价款或者报酬

价款是取得标的物所支付的代价，报酬是接受服务或智力成果所支付的代价。价款，通常是指标的物本身的价款，有时还包括运费、保险费、保管费等额外费用。

6. 履行期限、地点和方式

履行期限是当事人行使权利和履行义务的时间，根据合同的性质，可以规定为即时履行、定时履行、分期履行。履行地点是当事人行使权利和履行义务的地点，有时也是确定验收地点的依据。履行方式是当事人履行合同的具体方式，如交付方式、运输方式等。

7. 违约责任

违约责任是指当事人一方或者双方不履行合同或者不适当履行合同时应当承担的责任。虽然法律对违约责任有较详尽的规定，但法律的规定不可能照顾到各种合同的特殊情况，因此，当事人有必要对违约责任进行约定。约定违约责任条款，可以促使当事人履行义务，并且在出现违约时有明确的解决依据。

8. 解决争议的方法

当事人可以在合同中约定产生争议协商不成时，是采取仲裁还是采取诉讼的方式加以解决。

上述条款是《合同法》规定的提示性条款、示范性条款，不同类型的合同，其主要条款也不尽相同。一般来说，合同的内容应尽可能详尽，这样才能起到顺利实现合同的目的、防患于未然的作用。但是，合同条款的欠缺，并不必然影响合同的成立，只要具备当事人、标的和数量条款，合同就可以成立，合同在履行中没有约定依据的，按照合同法的规定履行。

（三）合同的形式

合同的形式是当事人合意的表现形式，是合同内容的外在表现，是合同内容的载体。合同的形式对合同的成立有直接的影响。《合同法》第十条规定：当事人订立合同，有书面形式、口头形式和其他形式。

1. 书面形式

书面形式是指以文字等有形地表现合同所载内容的形式，包括合同书、信件和数据电文。数据电文有电报、电传、传真、电子数据交换和电子邮件等形式。《合同法》对书面形式的使用场合作了两方面的规定，一是法律、行政法规规定采用书面形式的，应当采用书面形式。例如，《合伙企业法》《中外合资经营企业法》分别规定合伙合同、中外合资经营企业合同应当采用书面形式。二是当事人约定采用书面形式的，应当采用书面形式。这一规定充分体现了合同自由原则，即除法定书面合同形式外，当事人均可自由约定是否采用书面形式。

法律、行政法规规定采用书面形式或者当事人约定采用书面形式的，应当采用书面形式，在未采用书面形式之前，推定合同未成立。但是，形式的不符并不必然导致合同不成立。如法律、行政法规规定或者当事人约定用书面形式订立合同，当事人未采用书面形式但一方已经履行主要义务，对方接受的，该合同成立；采用合同书形式订立合同，在签字或者盖章之前，当事人一方已经履行主要义务，对方接受的，该合同成立。

书面形式的最大优点是合同有据可查，发生纠纷时容易举证，便于分清责任。因此，对于关系复杂的合同及重要的合同，最好采用书面形式。

2. 口头形式

口头形式是指以对话方式订立合同，而不以文字表达合同内容的合同形式。口头形式简便易行，在日常生活中被广泛运用，如商店零售、集市的现货交易等，一般都采用口头形式。但是，口头合同在发生纠纷时，当事人难以举证，不易分清责任。因此，对不能即时清结的合同和标的数额较大的合同，应尽量采用书面形式签订合同。采用口头形式并不意味着不产生任何的文字凭证，当事人交易时应索取发票或者购物小票等凭证，都能起到证明合同成立及合同内容的作用。

3. 推定形式

这是一种特殊的合同形式，一般表现为行为方式和默认方式。例如，一方当事人提出订立合同的建议，另一方当事人未予书面或者口头答复，而以相应的履行行为表示同意。再如，商店安装自动售货机，顾客将规定的货币投入机器内，买卖合同即告成立。

（四）合同的成立

合同的成立是指当事人就设立、变更或终止民事权利义务关系经协商达成一致的意思表示。

承诺生效时合同成立。当事人采用合同书形式订立合同的，自双方当事人签字或者盖章时合同成立；当事人采用信件、数据电文等形式订立合同的，可以在合同成立之前要求签订确认书，签订确认书时合同成立。

合同成立的地点为承诺生效的地点。采用数据电文形式订立合同的，收件人的主营业地为合同成立的地点，没有主营业地的，其经常居住地为合同成立的地点。当事人另有约定的，按照其约定。当事人采用合同书形式订立合同的，双方当事人签字或者盖章时的地点为合同成立的地点。

合同成立不等于合同生效。通常情况下，合同成立即生效，但不意味着合同的成立等于合同的生效，二者属于不同的范畴和制度。合同是否成立，是一种事实判断，而合同是否生效，则是一种法律价值的判断。两者的具体不同如下。

首先，从逻辑关系上说，二者所处的阶段不同：合同成立在先，合同生效在后，只有成立了的合同才谈得上是否生效；

其次，二者的构成要件不同：当事人就合同的条款达成一致，合同即告成立，而合同是否生效取决于国家通过法律对当事人合意进行的评价；

最后，二者产生的法律效果也不同：合同不成立，有过错的一方应承担缔约过错责任，合同无效，有过错的当事人不仅要承担民事责任，还可能承担行政责任和刑事责任。

（五）格式条款

格式条款是当事人为了重复使用而预先拟订，并在订立合同时未与对方协商的条款。对于格式条款，对方当事人只能全部接受或者全部不接受，没有协商的余地，实质是剥夺了对方当事人合同自由的权利。采用格式条款订立的合同，称为格式合同，又称定式合同、标准合同、附合合同。格式合同的产生具有经济上的必然性，迎合了现代经济活动高效率、低成本的要求，体现了专业分工的科学性和复杂性，是世界上普遍采用的一种合同模式，广泛应用于铁路、航海、邮政、城市供电、供水、供气、保险、金融等行业。我国《合同法》也确认了格式合同。但是，格式合同毕竟是一方当事人单方面设定的，而且往往是那些在经济上处于垄断地位或优势地位的当事人设定的，极可能对另一方当事人产生不公平的后果，因此，在确认格式合同的同时又有必要对格式条款作出规制。

格式合同的规制，可以分为行政规制、司法规制和立法规制三种方式。行政规制是指政府行使公权力对格式合同的内容进行事先审查和事后监督。对某些格式合同（如商业保险合同），未经事先审查批准或备案的，不允许使用。司法规制是指通过司法机关对案件的实际裁判来否定格式条款中的不公平条款。立法规制是指通过立法手段对格式合同的不公平条款所作的限制。《合同法》对格式合同的立法规制包括如下内容。

（1）提供格式条款的当事人应当遵循公平原则确定当事人之间的权利和义务；

（2）提供格式条款的当事人应当采取合理的方式提醒对方注意免除或者限制其责任的条款，并按照对方的要求，对该条款予以说明；

（3）无效的格式条款。《合同法》第四十条规定，格式条款有《合同法》第五十二条规定的无效情形的，或者提供格式条款一方免除其责任、加重对方责任、排除对方主要权利的，该条款无效。

（4）格式条款的解释。《合同法》第四十一条规定，对格式条款的理解发生争议的，应当按照通常的理解予以解释；对格式条款有两种以上解释的，应当做出不利于提供格式条款一方的解释。格式条款和非格式条款不一致时，应当采用非格式条款。

（六）缔约过失责任

缔约过失责任是指在合同订立过程中，一方因故意或者过失违反先合同义务而给对方造成信赖利益的损失时应承担的赔偿责任。先合同义务指当事人在协商订立合同过程中，基于诚实信用原则而产生的互相协作、互相照顾、互相保护、互相通知、互相忠诚等义务。缔约过失发生在合同订立的过程中，而合同生效后当事人的过失为履约的过失，这是缔约过失和违约责任的基本区别。根据《合同法》第四十二条、第四十三条的规定，当事人在订立合同过程中有下列情形之一，给对方造成损失的，应当承担缔约过失责任：①假借订立合同，恶意进行磋商；②故意隐瞒与订立合同有关的重要事实或者提供虚假情况；③违反保密义务的；④有其他违背诚实信用原则的行为。

缔约过失责任的主要内容是损害赔偿。赔偿的范围包括信赖利益的损失，即当事人相信合同能够成立并生效，但因合同不成立、无效或者被撤销所受到的损失，主要是直接的财产的减少，如缔约费用、准备履行合同所支出的费用等。

三、合同的效力

合同的效力，是指合同对当事人的法律约束力。依法成立的合同，对当事人具有法律约束力。根据《合同法》规定，合同的效力类型可分为有效合同、无效合同、可撤销合同和效力待定的合同四种。合同法鼓励交易，在实践中应尽量缩小无效合同的范围，对于那些虽有瑕疵、但经过补正能够生效的合同，应尽量进行补正，使其生效，因为只有有效合同才能实现当事人的交易目的。

（一）有效合同

有效合同是符合法律规定的生效条件，对当事人具有约束力，受法律保护的合同。合同生效应当符合以下条件。

1. 一般生效条件

（1）当事人具有相应的民事行为能力。这一生效条件是针对自然人提出的，法人和其他组织不存在具备相应民事行为能力的问题。那种认为法人或其他组织的行为能力受其经营范围限制，超经营范围订立的合同无效的观点是错误的。最高人民法院法释［1999］19号《关于适用〈中华人民共和国合同法〉若干问题的解释（一）》第十条规定，当事人超越经营范围订立合同，人民法院不因此认定合同无效。但是，法人或其他组织违反国家限制经营、特许经营以及法律、行政法规禁止经营规定的除外。

自然人的行为能力分为完全民事行为能力、限制民事行为能力和无民事行为能力。年满十八周岁的成年人为完全民事行为能力人，具有订立合同的行为能力。年满十六周岁未满十八周岁的未成年人，以自己的劳动收入为主要生活来源的，视为完全民事行为能力人。八周岁以上的未成年人为限制民事行为能力人，可以独立订立纯获利益的合同或者与其年龄、智力、精神健康状况相适应的合同。不满八周岁的未成年人以及不能辨认自己行为的人为无民事行为能力人，不具有订立合同的行为能力，需由其法定代理人代理。

当事人委托代理人代为订立合同的，代理人应当在授权范围内订立合同。

（2）当事人意思表示真实。意思表示真实包括两方面的含义：一是当事人的内心意思与外部的表示行为一致；二是当事人是在意志自由的前提下所作的意思表示。当事人因受欺诈、胁迫而订立合同的，或者对合同存在重大误解的，均因意思表示不真实而不生效。

（3）不违反法律、行政法规的强制性规定，不违背公序良俗。

2. 特别生效条件

一般情况下，合同具备一般生效要件，即对当事人产生法律效力。但是，在特殊的情况下，根据法律的规定或者当事人的约定，合同还必须具备特别的要件，才能发生法律效力。例如，法律、行政法规规定合同应当采用书面形式，或者应当办理批准、登记等手续才生效的，合同就必须采用书面形式，或者办理批准、登记手续，否则合同不生效。

一般来说，依法成立的合同，自成立时生效。但是，当事人可以对合同的效力约定附条件或者附期限。①附条件的合同。附生效条件的合同，自条件成就时生效；附解除条件的合同，自条件成就时失效。当事人为自己的利益不正当地阻止条件成就的，视为条件成就；不正当地促成条件成就的，视为条件不成就。②附期限的合同。当事人对合同的效力可以约定附期限。附生效期限的合同，自期限届至时生效。附终止期限的合同，自期限届满时失效。

（二）无效合同

无效合同包括绝对无效合同和相对无效合同，一般所称无效合同乃指前者，后者又被称为可撤销合同。本书所称无效合同，同《合同法》的用语，指绝对无效合同。无效合同是指违反国家法律、行政法规的强制性规定，损害社会公共利益，因而不具备法律效力的合同。法律对这种合同采取了坚决否定的态度。有下列情形之一的，合同无效。

（1）无民事行为能力人签订的合同。现实生活中六、七岁的孩子已经上小学了，自己买笔、买作业本、买零食都是常见的现象，因此，虽然法律规定未满八周岁的孩子不能订立合同，但是对于无民事行为能力人是否一概不能签订合同，以及无民事行为能力的未成年人的年龄标准，一直有不同的意见。

（2）当事人恶意串通，损害他人合法权益的。恶意串通就是各方当事人非法勾结，为牟取私利，共同订立的损害国家、集体或者第三人利益的合同。例如，债务人为规避人民法院强制执行，而与他人签订虚假的出卖财产的合同，由于这类合同当事人主观上有非法的故意，产生了非法的结果，因而是无效的。

（3）当事人通谋以虚假的意思表示签订的合同。但是，以虚假的意思表示隐藏的合同的效力，依照有关法律规定处理。通常情况下，当事人通谋订立虚假合同的背后都存在不良动机，系为掩盖当事人真正希望履行的隐藏的合同，而并不希望履行表面的合同。如假联营真高息借贷合同，两个合同都是无效的。但是，被隐藏的合同并不当然无效，应当对该合同的效力进行独立分析、判断。

（4）违背公序良俗的。存在对社会公共秩序和善良风俗造成损害的情形的，如危害国家公共秩序、危害家庭关系、违反性道德、侵犯人格尊严等，合同无效。

（5）违反法律、行政法规的强制性规定的合同，但是，该强制性规定不导致合同无效的除外。此处“法律、行政法规”不能理解为包括一切现行有效的规范性文件，“法律”仅指全国人民代表大会及其常务委员会通过的、由国家主席签发的法律，“行政法规”仅指国务院颁布的、由国务院总理签发的法规。确认合同无效，不得以地方性法规、行政规章为依据。《合同法》将影响合同效力的规范性文件限定于法律、行政法规，目的是维护法制的统一，保障全国统一、自由的市场免受部门规章、地方性法规的条块分割。“强制性规定”指法律、行政法规中的规定人们不得为某些行为或者必须为某些行为的规定，前者即“禁止性规定”，后者即“命令性规定”。强制性规定有效力性规范和管理性规范之分，违反效力性规范的合同无效，而违反管理性规范的合同不当然无效。

除上述规定外，《合同法》第五十三条规定，合同的下列免责条款无效：①造成对方人身伤害的；②因故意或者重大过失造成对方财产损失的。

（三）可撤销合同

可撤销合同是因一方当事人意思表示不真实，该当事人可以请求人民法院或者仲裁机构予以撤销，使已经生效的意思表示归于无效的合同。可撤销的合同，也是可变更的合同。可撤销的原因有如下几种。

（1）因重大误解订立合同的。重大误解是指当事人因自己的过失而对合同的内容等发生误解，如对对方当事人、标的物的品种、质量、规格和数量等的错误认识，使行为的后果与自己的意思相悖，并造成较大损失的，可以认定为重大误解。

（2）一方利用对方处于危困状态、缺乏判断能力等情形，致使合同订立时显失公平的。因合同显失公平，明显对受害一方当事人有重大不利，如标的物的价值和价款过于悬殊的合同，责任或风险的承担显然不合理的合同等。《合同法》在此处将显失公平的情形限定在“订立合同时”，其实，合同成立后由于客观情况的变化而使合同原来约定的权利义务失衡的，当事人也可以依据情事变更的原则请求撤销或者变更。

正确理解显失公平制度，必须区别显失公平制度与商业风险。①交易活动必然存在风险，当事人之间的给付不可能是完全对等的，商业风险造成的合同权利义务不平衡是在法律允许的限度范围内的。而显失公平制度并不免除当事人应承担的风险，而是禁止、限制一方当事人获得超过法律允许的利益。②显失公平制度下，一方当事人往往是利用了对方当事人的草率或者欠缺经验而订立合同；而在正常的商业风险下，不存在这种情况。

（3）一方以欺诈手段，使对方在违背真实意思的情况下订立的合同；或者是第三人实施欺诈行为，使一方在违背真实意思的情况下订立的合同，而对方知道或者应当知道该欺诈行为的；又或者是一方或者第三人以胁迫手段，使对方在违背真实意思的情况下订立的合同。欺诈是指一方当事人故意捏造事实或者隐瞒真相，诱使对方作出错误的意思表示而与之订立合同。胁迫是指以给公民及其亲友的生命健康、荣誉、名誉、财产等造成损失或者以给法人的荣誉、名誉、财产等造成损害为要挟，迫使对方作出违背真实的意思表示的行为。胁迫的方式既可以是暴力的，又可以是非暴力的。

在上述合同中，受损害方有选择请求变更或者撤销的权利，也可以选择履约。当事人选择请求变更的，人民法院或者仲裁机构不得强行撤销。另一方面，为避免合同的效力长期处于不稳定的状态，法律规定有下列情形之一的，撤销权消灭：①当事人自知道或者应当知道撤销事由之日起一年内、重大误解的当事人自知道或者应当知道撤销事由之日起三个月内没有行使撤销权；②当事人受胁迫，自胁迫行为终止之日起一年内没有行使撤销权；③当事人知道撤销事由后明确表示或者以自己的行为表明放弃撤销权。当事人自民事法律行为发生之日起五年内没有行使撤销权的，撤销权消灭。

合同被确认无效或者被撤销都导致合同效力自合同订立时起消灭的后果，但合同无效制度与可撤销制度存在很大的区别：①二者的发生原因不同：无效原因在于合同严重违反法律规定的生效条件，而可撤销的原因多数在于意思表示瑕疵；②法律对二者的态度不同：对具备无效原因的合同，法律直接作出否定性评价，对具备可撤销原因的合同，法律授权受到不利影响的当事人决定合同的效力；③国家在对二者规制中扮演的角色不同：对无效合同，国家凭借其权力主动介入，对可撤销合同，国家只能根据当事人的请求被动介入。

【案例】朱某、钱某和李某三人均为完全民事行为能力人。朱某与钱某签订一份房屋买卖合同，以 100 万元的价格将自有房屋卖给钱某，约定钱某给朱某三个月时间搬迁，到时一手交钱一手交房，以及申请办理房屋过户手续。但该合同签订后不到一个月，朱某隐瞒与钱某签约的事实，又与李某约定将该房屋卖给李某。为了少交税费，朱李二人签署了两份合同，一份房价为 80 万元，用于双方到房管部门办理过户时使用；另一份房价为 120 万元，为双方实际交易价格。合同签订后，李某向朱某支付了 120 万元房款，房屋也已经过户给了李某。

[**试分析**] 朱某与李某、钱某签订的三份合同的法律效力。

【分析】这个案例涉及《合同法》中一物多卖和真假合同两个经典问题。朱某将同一套房屋分别卖给钱某和李某二人，与二人分别签订的买卖合同不因一物二卖而无效。朱某与钱某的合同符合合同生效的要件，为有效合同。朱某和李某为了少交税费签订了一真一假两份合同，其中价款为 80 万元的假合同是双方当事人以虚假的意思表示签订的合同，属于无效合同；价款为 120 万元的合同是双方当事人以虚假的意思表示隐藏的合同，但该合同符合合同的生效要件，应属有效合同。因为房屋已经过户给了李某，朱某不能向钱某交付房屋，故其应当承担违约责任。有人提出朱某在与李某签约时，隐瞒了与钱某签约的事实，欺诈了李某，从而认为该价款为 120 万元的合同是可撤销合同。这种理解是错误的，因为朱某虽然对李某隐瞒了曾与钱某签约的事实，但是，签署价款为 120 万元的合同并非李某不真实的意思表示，故该合同不属于可撤销合同。

（四）效力待定的合同

效力待定的合同是指法律效力尚未确定，有待有关权利人以行为使之确定的合同。效力待定的合同最终的效力，要么是有效的，要么是不生效的。效力待定的合同不完全具备合同的生效要件，但不同于无效的合同及可撤销的合同。无效合同违反法律、行政法规的禁止性规定，损害社会公共利益；可撤销的合同是当事人的意思表示不真实；而效力待定的合同是由于当事人缺乏缔约能力、代理资格或处分能力所造成。效力待定的合同有以下几种类型。

（1）限制民事行为能力人订立的与其年龄、智力、精神状况不相适应的合同，须事先经其法定代理人同意或者事后经其法定代理人追认，才能发生法律效力。

相对人可以催告法定代理人在 1 个月内予以追认。法定代理人未作表示的，视为拒绝追认。合同被追认之前，善意相对人有撤销的权利，撤销应当以通知的方式作出。法定代理人拒绝追认或者善意相对人撤销的，合同自始没有法律约束力。

（2）因无权代理而订立的合同。行为人没有代理权、超越代理权或者代理权终止后以被代理人名义订立的合同，未经被代理人追认，对被代理人不发生效力，由行为人承担责任；被代理人追认的，由被代理人承担合同的权利和义务。

对无权代理，相对人可以催告被代理人在一个月内予以追认。被代理人未作表示的，视为拒绝追认。在合同被追认之前，善意相对人有撤销的权利，但撤销应当以通知的方式作出。

对行为人没有代理权、超越代理权或者代理权终止后以被代理人名义订立合同，相对人有理由相信行为人有代理权的，该代理行为有效，合同的权利和义务由被代理人承担。这就是所谓的表见代理。设立表见代理制度，是为了保护善意第三人的合法权利，维护交易安全，并对疏于注意的被代理人，令其自负不利后果。在表见代理中，相对人主观上必须是善意的、无过失的，即相对人不知道或者不应当知道代理人欠缺代理权，而且代理人或者被代理人的行为使其有理由相信代理人有代理权，同时，合同本身不具有无效和应被撤销的内容。

（3）因无权代表而订立的合同。执行法人或者非法人组织工作任务的人员超越职权范围的限制而订立的合同，除相对人知道或者应当知道其超越权限的以外，该代表行为有效。

（4）因无权处分而订立的合同。《合同法》第五十一条规定，无处分权的人处分他人财产，经权利人追认或者无处分权的人订立合同后取得处分权的，该合同有效。

（五）合同被确认无效和被撤销的法律后果

无效的合同或者被撤销的合同自始没有法律约束力。合同部分无效，不影响其他部分效力的，其他部分仍然有效。合同无效、被撤销或者终止的，不影响合同中独立存在的有关解决争议方法的条款的效力。

既然合同被确认无效或者被撤销的，自始无效，则双方当事人的财产情况应当恢复原状。根据《合同法》第五十八条规定，恢复原状的方法有：①返还财产。合同无效或者被撤销后，因该合同取得的财产，应当予以返还；不能返还或者没有必要返还的，应当折价补偿。②赔偿损失。合同无效或者被撤销后，有过错的一方应当赔偿对方因此所受到的损失；双方都有过错的，应当各自承担相应的责任。

另外，当事人恶意串通，损害国家、集体或者第三者利益的，因此取得的财产收归国家所有或者返还集体、第三人。至于当事人的其他违法责任，按照相应的法律规定予以追究。

四、合同的履行

合同的履行，是指债务人应当按照合同的约定全面地完成其合同义务，使债权人的合同债权得到全面的实现。

（一）合同履行的原则

合同履行的原则是合同履行过程中应当遵守的基本准则。根据《合同法》的规定，合同履行的原则如下。

1. 实际履行的原则

实际履行的原则要求债务人必须按照合同约定的标的履行，不能以其他标的代替，也不能以承担损害赔偿等违约责任的方式来代替。无论是大陆法系国家还是英美法系国家，其合同法都对此作了明确规定。标的的交易，是当事人订立合同的目的所在，如果债务人不按照合同约定的标的履行，债权人的合同目的就会落空。因此，《合同法》将实际履行原则规定为合同履行的一项重要原则。

实际履行的原则也有例外，《合同法》第一百一十条规定，有下列情形之一的，违约一方可不实际履行：①法律上或者事实上不能履行；②债务的标的不适于强制履行或者履行费用过高；③债权人在合理期限内未要求履行。例如，作为标的物的特定物灭失；债务标的为不适于强制履行的表演行为等。

2. 全面履行原则

《合同法》第六十条规定，当事人应当按照约定全面履行自己的义务。全面履行，又称适当履行或正确履行，是指当事人必须按照合同规定的标的、数量、质量、规格、履行期限、履行地点、履行方式等的要求，全面完成合同义务。全面履行原则是对实际履行原则的补充和扩展。全面履行必定是实际履行，但实际履行未必是全面履行。是否全面履行，是衡量当事人是否构成违约的尺度。

按照全面履行原则，债权人可以拒绝债务人提前履行债务或者部分履行债务，但是，提前履行或者部分履行不损害债权人利益的除外。因债务人提前履行或者部分履行债务给债权人增加的费用，由债务人承担。

3. 协作履行原则

协作履行是指合同当事人不仅应各自严格履行自己的债务，还应协助对方履行其义务。这是诚实信用原则在合同履行中的体现。

协作履行原则的主要内容有：当事人之间要互通情况，互相照顾，及时向对方介绍履行的进程；如果因客观原因不能履行合同时，应及时向对方报告，双方都应积极采取措施，加以补救，尽量减少损失；债权人应适当接受对方的履行，并为其创造必要的方便条件，协助债务人履行债务等。

4. 经济合理的原则

该项原则是指合同当事人履行合同时，要从整体出发，要讲求经济效益，要符合国家的利益。一般来说，当事人在订立合同时都充分考虑了自己的利益，合同内容本身是符合经济合理要求的。当事人严格履行合同，也就体现了经济合理。但是，有时合同内容可能不够具体，或者不尽符合经济合理的要求，或合同订立后客观情况发生了变化，这时当事人就应遵循经济合理的原则来履行合同，尽量为对方、为国家节省开支，避免浪费，以取得最大的效益。《合同法》第一百一十条规定，履行费用过高的，违约一方可不实际履行。

（二）合同约定不明确时的履行规则

如上所述，只要具备当事人、标的和数量条款的，合同都有可能成立。因此，合同成立后，质量、价款或者报酬、履行地点、履行方式等内容可能没有约定或者约定不明确。在这种情况下，当事人可以协议补充；不能达成补充协议的，按照合同有关条款或者交易习惯确立。

当事人就有关合同内容约定不明确，依照上述规定仍然不能确定的，适用下列规定：

（1）质量要求不明确的，按照国家标准、行业标准履行，没有国家标准、行业标准的，按照通常标准或者符合合同目的特定标准履行。

（2）价款或者报酬不明确的，按照订立合同时履行地的市场价格履行；依法应当执行政府定价或者政府指导价的，按照规定履行。

（3）履行地点不明确，给付货币的，在接受货币的一方所在地履行；交付不动产的，在不动产所在地履行；其他标的，在履行义务一方所在地履行。

（4）履行期限不明确的，债务人可以随时履行，债权人也可以随时要求履行，但应当给对方必要的准备时间。

（5）履行方式不明确的，按照有利于实现合同目的的方式履行。

（6）履行费用的负担不明确的，由履行义务的一方负担。

（7）债务人的给付不足以清偿其对同一债权人所负的数笔相同种类的全部债务，应当优先抵充已到期的债务；几项债务均到期的，优先抵充对债权人缺乏担保或者担保数额最少的债务；担保数额相同的，优先抵充债务负担较重的债务；负担相同的，按照债务到期的先后顺序抵充；到期时间相同的，按比例抵充。

（8）债务人除主债务之外还应当支付利息和费用，当其给付不足以清偿全部债务时，应当按照下列顺序抵充：实现债权的有关费用；利息；主债务。

（三）合同履行的抗辩权

合同债权是一种请求权，是债权人请求债务人为特定行为的权利。抗辩权则是债务人对抗债权人请求权的权利。合同履行的抗辩权，是指合同关系中未履行合同义务的一方当事人对于另一方请求其履行义务时主张的权利，换言之，是债务人不履行自己债务的正当理由。抗辩权行使的法律效果是使对方的请求权消灭，或者使其效力延期发生。《合同法》规定的抗辩权有以下三种。

1. 同时履行抗辩权

当事人互负债务，没有先后履行顺序的，应当同时履行。当事人一方在对方未能履行义务时，有权拒绝自己相应的履行。例如，没有约定先交付标的物还是先支付价款的买卖合同，应当一手交钱、一手交货；卖方没有交付标的物就请求买方支付价款的，买方有权拒绝；同理，买方没有支付价款就请求卖方交付标的物的，卖方也有权拒绝。确立同时履行抗辩权，有利于平衡当事人之间的利益，维护当事人的权利，维护交易秩序，增进双方的协作。

2. 先履行抗辩权

先履行抗辩权，是指当事人互负债务，有先后履行顺序，先履行一方未履行或者履行债务不符合约定的，后履行一方有权行使抗辩权，拒绝其相应的履行要求。先履行一方完全履行了合同义务后，先履行抗辩权消灭，后履行一方应当履行自己的义务。当事人行使先履行抗辩权致使合同延迟履行的，延迟履行责任由对方当事人承担。

3. 不安抗辩权

不安抗辩权，指双务合同中应先行履行义务的一方当事人，在有充分的证据证明后履行一方有未来不履行或者无力履行合同之虞时，可以在己方履行期届至时暂时中止自己的履行。但是，在对方恢复履行能力或者提供担保时，不安抗辩权消失。

《合同法》第六十八条规定，应当先履行债务的当事人，有确切证据证明对方有下列情形之一的，可以中止履行：①经营状况严重恶化；②转移财产、抽逃资金，以逃避债务；③丧失商业信誉；④有丧失或者可能丧失履行债务能力的其他情形。但是，当事人没有确切证据中止履行的，应当承担违约责任。

当事人依据不安抗辩权中止履行的，应及时通知对方。对方提供适当担保时，应当恢复履行。中止履行后，对方在合理期限内未恢复履行能力并且未提供适当担保的，中止履行的一方可以解除合同。

上述三种抗辩权，属于合同法上的特殊抗辩。除此之外，当事人还可以行使民法上的一般抗辩权去对抗请求权，如时效抗辩等。

（四）合同履行中的涉他情形

合同作为债的一种形式，具有相对性，因此，债务人应当向债权人履行债务，债权人也只能请求债务人履行。但是，为简便经济生活中财产的交接手续，节约交易成本，当事人可以在合同中为第三人设定权利义务。例如，甲商场向乙厂订购 50 台彩电后，转销给丙公司，在履行时由乙厂先将彩电交付给甲商场，然后甲商场再交付给丙公司，就不如约定由乙厂直接交付给丙公司更加快捷、低成本。《合同法》规定的涉他情形有两种，一是由第三人履行，二是向第三人履行。由第三人履行是指双方当事人约定由第三人向债权人履行债务，第三人履行的，视为债务人履行。如上例中，在甲商场和丙公司的合同中约定由第三人乙厂将彩电交付给丙公司。向第三人履行是指双方当事人约定由债务人向第三人履行债务，债务人向第三人履行了的，视为债务人已履行债务。如上例中，在甲商场和乙厂的合同中约定乙厂将彩电交付给第三人丙公司。由于第三人并不是合同当事人，因而，第三人可以决定是否接受合同为他设定的权利或义务。但是，如果债务人未按约定向第三人履行债务或者履行债务不符合约定时，债务人应当向债权人承担违约责任；第三人未按约定向债权人履行债务或者履行不符合约定时，债务人应当向债权人承担违约责任。

（五）合同的保全

债务人的财产是债务人履行合同、承担违约责任的保障，如果债务人的财产不当减少，就可能危及债权的实现。合同的保全，也称责任财产的保全、合同的一般担保，是指法律为防止因债务人的财产的不当减少而给债权人带来不应有的危害，允许债权人可以对债务人或者第三人的行为行使撤销权或者代位权，来保护自身的债权的法律制度。合同的保全形式有两种，一是债权人的代位权，二是债权人的撤销权。

1. 债权人的代位权

债权人的代位权是指因债务人怠于行使其到期债权，对债权人造成损害的，债权人可以向人民法院请求以自己的名义代位行使债务人的债权。债权人行使代位权，应当符合下列条件：①债权人对债务人的债权合法；②债务人怠于行使其到期债权，对债权人造成损害；③债务人的债权已到期；④债务人的债权不是专属于债务人自身的债权。“债务人怠于行使其到期债权，对债权人造成损害的"，是指债务人不履行其对债权人的到期债务，又不以诉讼方式或者仲裁方式向其债务人主张其享有的具有金钱给付内容的到期债权，致使债权人的到期债权未能实现。"专属于债务人自身的债权"，是指基于扶养关系、抚养关系、赡养关系、继承关系产生的给付请求权和劳动报酬、退休金、养老金、抚恤金、安置费、人寿保险、人身伤害赔偿请求权等权利。代位权的行使范围以债权人的债权为限，不得超过债权人的债权。

债权人的代位权必须通过向法院提起诉讼的方式来行使，债权人作为原告，债务人和债务人的债务人均作为被告，债务人的债务人是债权人的次债务人。案件由次债务人住所地法院管辖。债权人行使代位权的必要费用，由债务人负担。

2. 债权人的撤销权

债权人的撤销权是指债务人放弃债权、放弃担保、恶意延长到期债权的履行期或者无偿转让财产给第三人，对债权人造成损害的，或者债务人以明显不合理的低价转让财产，又或者以明显不合理的高价收购第三人财产，对债权人造成损害，并且该第三人知道该情形的，债权人可以请求人民法院撤销债务人的行为。"明显不合理的低价"和"明显不合理的高价"，人民法院应当以交易当地一般经营者的判断，并参考交易当时交易地的物价部门指导价或者市场交易价，结合其他相关因素综合考虑予以确认。转让价格达不到交易时交易地的指导价或者市场交易价百分之七十的，一般可以视为明显不合理的低价；对转让价格高于当地指导价或者市场交易价百分之三十的，一般可以视为明显不合理的高价。债务人的行为一旦被撤销，则该行为自始无效，其效力不仅及于债务人，而且及于第三人。根据《合同法》第七十四条的规定，撤销权的行使范围以债权人的债权为限，债权人行使撤销权的必要费用（如律师费、差旅费等），由债务人负担，第三人有过错的，应当适当分担。

债权人的撤销权也必须通过向法院提起诉讼的方式来行使，债权人作为原告，债务人和第三人均作为被告。撤销权为形成权，根据《合同法》第七十五条规定，其除斥期间为一年，自债权人知道或者应当知道撤销事由之日起算。自债务人的行为发生之日起五年内没有行使撤销权的，该撤销权消灭。

合同的保全是对合同相对性的突破，它赋予债权人对抗债务人恶意损害行为的权利，这是必要的，也是可行的。但是，对于债务人财产的正常减少，合同的保全就无能为力了。因此，设定物的担保比保全措施更能增加债权的保险系数。

（六）合同履行中的价格变动

我国的合同价格有三种形式：市场价格、政府定价、政府指导价。执行政府定价、政府指导价的，就存在合同履行中价格调整时应当如何履行的问题。对此，《合同法》第六十三条作了规定：执行政府定价或者政府指导价的，在合同约定的交付期限内政府价格调整时，按交付时的价格计价。逾期交付标的物的，遇价格上涨时，按照原价格执行；价格下降时，按照新价格执行。逾期提取标的物或者逾期付款的，遇价格上涨时，按照新价格执行；价格下降时，按照原价格执行。

（七）合同的解释

由于各种各样的原因，当事人在订立合同时不可能预见到全部的情况和风险，并据此明确安排各自的权利义务，加上语言文字的模糊性，都会使当事人对合同条款的理解发生争议，这时就需要对合同进行解释。

合同解释的标准，有主观解释和客观解释两种。主观解释是指通过对合同所使用的文字的含义进行解释，以探求合同所表达的当事人的真实意思。客观解释是指以一个通情达理的第三人的地位，看他如何理解争议条款的内容，并以该第三人的理解意思为确定的标准。合同是当事人的一致意思表示，是当事人为自己设定的法律，因此，解释合同应当探究当事人的真实意思。但是，在发生争议时，要探究当事人的真实意思是十分困难的，甚至是不可能的，因此各国法律虽然规定了解释合同应当探求当事人的真实意思，但司法实践中无不采用客观解释的标准。

我国《合同法》第一百二十五条规定，当事人对合同条款的理解有争议的，应当按照合同所使用的词句、合同的有关条款、合同的目的、交易习惯以及诚实信用原则，确定该条款的真实意思。合同文本采用两种文字订立并约定具有同等效力的，对各文本使用的词句推定具有相同含义。各文本使用的词句不一致的，应当根据合同的目的予以解释。这一规定完全体现了客观解释的标准。但是，合同是以当事人的主观意志为转移的，它不可能完全抛弃主观因素而进入客观领域，所以，我国合同法应当坚持客观解释兼顾主观解释的标准。

五、合同的变更和转让

（一）合同的变更

合同的变更有广义与狭义之分，广义的变更包括合同内容的变更和合同主体的变更，合同主体的变更又称合同的转让；狭义的合同变更是指合同内容的变更，是在合同成立以后，尚未履行或者尚未完全履行以前，当事人就合同内容进行修改和补充。通常所称合同的变更是指狭义的合同变更。

合同的变更不同于合同的更改。合同更改，又称合同更新，是指以一个新的合同取代原来的合同。两者的区别在于：①合同变更仅涉及合同内容的变更，而合同更改不仅涉及合同内容的更新，而且包括客体的变化；②合同变更不发生债消灭的效力，而在合同更改的情况下，原合同消灭，新合同成立。

当事人协商一致，可以变更合同。当事人订立合同时，有时不可能对涉及合同的所有问题都做出明确的约定；合同签订后，当事人在履行前或履行过程中也会出现一些新情况，这就需要当事人协商对合同内容做出变更或者补充。但是，任何一方未经对方同意，擅自变更合同内容的，不仅不能对另一方当事人产生约束力，反而会构成违约行为。

变更合同的协议必须符合合同的生效要件，法律、行政法规规定变更合同应当办理批准、登记等手续的，依照其规定。如果变更合同的协议不能成立或者不能生效，则仍然按照原合同内容履行。如果当事人对合同变更的内容约定不明确的，推定为未变更。

（二）合同的转让

合同的转让，是指有效合同的当事人一方依法将其合同的权利和义务全部或者部分转让给第三人。它是合同主体的变化，不改变原合同的内容和客体，转让后的债权债务与转让前的债权债务保持同一性。合同的转让，可分为合同权利的转让、合同义务的转移及合同权利和义务概括转让三种形态。

1. 合同权利的转让

合同权利的转让，又称合同债权的转让，是指合同债权人通过协议将其合同的权利全部或者部分转让给第三人的行为。但是，根据《合同法》第七十九条的规定，有下列情形之一的，合同的权利不得转让：①根据合同性质不得转让。包括以特定身份关系为基础的债权（如抚养费请求权、赡养费请求权）、以特定的债权人为基础的权利（如特定演员的演出合同债权）、从权利、不作为债权（如禁止某人使用某项财产的权利）等；②按照当事人的约定不得转让；③依照法律规定不得转让。

债权人转让权利，不必经债务人同意，但应当通知债务人；未经通知，该转让对债务人不发生效力。为保障受让人的权利，《合同法》第八十条规定，除经受让人同意外，债权人转让权利的通知不得撤销。

债权的转让的法律效力，可分为内部效力和对外效力。债权的转让的内部效力体现在：①债权及其从权利转让于受让人；②让与人应使受让人能够完全行使债权，如交付权利凭证、转移标的物的占有等；③让与人对让与的债权负瑕疵担保责任。债权的转让的对外效力体现在：①受让人因接受债权而成为新的债权人，债务人应就转让的债权向受让人履行义务，因此而增加履行费用的，由受让人承担；②债务人对原债权人的抗辩，在接到债权转让通知后，可以向受让人主张；③债务人接到债权转让通知时，债务人对原债权人享有债权，并且债务人的债权先于转让的债权到期的或者同时到期的，债务人可向受让人主张抵销。

2. 合同义务的转移

合同义务的转移，又称债务承担，可分为免责的债务承担和并存的债务承担。免责的债务承担是指债务人将合同的义务全部转移给第三人，原债务人脱离合同关系，第三人即承担人成为新的债务人。并存的债务承担是指债务人将合同的义务部分转移给第三人，第三人加入合同关系与原债务人共同承担债务。狭义的债务承担仅指免责的债务承担。

由于不同的债务人履行债务的能力不同，因此，合同义务的转移直接关系到债权人的债权能否得到实现，故合同义务的转移应当经债权人同意，否则转移不能生效。

债务人转移债务的，新债务人应当承担与主债务有关的从债务，但该从债务专属于债务人自身的除外。为保障新债务人的权利，《合同法》第八十六条规定，新债务人可以主张原债务人对债权人的抗辩。

3. 合同权利和义务的概括转让

合同权利和义务的概括转让，又称合同的概括承受，是指债权债务一并转移给第三人。合同的概括承受有两种情形：一是合同的承受，二是企业的合并和分立。

合同的承受是指合同当事人一方将自己在合同中的权利和义务一并转让给第三人的行为。由于合同的概括转让包含了合同义务的转让，故应当经对方同意。合同权利和义务概括转让后，受让人取代原合同一方当事人的地位，享受其权利，承担其义务。

企业的合并和分立可以引起合同权利和义务的概括转让。《合同法》第九十条规定，当事人订立合同后合并的，由合并后的法人或者其他组织行使合同权利，履行合同义务；当事人订立合同后分立的，除债权人和债务人另有约定的以外，由分立的法人或者其他组织对合同的权利和义务享受连带债权，承担连带债务。

合同的转让，应当符合法定程序。法律、行政法规规定合同转让应当办理批准、登记等手续的，依照规定办理批准、登记等手续。

六、合同的权利义务终止

（一）合同的权利义务终止概述

合同的权利义务终止，是指因特定原因发生而使合同关系在客观上不复存在，合同权利、义务消灭。合同的权利义务终止，不影响合同中结算和清理条款的效力。

《合同法》第九十条规定，有下列情形之一的，合同的权利义务终止：①债务已经按照约定履行；②合同解除；③债务相互抵销；④债务人依法将标的物提存；⑤债权人免除债务；⑥债权债务同归于一人；⑦法律规定或者当事人约定终止的其他情形。

合同的权利义务终止后，当事人仍负有法律规定的后合同义务，即当事人应当遵循诚实信用原则，根据交易习惯履行通知、协助、保密等义务。

（二）履行

合同履行，又称清偿，是指债务人按照合同的约定或者法律的规定履行义务，债权人的权利得到了实现。合同的目的达到，合同权利义务当然也消灭。履行是合同的权利义务终止最常见的原因。

（三）合同的解除

合同的解除，是指合同生效以后，当具备合同解除的条件时，因当事人一方或者双方的意思表示而使合同自始或仅向未来消灭的行为。

1. 合同解除的条件

合同的解除，有约定解除和法定解除两种情况。

（1）约定解除。约定解除又包括两种类型，一是当事人协商一致解除合同；二是当事人预先约定一方解除合同的条件，解除合同的条件成就时，解除权人可以解除合同。

（2）法定解除。法定解除是指依照法律规定的解除条件而解除合同。合同法规定的法定解除情形有：①因不可抗力致使不能实现同合同的目的；②在履行期限届满之前，当事人一方明确表示或者以自己的行为表明不履行主要债务（即预期违约）；③当事人一方迟延履行主要债务，经催告后在合理期限内仍未履行；④当事人一方迟延期履行债务或者有其他违约行为致使不能实现合同目的（即根本违约）；⑤合同成立以后客观情况发生了当事人在订立合同时无法预见的、非不可抗力造成的不属于商业风险的重大变化，继续履行合同对于一方当事人明显不公平或者不能实现合同目的；⑥法律规定的其他情形。当事人依上述第⑤种情形主张变更或者解除合同的，应当向人民法院提出，人民法院应当根据公平原则，并结合案件的实际情况确定是否变更或者解除。

在出现了解除的事由时，为早日结束当事人之间法律状态的不稳定性，当事人应及时行使解除权。《合同法》第九十五条规定，法律规定或者当事人约定解除权行使期限，期限届满当事人不行使的，该权利消灭；法律没有规定或者当事人没有约定解除权行使期限，经对方催告后在合理期限内不行使的，该权利消灭。

2. 合同解除的程序

出现了解除的事由不等于合同已经解除。解除合同必须有解除行为，且应当符合一定的程序。当事人行使解除权而主张解除合同的，应当通知对方。合同自通知到达对方时解除。对方有异议的，可以请求人民法院或者仲裁机构确认解除合同的效力。法律、行政法规规定解除合同应当办理批准、登记等手续的，履行法定手续后合同解除。

3. 合同解除的效力

对于合同解除的法律效力，《合同法》第九十七条规定，合同解除后，尚未履行的，终止履行；已经履行的，根据履行情况和合同性质，当事人可以要求恢复原状、采取其他补救措施，并有权要求赔偿损失。对于合同的解除是否有溯及力，即解除是使合同关系溯及既往地消灭、还是仅向将来消灭，没有明确的规定。通常认为，非连续性合同的解除原则上有溯及力，而连续性合同的解除原则上无溯及力。

非连续性合同，是指履行为一次性行为的合同，如买卖合同、互易合同等。就非连续性合同的性质而言，当它被解除时能够恢复原状，即已经履行的给付能够返还给付人。恢复原状是解除有溯及力的效果和标志。非连续性合同的解除原则上有溯及力，合同如同自始未成立。

连续性合同，是指履行必须在一定持续的时间内完成，而不是一时或一次完成的合同，如租赁合同、仓储合同等。连续性合同以标的物的使用、收益为目的，已经被受领方享用的标的物效益是不能返还的，也就不能恢复原状，合同解除时，给付人只能请求对方支付相应的价金。连续性合同的解除原则上无溯及力，解除仅使合同关系向将来消灭，解除之前的合同关系仍然有效。

合同解除的财产后果：①恢复原状；②赔偿损失。由于合同被解除，任何一方都无法再依据合同约定要求对方进行赔偿，这时的赔偿在性质上属于信赖利益的损害赔偿；③采取其他补救措施。

（四）抵销

抵销，是指当事人互负债务、又互享债权时，以自己的债权抵充对方的债权，使自己的债务与对方的债务在等额内消灭。主张抵销的一方享有的债权称为主动债权，另一方的债权称为被动债权。抵销的法律效果是使相应的合同权利义务终止，从权利也随之消灭。抵销制度，一方面免除了当事人双方实际履行的行为，方便了当事人，节省了履行费用。

另一方面，当一方财务状况恶化，不能履行债务时，抵销能够起到担保的作用，一方当事人主张抵销，实际上具有比其他债权优先受偿的效果。

抵销有法定抵销和协议抵销两种。

1. 法定抵销

法定抵销是指由法律规定其构成要件，符合要件时，依当事人一方的意思表示即可发生抵销的效力。法定抵销应当具备下列要件：①当事人互负到期的债务；②债务的标的物种类、品质相同，如同为金钱债务；③双方互负的债务是依法可以抵销的债务。按照合同性质或依照法律规定不能抵销的债务，如因侵权行为所负的债务，债务人不得主张抵销。

在法定抵销中，当事人主张抵销的，应当通知对方，通知自到达对方时生效。而且抵销不得附条件或者附期限。

对于符合法定抵销条件的债权，当事人约定不得抵销的，从其约定。

2. 协议抵销

协议抵销是指抵销因当事人协商一致而发生效力。《合同法》第一百条规定，当事人互负债务，标的的种类、品质不相同的，经双方协商一致，也可以抵销。

（五）提存

提存是指由于债权人的原因致使债务人无法向债权人履行的，债务人可以将标的物交给提存机构，从而产生与债务清偿完全相同的效果，即合同的权利义务终止的法律制度。在我国，目前提存机构为公证机关。

《合同法》第一百零一条规定，有下列情形之一，难以履行债务的，债务人可以将标的物提存：①债权人无正当理由拒绝受领；②债权人下落不明；③债权人死亡未确定继承人或者丧失民事行为能力未确定监护人；④法律规定的其他情形。如果标的物不适于提存或者提存费用过高，债务人依法可以先拍卖或者变卖标的物，提存所得的价款。

标的物提存后，债务人应当及时通知债权人或者债权人的继承人、监护人；债权人下落不明的，应当以公告的形式通知债权人。

提存后，债务人的债务归于消灭，标的物的所有权转归债权人，标的物在提存期间产生的孳息也归债权人所有。标的物毁损、灭失的风险由债权人承担。提存费用由债权人负担。提存机构有保管标的物的权利义务。

《合同法》第一百零四条规定，标的物提存后，债权人可以随时领取提存物，但债权人对债务人负有到期债务的，在债权人未履行债务或者提供担保之前，提存机构根据债务人的要求应当拒绝其领取提存物。债权人领取提存物的权利，自提存之日起 5 年内不行使而消灭，提存物扣除提存费用后归国家所有。

（六）免除

免除是指合同债权人放弃自己的债权，免去债务人的债务，从而消灭合同关系的单方法律行为。《合同法》第一百零五条规定，债权人免除债务人部分或者全部债务的，合同的权利义务部分或者全部终止。免除不得损害第三人的利益。

（七）混同

合同关系要有两方以上的当事人。合同订立后由于某种原因债权和债务同归于一人时，合同的权利义务终止，这就是混同。混同是合同终止的一种事实。但是，当合同涉及第三人利益时，不因混同而终止。例如，债权上设有质权，即债权作为他人质权的标的，此时即使债权债务发生混同，为保护质权人的利益，债权不因此消灭。企业合并、合同转让等都可能引起混同。

七、违约责任

（一）违约责任的概念

违约责任，又称违反合同的民事责任，是指合同当事人违反合同义务所应承担的民事责任。违约责任不包括行政责任和刑事责任。在德国民法里，违约责任属于债的不履行的民事责任的主要种类，英美合同法则从受损害一方当事人的角度，将其称为违约救济。

违约责任具有惩罚性和补偿性双重属性，即通过违约责任，一方面使受损害一方当事人得到补救，另一方面也是对违约人的惩罚。违约责任制度是保障债权实现及债务履行的重要措施。

（二）违约的形态

构成违约责任的要素是违约行为，就是说除了不可抗力原因外，合同当事人不履行合同义务或者履行合同义务不符合约定的行为，均属违约行为，应当承担违约责任。

现实中违约的形态表现多样，可从不同角度作以下多种划分。

1. 单方违约和双方违约

单方违约的，违约方承担违约责任；双方都违约的，应当各自承担相应的责任。在双务合同中，一方违约时，另一方可以依法行使履约抗辩权，但一方违约不构成另一方违约的正当理由。

2. 预期违约和届期违约

这是以违约行为发生的时间为标准所作的分类。《合同法》第一百零八条规定，当事人一方明确表示或者以自己的行为表明不履行合同义务的，对方可以在履行期限届满之前要求其承担违约责任。违约行为发生在合同履行期限届至之前的，为预期违约。预期违约又称先期违约，包括明示毁约和默示毁约。违约行为发生在合同履行届满之后的，为届期违约。

3. 根本违约和非根本违约

这是以违约行为是否完全违背对方当事人的合同目的为标准所作的分类。完全违背合同目的的，为根本违约，除此之外的其他违约行为为非根本违约。这种分类的意义在于：在根本违约的情况下，受损害一方当事人有权解除合同并请求损害赔偿；如果违约一方当事人的违约行为不构成根本违约的，对方当事人就不能简单地解除合同，而是采取其他补救措施。这在根本上保证了交易秩序，使合同不至于因微不足道的违约情节而归于消灭。

4. 不履行和不适当履行

不履行指债务人根本就没有履行债务，包括履行不能和拒绝履行两种，履行不能又包括部分履行不能和全部履行不能、事实不能和法律不能。事实不能指履行在客观上不可能，如作为标的物的特定物灭失；法律不能指法律禁止此种履行，如合同标的物被法律禁止流通。

不适当履行指债务人虽然有履行行为，但不符合合同的约定。只要不符合约定的标的、数量、质量、价款或者报酬、履行方法、履行期限、履行地点等之一项的，都属于不适当履行。不适当履行的分类主要有：①债务人履行迟延和债权人受领迟延；②一般瑕疵履行和加害履行。加害履行的特征是违约与侵权行为竞合。

5. 因第三人的原因造成的违约和因当事人原因造成的违约

当事人因为自己的原因造成违约的，固然要承担违约责任，当事人一方因第三人的原因造成违约的，根据《合同法》第一百二十一条规定，亦应当向对方承担违约责任。当事人一方和第三人之间的纠纷，依照法律规定或者按照约定解决。

（三）违约的归责原则

违约的归责原则，是指基于一定的归责事由确定违约责任承担的法律原则，主要有严格责任原则和过错责任原则。严格责任原则是指无论违约一方当事人对于其违约是否有过错，都要承担违约责任。过错责任原则指一方当事人因为自己的过错而造成违约的，应当承担违约责任，当事人对于自己的违约行为没有过错的，不承担违约责任。过错是当事人的主观心理状态，包括故意和过失两种。

我国《合同法》第一百零七条规定，当事人一方不履行合同义务或者履行合同义务不符合约定的，应当承担继续履行、采取补救措施或者赔偿损失等违约责任。由此可见，我国《合同法》对违约责任采取严格责任原则的归责原则。但是，《合同法》也例外地承认过错责任原则的适用，这体现在赠与合同、运输合同、保管合同、委托合同、租赁合同、承揽合同、仓储合同的有关规定中。

（四）免责条件和免责条款

1. 免责条件

免责条件指法律规定的当事人对其不履行合同或者不适当履行合同的行为不承担违约责任的条件。免责条件主要有不可抗力、货物本身的自然属性、货物的合理损耗、债权人过错等。不可抗力是普遍适用的免责条件，其他则仅适用于个别场合。

不可抗力是指不能预见、不能避免并且不能克服的客观情况，如自然灾害、战争、社会异常事件等。对于某些客观情况是否属于不可抗力，现在理论界存在争议，当事人的理解也可能存在争议，如人为的火灾、政府行为等。从司法实践的态度看，由于人为火灾、政府行为等第三人行为导致债务人无法履行合同的，债务人仍应承担违约责任，这时债务人应当根据其与第三人的法律关系另行请求赔偿损失。为避免争议，当事人也可以在合同中约定不可抗力的范围。

不可抗力作为违约责任的免责条件，主要是为了保护无过错的当事人的利益，维护公平原则。其效力体现在《合同法》第一百一十七条的规定中，即因不可抗力不能履行合同的，除法律另有规定外，可根据不可抗力的影响，部分或者全部免除责任；但是，当事人迟延履行后发生不可抗力的，不能免除责任。

不可抗力事件发生后，当事人一方因不可抗力不能履行合同的，应当及时通知对方，说明不能履行或者需要延期履行、部分履行的理由，以减轻可能给对方造成的损失，并应当在合理的期限内提供证明。

2. 免责条款

免责条款是指当事人在合同中事先约定的，旨在限制或者免除其未来的责任的条款。如在货物运输合同中，当事人通常会约定发生货损时承运人的最高赔偿限额。但当事人的免责约定不得违反《合同法》的规定。例如，《合同法》第四十条规定，提供格式条款一方免除其责任、加重对方责任、排除对方主要权利的，该条款无效。

（五）违约责任形式

《合同法》第一百零七条规定，当事人一方不履行合同义务或者履行合同义务不符合约定的，应当承担继续履行、采取补救措施或者赔偿损失等违约责任。

1. 损害赔偿

损害赔偿是违约方依据法律规定或者合同约定赔偿对方的损失的责任。赔偿损失的属性是补偿，如果违约行为本身未给对方造成实际损失的，则不能适用赔偿损失的方式追究违约方的民事责任。由于违约往往会造成对方的损失，因而损害赔偿是最常见的违约责任形式。

损害赔偿责任的构成要件包括：①违约方有违约行为；②发生损害事实；③违约行为与损害事实之间有因果关系。

损害赔偿责任的核心问题是如何确定赔偿的范围。确定损害赔偿范围可依据如下规则。

（1）损害赔偿的范围仅限于对方的财产损失，对精神损害不作赔偿。

（2）损失赔偿额应当相当于因违约所造成的损失，包括实际损失和合同履行后可以获得的利益，即可得利益损失；但违反合同一方订立合同时无法预见到的损失以及扩大的损失，违约一方可不予以赔偿。根据诚实信用原则，当事人一方违约后，对方应当采取适当措施防止损失的扩大；没有采取适当措施致使损失扩大的，不得就扩大的损失要求赔偿。当事人因防止损失扩大而支出的合理费用，由违约方承担。

（3）如果当事人已经在合同中约定因违约产生的损失赔偿额的计算方法的，按约定的方法计算。

（4）《消费者权益保护法》等《合同法》的特别法对损害赔偿的计算另有规定的，从其规定。依照《消费者权益保护法》的规定，经营者对消费者提供商品或者服务有欺诈行为的，经营者应当按照消费者的要求增加赔偿其受到的损失，增加赔偿的金额为消费者购买商品的价款或者接受服务的费用的3倍。

赔偿损失的方法有三种：一是恢复原状，二是金钱赔偿，三是代物赔偿。金钱赔偿简便易行，是赔偿损失的主要方式。

2. 继续履行

继续履行是指一方不履行合同义务或者履行合同义务不符合约定时，另一方有权要求违约方按合同约定继续履行。继续履行是实际履行原则在违约阶段的要求。

当事人一方未支付价款或者报酬的，对方可以要求其支付价款或者报酬；当事人一方不履行非金钱债务或者履行非金钱债务不符合约定的，对方可以要求继续履行。但是，有下列情形之一的，不适用继续履行：①法律上或者事实上不能履行；②债务的标的不适于强制履行或者履行费用过高；③债权人在合理期限内未要求履行。

继续履行是一种独立的违约责任形式，可以和其他违约责任形式共同适用。例如，当事人一方不履行合同义务或者履行合同义务不符合约定，在继续履行义务后，对方还有其他损失的，应当赔偿损失；当事人就迟延履行约定违约金的，违约方支付违约金后，还应当履行债务。

3. 违约金

违约金是在合同中预先约定的或者由法律规定的，一方违约后向对方支付的一定数额的货币。违约金主要是由当事人协商约定。《合同法》第一百一十四条规定，当事人可以约定一方违约时应当根据违约情况向对方支付一定数额的违约金。《合同法》允许当事人约定违约金体现了尊重合同当事人自由约定合同条款的权利以及在违约发生时保护自身权益的权利。约定违约金可以避免一方违约时，受损害方对自己的损害举证困难的风险，减少损失计算的繁杂。

违约金兼具补偿性和惩罚性，同损害赔偿有着密切的关系。约定的违约金低于造成的损失的，当事人可以请求人民法院或者仲裁机构予以增加；约定的违约金过分高于造成的损失的，当事人可以请求人民法院或者仲裁机构予以适当减少。

违约金同其他违约责任形式的关系是：违约的一方支付违约金后，不影响对方要求继续履行或者采取补救措施的权利；当事人既约定了违约金，又约定了定金的，一方违约时，未违约的一方可以选择适用违约金或者定金条款。

4. 定金

定金既是一种担保的方式，也是一种违约责任方式。《合同法》规定，给付定金的一方不履行约定的债务的，无权要求返还定金；收受定金的一方不履行约定的债务的，应当双倍返还定金。

5. 补救措施

补救措施是指当事人一方履行合同义务不符合约定时，受损害的一方有权要求对方采取的合理措施。补救措施往往适用于给付标的物不合格的场合。例如，《合同法》第一百一十八条规定，质量不符合约定的，应当按照当事人的约定承担违约责任；对违约责任没有约定或者约定不明确的，按照国家标准、行业标准履行，没有国家标准、行业标准的，按照通常标准或者符合合同目的的特定标准履行；按上述方法仍不能确定的，受损害方根据标的的性质以及损失的大小，可以合理选择要求对方承担修理、更换、重作、退货、减少价款或者报酬等违约责任。

对于补救措施的含义和地位，学者的看法不尽相同。有的认为补救措施是实际履行的一种表现形式；有的认为补救措施是为了使合同的履行符合约定条件，或者避免或减少违约所造成的损失，与实际履行不同；还有的认为补救措施是为了防止损失扩大的一种违约责任方式。《合同法》第一百零七条使用了“继续履行或者采取补救措施”的表述方法，这表明我国立法将补救措施作为一种与继续履行相独立的违约责任形式。

采取补救措施后，受损害方还有其他损失的，违约的一方应当赔偿损失。

6. 价格制裁

《合同法》第六十三条规定，执行政府定价或者政府指导价的合同，在合同约定的交付期限内政府价格调整时，按交付时的价格计价。逾期交付标的物的，遇价格上涨时，按照原价格执行；价格下降时，按照新价格执行。逾期提取标的物或者逾期付款的，遇价格上涨时，按照新价格执行；价格下降时，按照原价格执行。可见，任何一方违反合同而遇价格调整时，均适用对其不利的价格，体现了对违约一方的惩罚。

（六）违约责任与侵权责任的竞合

《合同法》上的责任竞合，是指违约责任和侵权责任的竞合，即当事人一方的违约行为同时符合违约责任的构成要件和侵权责任的构成要件，从而使受损害的一方具有了双重请求权。如果允许受害一方不受限制地行使两个请求权，违约一方就可能要承担双重的民事责任，这是违背《合同法》的公平原则的。因此，对责任竞合的处理，受损害一方只能行使其中一个请求权。《合同法》第一百二十二条规定，因当事人一方的违约行为，侵害对方人身、财产权益的，受损害方有权选择依照《合同法》要求其承担违约责任或者依照其他法律要求其承担侵权责任。

八、涉外合同的特殊规定

涉外合同，是指具有涉外因素的合同。涉外因素包括：①合同一方当事人是外国的自然人、法人、其他组织或者无国籍人；②合同标的物位于外国或者履行行为需要在外国完成；③合同权利和义务据以产生的法律事实发生在外国。我国存在多个法域，涉香港、澳门或台湾的合同，准用涉外合同的特殊规定。

（一）涉外合同争议的解决方式

合同争议的解决方式通常有协商、调解、仲裁和诉讼。协商或者调解不成的，当事人可以选择仲裁或诉讼的司法解决方式，没有选择的，任何一方当事人都有权提起诉讼。在涉及海外执行的问题时，最好选择仲裁的方式。因为只有在相关国家或地区与我国有司法协助的双边条约，承诺互相承认和执行对方的法院判决时，法院的判决结果才能得到执行，否则就等同于一张法律白条，不能有效地实现当事人的利益。而目前我国仅与少数国家达成了这样的双边条约。仲裁则不同，我国和美国等多个国家和地区参加了 1958 年的《纽约公约》，即《承认和执行外国仲裁裁决的纽约公约》。只要是该公约的成员国，都有义务承认和执行其他成员国的仲裁裁决，这使得当事人的利益有了有效的保障。

（二）涉外合同的法律适用

涉外合同的法律适用，是指以哪一个国家或者地区的法律作为处理合同争议的准据法。在确定涉外合同的法律适用时，应当遵循以下三项原则。

1. 强制适用中国法

在中国境内履行的下列合同，只能适用中国的法律：①中外合资经营企业合同；②中外合作经营企业合同；③中外合作勘探开发自然资源合同；④中外合资经营企业、中外合作经营企业、外资企业股份转让合同；⑤外国自然人、法人或者其他组织承包经营在中华人民共和国领域内设立的中外合资经营企业、中外合作经营企业的合同；⑥外国自然人、法人或者其他组织购买中华人民共和国领域内的非外商投资企业股东的股权的合同；⑦外国自然人、法人或者其他组织认购中华人民共和国领域内的非外商投资有限责任公司或者股份有限公司增资的合同；⑧外国自然人、法人或者其他组织购买中华人民共和国领域内的非外商投资企业资产的合同；⑨中华人民共和国法律、行政法规规定应适用中华人民共和国法律的其他合同。

2. 适用当事人选择的法律

《合同法》第一百二十六条规定，当事人可以选择处理合同争议所适用的法律，这体现了当事人意思自治原则。当事人选择的法律，只包括所选国家法律中现实的实体法，而不包括冲突法。当法律在适用问题另有规定时，当事人不能选择。

3. 最密切联系的原则

当事人没有选择准据法的，适用与合同有最密切联系的国家的法律：①买卖合同，适用合同订立时卖方住所地法；如果合同是在买方住所地谈判并订立的，或者合同明确规定卖方须在买方住所地履行交货义务的，适用买方住所地法。②来料加工、来件装配以及其他各种加工承揽合同，适用加工承揽人住所地法。③成套设备供应合同，适用设备安装地法。④不动产买卖、租赁或者抵押合同，适用不动产所在地法。⑤动产租赁合同，适用出租人住所地法。⑥动产质押合同，适用质权人住所地法。⑦借款合同，适用贷款人住所地法。⑧保险合同，适用保险人住所地法。⑨融资租赁合同，适用承租人住所地法。⑩建设工程合同，适用建设工程所在地法。⑪仓储、保管合同，适用仓储、保管人住所地法。⑫保证合同，适用保证人住所地法。⑬委托合同，适用受托人住所地法。⑭债券的发行、销售和转让合同，分别适用债券发行地法、债券销售地法和债券转让地法。⑮拍卖合同，适用拍卖举行地法。⑯行纪合同，适用行纪人住所地法。⑰居间合同，适用居间人住所地法。

另外，法院在发现合同明显地与另一国家或地区的法律具有更密切的关系时，应以另一个国家或者地区的法律作为处理合同争议的依据。若当事人有两个或者两个以上的营业所，应以与合同有最密切关系的营业所为准。当事人没有营业所的，以其住所或居所为准。

如果按照上述三项原则确定应适用的为我国法律，而我国法律对争议问题没有规定的，可参照适用国际惯例；如果我国法律与我国缔结的国际条约的规定不一致的，适用相关国际条约的规定。

（三）两类涉外合同的特殊时效

和其他合同一样，一般涉外合同的诉讼或仲裁时效为 3 年，但是，因国际货物买卖合同、技术进出口合同争议提起诉讼或者申请仲裁的时效为 4 年，自当事人知道或者应当知道其权利受到侵害之日起计算。

思考练习题

一、选择题

1. 甲企业原欠乙企业货款 50 万元，后甲乙合并，合同终止。这种方式称为（　　）。

A. 混同　　B. 抵销　　C. 免除　　D. 提存

2. 根据合同的成立除了当事人意思表示一致外，是否还需要交付标的物为条件，可以将合同分类为（　　）。

A. 诺成合同和实践合同　　B. 有名合同和无名合同

C. 要式合同和非要式合同　　D. 主合同和从合同

二、简答题

1. 合同法的基本原则是什么？
2. 合同成立和合同生效有什么不同？
3. 违约责任的形式有哪些？

三、案例分析

甲广告公司和乙广告公司签订一份《广告合约》，约定甲公司委托乙公司在某有线电视台参考一频道（即转播香港翡翠台的频道）插播广告 48 次。广告播放漏一赔二，错一赔二。乙公司漏播 13 次，甲公司要求其赔偿 26 次的广告费。乙公司提出：广播电影电视部 1997 年 2 月 19 日《关于进一步加强广播电视广告宣传管理的通知》和广播电影电视总局 1999 年 8 月 23 日《关于坚决制止随意插播、超量播放电视广告的紧急通知》均规定：电视台转播电视必须完整、不得以自己招揽的广告代替。而双方约定在电视台安排的插播时间播放广告，违反上述法律规定，故合同无效。无效合同本来就不需要履行，故我方少播 13 次不构成违约，无须承担赔偿责任。

试分析：乙公司主张合同无效的理由是否成立？

第二节　合同法分则

【本节重点】

1. 买卖合同双方当事人的权利和义务。

2. 买卖合同标的物所有权和风险的转移。

3. 委托合同和行纪合同的区别。

【引例】 名为合作开发房地产实为借款的合同纠纷案

2010 年 8 月，原告张某与被告某房地产开发有限公司签订了一份《合作开发房地产合同》，约定张某在 2010 年 8 月底之前投资 3000 万元，与房地产公司合作开发房地产公司名下的绿园小区项目，合作期限为两年；张某不参与项目的经营，合作期满，无论该项目的经营效益如何，除返还张某投入的 3000 万元外，房地产公司还需支付给张某固定的投资回报 1200 万元，合共 4200 万元；该 4200 万元从合作期满之日起每个月支付 420 万元，分 10 个月支付完毕。合同签订后，张某如约投入了 3000 万元。但 2012 年 8 月底合作期满后，房地产公司没有向张某支付过分毫投资本金或投资回报。张某于 2012 年 12 月提起诉讼，要求判决房地产公司一次性支付 4200 万元。

法院经审理后认为，根据《最高人民法院关于审理涉及国有土地使用权合同纠纷案件适用法律问题的解释》（法释[2005]5 号）第二十六条的规定，合作开发房地产合同约定提供资金的当事人不承担经营风险，只收取固定数额货币的，应当认定为借款合同，故张某与房地产公司的合同属于名为合作开发房地产实为借款的合同，合同约定的投资回报实为借款利息；该合同没有违反法律、行政法规的强制性规定，为有效合同；房地产公司没有按照约定支付借款本息，构成违约，未支付到期本息的金额超过了全部金额的五分之一，故参照《合同法》第一百六十七条的规定，判决房地产公司一次性支付原告张某 4200 万元借款本息。

评析：

一、关于合同类型的判断

合同的种类十分繁多，《合同法》分则对经济生活中 15 种常见合同的名称及其权利义务作了规定，除《合同法》分则外，其他法律法规也规定了一些类型的合同。不同种类的合同之所以不同，就在于它们各自具有不同的质的规定性。本案讼争合同名为合作开发房地产合同，却不符合合作开发的最基本的质的规定，即共同经营、风险共担、利润共享，因此实质上并不是合作开发房地产合同；该合同约定的张某投入资金，不论效益，只收取固定回报，符合了借款合同的质的规定，因此，该合同被法院认定为借款合同。可见，一份合同属于什么性质，并不在于它本身的名称，关键是看合同约定的权利义务符合哪种合同的质的规定性。

二、买卖合同的规定可以参照适用于其他有偿合同

张某和房地产公司约定分 10 期支付 4200 万元，张某能否要求房地产公司一次性支付呢？法院参照《合同法》第一百六十七条的规定，判决支持了张某的主张。《合同法》第一百六十七条的规定是，分期付款的买受人未支付到期价款的金额达到全部价款的五分之一的，出卖人可以要求买受人支付全部价款或者解除合同。法院明明认定张某和房地产公司之间的合同是借款合同，为什么适用买卖合同的规定来判决呢？买卖合同是经济生活中

最常见的合同,《合同法》分则中对买卖合同的规定最为详尽,《合同法》第一百七十四条规定，法律对其他有偿合同有规定的，依照其规定；没有规定的，参照买卖合同的有关规定。在本案中,《合同法》分则对于当事人约定分期还款的，在发生违约时能不能要求借款人一次性偿还没有规定，故可参照买卖合同中分期付款买卖的有关规定，判决房地产公司一次性偿还。

一、买卖合同

（一）买卖合同的概念和特征

买卖合同是出卖人转移标的物的所有权于买受人，买受人支付价款的合同。在这一关系中，交付标的物并转移所有权的一方称为出卖人，受领标的物并支付价款的一方称为买受人。买卖合同是经济生活中最常见、最普遍的合同类型。

买卖合同具有如下法律特征：①买卖合同是转移财产所有权的合同；②买卖合同是双务合同、有偿合同；③买卖合同是诺成合同；④买卖合同是非要式合同；⑤作为买卖合同的标的，必须是法律认可的流通物。首先，买卖合同的标的必须是物；其次，买卖合同的标的必须是法律允许流通的物，凡是法律禁止流通的物都不能成为买卖合同的标的，而法律限制流通的物只能作为特定主体之间的买卖的标的物。买卖合同的标的物，并不要求买卖合同成立时就已经存在，只要在履行时能够存在并能够实际交付即可。但是，标的物应当属于出卖人所有或者出卖人有权处分。

（二）买卖合同的种类

买卖合同可依据不同的标准划分为不同的种类：①依价金支付方式不同，可以分为现款买卖合同、赊欠买卖合同、预约买卖合同和分期付款买卖合同；②依买卖标的物是否为特定物，可以分为特定物买卖合同和种类物买卖合同；③依买卖方式不同，可以分为自由买卖合同和竞争买卖合同；④依买卖标的物交付时间不同，可以分为即时买卖合同和定期买卖合同，定期买卖合同又称为远期交货买卖合同。

（三）买卖合同当事人的主要义务

1. 出卖人的义务

（1）交付标的物的义务

出卖人应当按照合同的约定和法律的规定将标的物交付买受人或者交付提取标的物的单证。标的物的交付方式有两种：①现实交付，即以标的物转移给买受人直接占有为交付。②拟制交付，包括简易交付、占有改定及指示交付。简易交付是指根据当事人的约定，将买受人原先的他主占有变为自主占有。例如,《合同法》第一百四十条规定，标的物在订立合同之前已为买受人占有的，合同生效的时间为交付时间。占有改定是指根据当事人的约定，将出卖人的自主占有变为他主占有。指示交付是指标的物由第三人占有时，出卖人将对于第三人请求交付标的物的权利让与买受人，以代替标的物的交付。最常见的是将仓单、提单交给买受人。出卖人在交付标的物的同时，还应当按照约定或者交易习惯交付有关的单证和资料，如产品合格证、质量保证书、使用说明书、产品检疫书、发票、保修单、保险单等。

出卖人应当按照约定的期限、数量、质量、地点、时间和包装方式交付标的物。当事人没有约定或者约定不明确的，按照“合同法总则”中所述的合同约定不明确时的履行规则交付。其中，对于交付地点，当事人没有约定或者约定不明确，按照合同有关条款或者交易习惯仍不能确定的，适用下列规定：①标的物需要运输的，出卖人应当将标的物交付给第一承运人以运交买受人；②标的物不需要运输的，出卖人和买受人订立合同时知道标的物在某一地点的，出卖人应当在该地点交付标的物；不知道标的物在某一地点的，应当在出卖人订立合同时的营业地交付标的物。对于标的物的交付时间，法律或者合同都没有明确规定的，通常以下列时间为交付时间：①出卖人送货的，出卖人将标的物运至预定地点，由买受人受领后为交付；②出卖人代办托运或者邮寄的，出卖人办理完托运或者邮寄手续后即为交付；③买受人自己提货的，出卖人通知的提货时间为交付时间，但出卖人通知的提货时间应给买受人留下合理的在途时间；④标的物在订立合同之前已为买受人占有的，合同生效的时间为交付时间；⑤需要法律手续的，以办完规定手续的时间为交付时间。对于包装方式，当事人没有约定或者约定不明确，应当按照通用的方式包装，没有通用方式的，应当采取足以保护标的物的包装方式。

（2）转移标的物所有权的义务

标的物所有权的转移方法，依法律规定而定。动产一般以占有为权利的公示方式，因此，除法律另有规定或当事人另有约定外，动产所有权自交付时转移。不动产和法律有特别规定的动产，如车辆、船舶、航空器等，以登记为权利的公示方式，因此，其所有权的转移以办理过户登记为准。当事人也可以在合同中约定买受人未履行支付价款或者其他义务的，标的物所有权属于出卖人。

标的物在交付之前产生的孳息，归出卖人所有，交付之后产生的孳息，归买受人所有。

出卖具有知识产权的计算机软件等标的物的，除法律另有规定或者当事人另有约定的以外，该标的物的知识产权不属于买受人。

（3）标的物的权利瑕疵担保义务

权利瑕疵，是出卖人对于标的物无处分权，从而标的物被第三人主张权利或者所移转的权利上存在有未告知的债务负担，如标的物上存在有为他人设定的抵押权和居住权等。出卖人负有权利瑕疵担保义务，即保证对其所出售的标的物享有合法的权利，没有侵犯任何第三人的权利，并且没有任何第三人会向买方就该标的物提出任何权利要求。买受人有确切证据证明第三人可能就标的物主张权利的，可以中止支付相应的价款，但出卖人提供适当担保的除外。但是，买受人订立合同时知道或者应当知道第三人对买卖的标的物享有权利的，出卖人不承担权利瑕疵担保义务。

（4）标的物的品质瑕疵担保义务

标的物不符合质量标准，存在着可能使标的物价值或者使用价值灭失或者降低其效用的品质问题，称为标的物的瑕疵。出卖人应保证出卖的标的物具有约定或者法定的质量标准。

买受人向出卖人主张标的物有权利瑕疵或者品质瑕疵时，出卖人可以催告买受人在合理期限内决定是否解除合同。买受人未作出解除的意思表示的，丧失解除合同的权利。因标的物的主物不符合约定而解除合同的，解除合同的效力及于从物。因标的物的从物不符合约定被解除的，解除的效力不及于主物。标的物为数物，其中一物不符合约定的，买受人可以就该物解除，但该物与他物分离使标的物的价值显受损害的，当事人可以就数物解除合同。出卖人分批交付标的物的，出卖人对其中一批标的物不交付或者交付不符合约定，致使该批标的物不能实现合同目的的，买受人可以就该批标的物解除。出卖人不交付其中一批标的物或者交付不符合约定，致使今后其他各批标的物的交付不能实现合同目的的，买受人可以就该批以及今后其他各批标的物解除。买受人如果就其中一批标的物解除，该批标的物与其他各批标的物相互依存的，可以就已经交付和未交付的各批标的物解除。

2．买受人的义务

（1）支付价款

买受人应当按照约定的数额、地点和时间支付价款，没有约定或者约定不明确的，可以协议补充；不能达成补充协议的，按照合同有关条款或者交易习惯确定。如果仍然不能确定的，依下列规定：①价款不能确定的，按照订立合同时履行地的市场价格确定；依法应当执行政府定价或者政府指导价的，按规定履行；②支付地点不能确定的，买受人应当在出卖人的营业地交付，但约定支付价款以交付标的物或者交付提取标的物单证为条件的，在交付标的物或者交付提取标的物单证的所在地支付；③支付时间不能确定的，买受人应当在收到标的物或者提取标的物单证的同时支付。

（2）受领标的物

对出卖人交付的标的物或者交付的提取标的物单证，买受人有按照约定受领的义务。买受人无正当理由拒绝受领的，应承担违约责任。出卖人多交标的物的，买受人可以接收或者拒绝接收多交的部分。买受人接收多交部分的，按照合同的价格支付价款；买受人拒绝接收多交部分的，应当及时通知出卖人，并应妥善保管或处理标的物。

（3）检验和通知

买受人收到标的物时应当在约定的检验期间内检验，并在检验期内将标的物的数量或者质量不符合约定的情形通知出卖人。买受人怠于通告的，视为标的物的数量或者质量符合约定。当事人没有约定检验期间的，买受人应当及时检验，并应当在发现或者应当发现标的物的数量或者质量不符合约定的合理期间内通知出卖人。买受人在合理期间内未通知或者自标的物收到之日起两年内未通知出卖人，视为标的物的数量或者质量符合约定，但标的物有质量保证期的，适用质量保证期，不适用该两年的规定。出卖人知道或者应当知道提供的标的物不符合约定的，买受人不受上述通知时间的限制。

（四）标的物的风险转移

标的物的风险转移，是指买卖合同成立后，因不可归责于双方当事人的事由而发生的标的物意外毁损灭失的风险应由当事人哪一方负担，也就是该项风险自何时从出卖人移转于买受人的问题。盗窃、火灾、沉船、破碎、受潮、发霉、变质等都属于风险的范畴。买卖合同风险转移的确定直接关系到当事人的权利义务。如果风险没有转移给买受人时发生标的物的毁损、灭失的，则买受人没有支付价款的义务，而且还可以追究出卖人的违约责任；反之，则买受人仍应按合同约定支付价款。

《合同法》第一百四十二条规定，除法律另有规定或者当事人另有约定外，标的物毁损、灭失的风险，在标的物交付之前由出卖人承担，交付之后由买受人承担。但是，因买受人的原因致使标的物不能按照约定的期限交付的，买受人应当自违反约定之日起承担标的物毁损、灭失的风险。出卖人出卖交由承运人运输的在途标的物，除当事人另有约定外，毁损、灭失的风险自合同成立时起由买受人承担。当事人未约定交付地点或者约定不明确，依法规定需要运输的，出卖人将标的物交付给第一承运人后，标的物毁损、灭失的风险由买受人承担。出卖人按照约定或者依法律规定将标的物置于交付地点，买受人违反约定没有收取的，标的物毁损、灭失的风险自违反约定之日起由买受人承担。出卖人按照约定未交付有关标的物的单证和资料的，不影响标的物毁损、灭失风险的转移。另外，因标的物质量不符合质量要求，致使不能实现合同的目的，买受人可以拒绝接受标的物或解除合同。买受人拒绝接受标的物或者解除合同的，标的物毁损、灭失的风险由出卖人承担。

根据《合同法》第一百四十九条的规定，标的物毁损、灭失的风险由买受人承担的，不影响因出外卖人履行债务不符合约定，买受人要求其承担违约的权利。

【案例】甲乙二人买卖一台电视机，约定在2007年11月22日甲将电视机交付给乙。结果在交付之前的11月20日，甲所在的地区遭遇百年不遇的大暴雨，甲的房子因为年久失修倒塌，将电视机砸坏，最后甲无法交付电视机。

[试分析] 1.电视机被砸坏的损失由谁承担？2.如果甲于22日按时交付，但是23日乙所在的地区发生地震，乙家的房子倒塌将电视机砸坏，则电视机被砸坏的损失又应当由谁承担？

【分析】1.因为买卖合同的标的物电视机尚未由卖方甲交付给买方乙，这时的意外毁损、灭失的风险，由卖方甲承担。2. 此时买卖的标的物电视机已经由卖方甲交付给买方乙，故意外毁损、灭失的风险应由乙承担。

（五）特种买卖合同

《合同法》规定的特种买卖有分期付款买卖、样品买卖、试用买卖、招标投标买卖、拍卖等，其中招标投标买卖、拍卖适用法律、行政法规的有关规定。此外，有的国家还有买回的买卖方式。

1. 分期付款买卖

分期付款买卖是指出卖人将标的物交付给买受人，买受人将应付的价款按一定期限分期支付给出卖人的买卖。

分期买卖合同成立后，出卖人应按照约定将标的物交付给买受人，标的物的风险自交付时起转由买受人负担；当事人可以约定在买受人付清全部价款前，标的物的所有权由出卖人保留，没有约定的，推定标的物的所有权从交付时起转移给买受人；不动产分期付款买卖，标的物的所有权自办理过户登记时起转移给买受人。

分期付款的买受人应当按照约定支付价款。买受人未支付到期价款的金额达到全部价款的五分之一的，出卖人可以要求买受人支付全部价款或者解除合同。出卖人解除合同的，可以向买受人要求支付该标的物的使用费。

2. 样品买卖

样品买卖，是指出卖人交付的标的物须与当事人封存的样品具有同一品质的买卖。样品表示标的物品质并作为交货的根据。样品，又称货样，是指从一批商品中抽取出来或者专门加工、设计出来，用于反映和代表整批商品品质的少量实物。样品可以由卖方提供，也可以由买方提供，或者由买方提供、卖方据此加工出一个类似的样品再由买方确认。

在样品买卖中，当事人应当封存样品，并可以对样品质量予以说明。出卖人交付的标的物应当与样品及其说明的质量相同，否则即构成违约行为。但是，在买受人不知道样品有隐蔽瑕疵的情况下，即使交付的标的物与样品相同，出卖人交付的标的物质量仍然应当符合同种物的通常标准，而不以样品为准。

3. 试用买卖

试用买卖，是指合同成立时出卖人把标的物交给买受人试用，由买受人在试用期间内决定是否购买。买受人同意购买的，试用买卖转化为一般买卖，双方当事人的权利义务适用一般买卖的规则；买受人不同意购买的，应将标的物退回，但无须解释其不购买的原因；试用期间届满，买受人对是否购买标的物未作表示的，视为购买。

试用期间当事人可以在合同中明确约定，没有约定或者约定不明确的，可以协议补充，达不成补充协议的，可以依合同的有关条款以及交易习惯确定，仍不能确定的，由卖方决定。

4. 供用电、水、气、热力合同

供用电合同是供电人向用电人供电，用电人支付电费的合同。供用水、供用气、供用热力合同参照供用电合同的有关规定。供用电、水、气、热力合同属于持续性供给合同，是特殊形式的买卖合同。

作为持续性供给合同，供用电合同具有如下特征：①双方签订的合同为单一合同；②合同可能是定期的，也可能是不定期的；③合同买卖的标的是一种特殊商品“电力”，只能在使用过程中表现出来；④标的物的总供给量随时间延长而增加；⑤供电人连续向用电人供电，不得中断；用电人在合同约定的时间内，享有连续用电的权利；⑥供用电合同一般按照格式条款订立，供电人处于垄断地位，用电人仅对该格式条款有同意或不同意的权利，而不能更改其内容；⑦电力的价格实行统一定价原则。任何单位不得超越电价管理权限制定电价。供电企业应当按照国家核准的电价和用电计量装置的记录，向用电人收取电费，不得擅自变更电价。

供用电合同的内容包括供电的方式、质量、时间，用电容量、地址、性质，计量方式，电价、电费的结算方式，供用电设施的维护责任等条款。供用电合同的履行地点，由当事人在合同中约定；当事人没有约定或者约定不明确的，供电设施的产权分界处为履行地点。

供电人的义务是：①供电人应当按照国家规定的供电质量标准和约定安全供电；②供电人因供电设施计划检修、临时检修、依法限电或者用电人违法用电等原因，需要中断供电时应当按照国家有关规定事先通知用电人；③因自然灾害等原因断电，供电人应当按照国家有关规定及时抢修。

用电人的义务是：①用电人应当按照国家有关规定和当事人的约定及时交付电费；②用电人应当按照国家有关规定和当事人的约定安全用电。

（六）互易合同

互易合同是当事人双方以金钱之外的财物相互交换的合同，又称以物换物合同。互易合同参照适用买卖合同的有关规定。

互易合同具有如下的特征。

（1）互易的标的物，必须是金钱以外的财物。

（2）互易合同属于转移财产所有权的合同。

（3）互易合同是有偿合同、双务合同、诺成合同和非要式合同。

在互易合同中，当事人双方可互相视为出卖人和买受人，任何一方对用以交换的自己的物均负有瑕疵担保义务，并均可向对方行使买卖合同中买受人或者出卖人能够行使的各种抗辩等。在互易的标的物不等价时，双方可约定在互易的同时再由一方向另一方支付一定的金钱，以补充两物的差价。

二、赠与合同

（一）赠与合同的概念和特征

赠与合同是赠与人将自己的财产或者财产权利无偿给予受赠人，受赠人表示接受赠与的合同。转移财产的一方为赠与人，受领财产的一方为受赠人。赠与合同的标的物可以是法律不禁止的实物、货币、有价证券及其他财产权利，其中有些标的物的赠与行为须经政府主管部门的登记备案。

赠与合同具有如下法律特征。

（1）赠与是一种双方法律行为。赠与不仅要有赠与人为赠与的意思表示，而且必须有受赠人的允诺，只有双方当事人合意，赠与合同方可成立。

（2）赠与合同是转移财产所有权的合同。赠与合同以赠与人将其财产给予受赠人所有为内容，赠与的结果发生财产所有权的转移。

（3）赠与合同是无偿单务合同。在赠与合同中，受赠人并无对待给付义务，仅赠与人负有给付赠与财产的义务，故赠与合同为单务合同、无偿合同。虽然赠与也可以附义务，但这种义务与其所得相比仍然微不足道，不具有对价性。

（4）赠与合同是诺成合同。赠与合同自受赠人表示接受该赠与时生效，而不需要标的物的实际交付。将赠与合同规定为诺成合同，加强了对受赠人的保护和对赠与人的约束。

（二）赠与合同的效力

赠与合同自当事人双方意思表示一致时成立。因赠与合同的单务性质，赠与合同只对赠与人具有以下的法律约束力。

（1）赠与人有交付受赠人财物的义务。赠与人按照赠与合同约定的地点、期限、交付的方法等将财产交付给受赠人，并由此而发生物权的转移。但法律规定必须经过登记才发生转移的财物，在登记后才发生转移。

（2）赠与人已将赠与财物交付受赠人，物权发生转移，应视为受赠人合法享有受赠财物的占有、使用、处分权，赠与人不得撤销赠与合同。

（3）赠与人不履行赠与义务的，应承担赔偿的责任。但是，因赠与合同为无偿合同，因此，应当减轻赠与人的责任，赠与人只有在故意或重大过失造成赠与物毁损、灭失的情况下，才承担民事赔偿责任。

（4）赠与人不承担赠与物的瑕疵责任，但是附义务的赠与，赠与人应在附义务的范围内承担赠与物的瑕疵责任；赠与人明知赠与物有瑕疵，故意隐瞒或者作赠与物无瑕疵的虚假保证，造成受赠人损失的，应当承担损害赔偿责任。

（三）附义务赠与

附义务赠与是一种特殊的赠与，是以受赠人对于赠与人或第三人负有一定给付义务为附加条款的赠与。

附义务赠与有下列特征：①义务为赠与合同的一部分，而不是另一个独立的合同附随于赠与合同；②享受所附义务的利益的人可以是赠与人本人，也可以是特定的第三人，或者是不特定的多数人；③赠与人设定的义务，应不超过赠与物价值。如赠与物不足履行义务，受赠人仅就赠与物价值履行义务。

受赠人接受赠与后，受赠人不履行其约定义务的，赠与人有权请求受赠人履行其义务，也可以撤销赠与，请求受赠人返还赠与物。

（四）赠与合同的撤销

赠与合同的撤销，是指赠与人或其继承人、法定代理人依法消灭赠与合同的法律行为。赠与合同的撤销有以下两种情况。

（1）任意撤销。可以任意撤销的赠与合同是：①没有经过公证的赠与合同；②赠与合同中确定的标的物未经交付，赠与财物的所有权人仍是赠与人。如果标的物交于受赠人，赠与合同已实际履行，或者赠与标的物已经在登记机关登记，则赠与合同不可撤销。但是，具有救灾、扶贫等社会公益、道德义务性质的赠与合同，赠与人不得撤销。赠与人不交付赠与的财产的，受赠人可以要求交付。

（2）法定撤销。适用法定撤销的赠与合同是：①受赠人严重侵犯赠与人或者其近亲属的；②受赠人应履行对赠与人的扶养义务而故意不履行该法定义务的；③受赠人不履行合同约定的义务的。赠与人的撤销权，自知道或在应当知道撤销原因之日起 1 年内行使；赠与人的继承人或监护人的撤销权，自知道或应当知道撤销原因之日起 6 个月内行使。

赠与撤销后，撤销权人可以向受赠人要求返还赠与财产。

（五）赠与的拒绝履行

赠与的拒绝履行是赠与合同成立后，赠与人其经济状况发生显著恶化，严重影响其生产经营或者家庭生活的，可以不再履行赠与义务。但是，对于已经交付给受赠人的赠与财产，赠与人无权要求返还。赠与的拒绝履行在性质上是一种抗辩权。

三、借款合同

（一）借款合同的概念和特征

借款合同是借款人向贷款人借款，到期返还借款并支付利息的合同。其中提供货币的一方为贷款人，接受货币的一方是借款人。借款合同的内容包括借款种类、币种、用途、数额、利率、期限和还款方式等条款。

借款合同具有如下法律特征：①借款合同的标的是金钱；②借款合同是转让货币所有权的合同；③借款合同原则上是有偿合同，自然人之间的借款合同也可以是无偿合同，判断借款合同是有偿还是无偿的依据是当事人是否约定利息；④借款合同原则上为要式合同，当事人应当采用书面形式订立借款合同，而自然人之间的借款可以约定为口头形式。⑤借款合同原则上为诺成合同，但自然人之间的借款合同为实践性合同，自贷款人提供借款时生效。

（二）借款合同当事人的主要权利义务

借款人享有以下权利：①请求贷款人按照借款合同约定的期限、数额交付贷款，并获得该笔款项的所有权。②依合同的约定使用借款。③不能按期还款，可以在还款期限届满之日前向贷款人申请展期，经贷款人同意的，可以延展借款期限。④除双方当事人另有约定以外，借款人可以提前归还借款，并按照实际借款的期间计算利息。

借款人应履行以下义务：①依贷款人的要求提供相应的担保。②向贷款人提供与借款有关的业务活动和财务状况的真实情况。③依合同确定的用途使用借款。④依合同约定的期限支付利息。对支付利息的期限没有约定或者约定不明确，协商达不成补充协议并且按照合同有关条款或者交易习惯仍不能确定，借款期间不满 1 年的，应当在返还借款时一并支付；借款期限 1 年以上的，应当在每届满 1 年时支付，剩余期间不满 1 年的，应当在返还借款时一并支付。⑤按照约定的期限返还借款。对借款期限没有约定或者约定不明确，协商达不成补充协议并且按照合同有关条款或者交易习惯仍不能确定的，借款人可以随时返还，贷款人也可以催告借款人在合理的期限内返还。借款人未按照约定的期限返还借款的，应当按照约定或者国家有关规定支付逾期利息。

贷款人享有以下权利：①贷款人享有按期收回合同中约定的借款和到期的利息的权利。②贷款人按照合同的约定，享有对借款人使用借款的检查、监督权。③借款人未按合同约定使用借款的，享有停止发放未发放的借款和提前收回借款的权利。④向借款人提出纠正借款使用建议书的权利。

贷款人应履行以下义务：①按照合同约定的期限、数额提供给借款人借款，逾期交付借款，应承担违约责任。②借款的利息不得预先在本金中扣除，利息预先在本金中扣除的，应当按照实际借款数额返还借款并计算利息。

四、租赁合同

（一）租赁合同的概念和特征

租赁合同指出租人将租赁物交付承租人使用、收益，承租人向出租人支付租金的合同。租赁合同具有以下特征。

（1）租赁合同是转移财产使用权的合同。租赁合同只是将租赁物的使用权转让给承租人，而租赁物的所有权或处分权仍属于出租人。

（2）承租人取得租赁物的使用权是以支付租金为代价。承租人使用租赁物是为了满足自己的生产或生活需要的，出租人出租租赁物是为了使租赁物的价值得以实现，取得一定的收益。承租人要取得使用权不是无偿的，而是要向出租人支付租金的。

（3）租赁合同的标的物是有体物、非消耗物。租赁可以是动产，如汽车、机械设备、计算机等，也可以是不动产，如房屋。但无论是动产还是不动产，它们都是有形的，都是能以一定的物质形式表现出来的。无形的财产不能作为租赁的标的物。

（4）租赁合同是双务有偿的合同。在租赁合同中，出租人和承租人均享有权利和承担义务，出租人须将租赁物交付承租人，并保证租赁物符合约定的使用状态。承租人负有妥善保管租赁物并按约定向出租人支付租金。

（5）租赁合同具有临时性。租赁合同是出租人将其财产的使用收益在一定期限内转让给承租人，因为不是所有权的转移，因此，承租人不可能永久地使用租赁物，物的使用价值也是有一定期限的。

（6）租赁合同产生债权债务法律关系，同时又在出租人和承租人之间产生某些物权法律关系。例如，在租赁合同存续期间出租人不得将租赁物再租给第三人；出租人在租赁合同存续期间出卖租赁物的，不影响租赁合同的效力。同时，当出租人出卖租赁物时，在同等条件下，承租人有优先购买权。

（二）租赁合同的主要条款

根据《合同法》第二十三条至第二百一十五条的规定，租赁合同的内容包括租赁物的名称、数量、用途、租赁期限、租金及其支付期限和方式、租赁物维修等条款。其中租赁期限不得超过 20 年。超过 20 年的，超过部分无效。租赁期间届满，当事人可以续订租赁合同，但约定的租赁期限自续订之日起不得超过 20 年。租赁期限 6 个月以上的，应当采用书面形式。当事人未采用书面形式的，视为不定期租赁。

（三）租赁合同当事人的主要义务

1. 出租人的义务

（1）出租人应当按照约定将租赁物交付承租人，并在租赁期间保持租赁物符合约定的用途。

（2）除当事人另有约定外，出租人应当履行租赁物的维修义务。因维修租赁物影响承租人使用的，应当相应减少租金或者延长租期。

（3）出租人应承担权利瑕疵担保责任，因第三人主张权利，致使承租人不能对租赁物使用、收益的，承租人可以要求减少租金或者不支付租金。

（4）出租人应承担物的瑕疵担保责任，租赁物危及承租人的安全或者健康的，即使承租人订立合同时明知该租赁物质量不合格，承租人仍然可以随时解除合同。

（5）出租人出卖租赁房屋的，应当在出卖之前的合理期限内通知承租人，承租人享有以同等条件优先购买的权利。

（6）不定期租赁的，当事人可以随时解除合同，出租人解除合同应当在合理期限之前通知承租人。

（7）承租人在房屋租赁期间死亡的，与其生前共同居住的人可以按照原租赁合同租赁该房屋。

2. 承租人的义务

（1）按照约定的方法或者按照租赁物的性质使用租赁物；承租人违反该条义务，致使租赁物受到损失的，出租人可以解除合同并要求赔偿损失。承租人按照约定的方法或者租赁物的性质使用租赁物，致使租赁物受到损耗的，不承担损害赔偿责任。

（2）妥善保管租赁物。

（3）对租赁物进行改善或者增设他物，应征得出租人的同意。

（4）承租人将租赁物转租给第三人，应征得出租人同意。经同意转租的，承租人与出租人之间的租赁合同继续有效，第三人对租赁物造成损失的，承租人应当赔偿损失；未经同意转租的，出租人可以解除合同。

（5）按照约定的期限支付租金。对支付期限没有约定或者约定不明确，并且不能达成补充协议的，租赁期间不满 1 年的，应当在租赁期间届满时支付；租赁期间 1 年以上的，应当在每届满 1 年时支付，剩余期间不满 1 年的，应当在租赁期间届满时支付。

（6）租赁期限届满，承租人应当返还租赁物。返还的租赁物应当符合按照约定或者租赁物的性质使用后的状态。若承租人继续使用租赁物，出租人没有提出异议的，原租赁合同继续有效，但租赁期限为不定期。

另外，《合同法》第二百三十一条规定，因不可归责于承租人的事由，致使租赁物部分或者全部毁损、灭失的，承租人可以要求减少租金或者不支付租金；因租赁物部分或者全部毁损、灭失，致使不能实现合同目的的，承租人可以解除合同。

五、融资租赁合同

（一）融资租赁合同的概念和特征

融资租赁合同是指出租人根据承租人对出卖人、租赁物的选择，向出卖人购买租赁物，提供给承租人使用，承租人支付租金的合同。

融资租赁合同具有以下特征。

（1）租赁标的物是由出租人依照承租人的要求购买的。出租人按照承租人的要求购买标的物，出租人的购置物件的行为与出租物件的行为是联系在一起的，共同构成融资租赁关系的内容。

（2）租赁合同与货物买卖合同相联系。融资租赁合同包括彼此相关的三方当事人（即出租人、承租人和供货商）分别签订的租赁、货物买卖等合同。

（3）以租赁形式融通资金为其主要职能。融资租赁以融物为其形式，以融资为其特征。

（4）租期较长。融资租赁是以承租人对租赁设备的长期使用为前提的，租期一般稍低于租赁物的使用寿命。

（5）合同不得随意解除。融资租赁合同中，租赁物是由承租人根据自己的需要选定的。租赁物是特定的，其使用者也是特定的。承租人在租期内，即使使用租赁物未取得预定的经济效益，仍须交付租金，不得随意解除合同。出租人在租期内也需保证承租人的使用权，不得另行出租，也不得以设备设定抵押。

（6）合同期满，承租人对租赁物有留购权。融资租赁租期届满，承租人一般对租赁物享有留购、续租、退租三种选择权。但大多数融资租赁合同均规定，租期届满后，承租人支付双方约定的象征性价格留购租赁物。

（二）融资租赁合同的主要条款和形式

融资租赁合同的内容包括租赁物名称、数量、规格、技术性能、检验方法、租赁期限、租金构成及其支付期限和方式、币种、租赁期间届满租赁物的归属等条款。融资租赁合同应当采用书面形式。

（三）融资租赁合同中当事人的权利义务

出租人享有以下权利：①享有出租物的所有权。承租人破产的，租赁物不属于破产财产。②出租人享有按合同约定的时间、数额、方式收取租金的权利。融资租赁合同的租金，除当事人另有约定的以外，应当根据购买租赁物的大部分或者全部成本以及出租人的合理利润确定。③出租人享有因供货人的原因产生的索赔权利，出租人有权将此权利转让给承租人。④如果合同约定租赁期满的租赁物处置的方式是“退租”，出租人享有收回出租物，并要求承租人保证出租物完整的权利。⑤因承租人的原因造成第三人的损害责任，出租人不承担赔付义务。

出租人应履行以下义务：①按照合同约定，在收到承租人开立的出租物的收据后，向供货人支付价款，确保货物买卖合同的履行是保证租赁合同顺利实施的前提。②保证按承租人选定的租赁物供货，未经承租人同意变更，不得变更其合同规定的内容。③租赁物不符合约定或者不符合使用目的的，出租人不承担责任，但承租人依赖出租人的技能确定租赁物或者出租人干预选择租赁物的除外。④确立承租人在租赁期间对租赁物的占有和使用权，因出租人的原因导致承租人在租赁期间对租赁物的占有和使用权丧失的，由出租人承担赔偿责任。

承租人享有以下权利：①自由选择供货人和租赁物的权利。②在合同约定的租赁期内，享有对租赁物的独占使用权。③承租人享有因供货人的原因迟延交货或交货的质量有瑕疵，不符合合同约定的标准而直接向供货人索取赔偿的权利。④在租赁期间届满时，如果合同约定对租赁物采取特殊处理，承租人可以以公平的市价甚至象征价优先购买租赁物。⑤合同约定租赁期间届满租赁物归承租人所有，承租人已支付大部分租金，但无力支付剩余租金，出租人因此而解除合同收回租赁物的，收回的租赁物的价值超过承租人欠付的租金以及其他费用的，承租人可以要求部分返还。

承租人应履行以下义务：①依合同约定按期支付约定的租金。②在合同约定的租赁期限内，承租人应当妥善保管、使用租赁物，履行维修义务，使租赁物始终保持良好的使用状态。③承租人占有租赁物期间因其过错而致租赁物造成第三人的人身伤害或者财产损害的，承担相应的责任。④租赁期届满，按照合同约定的方式处置租赁物，并承担由此而发生的费用。

供货人享有买卖合同中出卖人的权利，承担买卖合同中出卖人的义务。

（四）融资租赁合同租期届满的处理

《合同法》第二百五十条规定，出租人和承租人可以约定租赁期间届满租赁物的归属。对租赁物的归属没有约定或者约定不明确，依照本法第六十一条的规定仍不能确定的，租赁物的所有权归出租人。

在租赁期满后对租赁物归属的处理有以下三种情况。

（1）出租人和承租人可以约定租赁期间届满租赁物的归属。这就是说，在融资租赁合同中，当事人双方可以约定在租赁期间届满时，租赁物的所有权归承租人，也可以约定归出租人所有；归出租人所有的，承租人应当返还租赁物。

（2）租赁期届满时，如果没有关于承租人的选择留购或续租租赁物的约定，或者虽有该约定但承租人不留购又不续租租赁物的，则承租人应按期将租赁物返还出租人。

（3）对租赁物的归属没有约定或者约定不明确，依照《合同法》第六十一条的规定仍不能确定的，租赁物的所有权归出租人享有。

六、承揽合同

承揽合同属于完成工作、交付成果的合同类型。承揽合同分为一般承揽合同和建设工程合同，一般所称承揽合同是指一般承揽合同，建设工程合同属于特殊的承揽合同，《合同法》对建设工程合同没有规定的内容，适用承揽合同的有关规定。

（一）一般承揽合同

1. 承揽合同的概念和特征

承揽合同是指承揽人按照定作人的要求完成工作，交付工作成果，定作人给付报酬的合同。

承揽合同具有以下特征。

（1）承揽合同是承揽人独立地提供劳务的合同。承揽人以自己的设备、技术和劳动独立地为定作人完成一定的工作，并交付成果。

（2）承揽合同的标的具有特定性，是指承揽人完成并交付的工作成果。

（3）承揽合同是诺成合同、非要式合同、双务合同、有偿合同。

2. 承揽合同的种类

承揽合同的种类主要有：加工合同、定作合同、修缮合同、修理合同、印刷合同、广告合同、改造合同、复制合同、测绘合同、设计合同、检验鉴定合同等。

3. 承揽合同的内容

一般来说，承揽合同的内容包括承揽的标的、数量、质量、报酬、承揽方式、材料的提供、履行期限、验收标准和方法等条款。

4. 承揽合同中当事人的义务

承揽人应履行以下义务：①亲自完成主要工作的义务。承揽人应当以自己的设备、技术和劳力，完成主要工作，但当事人另有约定的除外。承揽人将其承揽的主要工作交由第三人完成的，应当就该第三人完成的工作成果向定作人负责；未经定作人同意的，定作人也可以解除合同。承揽人可以将其承揽的辅助工作交由第三人完成。承揽人将其承揽的辅助工作交由第三人完成的，应当就该第三人完成的工作成果向定作人负责。②合理使用材料的义务。③及时通知的义务。承揽人发现定作人提供的图纸或者技术要求不合理的，应当及时通知定作人。因定作人怠于答复等原因造成承揽人损失的，定作人应当赔偿损失。④接受定作人监督的义务。⑤交付工作成果及提交必要的技术资料和有关质量证明的义务。承揽人交付的工作成果不符合质量要求的，定作人可以要求承揽人承担修理、重作、减少报酬、赔偿损失等违约责任。⑥保守秘密的义务。未经定作人许可，不得留存复制品或者技术资料。

《合同法》第二百六十七条规定，除当事人另有约定的外以，共同承揽人对定作人承担连带责任。

定作人应履行以下义务：①按照约定提供材料的义务。承揽合同可以约定由承揽人或者定作人提供材料。约定由定作人提供材料的，定作人应当按照约定提供材料。②协助承揽人工作的义务。承揽工作需要定作人协助的，定作人不履行协助义务致使承揽工作不能完成的，承揽人可以催告定作人在合理期限内履行义务，并可以顺延履行期限；定作人逾期不履行的，承揽人可以解除合同。③验收工作成果的义务。④支付报酬的义务。⑤损害赔偿责任。定作人中途变更承揽工作的要求或者解除承揽合同，给承揽人造成损失的，应当赔偿损失。

5. 承揽合同风险的承担

《合同法》第二百五十六条规定，承揽人应当妥善保管定作人提供的材料以及完成的工作成果，因保管不善造成毁损、灭失的，应当承担损害赔偿责任。

承揽合同中风险的承担，是指在承揽合同的履行过程中，如果发生标的物意外损失这一风险，应由谁来承担这一损失。承揽合同中标的物的损失主要有两个部分，即原材料损失和承揽人的劳动成果损失。

对于原材料损失的承担：

（1）包工不包料。定作人尚未将材料交付承揽人时，由定作人承担；材料已交付承揽人时，在承揽人占有期间，因一切原材料、样品都在承揽人的占有和管理之下，承揽人负有保管的义务，所以，材料毁损、灭失的风险，由承揽人承担。但由于不可抗力造成的毁损、灭失，则遵循民法上标的物毁损、灭失风险承担的一般规则，由原材料所有人即定作人承担。承揽人应当采取积极措施，尽量减少损失。如果应当采取措施而未采取措施，使损失扩大的，不得就扩大的部分要求免责。

（2）包工包料。在原材料交付之前的损失，由承揽人承担；在原材料交付之后的损失，由定作人承担。

对于劳动成果损失的承担：

（1）定作物按时交付的，承揽人完成工作并交付定作人之前毁损、灭失的风险，由承揽人承担；工作成果在交付之后毁损、灭失的风险，由定作人承担。

（2）定作物未按时交付或受领的：①如果承揽人交付迟延，在迟延中发生的损失，由承揽人承担。② 如果定作人受领迟延，在迟延中发生的损失，尽管定作物仍在承揽人手中，也由定作人承担。

（二）建设工程合同

1. 建设工程合同的概念和特征

建设工程合同又称建筑安装合同，是承揽合同的一种特殊形式，是指承包人进行工程建设，发包人支付价款的合同。建设工程合同包括工程勘察、设计、施工及监理合同。

建设工程施工合同具有以下特征。

（1）建设工程施工合同的标的是建设工程项目。

（2）签订建设工程施工合同的当事人双方一般为法人，发包人一般是工程项目的建设单位；承包人应是经国家主管部门审查、核定、批准的专业施工企业。

2. 建设工程合同的内容

勘察、设计合同的内容包括提交有关基础资料和文件（包括概预算）的期限、质量要求、费用以及其他协作条件等条款。

施工合同的内容包括工程范围、建设工期、中间交工工程的开工和竣工时间、工程质量、工程造价、技术资料交付时间、材料和设备供应责任、拨款和结算、竣工验收、质量保修范围和质量保证期、双方相互协作等条款。

3.《合同法》对建设工程合同所作的一些特殊规定

（1）建设工程合同应当采用书面形式。

（2）依法应当采取招标投标方式订立建设工程合同的，应当采取招标投标的形式，并应当遵循公开、公平、公正的原则。

（3）国家重大建设工程合同，应当根据国家规定的程序和国家批准的投资计划、可行性研究报告等文件订立。

（4）建设工程依法应实行监理制度的，发包人应当与具有相应资质的工程监理单位采用书面形式订立委托监理合同。实行监理制度是为了加强对建设工程质量的监督管理。

（5）建设工程的承包和分包：建设工程可以实施总承包，即发包人将某项建设工程的全部的勘察、设计、施工等一并发包给一个工程总承包单位，也可以分别与勘察人、设计人、施工人订立勘察、设计、施工承包合同。但是，发包人不得将应当由一个承包人完成的建设工程肢解成若干部分发包给几个承包人。经发包人同意，总承包人或者勘察、设计、施工承包人可以将自己承包的部分工程分包给第三人，第三人就其完成的工程成果与总承包人或者勘察、设计、施工承包人向发包人承担连带责任。但是，承包人不得将其承包的全部建设工程转包给第三人或者将其承包的全部建设工程肢解以后以分包的名义分别转包给第三人。在分包中，禁止承包人将工程分包给不具有相应资质条件的单位，禁止分包单位将其承包的工程再分包。建设工程主体结构的施工必须由承包人自行完成。

4. 建设工程合同中当事人的义务

发包人承担以下义务。

（1）不得违法发包的义务。发包人可以与一个总承包人订立总承包合同，也可以分别与几个承包人订立承包合同，但却不得将应当由一个承包人完成的建设工程肢解成若干部分发包给几个承包人。

（2）提供必要条件的义务。发包人应当按照约定的时间和要求，向承包人提供原材料、设备、场地、资金、技术资料等，为承包人完成工作提供必要的条件。否则，承包人可以顺延工程日期，并有权要求赔偿停工、窝工等损失。

（3）及时检查和验收的义务。隐蔽工程在隐蔽以前，发包人在接到承包人通知后应及时检查；没有及时检查的，承包人可以顺延工程日期，并有权要求赔偿停工、窝工等损失。建设工程竣工后，发包人应当根据施工图纸及说明书、国家颁发的施工验收规范和质量检验标准，及时进行验收。

（4）支付价款的义务。发包人应当按照合同约定的时间、地点、方式等，向承包人支付价款。发包人如不按照约定支付价款，应向承包人承担责任。根据法释［2004］14 号《最高人民法院关于审理建设工程施工合同纠纷案件适用法律问题的解释》的有关规定，工程经转包或分包，实际施工人以发包人为被告主张权利的，发包人在欠付工程价款范围内对实际施工人承担责任。

（5）增付费用的义务。如果因发包人变更计划、提供的资料不准确或者未按期提供必要的勘察、设计工作条件，造成勘察、设计返工、停工或者修改设计，发包人就应当按照勘察人、设计人实际消耗的工作量增付费用。

（6）赔偿损失的义务。因发包人的原因致使工程中途停建、缓建的，发包人应当采取措施弥补或者减少损失，赔偿承包人因此造成的停工、窝工、倒运、机械设备调迁、材料和构件积压等损失和实际费用。

承包人承担以下义务。

（1）不得转包和违法分包的义务。承包人不得将其承包的全部工程转包给第三人，不得将其承包的全部工程肢解以后以分包的名义分别转包给第三人，不得将其承包的部分工程分包给不具备相应资质条件的单位。另外，分包人不得将其承包的工程再分包。

（2）接受检查的义务。发包人对承包人的工作可以进行检查，承包人有义务随时接受对其作业进度、质量进行的检查。另外，在隐蔽工程隐蔽以前，承包人应当通知发包人检查。

（3）交付工作成果的义务。勘察人、设计人应当按照约定的期限，向发包人交付符合要求的勘察设计文件，并保证勘察、设计的质量符合要求。施工人应当按照约定，向发包人交付符合要求的已竣工的建设工程。

因施工人的原因致使建设工程质量不符合约定的，发包人有权要求施工人在合理期限内无偿修理或者返工、改建。经过修理或者返工、改建后，造成逾期交付的，施工人应当承担违约责任。因承包人的原因致使建设工程在合理使用期限内造成人身和财产损害的，承包人应当承担损害赔偿责任。

另外，《合同法》第二百七十九条明确规定，建设工程竣工后，只有在经过验收合格后，发包人才可以使用。承包人有不得将未经验收或者验收不合格的建设工程交付发包人使用的义务。

5. 建设工程价款优先受偿权

建设工程价款优先受偿权是指建设工程承包人在发包人未按照合同约定给付工程价款时，工程价款的债权与抵押权及其他债权同时并存，承包人就该工程折价或者拍卖所得价款享有的法定的优先于抵押权和其他债权受偿的权利。《合同法》第二百八十六条明确规定了承包人对建设工程的价款具有优先受偿权，最高人民法院于 2002 年 6 月 27 日公布了《关于建设工程价款优先受偿权问题的批复》。法律确认承包人的建设工程价款优先受偿权的目的是保护施工企业和广大民工的权益。

（1）建设工程承包人优先受偿权的成立要件。

一是程序要件。《合同法》第二百八十六条的规定明确了承包人应首先给予发包人支付工程欠款的一定宽限期。只有发包人在合理期限内仍未履行相应给付义务时，承包人才可与发包人协议将工程折价或申请法院强制拍卖。

二是期间要件。建设工程承包人行使优先权的期限为 6 个月，自建设工程竣工之日或者建设工程合同约定的竣工之日起计算，超过了 6 个月的除斥期间，该权利将归于消灭。

三是实体要件。承包人仅得对自己承建的、属于发包人所有的建设工程主张优先权，并且建设工程的性质应是适合出售的。对不适宜折价或拍卖的建设工程，发包人不享有优先权。哪些工程不适宜折价或拍卖，《合同法》未予明确。但应该理解为是具有特殊用途的，不适宜出售给第三人的建设工程，如公路、桥梁、防洪工程、市政设施等涉及公共利益工程，以及政府办公楼等重要工程。

（2）建设工程价款优先受偿的债权范围。

建设工程价款优先受偿的债权范围，包括承包人为建设工程应当支付的工作人员的报酬、材料款等实际支出费用，但不包括承包人因发包人违约所造成的损失。

（3）建设工程价款优先受偿权与房屋买受人权利的关系。

买受人交付购买房屋的全部或者大部分款项后，承包人就该房屋享有的工程价款优先受偿权不得对抗买受人。这是对建设工程价款优先受偿权的限制性规定，客观上起到了保护善意房屋买受人权利的作用。

（4）建设工程款优先受偿的实现途径。

承包人行使优先权的途径有三种，一是承包人与发包人协议作价，二是承包人直接向法院申请拍卖，三是承包人提起优先权确认之诉。

七、运输合同

（一）运输合同的概念和特征

运输合同是承运人将旅客或者货物从起运地点运输到约定地点，旅客、托运人或者收货人支付票款或者运输费用的合同。

运输合同具有以下特征。

（1）运输合同属于提供劳务的合同。运输合同的标的，是承运人将一定的货物或旅客从起运地点运输到约定地点的运输行为，而不是货物本身或旅客。

（2）运输合同为有偿合同、双务合同。在运输合同中，承运人有及时安全地将旅客或者货物送到约定地点的义务，旅客、托运人或收货人须向承运人支付票款或者运费。因此，运输合同为有偿合同、双务合同。

（3）运输合同一般为诺成合同，但也有一些货运合同是实践合同。

（4）运输合同多为格式合同。一般情况下，运输合同的主要条款都是由承运人单方面制定的，旅客运输合同的表现形式为车票、船票和机票等，因此，大多为格式合同。货物运输合同大多数也为格式合同，但也不排除有些运输合同的内容、条款等可由双方当事人协商订立。

（5）运输合同具有社会性、公益性。交通运输是社会生活所必不可少的，无论是人员的流动还是货物的流通，一般都需要通过运输合同来实现。所以，运输合同不仅适用范围广，而且为人们生活所必需。可见，运输尤其是公共运输，就带有明显的公益性。

（二）运输合同的种类

（1）根据运输对象的不同，运输合同可分为客运合同和货运合同。

（2）根据运输方式的不同，运输合同可分为单一运输合同和多式联运合同。

（3）根据运输工具的不同，运输合同可分为铁路运输合同、公路运输合同、水路运输合同、航空运输合同以及管道运输合同。

（三）运输合同的一般权利义务

（1）从事公共运输的承运人不得拒绝旅客、托运人通常、合理的运输要求。

（2）承运人应当在约定期间或者合理期内将旅客、货物安全运输到约定地点。

（3）承运人应当按照约定的或者通常的运输路线将旅客、货物运输到约定地点。

（4）旅客、托运人或者收货人应当支付票款或者运输费用。承运人未按照约定路线或者通常路线运输从而增加票款或者运输费用的，旅客、托运人或者收货人可以拒绝支付增加部分的票款或者运输费用。

（四）客运合同

客运合同又称为旅客运输合同，是指承运人与旅客签订的由承运人将旅客及其行李运输到目的地而由旅客支付票款的合同。通常，客运合同自承运人向旅客支付客票时成立，但也可依习惯确定的方式而成立。例如，在先上车后购票的情况下，旅客登车为要约，承运人准其上车为承诺，合同自旅客登车时成立。

1. 旅客的义务

（1）旅客当持有效客票乘运，无票、超程、越级乘运或者持失效客票乘运的，应当补交票款，承运人可以按照规定加收票款。旅客不交付票款的，承运人可以拒绝运输。

（2）旅客因自己的原因不能按照客票记载的时间乘坐的，应当在约定的时间内办理退票或者变更手续。逾期办理的，承运人可以不退票款，并不再承担运输义务。

（3）旅客在运输中应当按照约定的限量携带行李，超过限量携带行李的，应当办理托运手续。

（4）旅客不得随身携带或者在行李中夹带易燃、易爆、有毒、有腐蚀性、有放射性以及有可能危及运输工具上人身和财产安全的危险物品或者其他违禁物品；违反规定的，承运人可以将违禁物品卸下、销毁或者送交有关部门，旅客坚持携带或者夹带违禁物品的，承运人应当拒绝运输。

2. 承运人的义务

（1）承运人应当向旅客及时告知有关不能正常运输的重要事由和安全运输应当注意的事项。

（2）承运人应当按照客票载明的时间和班次运输旅客，迟延运输的，应当根据旅客的要求安排改乘其他班次或者退票。

（3）承运人擅自改变运输工具而降低服务标准的，应当根据旅客的要求退票或者减少票款；提高服务标准的，不应当加收票款。

（4）承运人在运输过程中，应当尽力救助患有急病、分娩、遇险的旅客。

（5）承运人应当对运输过程中旅客的伤亡承担损害赔偿责任，但伤亡是旅客自身健康原因造成的或者承运人证明伤亡是旅客故意、重大过失造成的除外。

（6）在运输中旅客自带物品毁损、灭失，承运人有过错的，应当承担损害赔偿责任；旅客托运的行李毁损、灭失的，承运人应当赔偿损失，但因不可抗力、货物本身的自然性质或合理损耗及旅客自己过错造成的除外。托运行李在运送中因不可抗力灭失，未收取运费的，承运人不得请求支付。

（五）货运合同

货运合同也叫货物运输合同，是指承运方根据托运人的具体要求，将货物安全、及时、完整运到指定的地点，并交付给托运人指定的收货方，托运方按约定付给运输费用的协议。

1. 托运人的义务

（1）托运人办理货物运输，应当向承运人准确表明收货人名称、货物性质、重量、质量、数量、收货地点等有关货物运输的必要情况；因托运人申报不实或者遗漏重要情况，造成承运人损失的，托运人应当承担损害赔偿责任。

（2）货物运输需要办理审批、检验等手续的，托运人应当将办理完有关手续的文件提交承运人。

（3）托运人应当按照约定的包装方式包装，对包装方式没有约定或者约定不明确的，依一般的运输习惯或者通用的方式进行包装；托运人违反规定的，承运人可以拒绝运输。

（4）托运人托运易燃、易爆、有毒、有腐蚀性、有放射性等危险物品的，应当按照国家有关危险品运输的规定对危险品进行妥善的包装，作出危险标志和标签，并将有关危险物品的名称、性质和防范措施的书面材料提交承运人；托运人违反规定的，承运人可以拒绝运输，也可以采取相应措施以避免损失的发生，因此产生的费用由托运人承担。

（5）在承运人将货物交付收货人之前，托运人可以要求承运人中止运输、返还货物、变更到达地点或者将货物交给其他收货人，但应当赔偿承运人因此受到的损失。

2. 承运人的权利义务

（1）货物运输到达后，承运人知道收货人的，应当及时通知收货人。在货物运输合同中，承运人只将货物运到目的地，其义务还没有履行完毕，承运人只有将货物交付给指定的收货人后，其义务才算履行完结。

（2）承运人对运输过程中货物的毁损、灭失承担损害赔偿责任，但承运人证明货物的毁损、灭失是因不可抗力、货物本身的自然性质或者合理损耗以及托运人、收货人的过错造成的，不承担损害赔偿责任。货物在运输过程中因不可抗力灭失，未收取运费的，承运人不得要求支付运费；已收取运费的，托运人可以要求返还。如果损失是发生在两个以上承运人以同一运输方式联运的情况下，与托运人订立合同的承运人应当和损失发生运输区段的承运人承担连带责任。

（3）托运人或者收货人不支付运费、保管费以及其他运输费用的，除当事人另有约定的以外，承运人对相应的运输货物享有留置权。

（4）收货人不明或者收货人无正当理由拒绝受领货物的，承运人可以提存货物。

3. 收货人的义务

货物运输合同是由托运人和承运人签订的，托运人和承运人是合同的当事人。合同的收货人既可以是托运人本身，也可以是托运人指定的任何第三方。第三方成为合同的收货人，那么运输合同就是为第三方利益而签订的合同。收货人虽然不是订立合同的当事人，但却是合同利益的关系人，是货运合同的特殊当事人，合同产生的领取货物的权利自然转由收货人享有，收货人也必须按照法律规定履行义务。

（1）接到承运人收货通知后，应当及时提货；逾期提货的，应当向承运人支付保管费等费用。

（2）应当按照约定的期限检验货物，对检验货物的期限没有约定或者约定不明确的，当事人可就此达成补充协议；协议不成的，依一般交易习惯确定验收货物的期限。收货人在约定的期限或者合理的期限内对货物的数量、毁损未提出异议的，视为承运人已经按照运输单证的记载交付货物。

（3）支付托运人未付或者少付的运费等。

（六）多式联运合同

多式联运合同，又称为多式联合运输合同或者混合运输合同，是指以两种以上（含两种）的不同运输方式将旅客（及其行李）或货物运输到约定地点的运输合同。它是由托运人或旅客与多式联运经营人订立的运输协议。根据这一协议，托运人或旅客一次交付运输费用，使用同一运输凭证，而承运人用两种以上的不同运输工具将货物或旅客运到目的地。

多式联运经营人负责履行或者组织履行合同，对全程运输享有承运人的权利，履行承运人的义务。

多式联运经营人可以与参加多式联运的各区段承运人就多式联运合同的各区段运输约定相互之间的责任，但这种约定只是其内部协议，对托运人或者旅客不产生法律效力，多式联运经营人仍应对全程运输承担全部责任。

多式联运经营人收到托运人交付的货物时，应当签发多式联运单据。多式联运单据一般表现为提单或者运单，它既是收货或者交货的凭证，又是一种物权凭证。按照托运人的要求，多式联运单据可以是可转让单据，也可以是不可转让的单据。

当因托运人托运货物时的过错造成多式联运经营人损失时，即使托运人已经转让多式联运单据，仍然应当承担损害赔偿责任。

由于多式联运采用不同的运输工具，而每种运输工具损害赔偿责任的法律规定均不相同，因此，当货物的毁损、灭失发生于多式联运的某一运输区段时，多式联运经营人的赔偿责任和责任限额，适用调整该区段运输方式的有关法律规定；发生的运输区段不能确定的，按照货运合同的规定处理。

八、技术合同

（一）技术合同的概念、种类和特征

技术合同是当事人就技术开发、转让、咨询或者服务订立的确立相互之间权利和义务的合同，包括技术开发合同、技术转让合同、技术咨询合同和技术服务合同四类。

技术合同的特征有：①技术合同的标的是无形财产，其表现形式可以是某种信息状态，也可以为某种实物；②技术合同的形式除当事人有约定外，应采用书面形式；③技术合同除应遵循合同的一般原则外，还遵循有利于科学技术进步等特殊原则，非法垄断技术、妨碍技术进步或者侵害他人技术成果的技术合同无效；④技术合同主体是广泛的，法人、自然人、其他组织都可以成为技术合同的主体。法人和其他组织可以就其职务技术成果订立技术合同，个人可以就其完成的非职务技术成果订立技术合同。

（二）技术合同的内容

技术合同的内容由当事人约定，一般应包括以下条款。

（1）项目名称。

（2）标的内容、范围和要求。

（3）履行的计划、期限、进度、地点和方式。

（4）技术情报和资料的保密。

（5）风险责任的承担。

（6）技术成果的归属与分享。

（7）验收的标准和方法。

（8）价款、报酬或者使用费及其支付方式。价款、报酬或者使用费的支付方式由当事人约定，可采取一次总算、一次总付或一次总算、分期支付，也可以采取提成支付或者提成支付附加预付入门费的方式。约定提成支付的，可以按照产品价格、实施专利和使用技术秘密后新增的产值、利润或者产品销售额的一定比例提成，也可以按照约定的其他方式计算。提成支付的比例可以采取固定比例、逐年递增比例或者逐年递减比例。凡约定提成支付的，当事人应当在合同中约定查阅有关会计账目的办法。

（9）违约金或者损害赔偿的计算方法。

（10）争议的解决办法。

（11）术语和名词的解释。

与履行合同有关的技术背景资料、可行性论证和技术评价报告、项目任务书和计划书、技术标准、技术规范、原始设计和工艺文件，以及其他技术文档，按照当事人的约定可以作为合同的组成部分。

技术合同涉及专利的，应当注明发明创造的名称、专利申请人和专利权人、申请日期、申请号、专利号以及专利权的有效期限。

（三）技术开发合同

技术开发合同，是指当事人之间就新技术、新产品、新工艺或者新材料及其系统的研究开发所订立的合同，包括委托开发合同和合作开发合同。当事人之间就具有产业应用价值的科技成果转化订立的合同，参照技术开发合同的规定。

技术开发合同具有以下的特征。

（1）标的是对尚未问世的技术项目进行研究开发的行为。技术开发合同的标的技术成果在合同当事人签订开发合同时尚不存在，当事人还没有掌握，只有经过合同当事人一方或双方的研究开发才能取得。

（2）双方当事人共担开发风险。技术开发合同履行过程中，可能会出现因无法克服的技术困难，导致研究开发失败或部分失败，对此产生的损失双方如何承担，当事人应在风险条款中加以事先约定。《合同法》第三百三十八条明确指出风险由当事人合理分担。

（3）技术开发合同是诺成、双务、有偿、要式合同。《合同法》规定技术开发合同应当采用书面形式。

1. 委托开发合同

委托开发合同是指当事人一方委托另一方进行研究开发所订立的确立权利义务关系的合同。

委托人应履行以下义务：①按照约定支付研究开发经费和报酬；②提供技术资料和原

始数据；③完成协作事项；④接受研究开发成果。

研究开发人应履行以下义务：①按照约定制定和实施研究开发计划；②合理使用研究开发经费；③按期完成研究开发工作，交付研究开发成果，提供有关的技术资料和必要的技术指导，帮助委托人掌握研究开发成果。

2. 合作开发合同

合作开发合同是指当事人各方就共同进行研究开发所订立的确立权利义务关系的合同。双方当事人共同参加新技术的研究开发工作是合作开发合同订立的前提。双方当事人可以共同完成全部研究开发工作，也可以约定分工，分担相应的开发研究工作。当事人一方仅提供资金、设备、材料等物质条件或者承担辅助协作事项，由另一方进行研究开发工作的合同，是委托开发合同。

合作开发合同当事人应履行以下义务：①按照约定进行投资，包括以技术进行投资；②按照约定分工参与研究开发工作；③协作配合研究开发工作。

3. 技术开发合同的特别解除条件

技术开发合同的目的是研究开发新技术、新产品、新工艺等。因而，当作为技术开发合同标的的技术已经由他人公开，致使技术开发合同的履行没有意义时，当事人可以解除合同。合同解除后的财产后果的处理，适用合同法总则的有关规定。

4. 技术开发合同风险责任的分担

技术开发合同风险责任是指研究开发方在研究开发过程中，虽经主观努力，但由于出现无法克服的技术困难，而导致研究开发工作全部或者部分失败而产生的财产上的责任。

技术开发合同对风险责任承担有约定的，按照约定。没有约定或者约定不明确的，可以协议补充。不能达成补充协议的，按照合同有关条款或者交易习惯确定。仍然不能确定的，风险责任由当事人合理分担。

《合同法》还规定了当事人的通知及采取措施的义务。即当事人一方发现现有风险可能导致研究开发工作失败或者部分失败的情形时，应当及时通知另一方并采取适当措施减少损失。没有及时通知并采取适当措施，致使损失扩大的，应当就扩大的损失承担责任。

5. 技术成果的归属和分享

技术成果的归属和分享是指履行技术开发合同所取得的技术成果归哪一方所有，以及如何使用、转让和进行利益分配等。当事人可以约定技术成果的归属和分享，当事人没有约定的，按照以下规定处理。

（1）委托开发完成的发明创造，申请专利的权利属于研究开发人，研究开发人取得专利的，委托人可以免费实施该专利；研究开发人转让专利申请权的，委托人在同等条件下有优先受让的权利。

（2）合同开发完成的发明创造，申请专利的权利属于合作开发的当事人共有。当事人一方转让其共有的专利申请权的，其他各方在同等条件下有优先受让的权利；当事人一方声明放弃其共有的专利申请权的，可以由另一方单独申请或者由其他各方共同申请。申请人取得专利权的，放弃申请权的一方可以免费实施该专利；合作开发的当事人一方不同意申请专利的，另一方或者其他各方不得申请专利。

（3）委托开发或者合作开发完成的技术秘密成果，当事人均有使用和转让的权利，但委托开发的研究开发人不得在向委托人交付研究开发成果之前，将研究开发成果转让给第三人。

（四）技术转让合同

技术转让合同，是指合法拥有技术的权利人，包括其他有权对外转让技术的人，将现有特定的专利、专利申请、技术秘密的相关权利让与他人，或者许可他人实施、使用所订立的合同。

技术转让合同包括专利权转让合同、专利申请权转让合同、技术秘密转让合同、专利实施许可合同。专利实施许可合同又包括独占实施许可合同、排他实施许可合同、普通实施许可合同三种。

技术转让合同应以现有的和特定的专利技术和技术秘密为内容（不包括转让尚待研究开发的技术成果），或者传授没有专利或者非专利权属的知识、技术、经验和信息所订立的合同。

1. 技术转让合同订立的特别规则

技术转让合同的订立，除了应当遵循一般合同订立的规则外，还应当遵循如下特别规则。

（1）技术转让合同应当采用书面形式，转让专利技术的，还应经专利局登记和公告。

（2）技术转让合同可以约定让与人与受让人实施专利或者使用技术秘密的范围，但不得限制技术竞争和技术发展。例如，限制另一方在合同标的技术基础上进行新的开发研究等，有这种非法限制的技术转让合同是无效的。

（3）专利实施许可合同只在该专利权的存续期间内有效，专利权有效期限届满或者专利权被宣告无效的，专利权人不得就该项专利与他人订立专利实施许可合同。

（4）当事人可以按照互利的原则，在技术转让合同中约定实施专利、使用技术秘密后续改进的技术成果的分享办法。没有约定或者约定不明确，一方后续改进的技术成果，其他各方无权分享。

（5）法律、行政法规对技术进出口合同或者专利、专利申请合同另有规定的，依照其规定。

2. 技术转让合同当事人的主要义务

（1）专利权转让合同。

专利权转让合同是指专利权人将自己拥有或持有的专利授权移交给受让方，受让方支付约定价款而订立的合同。合同依法成立后，受让方因向让与人支付约定价款而成为新的专利权人，享有原专利权人所享有的专利权；让与人按约定收取价款后，则失去专利人的资格。发明人、设计人的人身权利不得转让。

让与人应履行以下义务：①承担瑕疵担保责任；②办理专利权的过户登记手续，并交付与转让的专利权有关的技术资料；③向受让人提供必要的技术指导。

受让人应履行以下义务：①支付转让价款；②保证对专利权的使用不侵害让与人的人身权利。

（2）专利申请权转让合同。

专利申请权转让合同是指让与人即对发明创造享有专利申请权的当事人将该项专利移交给受让方，受让方支付约定价款所订立的合同。合同依法成立后，受让方因向让与人按约定支付价款而成为新的专利申请权人；让与人按约定收取受让方的价款后，则失去了专利申请权人的资格。

让与人应履行以下义务：①保证自己是发明人、设计人；②将申请专利的权利移交给受让人，并提供申请专利和实施该项发明创造所需要的技术情报和资料；③承担保密义务。

受让人应履行以下义务：①支付转让价款；②承担保密的义务。

（3）专利实施许可合同。

专利实施许可合同是指专利权人授权受让人在约定的范围内实施专利，受让方支付约定价款所订立的合同。专利实施是指专利技术的推广和应用。专利技术是某项产品时，实施则指生产、使用和销售；专利技术是某种方法时，实施则指使用该专利方法。

让与人应履行以下义务：①按照约定许可受让人实施专利；②交付与实施专利有关的技术资料；③提供必要的技术指导。

受让人应履行以下义务：①按照约定实施专利，不得许可约定以外的第三人实施该专利；②按照约定支付使用费。

（4）技术秘密转让合同。

技术秘密转让合同是指让与人将拥有的技术秘密提供给受让方，明确相互之间技术秘密的使用权、转让权，受让方支付约定使用费所订立的合同。技术秘密，一般是指为少数人所独占、处于保密状态、有实用价值、没有获得专利权的工业技术、经营技术和管理技术。

让与人应履行以下义务：①按照约定提供技术资料；②进行技术指导；③保证技术的实用、可靠；④承担保密义务。

受让人应履行以下义务：①按照约定使用技术；②支付使用费；③承担保密义务。

3. 让与人的瑕疵担保责任

让与人应当保证自己是所提供的技术的合法拥有者，并保证所提供的技术完整、无误、有效，能够达到约定的目标。受让人按照约定实施专利、使用技术秘密侵害他人合法权益的，由让与人承担责任，但当事人另有约定的除外。

（五）技术咨询和技术服务合同

1. 技术咨询合同

技术咨询合同，是指当事人一方为另一方就特定技术项目提供可行性论证、技术预测、专题技术调查、分析评价报告等所订立的合同。

委托人应履行以下义务：①按照约定阐明咨询的问题，提供技术背景材料及有关技术资料、数据；②接受受托人的工作成果，支付报酬。

受托人应履行以下义务：①按照约定的期限完成咨询报告或者解答问题；②提出的咨询报告应当达到约定的要求。

2. 技术服务合同

技术服务合同，是指当事人一方以技术知识为另一方解决特定技术问题所订立的合同，不包括建设工程合同和承揽合同。

委托人应履行以下义务：①按照约定提供工作条件，完成配合事项；②接受受托人的工作成果并支付报酬。

受托人应履行以下义务：①按照约定完成服务项目，解决技术问题，保证工作质量；②传授解决技术问题的知识。

3. 新技术成果的分享

《合同法》第三百六十三条规定，除当事人另有约定的以外，在技术咨询合同、技术服务合同履行过程中，受托人利用委托人提供的技术资料和工作条件完成的新的技术成果，属于受托人；委托人利用受托人的工作成果完成的新的技术成果，属于委托人。

九、保管合同与仓储合同

（一）保管合同

1. 保管合同的概念和特征

保管合同也称寄存合同，是保管人保管寄存人交付的保管物，并返还该物的合同。它属于一种提供劳务的合同。其中进行保管并负返还义务的一方为保管人，交付物品及请求保管的一方为寄存人。

保管合同具有如下法律特征。

（1）保管合同是提供保管服务的合同。保管合同的标的是提供服务，即提供保管寄存人托付的物品的服务。

（2）保管合同一般为实践合同。在一般情况下，保管合同的成立不但需要当事人的意思表示达成一致，还需要交付保管物。《合同法》第三百六十七条规定，保管合同自保管物交付时起成立，但当事人另有约定的除外。

（3）保管合同既可以是有偿合同，也可以是无偿合同。《合同法》第三百六十六条规定，寄存人应当按照约定向保管人支付保管费。当事人没有约定保管费或者约定不明确，依照《合同法》第六十一条的规定仍不能确定的，保管合同是无偿合同。

（4）保管合同是一种非要式合同。

2. 合同当事人的主要义务

（1）保管人应履行以下主要义务：①保管人应当给付保管凭证，但另有交易习惯的除外。②妥善保管保管物，除紧急情况或者为了维护寄存人利益的以外，不得擅自改变约定的保管场所或者方法。③保管人不得将保管物转交第三人保管，除非当事人另有约定。保管人违反规定，致使保管物造成损失的，应当承担损害赔偿责任。④除当事人另有约定的以外，保管人不得使用或者许可第三人使用保管物。⑤第三人对保管物主张权利的，除依法对保管物采取保全或者执行的以外，保管人应当履行向寄存人返还保管物的义务；第三人对保管人提起诉讼或者对保管物申请扣押的，保管人应当及时通知寄存人。⑥寄存人可以随时领取保管物。当事人对保管期间没有约定或者约定不明确的，保管人可以随时要求寄存人领取保管物；约定保管期间的，保管人无特别事由，不得要求寄存人提前领取保管物。⑦返还保管物原物及其孳息。保管人保管货币的，可以返还相同种类、数量的货币。保管其他可替代物的，可以按照约定返还相同种类、品质、数量的物品。

（2）寄存人应履行以下主要义务：①寄存人交付的保管物有瑕疵或者按照保管物的性质需要采取特殊保管措施的，寄存人应当将有关情况告知保管人。寄存人未告知，致使保管物受损失的，保管人不承担损害赔偿责任；保管人因此受损失的，除保管人知道或者应当知道并且未采取补救措施的以外，寄存人应当承担损害赔偿责任。②寄存人寄存货币、有价证券或者其他贵重物品的，应当向保管人声明，由保管人验收或者封存；未声明的，该物品毁损、灭失后，保管人可以按照一般物品予以赔偿。③有偿的保管合同，应当按照约定的期限支付保管费。

3. 保管物的风险承担

保管物毁损、灭失的风险承担，是指在保管期间内发生保管物毁损、灭失时，损失由哪一方承担。依《合同法》第三百七十四条的规定，保管期间，因保管人保管不善造成保管物毁损、灭失的，保管人应当承担损害赔偿责任；如果保管是无偿的，保管人证明自己没有重大过失的，不承担损害赔偿责任。

（二）仓储合同

1. 仓储合同的概念和特征

仓储合同是保管人储存存货人交付的仓储物，存货人支付仓储费的合同。仓储合同是一种特殊的保管合同。《合同法》对仓储合同没有规定的，适用保管合同的有关规定。

仓储合同具有以下法律特征：①保管人必须具备仓库营业资质，即经批准具有仓储设施、仓储设备，专事仓储保管业务的人。②仓储合同的对象必须是动产。③仓储合同自成立时即生效。④仓储合同，可以是书面形式，也可以是口头形式，是非要式合同。⑤仓储合同为有偿合同。保管人提供储存、保管服务，存货人支付仓储费。⑥仓单是仓储合同的重要特点，是存货和提取货物的凭证，属于有价证券的一种，为记名物权凭证，通过背书可以转让。

2. 仓储合同当事人的主要权利和义务

保管人应履行以下主要义务：①填发仓单的义务；②接受和验收存货人的货物入库的义务；③妥善保管仓储物的义务；④发现仓储物有变质或者其他损坏的，应当及时通知存货人或者仓单持有人；⑤返还仓储物义务。

保管人应享有以下主要权利：①储存期间届满，存货人或者仓单持有人不提取仓储物的，保管人可以催告其在合理期限内提取，逾期不提取的，保管人可以提存仓储物。②留置权。

存货人应履行以下主要义务：①按照约定交存仓储物入库。储存易燃、易爆等危险物品或者易变质物品，存货人应当说明该物品的性质，提供有关资料。否则，保管人可以拒收仓储物，也可以采取相应措施以避免损失的发生，因此产生的费用由存货人承担。②支付仓储费及其他费用。③按照合同约定及时提取货物。存货人对于正常存储期间仓储物发生变质或者损坏的，应当及时作出必要的处理，并且在储存期间届满时，及时办理仓储物的提取。

存货人应享受以下主要权利：对仓储物的检查是存货人的一项权利，存货人在储存期间有权随时检查仓储物或者提取样品，保管人不得拒绝。

（三）保管合同和仓储合同的区别

（1）仓储合同的对象必须是动产，不动产不能作为仓储合同的保管对象。而保管合同的对象既可以是动产，也可以是不动产。

（2）仓储合同是诺成合同，仓储合同自成立时生效。保管合同是实践合同，合同自保管物交付时成立。

（3）保管合同可以是有偿也可以是无偿的，仓储合同为有偿合同。

（4）保管合同的保管人不要求具有特定身份，仓储合同的仓储营业人须为有仓储设备并专事该类业务的人。

十、委托合同、行纪合同与居间合同

（一）委托合同

1. 委托合同的概念和特征

委托合同又称委任合同，是指委托人和受托人约定，由受托人处理委托人事务的合同。其中委托他人处理事务的一方为委托人，接受委托的一方为受托人。

委托合同具有以下法律特征。

（1）委托合同不以实际履行为成立条件，当事人意思表示一致即可成立，属于诺成合同；委托合同的形式，没有强制性规定，属于非要式合同；委托合同可以是有偿的，也可以是无偿的合同。

（2）委托合同是受托人以委托人的名义和费用处理所委托的事务。除法律另有规定外，受托人不是以自己的名义和费用处理事务，而是以委托人的名义和费用进行。其处理事务的后果，直接由委托人承受。

（3）委托合同成立的基础是委托人与受托人的相互信任。双方的信任与自愿，是委托合同的成立基础。

（4）受托人应根据委托人的指示、要求处理受托办理的事务。委托合同属于典型的劳务类合同，是受托人为委托人处理委托事务。

2. 委托合同的种类

委托合同根据不同的划分标准，可以作多种分类。

（1）按委托人是否支付报酬，委托合同可以分为有偿的委托合同和无偿的委托合同。

（2）按受托人的授权范围，委托合同可以分为特别委托合同和概括委托合同。特别委托，是指委托人将特定的一项或者数项事务委托给委托人处理；概括委托，是指委托将一切事务概括委托给受托处理。

（3）按委托发生的不同，委托合同可以分为一般委托合同和转委托合同。转委托合同，也称复委托合同，是指受托人将委托事务部分或者全部地交由第三人处理而订立的合同。相对于转委托合同，委托人和受托人之间的合同为一般委托合同。原则上，受托人应当亲自处理委托事务，但经委托人同意，受托人可以转委托。转委托经同意的，委托人可以就委托事务直接指示转委托的第三人，受托人仅就第三人的选任及其对第三人的指示承担责任；转委托未经同意的，受托人应当对转委托的第三人的行为承担责任，但在紧急情况下受托人为维护委托人的利益需要转委托的除外。

（4）按委托合同中委托人或者受托人是否为单一，委托合同可以分为单一委托合同和共同委托合同。

单一委托合同是委托人和受托人双方都为一人的委托合同；共同委托合同是委托人和受托人有一方或双方为多人的委托合同。在共同委托合同中，如果合同中没有特别约定，共同委托人或共同受托人应当对当事人另一方承担连带责任。

共同委托合同不同于重复委托合同。重复委托，是指委托人将同一委托事务以两个委托合同委托给两个受托人。重复委托应经受托人事先同意。经受托人同意，委托人可以在受托人之外委托第三人处理委托事务，因此给受托人造成损失的，受托人可以向委托人要求赔偿损失。

（5）按受托人是以委托人的名义还是以自己的名义处理事务，代理可以分为直接代理和间接代理，相应订立的合同也不同。受托人以委托人的名义代委托人处理事务的，为直接代理；受托人以自己的名义代委托人处理事务的，为间接代理。间接代理主要应用于外贸领域。

第三人在订立合同时知道受托人与委托人之间关系的间接代理，委托合同实际构成了代理中的隐名代理。在这种情况下订立的合同直接约束委托人和第三人，但有确切证据证明该合同只约束受托人和第三人的除外。

第三人不知道受托人与委托人之间的代理关系的间接代理，委托合同实际构成了代理中的未披露委托人的代理。在这种代理中，受托人因第三人的原因对委托人不履行义务时，受托人应当向委托人披露第三人，委托人因此可以行使受托人对第三人的权利。但是第三人与受托人订立合同时如果知道该委托人就不会订立合同的除外。受托人因委托人的原因对第三人不履行义务，受托人应当向第三人披露委托人，第三人因此有权选择受托人或者委托人作为相对人主张其权利，但第三人不得变更选定的相对人。

委托人介入合同行使受托人对第三人的权利的，第三人可以向委托人主张其对受托人的抗辩；第三人选定委托人作为其相对人的，委托人可以向第三人主张其对受托人的抗辩以及受托人对第三人的抗辩。

3. 委托合同当事人的义务

委托人应履行以下义务。

（1）委托人应当预付处理委托事务的费用。受托人为处理委托事务垫付的必要费用，委托人应当偿还该费用及其利息。

（2）受托人完成委托事务的，委托人应当向其支付报酬。因不可归责于受托人的事由，委托合同解除或者委托事务不能完成的，委托人应当向受托人支付相应的报酬。当事人另有约定的，按照其约定。

（3）受托人处理委托事务时，因不可归责于自己的事由受到损失的，可以向委托人要求赔偿损失。

（4）承受委托事务办理结果的义务。

受托人应履行以下义务。

（1）受托人应当按照委托人的指示处理委托事务。需要变更委托人指示的，应当经委托人同意；因情况紧急，难以和委托人取得联系的，受托人应当妥善处理委托事务，但事后应当将该情况及时报告委托人。

（2）一般情况下受托人应当亲自处理委托事务。

（3）受托人应当按照委托人的要求，报告委托事务的处理情况。委托合同终止时，受托人应当报告委托事务的结果。

（4）在间接代理中，出现一方当事人违约的情形时，为维护对方的利益，受托人应当披露委托人。

（5）受托人处理委托事务取得的财产，应当转交给委托人。

（6）有偿的委托合同，因受托人的过错给委托人造成损失的，委托人可以要求赔偿损失。无偿的委托合同，因受托人的故意或者重大过失给委托人造成损失的，委托人可以要求赔偿损失。受托人超越权限给委托人造成损失的，应当赔偿损失。

4. 委托合同的终止

委托合同终止有多种原因，如委托人撤销委托、受托人辞去委托、委托事务已经完成、委托有效期限届满等。《合同法》规定了委托合同终止的特有原因：①当事人一方任意解除合同。因解除合同给对方造成损失的，除不可归责于该当事人的事由以外，应当赔偿损失。②委托人或者受托人死亡或者丧失民事行为能力或者破产。

因委托人死亡、丧失民事行为能力或者破产，致使委托合同终止将损失委托人利益的，在委托人的继承人、法定代表人或者清算组织承受委托事务之前，受托人应当继续处理委托事务；因受托人死亡、丧失民事行为能力或者破产，致使委托合同终止的，受托人的继承人、法定代理人或者清算组织应当及时通知委托人。因委托合同终止将损害委托人利益的，在委托人作出善后处理之前，受托人的继承人、法定代理人或者清算组织应当采取必要措施。

5. 委托合同和代理的区别

委托合同的法律效果往往是形成委托代理，受托人又常常以代理人的身份处理委托事务，因此，在实践中委托合同和代理容易被混淆。两者其实属于不同的法律制度，它们的区别如下。

（1）当事人不同。代理关系的当事人有三方：被代理人（又称本人）、代理人和相对人；而委托合同的当事人只有两方：委托人和受托人。

（2）性质不同。代理关系是单方行为，只需要被代理人的授权即可成立，其在性质上属于对外关系，是代理人或被代理人与第三人的关系；而委托合同是双方行为，只有受托人承诺，才能成立委托关系，其在性质上属于内部关系，是委托人与受托人之间的关系。

（3）法律地位不同。代理有委托代理、指定代理和法定代理三种，委托合同仅是形成其中委托代理的基础。

（4）主体实施行为的性质和名义不同。代理关系中，代理人只能以被代理人的名义实施法律行为；而委托合同中，受托人处理委托事务可以以委托人的名义，也可以以自己的名义，可以实施法律行为，也可以实施事实行为。

（二）行纪合同

1. 行纪合同的概念和特征

行纪合同又称信托合同，是行纪人以自己的名义为委托人从事贸易活动，委托人支付报酬的合同。《合同法》对行纪合同没有规定的，适用委托合同的有关规定。

行纪合同的特点如下。

（1）行纪合同是有偿、诺成和非要式合同。行纪人履行行纪合同时收取报酬，是有偿合同。行纪合同经双方当事人意思表示一致即成立，无需采用特定形式，所以行纪合同是诺成合同、非要式合同。

（2）行纪人是以自己的名义为委托人办理委托事务的。行纪人以自己的名义履行行纪合同约定的事务，其与第三人之间的权利义务由行纪人自己享有或承担。委托人不对行纪人的行为承担法律责任，与第三人之间也不存在直接的权利义务关系。

（3）行纪人在与第三人履行行纪合同约定事务时必须保护委托人的利益。行纪人在办理行纪合同约定事务时，虽是与第三人发生的法律关系，但其行为所产生的权利义务最终归属于委托人，所以行纪人在与第三人履行行纪合同约定事务时必须保护委托人的利益。

（4）行纪合同的标的是约定的行为。行纪人与第三人履行的行为是订立行纪合同的目的，其标的是行为。

2. 行纪合同当事人的主要权利义务

委托人应履行以下主要义务。

（1）行纪人完成或者部分完成委托事务的，委托人应当向其支付相应的报酬。委托人逾期不支付报酬的，行纪人对委托物享有留置权，但当事人另有约定的除外。

（2）及时接受行纪行为结果。行纪人按照约定买入委托物，委托人应当及时受领。经行纪人催告，委托人无正当理由拒绝受领的，行纪人可以提存委托物。委托物不能卖出或者委托人撤回出卖，经行纪人催告，委托人不取回或者不处分该物的，行纪人可以提存委托物。

行纪人应享有主要权利义务如下。

（1）行纪人处理委托事务支出的费用，由行纪人负担，但当事人另有约定的除外。

（2）行纪人应当妥善保管委托物。委托物交付给行纪人时有瑕疵或者容易腐烂、变质的，经委托人同意，行纪人可以处分该物；和委托人不能及时取得联系的，行纪人可以合理处分。

（3）依指示进行交易。行纪人以低于委托人指定的价格卖出或者高于委托人指定的价格买入的，应当经委托人同意。未经委托人同意，行纪人补偿其差额的，该买卖对委托人发生效力；行纪人以高于委托人指定的价格卖出或者低于委托人指定的价格买入的，可以按照约定增加报酬。没有约定或者约定不明确的，可以协议补充，不能达成补充协议的，按照合同有关条款或者交易习惯确定。仍然不能确定的，该利益属于委托人；委托人对价格有特别指示的，行纪人不得违背该指示卖出或者买入。

（4）提存委托物的权利。除上述委托人拒绝领受委托物的情形外，委托物不能卖出或者委托人撤回出卖，经行纪人催告，委托人不取回或者不处分该物的，行纪人也可以提存委托物。

3. 行纪人的介入权

行纪人接受委托后，即应在市场上寻找第三人作为交易相对人进行交易，但在某些情况下，行纪人可以行使介入权，参加到委托人所委托的交易中去。即行纪人卖出或者买入具有市场定价的证券或者其他商品时，除委托人有相反的意思表示之外，行纪人可以自己作为买受人或者出卖人。行纪人的介入权又称行纪人的自约权。

行纪人介入后，在法律上形成行纪人和委托人之间的买卖关系。但同时，行纪人又是在履行行纪合同，仍然可以要求委托人支付报酬。

4. 实行行为的效力

实行行为是指行纪人接受委托，按照行纪合同的约定与第三人进行交易的行为。由于行纪人是以自己的名义与第三人订立合同的，因此，行纪人对与第三人订立的合同直接享有权利、承担义务。除行纪人与委托人另有约定的以外，因第三人不履行义务致使委托人受到损害的，行纪人应当承担损害赔偿责任。

（三）居间合同

居间合同是居间人向委托人报告订立合同的机会或者提供订立合同的媒介服务，委托人支付报酬的合同。此类合同一般又称为中介合同。

居间合同具有以下特征。

（1）居间合同是有偿、诺成和非要式合同。

（2）居间人通过提供服务，促成委托人与第三人订立合同，获取报酬，而不代表任何一方。居间合同中，居间人既不代表委托人，也不代表第三人，更不是交易任何一方的代理人。其不参加委托人与第三人之间具体订立合同的过程，只提供中介服务，根据委托要求，提供信息，或以中间人身份联系委托人与第三人，促成合同成立并获取报酬。

（3）只有在居间人的居间活动达到目的，委托人才负有给付报酬的义务。居间合同的报酬具有不确定性。

居间人的主要义务是就有关订立合同的事项向委托人如实报告，居间人故意隐瞒与订立合同有关的重要事实或者提供虚假情况，损害委托人利益的，不得要求支付报酬并应当承担损害赔偿责任。

委托人的主要义务是在居间人促成居间合同时，按照约定支付报酬。对居间人的报酬没有约定或者约定不明确的，可协议补充，不能达成补充协议的，按照合同有关条款或交易习惯确定。如果仍不能确定的，应根据居间人的劳务合理确定。因居间人提供订立合同的媒介服务而促成合同成立的，由该合同的当事人平均负担居间人的报酬。

居间人促成合同成立的，居间活动的费用，由居间人负担；未促成合同成立的，可以要求委托人支付从事居间活动支出的必要费用，但不是要求支付报酬。

（四）委托合同与行纪合同、居间合同的区别

这三种合同都是合同一方接受他方的委托为他方办理约定事务的合同，都属于提供服务的合同。但三者之间又有不同，它们的区别体现如下。

（1）适用范围不同。居间合同、行纪合同适用范围窄，仅限于房产交易、代购、代销等交易行为；而委托合同几乎适用于各行各业。

（2）行纪人的开业和经营需经国家有关部门的审查、登记；而委托合同的当事人可以是公民，也可以是法人。

（3）行纪合同、居间合同是有偿合同；而委托合同既可以是有偿的也可以是无偿的。

（4）居间人没有将处理事务的后果移交给委托人的义务；而在委托合同和行纪合同中都有委托人取得事务处理结果的问题。

（5）行纪人和居间人处理委托事务的费用通常由行纪人和居间人负担；而代理人处理代理事务的费用一般由委托人负担。

（6）行纪人以自己的名义从事行纪行为，而代理人通常以委托人的名义从事代理行为。

思考练习题

一、简答题

1. 买卖合同的双方当事人分别应当承担哪些义务？
2. 买卖合同标的物的所有权和风险何时起由卖方转移给买方？
3. 委托合同、行纪合同和居间合同有何不同？

二、案例分析

2001 年 7 月 3 日，某市遭受特大暴风雨袭击，市内多处电线被刮断。该市电力公司在暴风雨减弱后，即派出抢修队伍进行抢修。该市华丰设备厂因暴风雨停电 6 小时，造成生产损失 7 万元。电力公司抢修华丰厂的线路时，因抢修人员疏忽接错了线路，造成短路，损坏了华丰厂的 2 台设备，维修设备的费用需 1 万元。

试分析：华丰厂的损失哪一项应当由电力公司赔偿，哪一项不应当由电力公司赔偿？[①]

① 案例来源：何志．合同法分则判例研究与适用．北京：人民法院出版社，2002，P116.

第三节 合同的担保

【本节重点】

1. 担保的类型。
2. 物权担保的法定性。
3. 抵押和质押的异同。

【引例】 深圳国×金融平台关联担保案[1]

公开资料显示，深圳国×金融平台 2015 年 3 月在前海经济贸易区注册成立，实缴注册资本 5000 万元人民币，是一家 P2P 金融理财服务平台。该平台的运营模式为通过互联网盘活民间大量闲散资金，形成投资资本，再通过平台的推介投入小微企业和创业项目中。该平台自诩“风控系统健全”，由深圳市保护伞投资担保有限公司提供本息担保，即保证投资人投资本息的安全，在平台出现兑付危机时，由担保公司予以兑现。该平台提供的担保为保证担保。

2016 年 4 月 7 日，该平台董事长殷××主动向警方报案，随后该平台有关人员以非法吸收公共存款罪被刑拘。据初步调查，该平台控股人、法定代表人、担保公司法定代表人都是亲戚关系，而平台标的借款都流向控股人的胞弟和未婚妻账户，存在自融和关联担保的问题，截至案发时该平台有 28000 多名用户，完成交易总额超过 1.8 亿元，未能支付的款项约 2814 万元。

评析：

我国互联网金融于 2012 年开始兴起，被视为一种新兴业态，在短短几年时间里迅速扩张。但由于缺乏有效的监管，很多网贷平台陆续出现兑付危机，投资人不但享受不到平台许诺的高回报，连自己的投资本金都无法收回。据浙江大学互联网金融研究院的一项报告显示，截至 2016 年第一季度，全国问题网贷平台有 1717 家，占平台总量的 50.2%，凸显网贷风险加速暴露。深圳国×金融平台的案例只是冰山一角。

互联网金融本质上仍然是金融，金融业最重要的是风险控制。风险控制一方面要加强资金去向的管理，另一方面要由借款人提供可靠的担保。我国规定的担保方式有保证、抵押、质押、留置和定金。以抵押、质押、留置或者定金方式设定担保的，必须提供相应的担保财产；以保证方式设定担保的，保证人应当具有代为清偿的能力。网贷平台本是为借贷双方搭建一个融资平台，但在上述的深圳国×金融平台案例中，网贷平台、名义上的各个借款人、担保公司之间实为关联企业，是出于自融目的而设立的网贷平台，这就意味着

[1] 资料来源：1. 赵勇,李亚坤. 网贷公司的乱战江湖. 南方都市报，2016-05-29，A08-09；2. 李骏，卢亮，李亚坤. 平台、担保一家“亲”钱流进自家人账户？南方都市报，2016-04-15，A07.

风控形同虚设。一旦平台兑付出现困难，担保公司必定也弹尽粮绝，无法起到担保的作用去代平台清偿投资人的贷款，这样的担保对于投资人而言没有任何保障意义。自融以及与之相关的关联担保是网贷平台存在的主要问题之一。从 2016 年起，互联网金融进入规范整治阶段。

一、合同担保概述

（一）合同担保的概念

合同担保是促使债务人履行其债务，保障债权人的债权得以实现的法律措施。被担保的合同称为“主合同”或者“主债”。担保人代债务人履行债务或者代债务人承担了赔偿责任的，有权向债务人追偿。

合同担保具有从属性，其从属于主债，以主债的存在为前提，随主债的变化而变化，随主债的消灭而消灭。担保合同是主合同的从合同，主合同无效，担保合同无效。担保合同另有约定的，按照约定。

合同担保有一般担保和特别担保之分。合同的一般担保，是债务人必须以其全部财产作为其履行债务的总担保，它并非针对某一项合同而言。合同的特别担保，是指以特定人的一般财产或者以特定财产设立的确保特定债权实现的担保。通常所说的担保，指特别担保。本书所称的担保，也是指特别担保。

（二）合同担保的分类

合同担保，可以依不同的标准作以下不同的分类。

1. 法定担保和约定担保

这是以担保产生的根据为标准而作的划分。法定担保是指直接依法律规定而产生的担保，如留置权；约定担保是指依当事人之间约定而产生的担保，如保证、抵押、质押等。

2. 人的担保和财产担保

这是以担保财产的形式为标准而作的划分。人的担保，又称信用担保，是指以第三人的信用来保障债权的实现，如保证；财产担保是以债务人或者第三人的特定财产来保障债权的实现，包括物的担保和金钱的担保。物的担保如抵押、质押、留置，金钱的担保如定金。

3. 本担保和反担保

这是以担保对象的不同为标准所作的分类。本担保是指债务人或者第三人为保障主债务的履行而设置的担保；反担保是指债务人或者第三人为本担保中的担保人所设置的担保。依《担保法》的规定，第三人为债务人向债权人提供担保时，可以要求债务人提供反担保。反担保也适用《担保法》关于担保的规定。在保证、抵押、质押等担保方式中，均可设定反担保。

（三）担保法的渊源

我国现行担保法的主要渊源有：《中华人民共和国民法通则》《中华人民共和国担保法》（以下简称《担保法》）《中华人民共和国物权法》。《担保法》于 1995 年 6 月 30 日由第八届全国人大常务委员会第14次会议通过，共7章96条，分别规定了保证、抵押、质押、留置和定金五种担保方式，自1995年7月1日起施行。《物权法》于2007年3月16日由第十届全国人民代表大会第五次会议通过，自2007年10月1日起施行。《物权法》规定了抵押、质押、留置三种物权担保。《担保法》的规定与《物权法》的规定不一致的，以《物权法》为准。除上述渊源外，最高人民法院于2000年通过的《关于适用〈中华人民共和国担保法〉若干问题的解释》也是一个重要的渊源。

二、物权担保

（一）物权担保概述

物权担保是以物权为标的的担保，既具有债权的性质，又具有物权的性质。

1. 物权担保的法定性特征

这是指担保物权的种类、设定方式、内容，均由法律直接规定，禁止任何人创设法律没有规定的担保物权和不按法律规定的内容和方式创设法律已作规定的物权。在物权担保的种类上，我国现有法律只规定了抵押、质押、留置三种担保物权，当事人就不能设定这三种方式以外的其他物权担保。在物权担保的设立方式上，法律规定不动产抵押必须签订书面合同并且办理抵押登记，动产质押必须交付标的物，权利质押必须交付权利凭证或办理登记，当事人就必须办理这样的手续，否则担保不生效。在物权担保的内容上，法律规定禁止流质的，当事人就不能约定债务人不履行债务的，标的物的所有权归债权人所有。

2. 担保物权的效力

（1）优先效力。物权担保的优先效力体现在三个方面：①债权人就担保物有优先于普通债权人（即无担保的债权人）受偿的权利；②同一财产为两个或者两个以上债权设定担保的，先设定的担保优先于后设定的担保受偿；③被担保的债权既有物的担保又有人的担保的，债务人不履行到期债务或者发生当事人约定的实现担保物权的情形，债权人应当按照约定实现债权；没有约定或者约定不明确，债务人自己提供物的担保的，债权人应当先就该物的担保实现债权；第三人提供物的担保的，债权人既可以就物的担保实现债权，也可以要求保证人承担保证责任。但必须注意的是，物权担保的效力次于法定优先权，如建筑工程价款优先权、船舶优先权。

（2）追及效力。这是指担保物不管辗转落入何人之手，除法律另有规定外，债权人仍可就该担保物享有优先受偿权。

（3）物上代位权。这是指担保期间，担保人经债权人同意转让担保财产的，应当将转让所得的价款向债权人提前清偿债务或者提存。转让的价款超过债权数额的部分归担保人所有，不足部分由债务人清偿。担保财产毁损、灭失或者被征收等，担保物权人可以就获得的保险金、赔偿金或者补偿金等优先受偿。被担保债权的履行期未届满的，也可以提存该保险金、赔偿金或者补偿金等。

（4）保全效力。这是指担保期间，担保人的行为足以使担保财产价值减少的，债权人有权要求担保人停止其行为。担保财产价值减少的，债权人有权要求恢复担保财产的价值，或者提供与减少的价值相应的担保。担保人不恢复担保财产的价值也不提供担保的，债权人有权要求债务人提前清偿债务。

3. 担保物权的担保范围

担保物权的担保范围包括主债权及其利息、违约金、损害赔偿金、保管担保财产和实现担保物权的费用。当事人另有约定的，按照约定。

4. 担保物权的实现

担保物权的实现是指债务人不履行到期债务或者发生当事人约定的实现担保物权的情形，债权人通过行使担保物权，以担保标的物的价值优先受偿。

担保物权的实现方式有三种：以担保物折价、拍卖和变卖。以折价方式实现担保物权的，担保人和债权人应达成折价协议，且该协议不得损害其他债权人的利益，否则其他债权人可以在知道或者应当知道撤销事由之日起一年内请求人民法院撤销该协议。债权人与担保人未就担保物权实现方式达成协议的，债权人可以请求人民法院拍卖、变卖担保财产。

担保财产折价或者变卖的，应当参照市场价格。担保财产折价或者拍卖、变卖后，其价款超过债权数额的部分归担保人所有，不足部分由债务人清偿。

（二）抵押

抵押，是指为担保债务的履行，债务人或者第三人不转移财产的占有，将该财产抵押给债权人的，债务人不履行到期债务或者发生当事人约定的实现抵押权的情形，债权人有权就该财产优先受偿。其中的担保财产叫做抵押物，提供担保财产的债务人或者第三人称作抵押人，有权依法将抵押物变卖折价的债权人叫做抵押权人。

1. 抵押物

债务人或者第三人有权处分的下列财产可以抵押：①建筑物和其他土地附着物；②建设用地使用权；③以招标、拍卖、公开协商等方式取得的荒地等土地承包经营权；④生产设备、原材料、半成品、产品；⑤正在建造的建筑物、船舶、航空器；⑥交通运输工具；⑦法律、行政法规未禁止抵押的其他财产。抵押人可以将上述财产一并抵押。

以建筑物抵押的，该建筑物占用范围内的建设用地使用权一并抵押。以建设用地使用权抵押的，该土地上的建筑物一并抵押。抵押人未依照规定一并抵押的，未抵押的财产视为一并抵押。但是建设用地使用权抵押后，该土地上新增的建筑物不属于抵押财产。该建设用地使用权实现抵押权时，应当将该土地上新增的建筑物与建设用地使用权一并处分，但新增建筑物所得的价款，抵押权人无权优先受偿。

下列财产不得抵押：①土地所有权；②耕地、宅基地、自留地、自留山等集体所有的土地使用权，但法律规定可以抵押的除外；③学校、幼儿园、医院等以公益为目的的事业单位、社会团体的教育设施、医疗卫生设施和其他社会公益设施；④所有权、使用权不明或者有争议的财产；⑤依法被查封、扣押、监管的财产；⑥法律、行政法规规定不得抵押的其他财产。

2. 抵押权的设立

设立抵押权，当事人应当采取书面形式订立抵押合同。抵押合同一般包括下列条款：

①被担保债权的种类和数额；②债务人履行债务的期限；③抵押财产的名称、数量、质量、状况、所在地、所有权归属或者使用权归属；④担保的范围。

设立抵押权，当事人应当以法定的形式进行公示。以不动产或者正在建造的建筑物抵押的，应当办理抵押登记。抵押权自登记时设立。以生产设备、原材料、半成品、产品、正在建造的建筑物、船舶、航空器或者交通运输工具抵押的，抵押权自抵押合同生效时设立；未经登记，不得对抗善意第三人。

3. 抵押关系当事人的权利义务

抵押人应享有以下权利：①占有抵押物；②处分抵押物。抵押设定后，抵押人并不丧失抵押物的所有权，抵押人有权将抵押物转让给他人，但必须征得债权人同意。受让人代为清偿债务消灭抵押权的，抵押物转让无须债权人同意，这叫做受让人的涤除权；③抵押物出租权。《物权法》第一百九十条规定，订立抵押合同前抵押财产已出租的，原租赁关系不受该抵押权的影响。抵押权设立后抵押财产出租的，该租赁关系不得对抗已登记的抵押权。抵押人的义务是妥善保管、使用抵押物。

抵押权人（即债权人）应享有以下权利：①支配抵押物并排除他人侵害；②孳息收取权。抵押期间，抵押物的孳息一般由抵押人收取，但因抵押权人行使抵押权而致使抵押物被法院扣押、查封的，抵押权的效力及于其间的孳息，但抵押权人未通知应当清偿法定孳息的义务人的除外；③优先受偿权。

【案例】甲公司与银行签订抵押借款合同，将其自有的三层商铺的首层、二层抵押给银行，向银行借款 3000 万元。其中首层抵押办理了抵押登记手续，但二层没有办理。借款期满后，甲公司无法清偿借款本息，银行诉至法院，并在获得胜诉后申请法院强制执行。法院拍卖了首层、二层商铺后，所得价款仍不能还清银行的本息，又准备拍卖第三层商铺。

[试分析]

1. 银行对甲公司的首、二层商铺是否享有抵押权？

2. 甲公司提出第三层商铺没有抵押给银行，法院不应拍卖偿债。甲公司的理由是否成立？

【分析】1.设立担保物权必须按照法律规定的方式设立。《物权法》规定不动产抵押权自登记时设立，虽然甲公司与银行约定将首、二层商铺均抵押给银行，但它们只办理了首层商铺的抵押登记，没有办理二层商铺的抵押登记，故银行对甲公司的首层商铺享有抵押权而对二层不享有。2.设立抵押担保的目的是保障债权人对抵押物有优先受偿权，但这并不是说债权人只能就债务人的抵押物受偿，债务人应当以其全部财产（包括抵押物）清偿债务。由于首层、二层商铺的拍卖价款不足以偿还银行贷款本息，故法院可以拍卖甲公司的第三层商铺。

4. 两种特殊的抵押方式

（1）最高额抵押。为担保债务的履行，债务人或者第三人对一定期间内将要连续发生的债权提供担保财产的，债务人不履行到期债务或者发生当事人约定的实现抵押权的情形，抵押权人有权在最高债权额限度内就该担保财产优先受偿。最高额抵押权设立前已经存在的债权，经当事人同意，可以转入最高额抵押担保的债权范围。最高额抵押较之普通抵押的特点在于，担保的不是已经发生的特定债权，而是当事人将来一定期间内连续交易关系可能发生的不特定债权。设置最高额抵押，不仅能充分利用物的交换价值，而且还可以避免多次办理抵押，更加简便、低成本。

《物权法》第二百零六条规定，有下列情形之一的，抵押权人的债权确定：①约定的债权确定期间届满；②没有约定债权确定期间或者约定不明确，抵押权人或者抵押人自最高额抵押权设立之日起满二年后请求确定债权；③新的债权不可能发生；④抵押财产被查封、扣押；⑤债务人、抵押人被宣告破产或者被撤销；⑥法律规定债权确定的其他情形。债权确定后，最高额抵押转变成普通抵押。

（2）财团抵押。财团抵押是指以企业的综合财产设定的抵押。财团抵押与普通抵押的区别在于，普通抵押的标的物是抵押人的个别财产，而财团抵押的标的物是抵押人的综合财产。在现代社会化大生产的经济条件下，财团抵押具有十分重要的经济意义：①通过财团抵押可以为企业融通到更多的资金；②财团具有集合的经济效益，其整体拍卖价值往往高于个别财产价值的总和，对债权的实现也有可靠的保障。

我国《物权法》规定的财团抵押限于动产财团抵押。《物权法》第一百八十一条规定，经当事人书面协议，企业、个体工商户、农业生产经营者可以将现有的以及将有的生产设备、原材料、半成品、产品抵押，债务人不履行到期债务或者发生当事人约定的实现抵押权的情形，债权人有权就实现抵押权时的动产优先受偿。

设置财团抵押，应当向抵押人住所地的工商行政管理部门办理登记。抵押权自抵押合同生效时设立；未经登记，不得对抗善意第三人。财团抵押也不得对抗正常经营活动中已支付合理价款并取得抵押财产的买受人。

《物权法》第一百九十六条规定，抵押财产自下列情形之一发生时确定：①债务履行期届满，债权未实现；②抵押人被宣告破产或者被撤销；③当事人约定的实现抵押权的情形；④严重影响债权实现的其他情形。债权确定后，财团抵押转变成普通抵押。

（三）质押

质押，又称质权，是指债务人或者第三人将其特定动产或权利移交债权人占有，作为债权的担保，债务人不履行债务时或者发生当事人约定的实现质权的情形，债权人有权依法将该特定的动产或权利折价或者以拍卖、变卖该特定财产的价款优先受偿。其中用于担保的财产称作质物，提供特定财产以供担保的债务人或者第三人为出质人，享受质权的债权人为质权人。

《民法通则》没有规定质押，而是将它包含在抵押中，质押和抵押的担保原理基本一致，关于质押，法律没有规定的，可以适用关于抵押的规定。质押和抵押的区别在于：①成立条件和保持条件不同。抵押权的成立原则上以抵押登记为条件，而不以抵押物的交付占有为条件。抵押权的保持也以登记为条件，涂销登记则意味着抵押权不存在。质押的成立，要求出质人依质押合同约定将质物转移给质权人占有，仅订立质押合同而不转移质物占有，不能成立质押。质权人对质物保持占有是保持质权的条件，质权人丧失质物保持占有，即引起质权的消灭；②标的物有所不同。抵押的标的物是不动产、不动产用益物权和动产；质押的标的物为动产和除不动产用益物权外的其他财产权利。

根据质押的标的物的不同，质押可以分为动产质押和权利质押。

1. 动产质押

动产质押是以动产为标的物的质押，法律、行政法规禁止转让的动产不得出质。出质人和质权人应当以书面形式订立质押合同，合同自质物移交于质权人占有时生效。出质人和质权人可以约定设立最高额质权。

2. 权利质押

权利质押是以权利为标的的质押。可以质押的权利有以下几种。

（1）汇票、支票、本票、债券、存款单、仓单、提单。以上述权利出质的，当事人应当订立书面合同。质权自权利凭证交付质权人时设立；没有权利凭证的，质权自有关部门办理出质登记时设立。汇票、支票、本票、债券、存款单、仓单、提单的兑现日期或者提货日期先于主债权到期的，质权人可以兑现或者提货，并与出质人协议将兑现的价款或者提取的货物提前清偿债务或者提存。

（2）可以转让的基金份额、股权。以上述权利出质的，当事人应当订立书面合同。以基金份额、证券登记结算机构登记的股权出质的，质权自证券登记结算机构办理出质登记时设立；以其他股权出质的，质权自工商行政管理部门办理出质登记时设立。

（3）依法可转让的商标专用权、专利权、著作权中的财产权。以上述权利出质的，当事人应当订立书面合同。质权自有关主管部门办理出质登记时设立。

（4）应收账款。以应收账款出质的，当事人应当订立书面合同。质权自信贷征信机构办理出质登记时设立。

上述第（2）、（3）、（4）项权利出质后，出质人不得转让或许可他人使用，但经质权人同意的除外。转让或许可使用的价款应当向质权人提前清偿债务或者提存。

（5）依法可质押的其他权利。

（四）留置

同其他担保方式不同，留置担保是由法律规定而设置。留置，是指债权人按照主合同约定占有债务人的动产，债务人不履行债务的，债权人有权留置该财产，并以该财产折价或者以拍卖、变卖该财产的价款优先受偿。债权人留置的动产，应当与债权属于同一法律关系。依此特性，留置担保仅能适用于有限的合同的担保。《担保法》第八十四条规定，因保管合同、运输合同、加工承揽合同发生的债权，债务人不履行债务的，债权人有留置权。留置财产为可分物的，留置财产的价值应当相当于债务的金额。其他合同，没有法律规定的，债权人不享有留置权。

留置权人负有妥善保管留置物的义务，因保管不善致使留置物灭失或者损毁的，留置权人应承担民事责任。

留置权人与债务人应当约定留置财产后的债务履行期间；没有约定或者约定不明确的，留置权人应当给债务人两个月以上履行债务的期间，但鲜活易腐等不易保管的动产除外。

同一动产上已设立抵押权或者质权，该动产又被留置的，留置权人优先受偿。留置权人对留置财产丧失占有或者留置权人接受债务人另行提供担保的，留置权消灭。

三、保证

保证，是指保证人和债权人约定，当债务人不履行债务时，保证人按照约定履行债务或者承担责任的行为。

（一）保证人

依《担保法》规定，具有代为清偿债务能力的法人、其他组织或者公民，可以作为保证人。国家机关、学校、幼儿园、医院等以公益为目的的事业单位、社会团体、企业法人的分支机构、职能部门，均不得为保证人。但企业法人的分支机构有法人书面授权的，可以在授权范围内提供保证。同一债务有两个以上保证人的，保证人应当按照保证合同约定的保证份额，承担保证责任，没有约定保证份额的，保证人承担连带责任。

（二）保证合同

保证人与债权人应当以书面形式订立保证合同。保证合同有普通保证合同和最高额保证合同两种。保证合同应当包括以下内容。

（1）被保证的主债权种类、数额。

（2）债务人履行债务的期限。

（3）保证方式。保证方式有一般保证和连带责任保证，当事人对保证方式没有约定或者约定不明确的，按照连带责任保证承担保证责任。一般保证的保证人在主合同纠纷未经审判或者仲裁，并就债务人财产依法强制执行仍不能履行债务前，对债权人可以拒绝承担保证责任。

（4）保证担保的范围。保证担保的范围包括主债权及利息、违约金、损害赔偿金和实现债权的费用。保证合同另有约定的，按照约定。当事人对保证担保的范围没有约定或者约定不明确的，保证人应当对全部债务承担责任。

（5）保证的期间。保证的期间由当事人约定，没有约定的，保证期间为主债务履行期届满之日起 6 个月。保证合同约定的保证期间早于或者等于主债务履行期限的，视为没有约定。保证合同约定保证人承担保证责任直至主债务本息还清时为止等类似内容的，视为约定不明，保证期间为主债务履行期届满之日起二年。主合同对主债务履行期限没有约定或者约定不明的，保证期间自债权人要求债务人履行义务的宽限期届满之日起计算。

（6）双方认为需要约定的其他事项。

保证合同不完全具备前款规定内容的，可以补正。

（三）保证责任

保证人在保证担保的范围承担保证责任。保证期间，债权人与债务人对主合同数量、价款、币种、利率等内容作了变动，未经保证人同意的，如果减轻债务人的债务的，保证人仍应当对变更后的合同承担保证责任；如果加重债务人的债务的，保证人对加重的部分不承担保证责任。债权人与债务人对主合同履行期限作了变动，未经保证人书面同意的，保证期间为原合同约定的或者法律规定的期间。债权人与债务人协议变动主合同内容，但并未实际履行的，保证人仍应当承担保证责任。

在保证期间，债权人依法将主债权转让给第三人的，保证人在原保证范围内继续承担担保证责任；保证人对未经其同意转让的债务，不再承担保证责任。

《担保法》第三十条规定，有下列情形的，保证人不承担民事责任：①主合同当事人双方串通，骗取保证人提供保证的；②主合同债权人采取欺诈、胁迫等手段，使保证人在违背真实意思的情况下提供保证的。

四、定金

定金是当事人一方向另一方给付一定的金钱，作为债权的担保，并通过定金的罚则起担保作用。定金的罚则是：给付定金的一方不履行约定的债务的，无权要求返还定金；收受定金的一方不履行约定的债务的，应当双倍返还定金。债务人依约履行债务的，定金应当抵作价款或者收回。定金合同是实践性合同，从实际交付定金之日起生效。定金数额由当事人约定，但不得超过主合同标的额的 20%。

定金除具有担保的效力外，还具有如下两方面的效力：①证约的效力，即交付和收受定金的事实，可以证实当事人之间存在合同关系。②预付款的效力，即债务人依约履行债务的，定金应当抵作价款或者收回。但是，定金和预付款不同，其不同点体现在：①作用不同。定金的主要作用是担保债务的履行；而预付款的作用是为一方当事人履行合同提供资金上的帮助。②地位不同。交付定金的合同是从合同，未依约交付定金的不构成对主合同的违反；而交付预付款的约定是主合同的内容之一，未依约交付预付款的，构成对主合同义务的违反。③法律后果不同。交付或者收受定金的当事人不履行合同的，适用定金的罚则；而交付或者收受预付款的当事人不履行合同的，不发生丧失或者双倍返还预付款的后果，此时预付款仅可抵作损害赔偿金。④交付的方式不同。定金一般为一次性交付，而预付款既可以一次性交付，也可以分期交付。

当事人交付留置金、担保金、保证金、订约金、押金或者订金等，但没有约定定金性质的，当事人主张定金权利的，人民法院不予支持。

思考练习题

一、选择题

个体户李某向啤酒厂赊购啤酒，将自有房屋一套交啤酒厂作付款担保，该担保方式是（　　）。

A. 抵押　　B. 质押　　C. 留置　　D. 保证

二、简答题

1. 抵押和质押有何不同?

2. 分析以房养老的法律性质及其在我国实施的可行性。

3. 请在课后阅读作家柔石的短篇小说《为奴隶的母亲》，分析“典”与我国现行抵押制度的区别。

第四节 票据法律制度

【本节重点】

1. 票据的性质。
2. 票据的功能。
3. 票据行为的特点。

【引例】 票据无因性的案例

某建筑公司因为基建工程资金不足，后期工程无法完成，欲向甲银行申请贷款 600 万元，但甲银行资金困难，无法出贷。后经与某百货商场、乙银行商量，四方提出一个方案：先由建筑公司开出 1000 万元的银行承兑汇票，经甲银行承兑后，再由百货商场送交乙银行办理汇票贴现，所得 1000 万元，转汇甲银行 600 万元，再贷给建筑公司使用，留下 400 万元留给百货商场使用，到期则由乙银行收回各方票款。甲银行当场开出两张汇票，一张 600 万元，一张 400 万元，汇票上均未填具交易合同号码和承兑契约编号。当天，乙银行即办理了票据贴现，以百货商场名义转汇甲银行 600 万元，留下 400 万元冲抵了百货商场的债务。年底百货商场无力归还 400 万元本息，汇票到期后甲银行拒绝付款。乙银行遂起诉甲银行，法院判决甲银行需承担付款责任。

评析：

我国《票据法》第 10 条规定，票据的签发、取得和转让，应当遵守诚实信用的原则，具有真实的交易关系和债权债务关系。在本案中，四方均明知建筑公司和百货商场之间没有真实的商品交易，违法签发银行承兑汇票，并进行了承兑。但是，甲银行开出的两张汇票并不因为各方行为的违法性而无效。根据票据法的原理，票据具有无因性的特点，所谓无因，是指只要持有票据，就享有票据权利，至于权利人持有票据或取得原因以及票据权利发生的原因，则在所不问。乙银行在贴现汇票之后，即成为汇票的债权人，而承兑汇票经承兑后，承兑银行就负有到期无条件支付票款的责任，故甲银行作为汇票的债务人，必须承担付款的义务。

票据的无因性产生于商品交换的内在需要，并以维护票据流通为其根本宗旨。商品交换在时间上的不一致，使商品实体的转移和现实货币结算相分离；空间上的不一致，使货币输送发生困难和易遭风险。为了避免这种风险，人们创设了票据来设定、清偿和转移金钱债务。随着背书制度的确立，票据得以流通。但是，如果票据流通的后手受前手关于票据权利瑕疵的影响的话，随着票据流通次数的增加，票据的支付风险逐渐加大。鉴于此，人们在商事实践中逐步达成共识，票据转让后其善意后手不继受前手票据权利的瑕疵，票据的无因性制度得以确立。票据的无因性是票据理论的基础，坚持票据无因性，强调票据基础关系与票据关系相分离，对于促进票据流通、保障交易安全方面起着至关重要的作用。

一、票据法基础理论

（一）票据概述

1. 票据的概念

关于票据的概念，有广义与狭义之分。广义的票据相当于有价证券，泛指一切体现商事权利或具有财产价值的书面凭证，包括股票、债券、发票、提单、车船票等。在我国，法律上或法学上所说的票据，如无特别说明，仅指狭义上的票据，即出票人依据票据法发行的无条件支付一定金额或委托他人无条件支付一定金额给收款人或持票人的有价证券。《中华人民共和国票据法》（以下简称《票据法》）第二条第二款规定，本法所称票据，是指汇票、本票和支票。可见，我国《票据法》所指的票据系指狭义的票据。

2. 票据的性质

票据，作为依票据法发行的、以无条件支付一定金额为目的的证券，在有价证券体系中，具有自己独特的性质。以证券与权利可否发生分离为标准，可将有价证券区分为完全有价证券和不完全有价证券。票据是完全有价证券，票据权利与票据的占有不可分离，票据权利的产生、转让、行使，都以票据的存在为必要。

（1）票据是设权证券。所谓设权证券，是指票据权利的发生必须首先作成证券。在证券作成之前权利不存在，票据权利是在票据作成的同时产生的。设权证券不同于证权证券。在证权证券中，有关权利在证券作成之前已经存在，作成证券是进一步证明权利的存在。

（2）票据是文义证券。票据上一切权利和义务，完全地、严格地依票据上所记载的文义而定，文义之外的任何理由、事项均不得作为根据。即使票据上的文义有错，也不得用票据之外的其他证明方法变更或补充。

（3）票据是要式证券。票据的作成，必须依票据法规定的格式进行；票据上的记载事项，也必须严格遵循票据法的规定，否则，将影响票据的效力。

（4）票据是无因证券。所谓无因，是指票据权利仅以票据法的规定发生，而不需票据行为发生的原因或基础。这就是说，持票人不必证明其取得票据的原因，仅依票据所载的文义就可请求给付一定的金额。

（5）票据是流通证券。称票据为流通证券，是指票据较民法上的一般财产权利，其流通方式更为灵活简便。票据上的权利，经背书或单纯的交付即可转让于他人，而无需按民法有关债权让与的规定转让。一般来说，无记名票据，仅依单纯交付即可转让；记名票据，须经背书交付方可转让。

3. 票据的种类

关于票据的种类，学理分类与实证法分类有所不同。

（1）实证法分类。各国票据立法对票据的种类均采用法定主义，不允许法律规定之外的票据存在。不同国家票据法对票据的种类规定存有差异。美国《统一商法典》将票据分为汇票、支票、存款单和本票四种。德国、法国、日本、瑞士的票据法（或债法）以及日内瓦《统一汇票本票法》则将票据分为汇票和本票，不包括支票，支票由专门制定的支票法规范。根据《票据法》第二条第二款，我国票据法上的票据，分汇票、本票和支票三种。

（2）学理分类。在票据法理论上，可依不同标准，对票据作出不同的分类。根据票据对权利人的不同记载方式，可将票据分为记名式、无记名式和指示式三种；根据票据的经济职能，则可将票据分为支付票据和信用票据；而根据出票人是否直接对票据付款，又可将票据分为自付票据和委付票据。

4. 票据的功能

票据之所以能成为市场经济制度的一种重要工具，是因为它在经济生活中发挥着多种作用，这些功能可概括为如下四个方面。

（1）支付功能。这是票据最基本的功能。以票据来代替现金作为支付工具，既可以避免携带大量现金的不安全性，又可以避免清点现钞可能产生的错误和所花费的时间。票据的支付功能还表现在汇兑和结算作用上，通过票据可以实现远距离转移金钱和抵消债务。

（2）流通功能。一方面，票据可以作为信用货币代替现金用于支付和流通，从而节约商品流通环节中的货币资金，加速商品周转；另一方面，依照背书制度，背书人对票据付款负有担保义务，背书次数越多，对票据负责的人数就越多，该票据的可靠性也就越高，这又提高了票据的流通性，使票据的流通日益频繁和广泛。

（3）信用作用。票据的信用作用主要表现在汇票和本票上。通过远期票据的延期付款功能，以及票据的贴现制度、背书制度等，票据的信用功能可以得到很好的表现和发挥。

（4）融资功能。票据的融资功能主要通过票据的贴现来实现。所谓票据贴现，是指对未到期的票据的买卖行为，使持有未到期票据的持有人通过出售票据来获得现金。

（二）票据法概述

1. 票据法的概念

票据法是指规范票据种类、形式、内容以及各当事人之间权利义务关系的法律。票据法也有广狭二义。广义票据法，是指各个法律部门中关于票据规定的总和。狭义票据法，则指有关票据的专门立法，既可以是以“票据法”为名称的单行法律，也可以是民法典或商法典中以票据为名称的编、章或节。此外，狭义票据法还包括有关票据法的实施性规定。一般所说的票据法，主要是指狭义票据法。

2. 我国的票据立法

1929 年，民国政府公布施行的票据法，是中国历史上第一部正式的票据法，该法几经修改现仍在我国台湾地区适用。1949 年，随着中华人民共和国的成立，该票据法连同其他旧法一同被废除。改革开放以后，随着经济体制改革的深入和商品经济的发展，票据制度得以逐渐确立。1988 年 6 月，上海市人民政府颁发了《上海市票据暂行规定》，同年 12 月中国人民银行颁发了《银行结算办法》。1990 年底，中国人民银行总行正式成立票据法起草小组，拟定了《中华人民共和国票据法（草案）》，该草案于 1994 年 12 月提请全国人大常委会审议。1995 年 5 月 10 日，八届全国人大常委会第十三次会议审议通过了《中华人民共和国票据法》，自 1996 年 1 月 1 日起施行。

（三）票据法律关系

1. 票据法律关系的概念

票据法律关系是指票据当事人之间在票据的签发和转让等过程中发生的权利义务关系。票据法律关系可分为票据关系和票据法上的非票据关系。

票据关系是指当事人之间基于票据行为而发生的债券债务关系，如出票人与受款人之间的关系、受款人与付款人之间的关系等。

票据法上的非票据关系是指由票据法所规定的，不是基于票据行为直接发生的法律关系，如票据付款人付款后请求持票人交还票据的关系等。

票据关系与票据的基础关系不同。票据关系的发生是基于票据的授受行为，而当事人之间为何授受票据，则是基于一定的原因或前提，这种授受票据的原因或前提即是票据的基础关系，如基于买卖货物或返还资金而授受票据，该买卖关系和返还资金关系即是票据的基础关系。但是，票据关系一经形成，就与基础关系相分离，基础关系是否存在，是否有效，对票据关系不发生直接的影响。因此，票据关系与票据基础关系不容混淆。

2. 票据法律关系的构成

票据法律关系与其他民事法律关系一样，由主体（即当事人）、内容和客体三大要素构成。

（1）票据法律关系的主体。票据法律关系的主体就是票据法律关系的当事人，是指享有票据权利、承担票据义务以及与票据权利义务有密切关系的法律主体。由于票据关系是一种特殊的关系，其主体都有特定的名称，不同名称的当事人在票据法律关系中具有不同的地位和作用。常见名称有：出票人、收款人、付款人、背书人、被背书人、承兑人、保证人和被保证人等。

（2）票据法律关系的内容。票据法律关系的内容是指票据法律关系的主体依法所享有的权利或承担的义务，具体内涵则依据特定的票据法律关系而定。

（3）票据法律关系的客体。票据法律关系的客体是特定的，只能是一定数额的金钱，而不是某种物品。在票据关系中，不允许用其他物品来代替金钱进行支付或赔偿。

（四）票据行为

1. 票据行为的概念与特点

票据行为是指票据关系的当事人之间以发生、变更或终止票据关系为目的而进行的法律行为。票据行为属于民事法律行为，因此具有民事法律行为的一般特征。但是，票据行为毕竟是一种特殊的民事法律行为，因此还具有以下一些一般民事法律行为所不具有的特点。

（1）要式性。票据行为的要式性具体表现在：①任何一种票据行为都必须以书面形式作成，而且每一种票据行为在票据上的记载的位置也都是特定的；②任何一种票据行为都必须由行为人签名或盖章；③各种票据行为都有一定的格式或款式，即必须以一定的方式记载一定的内容。

（2）无因性。无因性也称抽象性，是指票据行为只要具备法律规定的形式即自行产生效力，而不问其基于的原因关系或基础关系存在与否或是否有效。由于票据行为具有如此特征，因此票据成为一种“无因证券”。

（3）独立性。同一票据，若干行为人所作的票据行为各自依其在票据上所载文义独立发生效力，互相不发生影响。在我国《票据法》中，票据行为独立性原则具体反映在以下三个方面：①若无民事行为能力人或限制民事行为能力人在票据上签章的，其签章无效，但不影响其他签章的效力。②没有代理权而以代理人名义在票据上签章的，由签章人承担票据责任。③票据上有伪造、变造签章的，不影响票据上其他真实签章的效力。

（4）文义性。这是指票据行为的内容完全以票据上记载的文义为准，即使文义与实际情况不符，仍以票据上的文字记载确定。

2. 票据行为的要件

票据行为作为一种特殊的、要式的民事法律行为，除应具备一般民事法律行为应具备的要件之外，还必须具备以下票据法规定的特别要件。

（1）票据行为的实质要件。票据行为的实质要件，包括行为人的票据能力和行为人的意思表示两个方面。票据行为人必须是具备完全民事行为能力的自然人或法人和其他“单位”。同样，民法有关意思表示的规定原则上也适用于票据行为，票据行为人的意思表示也必须合法、真实、无瑕疵。但是，民法上有关意思表示无效或可撤销的规定，不适用或有限制地适用于票据行为。

（2）票据行为的形式要件。票据行为的形式要件，有书面、签章、记载事项和交付四项。票据为文义证券，因此各种票据行为都必须以书面形式作成才能生效，任何以口头形式所为的票据行为均属无效。虽然票据行为的内容各异，但签章是所有票据行为的共同要件，其意义在于识别行为人的身份及其真伪，确定票据责任主体。票据行为的有效成立，还必须根据票据法的具体规定，在票据上记载有关事项，并将票据实际交付对方持有。

3. 票据行为的代理

票据行为是一种民事法律行为，故民法的代理制度也适用票据行为。根据我国《票据法》第五条第一款的有关规定，票据行为的代理必须具备以下条件：①票据当事人必须有委托代理的意思表示。由于票据代理的特殊性，该种授权委托一般以书面形式，即授权委托书的方式为宜。②代理人必须按被代理人的委托在票据上以自己的名义签章，否则票据代理不发生效力。③代理人应在票据上表明代理关系，即注明“代理”字样或类似的文句。因无权代理或越权代理产生的票据责任由代理人（行为人）承担。

（五）票据权利

1. 票据权利的概念

我国《票据法》第四条第四款规定，本法所称票据权利，是指持票人向票据债务人请求支付票据金额的权利，包括付款请求权和追索权。付款请求权是指持票人向票据上所记载的付款人要求付款的权利。追索权则是在付款请求权未能实现的前提下，持票人向其前手请求付款的权利。

2. 票据权利的取得

票据是一种完全的有价证券，票据权利以占有票据为依据，因此，当事人合法占有票据，即取得票据权利。票据权利的取得有两种途径，即原始取得和继受取得。票据权利的原始取得，是指持票人最初取得票据权利，而不是从其他前手权利人处受让票据权利。继受取得，是指持票人依背书交付或单纯交付方式从前手受让票据权利。

3. 票据抗辩

（1）票据抗辩的概念。

我国《票据法》第十三条第三款规定，本法所称抗辩，是指票据债务人根据本法规定对票据债权人拒绝履行义务的行为。票据抗辩以民法上的抗辩制度为基础，但又有别于民法抗辩制度。民法注重保护债务人的利益，规定了抗辩权的继续。票据法特别注重流通性，着力保护票据权利人的利益，所以有所谓的票据抗辩切断制度，即票据取得人在从其前手取得票据权利时，并不同时取得就该权利存在的抗辩权。

（2）票据抗辩的种类。

根据不同的抗辩原因，可将票据抗辩区分为物的抗辩和人的抗辩两大类。

物的抗辩，也称绝对的抗辩、客观的抗辩，是指基于票据本身的事由发生的抗辩。譬如绝对必要记载事项欠缺抗辩、付款日期未至抗辩、票据权利消灭抗辩、伪造或变造抗辩等。

人的抗辩，也称相对的抗辩、主观的抗辩，是指基于人的事由发生的抗辩。譬如恶意取得抗辩、受领资格欠缺抗辩等。

（3）票据抗辩的限制。

票据流通性对于票据的存在意义重大，因此确保善意持票人的权利至关重要，票据法对此项抗辩权利的行使有所限制。由于物的抗辩是基于票据本身原因而发生的抗辩，票据债务人可以对抗一切票据权利人，因此票据法不对此类抗辩进行限制。而由于人的抗辩是基于特定的当事人之间的关系所发生的抗辩，仅能对直接当事人主张，因此我国《票据法》第十三条第一款规定，票据债务人不得以自己与出票人或者与持票人的前手之间的抗辩事由，对抗持票人。但是，持票人明知存在抗辩事由而取得票据的除外。

（六）票据法上的其他问题

1. 票据的伪造与变造

（1）票据的伪造。票据的伪造，是指假冒他人名义或虚构他人名义而进行的票据行为。票据的伪造行为是一种恶意损害他人利益的行为，在法律上不具有任何票据行为的效力。不管是伪造人，还是被伪造人，因均未在票据上签章，所以都不存在票据法上的责任，但伪造人依法应当承担侵权的民事责任、行政责任乃至刑事责任。另外，根据《票据法》第十四条第二款的规定，在伪造的票据上进行真实签章的人，仍然必须对其票据行为负责，亦即其票据行为不因存在伪造签章而无效。

（2）票据的变造。票据的变造，是指无变更权人对票据上除签章以外的有关记载事项进行变更的行为。我国《票据法》第十四条第三款对票据变造在票据法上的法律后果作出了明确的规定："票据上其他事项被变造的，在变造之前签章的人，对原记载事项负责；在变造之后签章的人，对变造之后记载的事项负责；不能辨别是在票据被变造之前或之后签章的，视同在变造之前签章。"变造票据可能涉及其他民事赔偿责任、行政责任或刑事责任。

【案例】银行接受 A 公司的委托签发了一张金额为 10000 元人民币的汇票，收款人为 B 公司。B 公司将该票据背书转让给了李某，李某将票据金额改写为 16000 元人民币后背书转让给了 C 公司，C 公司又将该票据背书转让给了 D 公司。当 D 公司向付款银行提示付款时，付款银行以票据上有瑕疵为由退票。

［**试分析**］李某应承担哪些责任？D 公司应如何维护自己的权益？

【分析】该案中，李某改写票据金额的行为属于票据变造。所谓票据变造，是指无变更权人对票据上除签章以外的有关记载事项进行变更的行为。根据《票据法》，票据上其他记载事项被变造的，在变造之前签章的，对原记载事项负责；在变造之后签章的，对变造之后的记载事项负责；不能辨别是在票据被变造之前或者之后签章的，视同在变造之前签章。故李某应依法承担变造票据的民事责任和刑事责任；D 公司可以向 C 公司进行追索。

2. 票据的丧失及其补救

票据的丧失，是指持票人并非出于本意而丧失对票据的占有。票据是完全有价证券，票据丧失意味着无法依据正常程序行使票据权利。由于票据丧失并非出于本意，故《票据法》第十五条规定了三种形式的补救措施，即挂失止付、公示催告及提起诉讼，予以救济。

（1）挂失止付。所谓挂失止付，是指失票人将票据丧失的情况通知付款人，并要求其停止付款的行为。挂失止付通知必须采用书面形式及时发出。付款人在接到通知后，不得再行付款，否则应自负责任。

（2）公示催告。公示催告既是一项法律制度，又是一种法律程序。作为一项法律制度，公示催告是指失票人在丧失票据后向法院申请除权判决，宣告票据无效的一项制度。作为一种程序，公示催告是指法院应失票人的申请，以公示的方法，催告票据利害关系人在一定时间内向法院申报权利，如在该时间内不予申报，即发生失权的法律后果。依据我国《民事诉讼法》第十八章的有关规定，失票人应在通知挂失止付后 3 日内，向法院申请公示催告，公示催告的期间由法院根据情况决定，但不得少于 60 日，最长不得超过 90 日。在此期间，没有利害关系人申报权利的，法院判决丧失票据无效。与此同时，失票人可依法院的除权判决行使票据权利，要求付款人支付票据金额。

（3）诉讼。依《票据法》第十五条第三款规定，失票人可以直接向法院提起民事诉讼，要求法院判令票据债务人向其支付票据金额。但对于此项制度，我国现行法律还缺乏详细的规定，难以操作，有待完善。

3. 票据时效与利益偿还请求权

（1）票据时效。票据时效，是指票据权利人在一定时间内怠于行使其权利，票据权利归于消灭的制度。我国《票据法》第十七条规定了各种票据的消灭时效，具体内容如下：汇票持票人对汇票出票人和承兑人的权利，自汇票到期日 2 年内因不行使而消灭；见票即付的汇票、本票上的权利，自出票日起 2 年内因不行使而消灭；支票持票人对支票出票人的权利，自出票日起 6 个月因不行使而消灭；持票人对前手的追索权，自被拒绝承兑或拒绝付款之日起 6 个月内不行使而消灭；持票人对前手的再追索权，自清偿日或被提起诉讼之日起 3 个月内不行使而消灭。

（2）利益偿还请求权。我国《票据法》第十八条规定，持票人因超过票据时效或者因票据记载事项欠缺而丧失票据权利的，仍享有民事权利。可以请求出票人或者承兑人返还其与未支付的票据金额相当的利益。

二、汇票

（一）汇票的概念与种类

我国《票据法》第十九条第一款规定，汇票是出票人签发的，委托付款人在见票时或者在指定日期无条件支付确定金额给收款人或者持票人的票据。

汇票可从不同角度作出不同分类：以付款期限长短为标准，汇票可分为即期汇票和远期汇票；以记载受款人的方式不同为标准，汇票可分为记名汇票和无记名汇票；以签发和支付地点不同，汇票可分为国内汇票和国际汇票等。我国《票据法》将汇票分为银行汇票和商业汇票，前者是指由银行签发的汇票，后者则是由银行之外的其他主体签发的汇票。

1. 汇票的出票

（1）出票的概念。

出票又称发票。我国《票据法》第二十五条规定，出票是指出票人签发票据并将其交付给收款人的票据行为。出票由作成票据和交付票据两项行为构成，欠缺任何一项，出票行为皆不成立。

（2）出票的记载事项。

汇票是一种要式证券，出票行为是一种要式行为，故汇票的作成必须符合法定的格式或款式。汇票的格式就是作成汇票后表现于汇票上的内容。该内容可分为绝对必要记载事项、相对必要记载事项、任意记载事项和不得记载的事项等。

绝对必要记载事项。根据我国《票据法》第二十二条第一款的规定，汇票必须记载以下七个方面的内容，否则无效：①表明“汇票”字样；②无条件支付的委托；③确定的金额；④付款人名称；⑤收款人名称；⑥出票日期；⑦出票人签章。上述七项内容亦即汇票绝对必要记载事项。

相对必要记载事项。所谓相对必要记载事项，是指在出票时应当予以记载的事项，但如果未作记载，《票据法》另有补充规定，汇票并不因此而无效。譬如付款日期、付款地、出票地等事项就属于相对必要记载事项，我国《票据法》第二十三条第二款、第三款和第四款对上述事项另有补充性规定。

任意记载事项。任意记载事项，是指出票人可以自由选择是否记载的事项，但是一经记载，即发生票据法上的效力。我国《票据法》第二十七条第二款所规定的，“出票人在汇票记载‘不得转让’字样的，汇票不得转让”，就是对任意事项的一种说明。

（3）不得记载的事项。有些事项，出票人在出票时是不得记载的，否则此项记载无效或整个票据无效。例如，出票人在汇票上记载免除担保付款或附条件的委托付款，就会导致记载无效或汇票无效。

2. 出票的效力

出票行为作为基本票据行为，一经完成即产生票据法上的效力，具体表现在以下几个方面。

（1）对收款人的效力。收款人取得汇票后，即取得票据权利，一方面就票据金额享有付款请求权；另一方面，在该请求权不能得到满足时，享有追索权。

（2）对付款人的效力。出票行为是单方法律行为，付款人并不因此而有付款义务，只是因此而取得一种地位或权限，即可以对汇票进行承兑。付款人是否对汇票进行承兑，取决于其与出票人之间的约定，汇票本身没有体现。只有进行承兑之后，付款人才成为汇票的第一债务人，对收款人或持票人负绝对的付款义务。

（3）对出票人的义务。出票人委托他人付款，一旦该行为成立，依我国《票据法》第二十六条的规定，出票人即承担保证该汇票承兑和付款的责任。

（二）汇票的背书

1. 汇票的转让与背书

汇票的转让是指汇票的持票人以背书或仅凭交付的方式将票据权利让与他人的一种票据行为。理论上，票据转让主要有背书转让和单纯交付两种。单纯交付是指持票人未在票据上作任何转让事项的记载而直接将票据交与他人的一种法律行为；背书转让是指持票人以转让票据权利为目的，按法定的事项和方式记载于票据上的一种票据行为。但是，依据我国《票据法》第二十七条第一款和第三款规定，持票人可以将汇票权利转让给他人，持票人行使此项权利时，应当背书并交付汇票。换言之，背书是我国《票据法》规定的唯一一种汇票转让方式。

2. 背书的形式

（1）背书签章和背书日期的记载。我国《票据法》第二十九条规定，背书由背书人签章并记载背书日期。背书未记载日期的，视为在汇票到期日前背书。这表明，背书签章为绝对必要记载事项，而背书日期则为相对必要记载事项。

（2）被背书人名称的记载。我国《票据法》第三十条规定，汇票以背书转让或者以背书将一定的票据权利授予他人行使时，必须记载被背书人名称。这一规定表明，我国《票据法》不承认不记名背书，被背书人名称是背书应记载的绝对事项。但根据最高人民法院有关审理票据纠纷案的司法解释，背书人未记载被背书人名称即交付他人的，持票人在票据被背书人栏内记载自己的名称与背书人记载具有同等法律效力。

（3）禁止背书的记载。背书人的禁止背书是背书行为的一项任意记载事项，如果背书人不愿意对其后手以后的当事人承担票据责任，根据我国《票据法》第三十四条的规定，背书人可在汇票上记载“不得转让”字样，以此排除自身对后手背书转让行为的担保责任。

（4）背书时粘单的使用。如因票据不能满足背书记载的需要，可另粘附纸张，将背书的内容记载于粘单之上。我国《票据法》第二十八条规定，票据凭证不能满足背书人记载事项的需要，可以加附粘单，粘附于票据凭证上。粘单上的第一记载人，应当在汇票和粘单的粘接处签章。

3. 背书的连续

背书连续是指在票据转让中，转让票据的背书人与受让汇票的被背书人在汇票上的签章依次前后衔接。这就是说，票据上记载的多次背书，从第一次到最后一次在形式上都相连续而无间断。我国《票据法》第三十一条第一款规定，以背书转让的汇票，背书应当连续。如果背书不连续，付款人可以拒绝向持票人付款，否则应自行承担责任。

4. 委托收款背书和质押背书

委托收款背书和质押背书属于非转让背书。委托收款背书，是指持票人以行使票据权利为目的，授予被背书人一定代理权限的背书。委托收款背书除必须由背书人签章外，还必须记明委托取款的意思。质押背书，是指持票人以票据权利设定质权为目的而在票据上作成的背书。质押背书也必须由背书人签章，并记明“设质”意思的语句。

（三）汇票的承兑

1. 承兑的概念

承兑，是指汇票付款人在汇票上明确表示在汇票到期日支付汇票金额的一种票据行为。承兑是汇票特有的制度。汇票是出票人委托他人付款的一种委付证券，由于其是一种单方法律行为，故对付款人并不当然产生拘束力，只有在付款人表示愿意向收款人或持票人支付汇票金额后，持票人才可于汇票到期日向付款人行使付款请求权。承兑就是一种明确付款人的付款责任，确定持票人票据权利的制度。

2. 承兑的程序

承兑的程序主要包括两个方面：一是提示承兑；二是承兑成立。

（1）提示承兑。提示承兑是指持票人向付款人出示汇票，并要求付款人承诺付款的行为。我国《票据法》对汇票的承兑要求规定不一，有的汇票无需提示承兑，有的汇票可以提示承兑，有的汇票则应当提示承兑。提示承兑的期间也因此各异。我国《票据法》第四十条第三款规定，见票即付的汇票无需提示承兑。既然无需提示承兑，提示承兑的期间也自然无从谈起。该法第三十九条第一款规定，定日付款或者出票后定期付款的汇票，持票人应当在汇票到期日前提示承兑。理论上，定日付款汇票和出票后定期付款的汇票属于可以提示承兑汇票，持票人可根据自己的需要，提示承兑或到期直接要求付款。但是，从我国目前使用的银行承兑汇票和商业承兑汇票来看，都必须提示承兑。此类汇票的提示承兑期为汇票出票日至到期日。《票据法》第四十条第一款规定，见票后定期付款的汇票，持票人应当自出票日起 1 个月内向付款人提示承兑。见票后定期付款汇票的付款日期，不经提示承兑就无法确定，故该类汇票属于必须提示承兑的汇票。

（2）承兑成立。持票人提示承兑后，付款人应依法签发收到汇票的回单，并在 3 日内承兑或者拒绝承兑。拒绝承兑的应制作拒绝承兑证明，交与提示承兑人。过期不作表示的视作拒绝承兑。《票据法》第四十二条规定，付款人承兑汇票的，应当在汇票正面记载"承兑"字样和承兑日期并签章；见票后定期付款的汇票，应当在承兑时记载承兑日期。付款人依承兑格式填写完毕应记载事项后，应将汇票交还持票人。

3. 承兑的效力

付款人承兑汇票并将汇票交还持票人后，承兑即发生法律效力。付款人对汇票债务承担第一性的或主要的责任。付款人的这种票据责任具有绝对性，除非汇票权利因时效届满而消灭，否则不受其他因素的影响，特别是不受付款人是否已从出票人处接受资金的影响。

（四）汇票的保证

1. 保证的概念

汇票的保证，是指汇票债务人以外的第三人来担保特定汇票债务人履行债务，以负担统一汇票债务为目的而为的附属票据行为。保证的作用在于加强持票人票据权利的实现，确保票据义务的履行，促进票据流通。

2. 保证的当事人

汇票保证的当事人是保证人和被保证人。我国《票据法》第四十五条第二款规定，保证人由汇票债务人以外的他人担任。可见我国《票据法》对汇票保证人的资格并无实质限制，汇票债务人以外的任何人，不论是法人还是自然人，均可担任保证人。被保证人是票据债务人，包括出票人、背书人和承兑人等。

3. 保证记载的事项

汇票保证是要式票据行为，根据我国《票据法》第四十六条规定，保证人必须在汇票或粘单上记载以下事项：①表明"保证"的字样；②保证人的名称和住所；③被保证人名称；④保证日期；⑤保证人签章。该法第四十八条规定，保证不得附有条件；附有条件的，不影响对汇票的保证责任。

4. 保证的效力

保证一旦成立，即在保证人与被保证人之间产生法律效力。对保证人而言，意味着承担三个方面的票据责任：①保证人负有与被保证人相同的票据责任；②保证人独立承担保证责任；③共同保证人对被保证的票据债务负连带责任。当然，保证人履行保证义务，清偿票据债务后，便可取得汇票持票人的地位，向汇票上的其他有关债务人行使追索权。

（五）汇票的付款

付款，是指汇票的付款人或代理付款人支付票据金额，以消灭汇票关系的行为。

1. 付款提示

所谓付款提示，是指持票人向付款人或代理付款人实际出示汇票，以请求其付款的行为。付款提示的当事人，一方为提示人，另一方为被提示人。提示人通常是持票人，但也可以是受持票人委托的收款银行和票据交换中心。被提示人包括付款人、付款人委托的付款银行以及票据交换中心。对于付款提示的期间，我国《票据法》第五十三条作了如下规定：见票即付的汇票，自出票日起 1 个月内向付款人提示汇票；定期付款、出票后定期付款或者见票后定期付款的汇票，自到期日起 10 日内向承兑人提示付款。如果持票人未在上述法定期内提示付款的，丧失对其前手的追索权。

2. 实际付款

我国《票据法》第五十四条规定，持票人依照前条规定提示付款的，付款人必须在当日足额付款。如果付款人或承兑人不能当日足额付款的，依照《票据法》第一百零六条的规定，应承当延迟付款的责任。我国《票据法》第五十七条第一款规定，付款人及其代理付款人付款时，应当审查汇票背书的连续，并审查提示付款人的合法身份证明或者有效证件。但该审查义务仅限于汇票格式是否合法，即汇票形式上的审查，而不负责实质上的审查。如果付款人及其代理付款人以恶意或者有重大过失付款的，应当自行承担责任。汇票是交回证券，付款人付款后，持票人应将汇票交给付款人。持票人委托银行收款的，收款银行将代收的汇票金额转账收入持票人的账户，视同签收。

3. 付款的效力

我国《票据法》第六十条规定，付款人依法足额付款后，全体汇票债务人的责任免除。但是，如果付款人付款存在瑕疵，则不能发生上述法律效力，付款人的义务不能免除，其他债务人也不能免除责任。

（六）汇票的追索权

1. 追索权的概念

汇票追索权，是指持票人在票据到期不获付款或期前不获承兑或有其他法定原因时，在行使或保全票据权利后，向其前手请求偿还票据金额、利息及其他法定款项的一种票据权利。追索权是在票据权利人的付款请求权得不到满足之后，法律赋予持票人对票据债务人进行追偿的权利。追索权的当事人为追索权人和被追索人。追索权人，包括最后持票人和已代为清偿的票据债务人。被追索人，是指追索的对象，包括出票人、背书人和其他债务人。

2. 追索权的要件

行使追索权必须具备一定的条件，包括实质条件和形式条件两个方面。

（1）实质条件。根据我国《票据法》第六十一条规定，追索权的实质条件包括以下内容：①汇票到期被拒绝付款；②汇票在到期日前被拒绝承兑；③在汇票到期日前，承兑人或付款人死亡、逃匿的；④在汇票到期日前被依法宣告破产或因违法被责令终止业务活动。发生上述情形之一的，持票人可以行使追索权。

（2）形式条件。行使追索权的形式条件，是指行使追索权必须遵循一定的程序，履行法定的保全追索权的手续。该等手续包括：①在法定提示期限提示承兑或提示付款。②在不获承兑或不获付款时，在法定期限内作成拒绝证明。拒绝证明可以是狭义的拒绝证明，也可以是退票理由书等。③在获得相关拒绝证明后 3 日内，将被拒绝的事由书面通知其前手。

三、本票

（一）本票概述

1. 本票的概念

我国《票据法》第七十三条规定，本票是由出票人签发的，承诺自己在见票时无条件支付票据金额给收款人或者持票人的票据。

2. 本票的种类

依据不同的标准，可以对本票作出不同的分类，如记名式、指定式和无记名式本票；远期本票和即期本票；银行本票和商业本票等。根据我国《票据法》第七十三条，我国本票仅限于银行本票，且为记名式本票和即期本票。银行本票是银行签发的，承诺自己在见票时无条件支付确定金额给收款人或持票人的票据。单位和个人在同一票据区域需要支付各种款项，均可以使用银行本票。

（二）本票的特殊规则

本票作为票据的一种，具有与其他票据相同的一般性质和特征，因此，我国《票据法》总则中的相关规定均适用于本票。《票据法》中对于汇票的有关规定，除特别说明外，也大多适用于本票。

1. 本票的出票

本票的出票，形式上与汇票相同，内容上则有所差异，汇票是出票人委托他人付款，而本票则是出票人自己付款。相应的，本票出票人记载的事项也有其特殊之处。我国《票据法》第七十五条规定，本票的必要记载事项包括：①表明“本票”的字样；②无条件支付的承诺；③确定的金额；④收款人名称；⑤出票日期；⑥出票人签章。

2. 本票的见票

本票见票，是指本票的出票人，因持票人的提示，为确定见票后定期付款本票的到期日，在本票上记载“见票”字样及见票日期并签名的一种行为。由于我国《票据法》规定的本票仅限于见票即付，不认可见票后定期付款的本票，因此我国《票据法》中也就不存在本票见票的问题。但是，我国台湾地区、香港特别行政区以及外国票据法，都认可见票后定期付款的本票，对本票的见票也多有规定。

四、支票

（一）支票概述

1. 支票的概念

我国《票据法》第八十一条规定，支票是出票人签发的，委托办理支票存款业务的银行或者其他金融机构在见票时无条件支付确定的金额给收款人或者持票人的票据。

2. 支票的种类

依据不同的标准，可以对支票作出不同的分类，如记名式、指示式和无记名式支票；普通支票和特殊支票等。我国《票据法》按照票款支付方式，将支票分为普通支票、现金支票和转账支票。现金支票只能支取现金，转账支票只能用于转账。在实践中，我国一直采用的是现金支票和转账支票，没有普通支票。

（二）支票的特殊规则

1. 支票的出票

支票的出票形式上也与汇票相同，差异主要在内容上。虽然同是委托他人付款，但支票的出票人必须与被委托方存在支票存款关系。支票出票人记载的事项也与汇票有所不同。

我国《票据法》第八十四条规定，支票必须记载下列事项：①表明“支票”字样；②无条件支付的委托；③确定的金额；④付款人名称；⑤出票日期；⑥出票人签章。另据该法第八十六条、第八十七条的规定，支票上的金额及收款人名称，出票人可以授权他人补记。

2. 支票的资金关系与空头支票

各国票据法一般都规定，签发支票的出票人必须与付款人之间存在资金关系。我国《票据法》第八十二条规定，申请人申请开设支票存款账户，必须使用本名，并提交证明其身份的合法证件。开设支票存款账户和领用支票，应当有可靠的资信，并存入一定的资金。开设支票存款账户，申请人应当预留其本名的签名式样和印鉴。支票的出票人在与付款人之间不存在资金关系的情况下签发的支票，或者出票人超过资金关系中的约定范围签发的支票，就是所谓的空头支票。签发空头支票属于票据欺诈行为，应当依法追究行为人的刑事责任。

3. 支票的付款

我国《票据法》第九十二条第一款规定，支票的持票人应当自出票日起 10 日内提示付款；异地使用的支票，其提示付款的期限由中国人民银行另行规定。持票人超过了提示期限，付款人可以拒绝付款。该法第八十九条第二款还规定，出票人在付款人处的存款足以支付支票金额的，付款人应当在当日足额付款。

五、涉外票据的法律适用

（一）涉外票据的概念

涉外票据，是指出票、背书、承兑、保证、付款等行为中，既有发生在我国境内，又有发生在境外的票据。

（二）涉外票据的法律适用

我国《票据法》第九十五条规定，中华人民共和国缔结或者参加的国际条约同本法有不同规定的，适用国际条约的规定。但是，中华人民共和国声明保留的条款除外。声明保留的条款仍然适用国内法。我国《票据法》对涉外票据法律适用的具体规定，有以下几个方面。

（1）关于民事行为能力的法律适用。《票据法》第九十七条规定，一般情况下，票据债务人的民事行为能力，适用其本国法律，但依照其本国法律为无民事行为能力或者限制民事行为能力而依据行为地法律为完全民事行为能力的，适用行为地法。

（2）关于出票时记载事项的法律适用。《票据法》第九十七条规定，汇票、本票出票时的记载事项，适用出票地法律；支票出票时的记载事项，适用出票地法律，经当事人协议，也可以适用付款地法律。

（3）关于背书、承兑、保证、付款行为的法律适用。《票据法》第九十八条规定，票据的背书、承兑、付款和保证行为，适用行为地法律。由于本票、支票没有承兑制度，支票没有保证制度，所以，也就不存在相应的法律适用问题。

（4）关于追索权行使期限的法律适用。《票据法》第九十九条规定，票据追索权的行使期限，适用出票地法律。

（5）其他问题的法律适用。《票据法》第一百条、第一百零一条规定，票据提示期限、拒绝证明的方式及票据权利保全的程序等，适用付款地的法律。

六、法律责任

我国《票据法》第六章专门规定了法律责任问题。该章所指的法律责任，是指票据责任之外的民事责任、行政责任和刑事责任。

（一）票据欺诈行为的法律责任

《票据法》第一百零二条规定了七种票据欺诈行为：①伪造、变造票据；②故意使用伪造、变造的票据；③签发空头支票或者故意签发与其预留的本名签名样式或者印鉴不符的支票，骗取财物；④签发无可靠资金来源的汇票、本票，骗取资金；⑤汇票、本票的出票人在出票时作虚假记载，骗取财物；⑥冒用他人的票据，或者使用过期或者作废的票据，骗取财物；⑦付款人同出票人、持票人恶意串通，实施前六项行为之一的。凡行为人实施了上述七种行为，应依法承担刑事法律责任，具体责任类型或刑期依据《刑法》相关规定确定。

（二）金融机构工作人员的法律责任

金融机构工作人员在票据业务中玩忽职守，对违反票据法规定的票据予以承兑、付款或保证的，给予行政处分；造成重大损失，构成犯罪的，依法追究刑事责任。因上述行为给当事人造成损失的，由该金融机构和直接责任人员依法承担连带赔偿责任。金融机构等票据付款人，故意压票，拖延支付票据金额的，由金融机构主管部门处以罚款、通报批评等行政处罚；对直接当事人给予行政处分；对持票人造成损失的，依法承担民事赔偿责任。

思考练习题

一、简答题

1. 简述票据行为的要件。
2. 简述票据的性质。

二、案例分析

2007 年 8 月 26 日，汇海商场签发了一张号码为 IX2055923、收款人为“富坤制衣公司”的商业承兑汇票，汇票金额 80 万元，汇票到期日为 2008 年 1 月 23 日，并予以了承兑。汇票上无交易合同号码。同日，富绅制衣公司经背书后持该商业承兑汇票向甲银行申请贴现，甲银行经审核后予以贴现。2008 年 1 月 23 日甲银行持该商业承兑汇票向汇海商场的开户银行提示付款，开户银行以“收款人”中的“坤”字错了为由予以退票。

试分析：（1）涉争票据是否为有效票据？（2）甲银行是否享有票据权利？

第四章 市场行为规制法律制度（下）

第一节 证券法

【本节重点】

1. 证券发行的条件和程序。
2. 禁止的证券交易行为。
3. 上市公司收购的方式。

【引例】 **黄光裕内幕交易案**

黄光裕作为北京中关村科技发展（控股）股份有限公司（以下简称“中关村上市公司”）的实际控制人、董事，于2007年4月至2007年6月28日间，利用职务便利，在拟将中关村上市公司与黄光裕经营管理的北京鹏泰投资有限公司进行资产置换事项中，决定并指令他人于2007年4月27日至6月27日间，使用其实际控制交易的龙某、王某等6人的股票账户，累计购入“中关村”股票（股票代码000931）976万余股，成交额共计人民币9310万余元，至6月28日公告日时，6个股票账户的账面收益额为人民币348万余元。黄光裕妻子杜鹃于2007年7月至2008年5月7日间，接受黄光裕的指令，协助管理上述79个股票账户的开户、交易、资金等事项，并直接或间接向杜薇、杜非、谢某等人代传交易指令等，79个股票账户累计购入“中关村”股票1.04亿余股，成交额共计人民币13.22亿余元。许钟民于2007年7月至2008年5月7日间，接受黄光裕的指令调拨资金，并指使许伟铭在广东地区借用他人身份证开立股票账户或直接借用他人股票账户共计30个。上述股票账户于2007年8月13日至9月28日间，累计购入“中关村”股票3166万余股，成交额共计人民币4.14亿余元，至2008年5月7日公告日时，30个股票账户的账面收益额为人民币9021万余元。其间，被告人许钟民将中关村上市公司拟重组的内幕信息故意泄露给原公安部经济犯罪侦查局副局长兼北京直属总队总队长的相怀珠及其妻子李善娟等人，同年9月21日至25日，李善娟使用其个人股票账户分7笔买入“中关村”股票12万余股，成交额共计人民币181万余元。法院终审判决认定黄光裕犯非法经营罪、内幕交易罪、单位行贿罪，三罪并罚，决定执行有期徒刑14年，罚金6亿元，没收财产2亿元。

评析：

本案中，黄光裕作为中关村上市公司的实际控制人、董事，直接参与决定该公司与其他公司资产重组、置换等事项，掌握了中关村上市公司的重组、置换的内幕信息，属于内幕信息的知情人员。其利用所掌握的内幕信息，指使他人使用其实际控制的 85 个股票账户购入该公司股票，多次实施了内幕交易行为，非法获利高达 3.09 亿余元，对中关村等证券的交易秩序造成了严重影响，情节严重，构成内幕交易罪。

证券违法违规现象呈现出高发、频发趋势。2014 年 6 月 27 日，证监会新闻发言人在通报了证监会近三年来内幕交易等案件的执法工作情况时介绍，2012 年、2013 年内幕交易立案案件分别为 70 件和 86 件，相比 2011 年增幅分别达到 46%和 79%；2013 年证监会向公安机关移送内幕交易案件 21 件，2014 年截至通报时止，向公安机关移送内幕交易和利用未公开信息交易股票案件 29 件；2012 年、2013 年因内幕交易被证监会行政处罚的人数分别为 31 人和 66 人，相比 2011 年增长 63%和 247%，涉案人员不仅包括上市公司董事、监事、高管，还包括中介机构人员等。内幕交易等违法行为性质恶劣，严重影响了资本市场功能的发挥，破坏了正常的市场秩序，损害了投资者特别是中小投资者的合法权益。严厉打击内幕交易、欺诈上市、上市公司财务造假和虚假信息披露等违法犯罪行为，对保护市场的正常投资功能发挥、增强投资者信心、大力发展机构投资者、引导长期资金入市发挥了积极作用。

一、证券法律制度概述

（一）证券的概念和种类

证券的概念有广义和狭义之分。广义的证券是指记载并代表一定权利，证明持券人有权按其所载取得相应权益的书面凭证，包括财物证券、货币证券、资本证券。狭义的证券仅指资本证券，包括股票和债券。我国《证券法》规定的证券为股票、公司债券和国务院依法认定的其他证券。

1. 股票

股票是指股份有限公司签发的证明股东权利义务的要式有价证券。目前，我国发行的股票按照投资主体的不同分为国家股、法人股、内部职工股和社会公众个人股；按照股东权益和风险大小，股票可以分为普通股、优先股及普通和优先混合股；按照认购股票投资者身份和上市地点的不同，股票可以分为境内上市内资股（A 股）、境内上市外资股（B 股）和境外上市外资股（包括 H 股、N 股、S 股）三类。

2. 债券

债券是指企业、金融机构或政府为募集资金向社会公众发行的、保证在规定的时间内向债券持有人还本付息的有价证券。根据发行人的不同，债券可以分为以下三大类：①企业、公司债券，这是指一般企业和公司发行的债券；②金融债券，这是指银行和非银行金融机构为筹集资金补偿流动资金的不足而发行的债券；③政府债券，这是指政府或政府授权的代理机构基于财政或其他目的而发行的债券，包括国库券、财政证券、建设公债等。

3. 国务院依法认定的其他证券

经国务院依法认定的其他证券主要指立法上尚未规定，但具有证券性质和特点，需要将其纳入证券范畴的证券品种。这是一条弹性规定，用以应对不断发展的证券市场的需要。

（二）证券法的概念和我国的证券立法

证券法是调整证券的发行、交易、监督和管理过程中所发生的社会关系的法律规范的总称。1998 年 12 月 29 日，第九届全国人民代表大会常委会第六次会议通过了《证券法》，并于 1999 年 7 月 1 日起施行。2005 年、2013 年、2014 年全国人民代表大会常务委员会三次修订《证券法》，现行《证券法》是第三次修订的版本，自 2014 年 8 月 31 日起施行。

二、证券的发行

（一）证券发行的一般规定

证券发行是指发行人以筹集资金或调整股权结构为目的，在证券发行市场，依照法定条件和程序向社会投资者出售证券的行为。

证券发行有公开发行和非公开发行之分。

《证券法》第十条规定，公开发行证券，必须符合法律、行政法规规定的条件，并依法报经国务院证券监督管理机构或者国务院授权的部门核准；未经依法核准，任何单位和个人不得公开发行证券。有下列情形之一的，为公开发行：①向不特定对象发行证券的。这是指向社会公众发行证券。发行对象的不特定性，是公开发行证券的特征之一。②向特定对象发行证券累计超过二百人的。“特定对象”主要包括发行人的内部人员，如股东、公司员工及亲朋好友等，以及与发行人有联系的公司、机构和人员等；还包括一类机构投资者，如基金管理公司、保险公司等。③法律、行政法规规定的其他发行行为。

非公开发行证券，不得采用广告、公开劝诱和变相公开方式。

此外，《证券法》还规定，发行人申请公开发行股票、可转换为股票的公司债券，依法采取承销方式的，或者公开发行法律、行政法规规定实行保荐制度的其他证券的，应当聘请具有保荐资格的机构担任保荐人。

（二）股票的发行条件

股票发行是指股份有限公司为筹集公司资本而出售和分配股份的民事法律行为。公司对公开发行股票所募集资金，必须按照招股说明书所列资金用途使用。改变招股说明书所列资金用途，必须经股东大会作出决议。擅自改变用途而未作纠正的，或者未经股东大会认可的，不得公开发行新股。

股票的发行分为设立发行和新股发行。

1. 设立发行

设立股份有限公司公开发行股票，应当符合《公司法》规定的条件和经国务院批准的国务院证券监督管理机构规定的其他条件，向国务院证券监督管理机构报送募股申请和下列文件：①公司章程；②发起人协议；③发起人姓名或名称，发起人认购的股份数、出资种类及验资证明；④招股说明书；⑤代收股款银行的名称及地址；⑥承销机构名称及有关的协议。

依照《证券法》聘请保荐人的，还应当报送保荐人出具的发行保荐书。法律、行政法规规定设立公司必须报经批准的，还应当提交相应的批准文件。

2. 新股发行

根据我国《证券法》第十三条的规定，公司发行新股，应当符合下列条件：①具备健全且运行良好的组织机构；②具有持续盈利能力，财务状况良好；③最近三年财务会计文件无虚假记载，无其他重大违法行为；④经国务院批准的国务院证券监督管理机构规定的其他条件。

（三）公司债券的发行条件

公司债券是指公司依照法定程序发行、约定在一定期限还本付息的有价证券。公开发行公司债券筹集的资金，必须用于核准的用途，不得用于弥补亏损和非生产性支出。

公开发行公司债券，应当符合下列条件：①股份有限公司的净资产不低于人民币三千万元，有限责任公司的净资产不低于人民币六千万元；②累计债券余额不超过公司净资产的百分之四十；③最近三年平均可分配利润足以支付公司债券一年的利息；④筹集的资金投向符合国家产业政策；⑤债券的利率不超过国务院限定的利率水平；⑥国务院规定的其他条件。上市公司发行可转换为股票的公司债券，除应当符合上述条件外，还应当符合公开发行股票的条件，并报国务院证券监督管理机构核准。

有下列情形之一的，不得再次公开发行公司债券：①前一次公开发行的公司债券尚未募足；②对已公开发行的公司债券或者其他债务有违约或者延迟支付本息的事实，仍处于继续状态；③违反本法规定，改变公开发行公司债券所募资金的用途。

【案例】某市甲公司是在 2010 年 8 月投资设立的股份有限公司，公司净资产为 30 亿元人民币。2015 年 3 月，该公司为收购某宗资产，经公司董事会研究，决定发行 16 亿元人民币的记名公司债券，年利率为 12%，期限为 1 年，到期连本带息一次性偿还，发行方式是委托证券公司间接发行。

［试分析］甲公司是否符合公开发行公司债券的条件？

【分析】甲公司不符合公开发行公司债券的条件。首先，《证券法》规定公开发行公司债券的，股份有限公司净资产不低于人民币 3000 万元，有限责任公司的净资产不低于人民币 6000 万元。本案中甲公司的净资产 30 亿元，符合上述规定；其次，《证券法》规定累计债券余额不超过公司净资产的 40%，甲公司决定发行 16 亿元人民币的记名公司债券违反上述规定；最后，其拟发行公司债券的年率为 12%，超过了国务院限定的利率水平。综合甲公司的上述情况，甲公司不符合公开发行公司债券的条件。

（四）证券的发行程序

1. 证券发行的申请和核准

发行人发行证券，应当依照法定程序向国务院证券监督管理机构或者国务院授权的部门报送证券发行申请文件。发行人报送的证券发行申请文件，必须真实、准确、完整。国务院证券监督管理机构或国务院授权的部门应当自受理证券发行申请文件之日起 3 个月内，依照法定条件和法定程序作出予以核准或者不予核准的决定，发行人根据要求补充、修改发行申请文件的时间不计算在内；不予核准的，应当说明理由。

2. 证券的承销

（1）证券承销的概念。证券承销是指证券经营机构依照协议包销或代销发行人向社会公开发行的证券的行为。发行人向不特定对象公开发行的证券，法律、行政法规规定应当由证券公司承销的，发行人应当同证券公司签订承销协议。公开发行证券的发行人有权依法自主选择承销的证券公司。证券公司不得以不正当竞争手段招揽证券承销业务。

（2）证券承销的方式。证券承销采取代销和包销两种方式。证券代销是指证券公司代发行人发售证券，在承销期结束时，将未售出的证券全部退还给发行人的承销方式。证券包销分两种情况：一是证券公司将发行人的证券按照协议全部购入，然后再向投资者销售，当卖出价高于购入价时，其差价归证券公司所有；当卖出价低于购入价时，其损失由证券公司承担。二是证券公司在承销期结束时，将售后剩余证券全部自行购入。

（3）证券承销的期限。证券的代销、包销期限最长不得超过 90 日。证券公司在代销、包销期内，对所代销、包销的证券应当保证先行出售给认购人，证券公司不得为本公司预留所代销的证券和预先购入并留存所包销的证券。

股票发行采用代销方式，代销期限届满，向投资者出售的股票数量未达到拟公开发行股票数量 70%的，为发行失败。发行人应当按照发行价并加算银行同期存款利息返还股票认购人。

公开发行股票，代销、包销期限届满，发行人应当在规定的期限内将股票发行情况报国务院证券监督管理机构备案。

三、证券交易

证券交易是指对已经依法发行并经投资者认购的证券进行买卖的行为。证券转让包括证券交易、赠与、继承等。

（一）证券交易的方式

证券交易方式指在证券市场上证券买卖的方法和形式。现货交易、期货交易、期权交易和信用交易是最常见的交易方式。

（1）现货交易。指证券交易双方进行买卖行为时，以证券经纪商作为中介，相互交换标的物（证券与等值货币），并依法办理清算交割手续的交易方式。

（2）期货交易。指证券交易双方在签订的证券期货合约中商定，在该期货合约规定的日期以约定的价格进行清算交割的交易方式。其主要特点是买卖双方成交后不立即进行实物（钱、券）的清算交割，而是以期货交易合约中确定的日期作为交割日。

（3）期权交易。指在一定期限内证券买卖权的交易。期权交易中的买受人可在与出卖人约定的期限内以协议约定的价格行使证券买卖的权利。

（4）信用交易。证券信用交易有广义和狭义之分。广义的证券信用交易主要包括证券期货交易、证券期权交易、保证金交易、客户以有价证券为担保标的向银行贷款用以买卖或持有证券。狭义的证券信用交易又称为保证金交易或垫头交易，指证券交易双方通过证券经纪人融资或融券的交易行为，即融资融券行为。

（二）禁止的证券交易行为

禁止的证券交易行为是指依照我国证券法律、行政法规以及其他有关规定，证券市场的参与者在证券交易过程中不得从事的交易行为。主要包括以下四种情形。

1. 内幕交易行为

内幕交易行为是指证券交易内幕信息的知情人员利用内幕信息进行证券交易的行为。证券交易内幕的知情人员包括：①发行人的董事、监事、高级管理人员；②持有公司百分之五以上股份的股东及其董事、监事、高级管理人员，公司的实际控制人及其董事、监事、高级管理人员；③发行人控股的公司及其董事、监事、高级管理人员；④由于所任公司职务可以获取公司有关内幕信息的人员；⑤证券监督管理机构工作人员以及由于法定职责对证券的发行、交易进行管理的其他人员；⑥保荐人、承销的证券公司、证券交易所、证券登记结算机构、证券服务机构的有关人员；⑦国务院证券监督管理机构规定的其他人员。

在证券交易活动中，凡涉及公司的经营、财务或对该公司证券的市场价格有重大影响的尚未公开的信息，为内幕信息。包括：①可能对上市公司股票交易价格产生较大影响而投资者尚未得知的重大事件，包括公司的经营方针和经营范围的重大变化、公司的重大投资行为和重大的购置资产的决定等等；②公司分配股利或增资的计划；③公司股权结构的重大变化；④公司债务担保的重大变更；⑤公司营业用主要资产抵押、出售或报废一次超过该资产的 30%；⑥公司的董事、监事、高级管理人员的行为可能依法承担重大损害赔偿责任；⑦上市公司收购的有关方案；⑧国务院证券监督管理机构认定的对证券交易价格有显著影响的其他重要信息。

证券法规定，禁止进行内幕交易的行为有：①知悉证券交易内幕信息的知情人员或非法取得内幕信息的其他人员，不得买入或卖出所持有的该公司的证券；②不得泄露该信息；③不得建议他人买卖该证券。

【案例】李某在担任甲上市公司董事期间，利用甲公司与乙上市公司进行资产重组这一重大信息，于某年 6 月 10 日至 13 日期间，在某证券公司营业部投入资金 300 万元，以平均 5 元每股的价格买入乙公司股票 60 万股，信息公开后以每股 6.2 元的价格全部卖出，共获利 72 万元。同年 9 月，甲公司与乙公司相继公告进行了资产重组的信息。

［试分析］李某的行为是否合法？为什么？

【分析】李某的行为不合法。李某的行为属于利用内部信息进行证券交易、非法获利的行为。根据《证券法》的规定，证券交易内幕信息的知情人，在内幕信息公开前，不得买入和卖出该公司的证券。

2. 操纵证券市场行为

操纵证券市场行为是指行为人以获取利益或减少损失为目的，利用其资金、信息优势或滥用职权，影响证券市场价格，制造证券市场假象，诱导或致使投资者在不了解事实真相的情况下作出买卖证券的决定，扰乱证券市场秩序的行为。其具体包括以下行为：①单独或通过合谋，集中资金优势、持股优势或者利用信息优势联合或者连续买卖证券，操纵证券交易价格或者证券交易量；②与他人串通，以事先约定的时间、价格和方式相互进行证券交易，影响证券交易价格或者证券交易量；③在自己实际控制的账户之间进行证券交易，影响证券交易价格或者证券交易量；④以其他手段操纵证券市场。

3. 欺诈客户行为

欺诈客户是指证券公司及其从业人员从事的违背客户的真实意愿，损害客户利益的欺诈行为。欺诈客户的行为包括以下情形：①违背客户的委托为客户买卖证券；②不在规定时间内向客户提供交易的书面确认文件；③挪用客户所委托买卖的证券或客户账户上的资金；④私自买卖客户账户上的证券，或者假借客户的名义买卖证券；⑤为牟取佣金收入，诱使客户进行不必要的证券买卖；⑥利用传播媒介或者通过其他方式提供、传播虚假或者误导投资者的信息；⑦其他违背客户真实意思表示，损害客户利益的行为。

4. 制造虚假信息的行为

制造虚假信息包括以下情形：①编制并传播能影响证券交易的虚假信息；②对已有的信息进行歪曲、篡改；③发行人、证券经营机构在招募说明书、上市公告书、公司报告及其他文件中作出虚假陈述；④律师事务所、会计师事务所等专业证券服务机构在其出具的法律意见书、审计报告等文件中作出虚假陈述；⑤证券交易所、证券业协会等组织对证券市场产生影响的虚假陈述；⑥发行人、证券经营机构等向证券监管部门提交的各种文件、报告和说明中作出虚假陈述；⑦在证券发行、交易及其相关活动中的其他虚假陈述。

四、上市公司的收购

（一）上市公司收购的概念

上市公司收购是指投资者依法定程序公开收购上市公司已经依法发行的股份，以取得上市公司控股权的法律行为。上司公司收购的主体是证券投资者，包括自然人和法人。上市公司收购的对象是目标公司已发行在外的有表决权的证券，上市公司收购必须按照法定的方式通过证券交易场所进行。

（二）上市公司收购的方式

根据《证券法》的规定，上市公司收购的合法方式包括协议收购方式、要约收购方式和证券交易所的集中竞价交易方式，下面主要介绍协议收购和要约收购。

1. 协议收购

协议收购即收购人依照法律、行政法规的规定同被收购公司的股东以协议的方式进行股权转让。以协议方式收购上市公司时，达成协议后，收购人必须在三日内将该收购协议向国务院证券监督管理机构及证券交易所作出书面报告，并予公告。在未作出公告前不得履行收购协议。

2. 要约收购

要约收购指收购人通过向目标公司的全体股东发出上市公司收购要约，提出收购其持有的公司股票的意思表示，由受要约人作出承诺的一种上市公司收购方法。

关于要约收购，《证券法》有以下规定：①在收购要约确定的承诺期限内，收购人不得撤销其收购要约。收购人需要变更收购要约的，必须事先向国务院证券监督管理机构及证券交易所提出报告，经批准后，予以公告。②收购要约提出的各项收购条件，适用于被收购公司的所有股东。③采取要约收购方式的，收购人在收购期限内，不得卖出被收购公司的股票，也不得采取要约规定以外的形式和超出要约的条件买入被收购公司的股票。

五、证券监管体制

我国《证券法》中所称国务院证券监督管理机构是指中国证券监督管理委员会。国务院证券监督机构在对证券市场实行监督管理中履行下列职责：

（1）依法制定有关证券市场监督管理的规章、规则，并依法行使审批或者核准权。

（2）依法对证券的发行、上市、交易、登记、存管、结算，进行监督管理。

（3）依法对证券发行人、上市公司、证券交易所、证券公司、证券登记结算机构、证券投资基金管理公司、证券服务机构的证券业务活动，进行监督管理。

（4）依法制定从事证券业务人员的资格标准和行为准则，并监督实施。

（5）依法监督检查证券发行、上市和交易的信息公开情况。

（6）依法对证券业协会的活动进行指导和监督。

（7）依法对违反证券市场监督管理法律、行政法规的行为进行查处。

（8）法律、行政法规规定的其他职责。

国务院证券监督管理机构可以和其他国家或者地区的证券监督管理机构建立监督管理合作机制，实施跨境监督管理。

此外，为规范证券发行和交易行为，保护投资者的合法权益，维护社会经济秩序，《证券法》专章规定法律责任，对各类证券违法行为及其法律责任作出明确规定。

思考练习题

一、选择题

1. 下列人员中不属于证券交易内幕信息知情人员的是（   ）。

A. 持有公司 3%以上股份的股东

B. 发行股票公司的控股公司的高级管理人员

C. 发行人的董事、监事、经理及有关高级管理人员

D. 证券监管机构工作人员以及由于法定的职责对证券交易进行管理的其他人员

2. 下列信息不属于内幕信息的是（　　）。

A. 公司股权结构的重大变化

B. 公司债务担保的重大变更

C. 公司分配股利或者增资的计划

D. 公司营业用主要资产的抵押、出售或者报废一次超过资产的15%

3. 某股份有限公司申请公开发行公司债券。下列关于公司公开发行公司债券条件的表述中，不符合《证券法》规定的是（　　）。

A. 净资产为人民币5000万元

B. 筹集的资金投向符合国家产业政策

C. 累计债券余额是公司净资产的50%

D. 最近3年平均可分配利润足以支付公司债券1年的利息

4. 下列关于要约收购的表述正确的是（　　）。

A. 在收购要约确定的承诺期限内，收购人可以撤销其收购要约

B. 要约收购期限内，可以采取要约规定以外的形式买卖被收购公司的股票

C. 要约收购对目标公司同一类别的股东必须获得同等的待遇

D. 要约收购期间要约人可以以超出要约的条件买卖目标公司的股票

5. 下列关于证券承销的说法中，正确的有（　　）。

A. 代销、包销期限最长不得超过60日

B. 公开发行证券的发行人有权依法自主选择承销的证券公司

C. 证券公司可以为本公司预留所代销的证券和预先购入并留存所包销的证券

D. 股票发行采用代销方式，代销期限届满，向投资者出售的股票数量未达到拟公开发行股票数量50%的，为发行失败

二、判断题

1. 向特定对象发行证券累计超过100人的，为公开发行。（　　）

2. 公司对公开发行股票所募集资金，必须按照招股说明书所列资金用途使用。改变招股说明书所列资金用途，必须经股东大会作出决议。（　　）

3. 发行公司债券，股份有限公司的净资产额不低于人民币六千万元，有限责任公司的净资产额不低于人民币三千万元。（　　）

4. 单独或通过合谋，集中资金优势、持股优势或者利用信息优势联合或者连续买卖证券，操纵证券交易价格或者证券交易量，属于操纵证券市场行为。（　　）

5. 上市公司收购的合法方式包括协议收购方式、要约收购方式和证券交易所的集中竞价交易方式。（　　）

三、简答题

1. 简述公司发行新股的条件。

2. 简述《证券法》规定的禁止交易行为。

3. 简述要约收购的基本规则。

四、案例分析

2009 年 9 月，有消息传上市公司劲嘉股份将与英美烟草公司合作，英美烟草公司将向劲嘉股份采购 20 亿元的烟标。受此利好刺激，劲嘉股份的股票涨至停板。根据澄清要求，劲嘉股份披露了《关于与美国英美烟草公司洽谈合作的提示性公告》，公告指“公司与美国英美烟草公司正在接触洽谈为美国英美烟草公司提供烟标印刷的合作事宜”。由于美国英美烟草公司是世界第二大的烟草上市公司，全球市场份额达 15%以上，因此，公告一发布，劲嘉股份的股价就一路狂飙。2009 年 11 月，劲嘉股份又发出更正公告，称合作方是“美国烟草贸易公司”，不是“美国英美烟草公司”，此前的提示性公告是工作人员失误所致。由于美国烟草贸易公司只是在美国佛罗里达州注册的一家小公司，更正公告发布当天，劲嘉股份的股价就下跌了 3.93%。不久，劲嘉股份再次发布公告，称与美国烟草贸易公司的合作条件尚不具备，公司董事会终止了与该公司的合作洽谈。2010 年 5 月 21 日，美国烟草贸易公司向媒体发布消息称，这不是一次乌龙事件，而是一个布局多时的操纵股价阴谋，它们被当作道具使用了。2010 年 7 月，证监会和司法机构立案调查该事件。

试分析：劲嘉股份在这次事件中存在何种违反《证券法》的行为?

第二节　知识产权法律制度

【本节重点】

1. 著作权的归属。
2. 专利权的主体和客体。
3. 商标的分类。
4. 商标注册的原则。

【引例】　　琼瑶诉于正著作权侵权案

2014 年 5 月 28 日，陈喆（笔名：琼瑶）向北京市第三中级人民法院提起诉讼称，余征（笔名：于正）未经她的许可，擅自采用《梅花烙》的核心独创情节，改编创作电视剧本，并联合其他四方被告（湖南经视文化传播有限公司、东阳欢娱影视文化有限公司、万达影视传媒有限公司、东阳星瑞影视文化传媒有限公司）共同摄制了电视连续剧《宫锁连城》并播出。陈喆认为余征严重侵犯了她的改编权、摄制权，给她造成了极大的精神伤害。请求判令余征在内的五方被告立即停止侵权、消除影响、向其赔礼道歉并赔偿经济损失 2000 万元。

2014 年 12 月 25 日，北京市第三中级人民法院对该案作出判决。认定陈喆是《梅花烙》剧本的作者及著作权人，判决要求立即停止电视剧《宫锁连城》的复制、发行和传播行为；被告余征刊登致歉声明，向陈喆道歉，消除影响；余征及湖南经视文化传播有限公司等四家公司连带赔偿陈喆经济损失及诉讼合理开支共计500万元。

一审判决后，五名被告均不服判决，向北京市高级人民发院提起上诉。2015 年 12 月 18 日，北京市高级人民法院终审判决驳回各被告上诉请求，维持原判。

评析：

在本案中，剧本《梅花烙》及小说《梅花烙》著作权均归属陈喆。小说、剧本等文学作品为著作权法律意义上的作品之一，受著作权法保护。被告的《宫锁连城》中的人物设置以及人物之间的交互关系与原告作品存在对应性，并高达十余处；剧本《宫锁连城》就各情节的设置，与剧本《梅花烙》、小说《梅花烙》的独创安排高度相似；剧本《宫锁连城》相对于原告作品小说《梅花烙》、剧本《梅花烙》在整体上的情节排布及推演过程基本一致，仅在部分情节的排布上存在顺序差异。故可认定剧本《宫锁连城》作品涉案情节与原告作品剧本《梅花烙》及小说《梅花烙》的整体情节具有创作来源关系，构成对剧本《梅花烙》及小说《梅花烙》改编的事实。

由于《宫锁连城》剧本与原告作品剧本《梅花烙》及小说《梅花烙》之间存在改编关系，所以《宫锁连城》剧本同时包含原作作者和演绎作者的智力成果。任何对该改编作品的使用，也必然同时构成对原作品的使用。因此，对改编作品著作权的行使或任何对改编作品的使用行为，除法律有特别规定外，均应征得改编者和原作品著作权人的同意，否则不仅侵害改编作品的著作权，还将侵害原作品的著作权。

在本案中，鉴于电视剧《宫锁连城》就是依据剧本《宫锁连城》摄制而成的，二者在内容上基本一致，故该摄制行为依然属于原告陈喆享有的摄制权的控制范围内，未经许可摄制电视剧《宫锁连城》侵害了原告陈喆享有的摄制权。最终，法院认定本案五被告共同侵害了原告作品改编权、摄制权，应依法承担连带责任。

本案属于知名案件，人民法院的判决说理充分，判决结果对于整个社会尊重知识产权和创新具有很好的指引作用。

一、知识产权法律制度概述

（一）知识产权的概念和分类

知识产权是指民事主体对其创造性的智力成果依法所享有的专有权利。知识产权法是指调整在创造、利用智力成果和商业标记过程中所产生的各种权利义务关系的法律规范的总称。

知识产权有广义和狭义之分。广义的知识产权范围，在不同法律文件中不尽相同。作为 WTO 规则重要组成部分的《与贸易有关的知识产权协议》所界定的知识产权范围为：著作权及其相关权利（邻接权）、商标权、专利权、工业品外观设计权、地理标志权、集成电路布图设计权、未公开信息专有权（商业秘密权）。狭义的知识产权包括著作权（含邻接权）、专利权、商标权。

（二）知识产权的特征

知识产权是一种与物权、债权并列的独立的民事权利，是一种无形财富。与物权、债权相比较，知识产权具有如下特征。

（1）专有性。知识产权是一种绝对权，具有专有性和排他性。知识产权为权利人所独占，没有法律规定或未经权利人许可，任何人不得使用权利人的知识产权。

（2）地域性。知识产权作为专有权在空间上的效力并不是无限的，根据一国法律取得的知识产权，只在该国地域内有效，除签订国际公约或双边互惠协议的以外，它没有域外效力，其他国家对这种权利没有保护的义务。

（3）时间性。法律对知识产权的保护规定有一定的有效期限，期限届满后，这种权利即自行消灭，该项智力成果就成为全社会的共同财富。

二、著作权法律制度

1990 年 9 月 7 日，第七届全国人民代表大会常委会第十五次会议通过了《中华人民共和国著作权法》（以下简称《著作权法》），于 1991 年 6 月 1 日起施行。2001 年 10 月 27 日、2010 年 2 月 26 日，全国人民代表大会常务委员会两次修正了《著作权法》。

（一）著作权的概念及其特征

1. 著作权的概念

著作权，也称版权，是指作者对其创作的文学、艺术和科学作品依法享有的各种专有权利及其他著作权人依法对作品享有的各种专有权利。

2. 著作权的特征

著作权除了具有知识产权所共有的特征，即具有专有性、地域性、时间性等特征外，与其他知识产权相比，还具有以下特征：

（1）著作权因作品的创作完成而自动产生。专利权、商标权的取得必须以行政确认程序来确认权利的取得和归属。而著作权因作品的创作完成而自动产生，一般不必履行任何形式的登记或注册手续，也不论其是否已经发表。

（2）著作权突出对人身权的保护。著作权中作者的署名权、修改权、保护作品完整权这三项人身权，永远归作者享有，不受著作权期限的限制。

（二）著作权的主体

著作权的主体又称著作权人，是指依法对文学、艺术和科学作品享有著作权的人，它包括作者以及其他依法享有著作权的自然人、法人或者其他组织。

著作权的主体根据不同的划分标准，可以作不同的分类。

（1）按照是否作品的创作人，可以将著作权的主体分为作者和继受人。

作者是指文学、艺术和科学作品的创作人。根据《著作权法》的规定，作者按照以下标准进行认定：①直接创作作品的公民是作者。这是作者最基本的认定原则。②由法人或其他组织主持，代表法人或其他组织意志创作，并由法人或其他组织承担责任的作品，法人或组织视为作者。③如无相反证明，在作品上署名的公民、法人或者其他组织为作者。

继受人是指因发生继承、赠与、遗赠或受让等法律事实而取得著作财产权的人。继受著作权人只能成为著作财产权的继受主体，著作人身权具有不可转让性。

（2）按照著作权主体的国籍，可以将著作权的主体分为本国人、外国人和无国籍人。

依据《著作权法》第二条规定，在下列情况下，外国人、无国籍人的作品受本法保护：外国人、无国籍人的作品根据其作者所属国或者经常居住地国同中国签订的协议或者共同参加的国际条约享有的著作权，受本法保护；外国人、无国籍人的作品首先在中国境内出版的，依照本法享有著作权；未与中国签订协议或者共同参加国际条约的国家的作者以及无国籍人的作品首次在中国参加的国际条约的成员国出版的，或者在成员国和非成员国同时出版的，受本法保护。

（三）著作权的客体

著作权的客体是著作权保护的对象，即作品。著作权所称作品是指文学、艺术和科学领域内，具有独创性并能以某种有形形式复制的智力创作成果。

1.《著作权法》保护的作品

根据作品的表现形式不同，我国著作权法保护的作品分为 9 种：①文字作品；②口述作品；③音乐、戏剧、曲艺、舞蹈、杂技艺术作品；④美术、建筑作品；⑤摄影作品；⑥电影作品和以类似摄制电影的方式创作的作品；⑦工程设计图、产品设计图、地图、示意图等图形作品和模型作品；⑧计算机软件；⑨法律、行政法规规定的其他作品。

2. 不受著作权法保护的对象

根据《著作权法》的规定，不受著作权法保护的对象分为以下两类。

（1）不受著作权法保护的作品。这主要指依法禁止出版、传播的作品。如违背法律、宣传反科学、危害公共安全、破坏社会善良风俗的反动、淫秽言论等作品。

（2）不适用著作权法的对象。这主要包括：①法律、法规，国家机关的决议、决定、命令和其他有立法、行政、司法性质的文件，及其官方正式译文；②时事新闻；③历法、通用数表、通用表格和公式。

（四）著作权的内容

著作权的内容指著作权人享有的权利和承担的义务，包括人身权和财产权。

著作权的人身权由作者终身享有，一般不可转让和剥夺，作者的署名权、修改权、保护作品完整权的保护期不受限制。根据《著作权法》第十条的规定，著作权人的人身权包括：①发表权，即决定作品是否公之于众的权利；②署名权，即表明作者身份，在作品上署名的权利；③修改权，即修改或授权他人修改作品的权利；④保护作品完整权，即保护作品不受歪曲、篡改的权利。

著作权人享有的财产权，是指作者及其他著作权人对因经济目的而自己使用作品或授权他人使用作品所享有的物质报酬的权利。其具体包括：①复制权，即以印刷、复印、拓印、录音、录像、翻录、翻拍等方式将作品制作一份或多份的权利；②发行权，即以出售或者赠与方式向公众提供作品的原件或复制件的权利；③出租权，即有偿许可他人临时使用电影作品和以类似摄制电影的方法创作的作品、计算机软件的权利，计算机软件不是出租的主要标的物的除外；④展览权，即公开陈列美术作品、摄影作品的原件或者复制件的权利；⑤表演权，即公开表演作品以及用各种手段公开播送作品表演的权利；⑥放映权，即通过放映机、幻灯机等技术设备公开再现美术、摄影、电影和类似摄制电影的方法创作作品的权利；⑦广播权，即以无线方式公开广播或传播作品，以有线传播或转播的方式向公众传播或广播的作品，以及通过扩音器或其他传送符号、声音、图像的类似工具向公众传播广播作品的权利；⑧信息网络传播权，即以有线或无线方式向公众提供作品，使公众可以在其个人选定的时间和地点获得作品的权利；⑨摄制权，即以摄制电影或以类似摄制电影的方法将作品固定在载体上的权利；⑩改编权，即改变作品，创作出具有独创性的新作品的权利；⑪翻译权，即将作品从一种语言文字转换成另一种语言文字的权利；⑫汇编权，即将作品或作品的片段通过选择或编排，汇集成新作品的权利；⑬应由著作权人享有的其他权利。

（五）著作权的归属

1. 著作权归属的一般原则

著作权属于作者，著作权法另有规定的除外。这是关于著作权归属的一般原则。

2. 演绎作品著作权的归属

演绎作品是指改编、翻译、注释、整理已有作品而产生的作品，该著作权由改编、翻译、注释、整理人享有，但其行使著作权时不得侵犯原作品的著作权。演绎作品的作者仅对演绎部分享有著作权，对被演绎的作品不享有著作权，并且无权阻止他人对同一原作进行演绎。

3. 合作作品著作权的归属

合作作品是指两人以上合作创作的作品。合作作品的著作权由合作者共同享有。没有参加创作的人，不能成为合作作者；合作作品可以分割使用的，作者对各自创作的部分可以单独享有著作权，但行使著作权时不得侵犯合作作品整体的著作权；合作作品不可以分割使用的，其著作权由各合作作者共同享有，通过协商一致行使；合作作者对著作权的行使如果不能协商一致，任何一方无正当理由不得阻止他方行使除转让以外的其他权利，但是所得收益应当合理分配给所有合作作者。

4. 汇编作品著作权的归属

汇编作品是指汇编若干作品、作品的片段或不构成作品的数据或其他材料，对其内容的选择或编排体现独创性的作品。汇编作品的著作权由汇编人享有，但行使著作权时，不得侵犯原作品的著作权。

5. 影视作品著作权的归属

影视作品是指电影、电视、录像作品和以类似摄制电影的方法创作的作品。影视作品的著作权由制片者享有，但编剧、导演、摄影、作词、作曲等作者享有署名权，并有权按照与制片者签订的合同获得报酬。

6. 委托作品著作权的归属

受委托创作的作品，著作权的归属由委托人和被委托人通过合同约定，合同未作明确约定或没有订立合同的，著作权属于受托人。

7. 职务作品著作权的归属

职务作品指公民为完成法人或其他组织工作任务所创作的作品，除法律、行政法规规定或合同约定著作权由法人或其他组织享有的以外，著作权由作者享有，但法人或其他组织有权在其业务范围内优先使用。此外，作品完成 2 年内，未经单位同意，作者不得许可第三人以与单位使用的相同方式使用该作品。

8. 美术作品著作权的归属

美术作品包括绘画、书法、雕塑、建筑等作品。美术作品原件所有权的转移，不视为作品著作权的转移，但美术作品原件的展览权由原件所有人享有。

9. 作者身份不明的作品著作权的归属

作者身份不明的作品，由作品原件的合法持有人行使除署名权以外的著作权。作者身份确定后，由作者或其他继承人行使著作权。

【案例】李某委托王某创作一剧本，但双方没有签订任何关于著作权归属的书面合同，也未作出明确的口头约定。后来李某调到其他城市工作，王某创作完作品后即以自己的名义对外发表。

［试分析］该剧本的著作权应归谁所有？为什么？

【分析】该剧本的著作权归王某。因为受委托创作的作品，其著作权的归属由委托人和被委托人通过合同约定，合同未明确约定或者没有订立合同的，著作权属于受托人。本案中双方并未签订任何合同，该剧本的著作权属于受托人王某。

（六）著作权的保护期和限制

1. 著作权的保护期限

著作权保护期限是指著作权人依法取得的著作权的有效期限。在保护期内，著作权人的著作权受法律保护；超过保护期，该作品即进入公有领域，作者或者其他著作权人不再享有专有权。《著作权法》对著作权的保护期限有以下规定。

（1）作者的署名权、修改权、保护作品完整权的保护期不受限制。

（2）公民的作品，其发表权、财产权利的保护期为作者终生及其死亡之后 50 年，截止于作者死亡之后第 50 年的 12 月 31 日；如果是合作作品，截止于最后死亡的作者死亡之后第 50 年的 12 月 31 日。

（3）职务作品、电影作品和类似摄制电影的方法创作的作品、摄影作品，其发表权、财产权利的保护期为 50 年，截止于作品首次发表后第 50 年的 12 月 31 日，但作品自创作完成后 50 年内未发表的，本法不再保护。

2. 著作权的限制

著作权的限制主要是针对著作权人所享有的财产权利的限制，即对著作权人依法享有的使用作品以及许可他人使用其作品并因此获得报酬的权利的限制。著作权人依法享有的人身权利不受任何限制。根据《著作权法》的规定，著作权的限制主要体现在以下两个方面：

（1）合理使用。合理使用指在法律规定的情形下，按照法律规定的条件使用他人作品的，可以不经著作权人许可，不向其支付报酬，但应当指明作者姓名、作品名称，并且不得侵犯著作权人依照本法享有的其他权利。

合理使用主要包括以下 12 种情形：①个人学习、研究或者欣赏，使用他人已经发表的作品；②为介绍、评论某一作品或者说明某一问题，在作品中适当引用他人已经发表的作品；③为报道时事新闻，在报纸、期刊、广播电台、电视台等媒体中不可避免地再现或引用他人已经发表的作品；④报纸、期刊、广播电台、电视台等媒体刊登或播放其他报纸、期刊、广播电台、电视台等媒体已经发表的关于政治、经济、宗教问题的时事性文章，但作者声明不许刊登、播放的除外；⑤报纸、期刊、广播电台、电视台等媒体刊登或播放在公众集会上发表的讲话，但作者声明不许刊登、播放的除外；⑥为学校课堂教学或科学研究，翻译或少量复制已经发表的作品，供教学或科研人员使用，但不得出版发行；⑦国家机关为执行公务在合理范围内使用已经发表的作品；⑧图书馆、档案馆、纪念馆、美术馆等为陈列或者保存版本的作品；⑨免费表演已经发表的作品，该表演未向公众收取费用，也未向表演者支付报酬；⑩对设置或陈列在室外公共场所的艺术作品进行临摹、绘画、摄影、录像；⑪将中国公民、法人或者其他组织已经发表的以汉语言文字创作的作品翻译成少数民族语言文字作品字国内出版发行；⑫将已经发表的作品改成盲文出版。

（2）法定许可使用。法定许可使用指在法律规定的范围内使用他人的作品，可以不经著作权人的许可，但须向其支付报酬。

法定许可使用的情形主要包括：①为实施九年制义务教育和国家教育规划而编写出版教科书，除作者事先声明不许使用的外，可以不经著作权人许可，在教科书中汇编已经发表的作品片段或短小的文字作品、音乐作品或单幅的美术作品、摄影作品，但应当按照规定支付报酬，指明作者姓名、作品名称，并且不得侵犯著作权人依法享有的其他权利。②作品在报刊上刊登后，除著作权人声明不得转载、摘编的外。其他报刊可以转载或作为文摘、资料刊登，但应按照规定向著作权人支付报酬。③录音制作者使用他人已经合法录制为录音制品的音乐作品制作录音制品，可以不经著作权人许可，但应当按照规定支付报酬。著作权人声明不许使用的不得使用。④广播电台、电视台播放他人已发表的作品，可以不经著作权许可，但应当支付报酬。⑤广播电台、电视台播放已经出版的录音制品，可以不经著作权人许可，但应当支付报酬。当事人另有约定除外。

（七）作品的许可使用和著作权的转让

1. 许可使用

许可使用指著作权人许可作品使用人在一定期间、一定范围内以一定方式使用其作品的行为。使用他人作品应当同著作权人订立许可使用合同。许可合同应该包括的主要内容有：①许可使用的权利种类；②许可使用的权利是专有使用权或非专有使用权；③许可使用的地域范围、期间；④付酬标准和方法；⑤违约责任；⑥双方认为需要约定的其他内容。

2. 著作权的转让

著作权的转让是指著作权人将作品著作权中的财产权利全部或部分转让他人的行为。

转让著作权中的财产权利应当订立书面合同。合同内容包括：①作品的名称；②转让的权利种类；③转让价金；④交付转让价金的日期和方式；⑤违约责任；⑥双方认为需要约定的其他内容。

许可使用、转让合同中著作权人未明确许可、转让的权利，未经著作权人同意，另一方当事人不得行使。

（八）邻接权

邻接权是与著作权有关的权利，指因传播作品而享有的权利。邻接权与作品的著作权不同，其区别有以下三个方面：①权利主体不同：著作权的主体为创作作品的作者和作者以外依法取得著作权的公民、法人或其他组织；邻接权的主体则是作品的传播者；②权利内容不同：著作权的内容包括著作权人身权和著作权财产权；邻接权体现的是作品传播者对其传播劳动及传播作品的过程中投入资金的回报所享有的权利；③权利对象不同：著作权的对象是作品，邻接权的对象是作品的传播行为。

邻接权主要包括：出版者对其出版的图书和报刊享有的权利；表演者对其表演享有的权利；录音录像制作者对其制作的录音录像制品享有的权利；广播电台、电视台对其制作的广播、电视节目享有的权利。

1. 图书、报刊的出版

图书出版者出版图书应当和著作权人订立出版合同，并支付报酬。

著作权人向报社、期刊社投稿的，自稿件发出之日起 15 天内未收到报社通知决定刊登的，或者自稿件发出之日起 30 日内未收到期刊社通知决定刊登的，可以将同一作品向其他报社、期刊社投稿。双方另有约定的除外。作品刊登后，除著作权人声明不得转载、摘编的外，其他报刊可以转载或作为文摘、资料刊登，但应当按照规定向著作权人支付报酬。

报社、期刊社可以对作品作文字性修改、删节。对内容的修改，应当经作者许可。

出版者有权许可或禁止他人使用其出版的图书、期刊的出版设计。其权利保护期为10年，截止于使用该版式设计的图书、期刊首次出版后第10年的12月31日。

2. 表演

使用他人作品演出的，表演者应当取得著作权人许可，并支付报酬。演出组织者组织演出，由该组织者取得著作权人许可，并支付报酬。使用改编、翻译、注释、整理已有作品而产生的作品进行演出，应当取得改编、翻译、注释、整理的著作权人和原作品的著作权人许可，并支付报酬。

表演者对其表演享有下列权利：①表明表演者身份；②保护表演者形象不受歪曲；③许可他人从现场直播和公开传送其现场表演，并获得报酬；④许可他人录音录像，并获得报酬；⑤许可他人复制、发行录有其表演的录音录像制品，并获得报酬；⑥许可他人通过信息网络向公众传播其表演，并获得报酬。

上述第①、②项权利的保护期限不受限制，第③、④、⑤、⑥项的权利保护期为 50 年，截止于该表演发生后第50年的12月31日。

3. 录音录像

录音录像制作者使用他人作品制作录音录像制品，应当取得著作权人许可，并支付报酬。

录音录像制作者对其制作的录音录像制品，享有许可他人复制、发行、出租、通过信息网络向公众传播并获得报酬的权利。其权利保护期为 50 年，截止于该制品首次制作完成后第 50 年的 12 月 31 日。

4. 广播电台、电视台播放

广播电台、电视台播放他人未发表的作品，应当取得著作权人许可，并支付报酬。广播电台、电视台播放已经出版的录音制品，可以不经著作权人许可，但应当支付报酬。当事人另有约定的除外。

广播电台、电视台有权禁止未经其许可的下列行为：①将其播放的广播、电视转播；②将其播放的广播、电视录制在音像载体上以及复制音像载体。广播电台、电视台的权利保护期为 50 年，截止于该广播、电视首次播放后第 50 年的 12 月 31 日。

（九）侵犯著作权的法律责任

1. 应当承担民事责任的侵权行为

根据《著作权法》的规定，应当承担民事责任的侵权行为包括：①未经著作权人许可，发表其作品的；②未经合作作者许可，将与他人合作创作的作品当作自己单独创作的作品发表的；③没有参加创作，为谋取个人名利，在他人作品上署名的；④歪曲、篡改他人作品的；⑤剽窃他人作品的；⑥未经著作权人许可，以展览、摄制电影和以类似摄制电影的方法使用作品，或者以改编、翻译、注释等方式使用作品的，著作权法另有规定的除外；⑦使用他人作品，应当支付报酬而未支付的；⑧未经电影作品和以类似摄制电影的方法创作的作品、计算机软件、录音录像制品的著作权人或者与著作权有关的权利人许可，出租其作品或者录音录像制品的，著作权法另有规定的除外；⑨未经出版者许可，使用其出版的图书、期刊的版式设计的；⑩未经表演者许可的，从现场直播或者公开传送其现场表演，或者录制其表演的；⑪其他侵权行为。

有上述侵权行为之一的，应根据不同情况，承担停止侵害、消除影响、公开赔礼道歉、赔偿损失等民事责任。

2. 应当承担行政责任和刑事责任的侵权行为

根据《著作权法》的规定，有下列侵权行为之一的，应当根据情况，承担停止侵害、消除影响、赔礼道歉、赔偿损失等民事责任：①未经著作权人许可，复制、发行、表演、放映、广播、汇编、通过信息网络向公众传播其作品的，著作权法另有规定的除外；②出版他人享有专有出版权的图书的；③未经表演者许可，复制、发行录有其表演的录音录像制品，或者通过信息网络向公众传播其表演的，《著作权法》另有规定的除外；④未经录音录像制作者许可，复制、发行、通过信息网络向公众传播其制作的录音录像制品的，《著作权法》另有规定的除外；⑤未经许可，播放或者复制广播、电视的，《著作权法》另有规定的除外；⑥未经著作权人或者与著作权有关的权利人许可，故意避开或者破坏权利人为其作品、录音录像制品等采取的保护著作权或与著作权有关的权利的技术措施的，法律、行政法规另有规定的除外；⑦未经著作权人或者与著作权有关的权利人许可，故意删除或改变作品、录音录像制品等的权利管理电子信息的，法律、行政法规另有规定的除外；⑧制作、出售假冒他人署名的作品的。

有上述侵权行为之一，同时又损害公共利益的，可以由著作权行政管理部门责令停止侵权行为，没收违法所得，没收、销毁侵权复制品，并可处以罚款；情节严重的，著作权行政管理部门还可以没收主要用于制作侵权复制品的材料、工具、设备等；构成犯罪的，依法追究刑事责任。

此外，《著作权法》还对侵权行为应承担的赔偿损失的计算方法作了规定：侵犯著作权或者与著作权有关的权利的，侵权人应当按照权利人的实际损失给予赔偿。实际损失难以计算的，可以按照侵权人的违法所得给予赔偿。赔偿数额应当包括权利人为制止侵权行为所支付的合理开支。权利人的实际损失或侵权人的违法所得不能确定的，由人民法院根据侵权行为的情节，判决给予50万元以下的赔偿。

三、专利法律制度

1984年3月12日，第六届全国人民代表大会常务委员会第四次会议通过《中华人民共和国专利法》（以下简称《专利法》），1992年9月4日、2000年8月25日、2008年12月27日，全国人民代表大会常务委员会三次修正《专利法》。

（一）专利权法律关系的主体和客体

专利权指国家根据法律授予发明人或其权利受让人在一定期限内对其发明创造的专有权利。

1. 专利权法律关系的主体

专利权法律关系的主体是专利法保护的主体，是指有权提出专利申请的人和依法获得专利权的人。专利权法律关系的主体可以作如下分类。

（1）根据专利权法律关系主体的国籍的不同，可以将其分为本国的专利权人和外国的专利权人。

外国人、外国企业或者外国其他组织都可以成为专利权的主体。在中国没有经常居所或者营业所的外国人、外国企业或者外国其他组织在中国申请专利的，应当委托依法设立的专利代理机构办理。

（2）根据专利权取得方式的不同，可以将专利权法律关系主体分为原始主体和继受主体。继受主体也称合法受让人。

专利申请权和专利权可以转让。中国单位或者个人向外国人、外国企业或者外国其他组织转让原始主体是指直接根据法律规定或国家行政授权，在没有其他基础性权利的前提下，对智力成果享有权利的人；继受主体是指因受让、继承、受赠或法律规定的其他方式取得全部或部分权利的人。

（3）根据专利权的客体是否为职务发明，可以将原始主体分为发明人或者设计人本人和职务发明人所在的单位。

职务发明是指发明人或者设计人执行本单位的任务，或者主要是利用本单位的物质技术条件所完成的发明创造。凡符合下列条件之一的，均属于职务发明创造：在本职工作中作出的发明创造；履行本单位交付的本职工作之外的任务所作出的发明创造；退职、退休或调动工作后 1 年内作出的，与其在原单位承担的本职工作或原单位分配的任务有关的发明创造；主要利用本单位的物质技术条件完成的发明创造。

对于职务发明创造，申请专利的权利属于该单位，申请被批准后，该单位为专利权人。单位对于职务发明创造的发明人或设计人给予奖励和报酬。为了促进科技进步和创新，鼓励个人发明创造，《专利法》第六条第三款规定，利用本单位的物质技术条件所完成的发明创造，单位与发明人或者设计人订有合同，对申请专利的权利和专利权的归属作出约定的，从其约定。

发明人或设计人指对发明创造的实质性特点作出创造性贡献的人。在完成发明创造过程中，只负责组织工作的人、为物质技术条件的利用提供方便的人或者从事其他辅助工作的人，不是发明人或者设计人。

发明人或设计人对其完成的非职务发明创造，有权申请专利。申请批准后，专利权归发明人或设计人自己个人所有。如果非职务发明创造是由两个或两个以上的人共同完成的，专利申请应当由全体发明人或设计人共同提出，专利被批准后，专利权归全体发明人或设计人共有。

2. 专利权法律关系的客体

专利权法律关系的客体是专利法保护的对象，即可以申请专利并取得专利权的发明创造。我国《专利法》规定的授予专利权的发明创造是指发明、实用新型和外观设计。

（1）发明。发明是指对产品、方法或者其改进所提出的新的技术方案。关于发明的认定，首先发明不同于发现。发现是揭示自然界原本存在但尚未被人们所认识的事物，是对自然界规律的认识，不能授予专利权。而发明是指所制造的产品或者所提出的方法是前所未有的，是对自然规律的利用；其次，发明是具体的技术方案，即发明必须能够实施，具有达到一定效果的可重复性。

发明包括产品发明和方法发明。产品发明是人们通过研究开发出来的各种新产品、新材料、新物质等。方法发明是指针对各种技术问题的解决提出的新的方案。如用于制造某种产品方法的发明、使用产品方法的发明、通信方法的发明等。

（2）实用新型。实用新型指对产品的形状、构造或其结合所提出的适于实用的新的技术方案。实用新型作为专利法保护的对象，属于发明的范畴，但两者有区别。实用新型仅指具有一定形状的物品的发明，不包括方法的发明；实用新型在技术上的要求比发明低，故称为小发明。

（3）外观设计。外观设计指对产品的形状、图案或者其结合以及色彩与形状、图案的结合所作出的富有美感并适于工业应用的新设计。外观设计必须以产品为依托，以产品的形状、图案和色彩等作要素。外观设计只涉及美化产品的外表和形状，而不涉及产品的制造和设计技术。

此外，对违反法律、社会公德或者妨害公共利益的发明创造，不授予专利权。对违反法律、行政法规的规定获取或者利用遗传资源，并依赖该遗传资源完成的发明创造，不授予专利权。对下列各项，也不授予专利权：①科学发现；②智力活动的规则和方法；③疾病的诊断和治疗方法；④动物和植物品种；⑤用原子核变换方法获得的物质；⑥对平面印刷品的图案、色彩或者二者的结合作出的主要起标识作用的设计。但是，对动物和植物品种的生产方法，可以依照专利法规定授予专利权。

（二）授予专利权的条件

1. 授予发明和实用新型专利权的条件

根据《专利法》规定，授予专利权的发明和实用新型，应当具有新颖性、创造性和实用性。

（1）新颖性。所谓新颖性是指该发明或者实用新型不属于现有技术；也没有任何单位或者个人就同样的发明或者实用新型在申请日以前向国务院专利行政部门提出过申请，并记载在申请日以后公布的专利申请文件或者公告的专利文件中。现有技术，是指申请日以前在国内外为公众所知的技术。

在授予发明和实用新型专利权的条件中，新颖性是首要条件，也是最基本的条件。发明或者实用新型是否具有新颖性，可以从公开的形式、时间和地域三个方面来判断。公开的形式包括书面公开、使用公开和口头公开；公开的时间以申请日为准；公开的地域采用世界性地域标准，即申请日以前该发明和实用新型在国内外均没有公开过。

在某些特殊情况下，尽管申请专利的发明或者实用新型在申请日以前已经公开，但如果在一定期限内提出专利申请的，则不视为丧失新颖性。根据《专利法》第二十四条规定，申请专利的发明创造在申请日以前 6 个月内，有下列情形之一的，不丧失新颖性：①在中国政府主办或承认的国际展览会上首次展出的；②在规定的学术会议或技术会议上首次发表的；③他人未经申请人同意而泄露其内容的。

（2）创造性。创造性是指与现有技术相比，该发明具有突出的实质性特点和显著的进步，该实用新型具有实质性特点和进步。

所谓实质性特点，是指发明创造具有一个或者几个技术特征，与现有技术相比具有本质上的区别。在评定一项发明创造是否具有实质性特点时，不仅要考虑技术方案本身的内容，还要考虑它的目的和效果，并把它们作为一个整体理解。

所谓进步是指与现有技术相比有所发展和进步。如克服了现有技术存在的缺点和不足，或者具有新的优点或效果，或者代表了某种新的技术趋势。

（3）实用性。实用性是指该发明或实用新型能够制造或使用，并且能够产生积极效果。

实用性一般具备三个条件：①具有可实施性，即发明创造必须能够解决技术问题，并且能够在产业上应用，能够制造或者使用；②具有再现性，即所属技术领域的技术人员根据公开的技术内容，能够重复实施专利申请中为解决技术问题所采用的技术方案；③具有有益性，即发明创造能够在经济、技术和社会等领域产生积极和有益的效果。

2. 授予外观设计专利权的条件

根据《专利法》的规定，授予专利权的外观设计，应当不属于现有设计；也没有任何单位或者个人就同样的外观设计在申请日以前向国务院专利行政部门提出过申请，并记载在申请日以后公告的专利文件中。

授予专利权的外观设计与现有设计或者现有设计特征的组合相比，应当具有明显区别。授予专利权的外观设计不得与他人在申请日以前已经取得的合法权利相冲突。本法所称现有设计，是指申请日以前在国内外为公众所知的设计。

（三）专利的申请与审查批准

1. 专利申请的原则

专利申请应当遵循下列原则。

（1）先申请原则。先申请原则是指在两个以上的申请人分别就同样的发明创造申请专利的情况下，对先提出申请的申请人授予专利权。先申请的判断标准是专利申请日。国务院专利行政部门收到专利申请文件之日为申请日，如果申请文件是邮寄的，以寄出的邮戳日为申请日。如果两个以上申请人在同一日分别就同样的发明创造申请专利的，应当在收到专利行政管理部门的通知后自行协商确定申请人。

（2）单一性原则。单一性原则指一件发明或者实用新型专利申请应当限于一项发明或者实用新型。属于一个总的发明构思的两项以上的发明或者实用新型，可以作为一件申请提出。一件外观设计专利申请应当限于一项外观设计。同一产品两项以上的相似外观设计，或者用于同一类别并且成套出售或使用的产品的两项以上外观设计，可以作为一件申请提出。

（3）优先权原则。优先权原则指将专利申请人首次提出专利申请的日期，视为后来一定期限内专利申请人就相同主题在他国或本国提出专利申请的日期。根据《专利法》的规定，申请人自发明或者实用新型在外国第一次提出专利申请之日起 12 个月内，或者自外观设计在外国第一次提出专利申请之日起 6 个月内，又在中国就相同主题提出专利申请的，依照该国同中国签订的协议或者共同参加的国际条约，或者依照相互承认优先权的原则，可以享有优先权。申请人自发明或者实用新型在中国第一次提出专利申请之日起 12 个月内，又向国务院专利行政部门就相同主题提出专利申请的，可以享有优先权。

申请人要求优先权的，应当在申请的时候提出书面声明，并且在 3 个月内提交第一次提出的专利申请文件的副本；未提出书面声明或逾期未提交专利申请文件副本的，视为未要求优先权。

2. 专利的申请

《专利法》规定，申请发明或者实用新型专利的，应当提交请求书、说明书及其摘要和权利要求书等文件。

请求书是申请人请求国务院专利行政部门授予专利权的一种书面文件。请求书应当写明发明或者实用新型的名称，发明人或者设计人的姓名，申请人姓名或名称、地址，以及其他事项。说明书是发明创造内容的具体说明。说明书摘要是对说明书内容的简要说明，其目的在于使非专业人员能够简单了解发明或实用新型的内容。权利要求书是申请人请求确定其专利保护范围的重要法律文件。权利要求书应当以说明书为依据，说明要求专利保护的范围。专利权被授予后，权利要求书是确定发明或者实用新型专利保护范围的依据，也是判定他人是否构成侵权的依据。

3. 专利申请的审查和批准

专利申请的审查和批准是一项发明创造能否获得专利权的决定性程序。我国《专利法》对于发明专利申请，采用“早期公开、延迟审查”的审批制度，具体要经过以下几个阶段。

（1）初步审查并公布专利申请。我国《专利法》第三十四条规定，国务院专利行政部门收到发明专利申请后，经初步审查认为符合本法要求的，自申请日起满 18 个月，即行公布。专利局可以根据申请人的请求早日公布其申请。初步审查主要包括以下内容：专利申请是否具备专利法规定的申请文件和其他必要的文件，以及这些文件是否符合规定的格式；申请专利的主题是否违反国家法律、社会公德或者妨害公共利益，申请专利的主题是否属于不授予专利权的发明。经初步审查公布发明专利申请，是指将申请专利的发明的内容刊登在专利公报上，供公众自由阅览。

（2）请求实质审查和进行实质审查。实质审查是国务院专利行政部门根据申请人的请求，对发明的新颖性、创造性、实用性等实质性条件进行的审查。我国《专利法》第三十五条规定，发明专利申请自申请日起 3 年内，国务院专利行政部门可以根据申请人随时提出的请求，对其申请进行实质审查；申请人无正当理由逾期不请求实质审查的，该申请即被视为撤回。国务院专利行政部门认为必要的时候，可以自行对发明专利申请进行实质审查。

（3）批准专利，授予专利权。我国《专利法》第三十九条规定，发明专利申请经实质审查没有发现驳回理由的，由国务院专利行政部门作出授予发明专利权的决定，发给发明专利证书，同时予以登记和公告。发明专利权公告之日起生效。

（4）申请人对驳回专利申请决定不服的，可以请求复审和起诉。国务院专利行政部门设立专利复审委员会。专利申请人对国务院专利行政部门驳回申请的决定不服的，可以自收到通知之日起 3 个月内，向专利复审委员会请求复审。专利复审委员会复审后，作出决定，并通知专利申请人。专利申请人对专利复审委员会的复审决定不服的，可以自收到通知之日起 3 个月内向人民法院起诉。

此外，我国《专利法》对于实用新型和外观设计专利申请采用“形式审查”的审批制度。实用新型和外观设计专利申请经初步审查发现没有驳回理由的，由国务院专利行政部门作出授予实用新型或者外观设计专利权的决定，发给相应的专利证书，同时予以登记和公告。实用新型专利权和外观设计专利权自公告之日起生效。

发明专利权的期限为 20 年，实用新型和外观设计专利权的期限为 10 年，均自申请日起计算。期满不得续展。

（四）专利实施的强制许可

专利实施的强制许可指国务院专利行政部门依照法定条件和程序颁布的实施专利的一种强制性许可方式。申请人获得这种许可后，不必经专利权人的同意，就可以实施专利。我国《专利法》规定了以下适用专利实施强制许可的三种情况。

（1）具备实施条件的单位或者个人申请予以专利实施的强制许可。《专利法》第四十八条规定，有下列情形之一的，国务院专利行政部门根据具备实施条件的单位或者个人的申请，可以给予实施发明专利或者实用新型专利的强制许可：①专利权人自专利权被授予之日起满 3 年，且自提出专利申请之日起满 4 年，无正当理由未实施或者未充分实施其专利的；②专利权人行使专利权的行为被依法认定为垄断行为，为消除或者减少该行为对竞争产生的不利影响的。

（2）在国家出现紧急状态或非常情况时，或者为了公共利益的目的，国务院专利行政部门可以给予实施发明专利或实用新型专利的强制许可。

（3）一项取得专利权的发明或者实用新型比前已经取得专利权的发明或者实用新型具有显著经济意义的重大技术进步，其实施又有赖于前一发明或者实用新型的实施的，国务院专利行政部门根据后一专利权人的申请，可以给予实施前一发明或者实用新型的强制许可。在给予实施了这种强制许可的情形下，国务院专利行政部门根据前一专利权人的申请，也可以给予实施后一发明或者实用新型的强制许可。

国务院专利行政部门作出的给予强制许可的决定，应当及时通知专利权人，并予以登记和公告。取得实施强制许可的单位或者个人不享有独占的实施权，并且无权允许他人实施。取得实施强制许可的单位或者个人应当付给专利权人合理的使用费，或者依照我国参加的有关国际条约的规定处理使用费问题。付给使用费的，其数额由双方协商；双方不能达成协议的，由国务院专利行政部门裁决。专利权人对国务院专利行政部门关于实施强制许可的决定不服的，专利权人和取得实施强制许可的单位或者个人对国务院专利行政部门关于实施强制许可的使用费的裁决不服的，可以自收到通知之日起 3 个月内向人民法院起诉。

（五）专利权的保护

1. 专利权的保护范围

发明或者实用新型专利权的保护范围以其权利要求的内容为准，说明书及附图可以用于解释权利要求的内容。外观设计专利权的保护范围以表示在图片或者照片中的该产品的外观设计为准，简要说明可以用于解释图片或者照片所表示的该产品的外观设计。

2. 侵害专利权的行为

根据《专利法》的规定，侵害专利权的行为主要包括以下几种。

（1）未经专利权人许可，实施其专利的行为。包括：未经专利权人许可，为生产经营目的制造、使用、许诺销售、销售、进口其专利产品，或者使用其专利方法以及使用、许诺销售、销售、进口该专利方法直接获得的产品；未经专利权人许可，为生产经营目的制造、销售、进口其外观设计专利产品等等。在专利侵权纠纷中，被控侵权人有证据证明其实施的技术或者设计属于现有技术或者现有设计的，不构成侵犯专利权。

（2）假冒他人专利的行为。包括：未经许可，在其制造或销售的产品、产品的包装上标注他人的专利号；未经许可，在广告或者其他宣传材料中使用他人的专利号，使人将所涉及的技术误认为是他人的专利技术；未经许可，在合同中使用他人的专利号，使人将合同涉及的技术误认为是他人的专利技术；伪造或者变造他人的专利证书、专利文件或者专利申请文件；等等。

（3）侵夺发明人或者设计人的非职务发明创造专利申请权以及其他权益的行为。

根据《专利法》的规定，有下列情形之一的，不视为侵犯专利权：①专利产品或者依照专利方法直接获得的产品，由专利权人或者经其许可的单位、个人售出后，使用、许诺销售、销售、进口该产品的；②在专利申请日前已经制造相同产品、使用相同方法或者已经做好制造、使用的必要准备，并且仅在原有范围内继续制造、使用的；③临时通过中国领陆、领水、领空的外国运输工具，依照其所属国同中国签订的协议或共同参加的国际条约，或依照互惠原则，为运输工具自身需要而在其装置和设备中使用有关专利；④专为科学研究和实验而使用有关专利的；⑤为提供行政审批所需要的信息，制造、使用、进口专利药品或者专利医疗器械的，以及专门为其制造、进口专利药品或者专利医疗器械的。

此外，为生产经营目的使用、许诺销售或者销售不知道是未经专利权人许可而制造并售出的专利侵权产品，能证明该产品合法来源的，不承担赔偿责任。

3. 法律责任

（1）民事责任。民事责任主要包括：停止侵权；赔偿损失；消除影响；恢复名誉等。其中，根据《专利法》，侵犯专利权的赔偿数额按照权利人因被侵权所受到的实际损失确定；实际损失难以确定的，可以按照侵权人因侵权所获得的利益确定。权利人的损失或者侵权人获得的利益难以确定的，参照该专利许可使用费的倍数合理确定。赔偿数额还应当包括权利人为制止侵权行为所支付的合理开支。权利人的损失、侵权人获得的利益和专利许可使用费均难以确定的，人民法院可以根据专利权的类型、侵权行为的性质和情节等因素，确定给予1万元以上100万元以下的赔偿。

（2）行政责任。行政责任主要包括：①对未经专利权人许可实施其专利的行为，专利主管部门认定侵权行为成立的，可以责令侵权人立即停止侵权行为；②对假冒他人专利行为，除依法承担民事责任外，由专利主管部门责令改正并予以公告，没收违法所得，可以并处违法所得 4 倍以下的罚款，没有违法所得的，可以处 20 万元以下的罚款；③对侵夺发明人或者设计人的非职务发明创造专利申请权以及其他权益的行为，由所在单位或者上级主管机关给予行政处分；等等。

（3）刑事责任。刑事责任只限于假冒他人专利且情节严重的情形。《中华人民共和国刑法》（以下简称《刑法》）第二百一十六条规定，假冒他人专利，情节严重的，处 3 年以下有期徒刑或拘役，并处或单处罚金。

【案例】王某是甲公司的研究人员，承担了一种节能装置的研制任务，在研制成功前辞职开办乙公司。辞职近 1 年时，王某研制成功了某节能装置，以乙公司的名义申请并获得了专利。丙公司在王某研制成功之前已经研制出该节能装置并开始生产产品。

［试分析］甲公司可以主张该节能装置是王某在甲公司的职务发明吗？为什么？丙公司可以主张拥有对该节能装置的先用权吗？为什么？

【分析】根据《专利法》及其实施细则的规定，发明人或者设计人退职、退休或调动工作后 1 年内作出的，与其在原单位承担的本职工作或者原单位分配的任务有关的发明创造，均属于职务发明创造。在本案中，王某原来是甲公司的研究人员，承担甲公司的节能装置发明工作，从甲公司辞职后 1 年内成功研制了该节能装置，属于职务发明，该专利权应归甲公司享有，王某享有在专利文件中署名的权利。另外，根据《专利法》的规定，在专利申请日前已经制造相同产品、使用相同方法或者已经做好制造、使用的必要准备，并且仅在原有范围内继续制造、使用的享有先用权。本案中丙公司在王某研制成功之前已经研制出该节能装置并开始生产产品，因此拥有先用权。

四、商标法律制度

《中华人民共和国商标法》（以下简称《商标法》）于 1982 年 8 月 23 日第五届全国人民代表大会常务委员会第二十四次会议通过； 1993 年 2 月 22 日、2001 年 10 月 27 日、2013 年 8 月 30 日全国人民代表大会常务委员会三次修正《商标法》。

（一）商标及商标法概述

商标是一种标记，是商品生产者、经营者或者服务项目的提供者为使自己生产、销售的商品或者提供的服务同他人生产、销售的商品或提供的服务区别开来而使用的一种标记。商标权是商标注册后对其注册商标所享有的权利。

商标从不同的角度可以进行以下不同的分类。

（1）按商标的构成要素划分，可将商标分为文字商标、图形商标、数字商标、三维商标、颜色组合商标、声音商标以及上述要素的组合商标。

（2）根据商标的适用对象，可将商标分为商品商标和服务商标。商品商标是用于生产销售的商品上的标记。服务商标用于服务业，以便与其他服务行业相区别的标记。

（3）根据商标的作用和功能，可将商标分为驰名商标、著名商标和知名商标。驰名商标指由国家工商行政管理部门认定的在市场上享有较高声誉并为相关公众所熟知的商标。著名商标指由省级工商行政管理部门认可的，在该行政区域内享有较高声誉和市场知名度的商标。知名商标指由市一级工商行政管理部门认定的，在该行政区划范围内具有较高声誉和知名度的商标。

（4）根据商标的作用和功能，可将商标分为集体商标、证明商标、防御商标、联合商标。集体商标指以团体、协会或其他组织名义注册，供该组织成员在商事活动中使用，以表明使用者在该组织中的成员资格的标志。证明商标指由对某种商品或服务具有监督能力的组织所控制，而由该组织以外的单位或者个人使用于其商品或服务，用以证明该商品或服务的原产地、原料、制造方法、质量或其他特定品质的标志。防御商标是将同一商标注册于不同的商品或服务上，构成一个防御体系，以防止他人在不同商品或服务上使用该商标可能给消费者造成的混淆。联合商标是指将与自己已注册商标相近的商标在相同或类似商品或服务上注册的商标。

（二）商标注册

商标注册是指商标使用人将其使用的商标依照法定的条件和程序，向商标管理机关提出注册申请，经商标管理机关审核批准后，依法取得商标专用权的法律活动。

1. 商标注册的原则

我国《商标法》规定，商标注册应遵循以下基本原则。

（1）自愿注册原则。商标所有人自行决定是否申请商标注册，不注册的商标也可以用，但商标所有人不享有商标专用权。对烟草制品（主要指卷烟、雪茄烟、有包装的烟丝）实行强制性注册。申请卷烟、雪茄烟和有包装烟丝的商标注册的，应当附送国家烟草主管机关批准生产的证明文件。

（2）申请在先原则。两个或两个以上申请人，先后在同一或类似商品或服务上，以相同或类似的商标申请注册的，商标权授予申请在先的人。申请先后的确定以申请日为准。两个或者两个以上的商标注册申请人，在同一种商品或者类似商品上，以相同或者近似的商标申请注册的，初步审定并公告申请在先的商标；同一天申请的，初步审定并公告使用在先的商标，驳回其他人的申请，不予公告。

（3）优先权原则。优先权原则是商标权取得程序中的一项重要原则。根据《商标法》的规定，商标注册申请程序中优先权表现在两个方面：一是商标注册申请人自其商标在外国第一次提出商标注册申请之日起 6 个月内，又在中国就相同商品以同一商标提出商标注册申请的，依照该外国同中国签订的协议或共同参加的国际条约，或者按照相互承认优先权原则，可以享有优先权。申请人依照上述情形要求优先权的，应当在提出商标注册申请的时候提出书面声明，并且在 3 个月内提交第一次提出的商标注册申请文件的副本；未提出书面声明或者逾期未提交商标注册申请文件副本的，视为未要求优先权；二是商标在中国政府主办的或者承认的国际展览会展出的商品上首次使用的，自该商品展出之日起 6 个月内，该商标的注册申请人可以享有优先权。申请人依照上述情形要求优先权的，应当在提出商标注册申请的时候提出书面声明，并且在 3 个月内提交展出其商品的展览会名称、在展出商品上使用该商标的证据、展出日期等证明文件；未提出书面声明或者逾期未提交证明文件的，视为未要求优先权。

（4）分类注册原则。申请商标注册，应当按照公布的商品和服务分类表填报。商品分类表是划分商品或服务类别和进行商标注册管理的重要依据。我国 1988 年 11 月 1 日开始采用《尼斯协定》的商品分类表办理商标注册，1994 年加入尼斯同盟。该协定将商品和服务分为 45 类，其中 34 类商品、11 类服务项目，覆盖了 1 万多个商品和服务项目。商标注册后在其注册类别中享有专用权。注册商标需要在核定使用范围之外的商品上取得商标专用权的，应当另行提出注册申请。商标注册申请允许“一标多类”，商标注册申请人可以通过一份申请就多个类别的商品申请注册同一商标。

（5）诚实信用原则。《商标法》第七条明确规定申请注册和使用商标，应当遵循诚实信用原则。第十九条要求商标代理机构应当遵循诚实信用原则，遵守法律、行政法规，按照被代理人的委托办理商标注册申请或者其他商标事宜。按照诚实信用原则，禁止商标抢注行为，为维护公平竞争的市场秩序提供了法律依据。

2. 商标注册的条件

我国《商标法》对商标注册申请人和申请注册的商标应当具备的条件作出了明确规定。符合规定条件的，国家商标主管机关才能依法授予商标注册人商标专用权。

（1）关于商标注册申请人的条件的规定。《商标法》规定，自然人、法人或者其他组织对其生产、制造、加工、拣选或者经销的商品，需要取得商标专用权的，应当向商标局申请商品商标注册；自然人、法人或者其他组织对其提供的服务项目，需要取得商标专用权的，应当向商标局申请服务商标注册。外国人或者外国企业在中国申请商标注册的，应当按其所属国和中华人民共和国签订的协议或者共同参加的国际条约办理，或者按对等原则办理。

（2）关于商标注册的法定条件和禁用条款的规定。申请注册的商标应当由法定的构成要素构成，具有显著特征，便于识别，并且不得使用法律禁止的标志，不得与他人在先取得的合法权利相冲突。商标注册人有权标明“注册商标”或者注册标记。

根据《商标法》第八条规定，商标的法定构成要素指任何能够将自然人、法人或者其他组织的商品与他人的商品区别开的标志，包括文字、图形、字母、数字、三维标志、颜色组合和声音等，以及上述要素的组合。

根据《商标法》第十条的规定，下列标志不得作为商标使用：①同中华人民共和国的国家名称、国旗、国徽、国歌、军旗、军徽、军歌、勋章等相同或者近似的，以及同中央国家机关的名称、标志、所在地特定地点的名称或者标志性建筑物的名称、图形相同的；②同外国的国家名称、国旗、国徽、军旗等相同或者近似的，但经该国政府同意的除外；③同政府间国际组织的名称、旗帜、徽记相同或者近似的，但经该组织同意或不易误导公众的除外；④与表明实施控制、予以保证的官方标志、检验印记相同或近似的，但经授权的除外；⑤同“红十字”“红新月”的名称、标志相同或者近似的；⑥带有民族歧视性的；⑦带有欺骗性，容易使公众对商品的质量等特点或者产地产生误认的；⑧有害于社会主义道德风尚或有其他不良影响的。另外，县级以上行政区划的地名或公众知晓的外国地名不得作为商标，但是地名具有其他含义或作为集体商标、证明商标组成部分的除外，已经注册的使用地名的商标继续有效。

由于下列标志不具有显著特征，根据《商标法》第十一条的规定，也不得作为商标注册：①仅有本商品的通用名称、图形、型号的；②仅仅直接表示商品的质量、主要原料、功能、用途、重量、数量及其他特点的；③其他缺乏显著特征的。但上述所列标志经过使用取得显著特征，并便于识别的，可以作为商标注册。此外，《商标法》第十二条规定，以三维标志申请注册商标的，仅由商品自身的性质产生的形状、为获得技术效果而需有的商品形状或者使商品具有实质性价值的形状，不得注册。

3. 商标注册的程序

商标注册的第一步是由商标使用人提出申请。

商标注册申请等有关文件，可以以书面方式或者数据电文方式提出。每一件商标注册申请应当向商标局提交《商标注册申请书》1 份、商标图样 1 份；以颜色组合或者着色图样申请商标注册的，应当提交着色图样，并提交黑白稿 1 份；不指定颜色的，应当提交黑白图样。商标图样应当清晰，便于粘贴，用光洁耐用的纸张印制或者用照片代替，长和宽应当不大于 10 厘米，不小于 5 厘米。

以三维标志申请商标注册的，应当在申请书中予以声明，说明商标的使用方式，并提交能够确定三维形状的图样，提交的商标图样应当至少包含三面视图。以颜色组合申请商标注册的，应当在申请书中予以声明，说明商标的使用方式。以声音标志申请商标注册的，应当在申请书中予以声明，提交符合要求的声音样本，对申请注册的声音商标进行描述，说明商标的使用方式。对声音商标进行描述，应当以五线谱或者简谱对申请用作商标的声音加以描述并附加文字说明；无法以五线谱或者简谱描述的，应当以文字加以描述；商标描述与声音样本应当一致。申请注册集体商标、证明商标的，应当在申请书中予以声明，并提交主体资格证明文件和使用管理规则。商标为外文或者包含外文的，应当说明含义。

商标注册的第二步是由商标主管机关就申请注册的商标进行审查与核准，即对申请注册的商标是否符合《商标法》的规定所进行的一系列活动，主要包括审查、公告、核准、复审等。

首先，对申请注册的商标进行审查。商标注册申请人在向商标局管理部门提出商标注册申请后，商标局管理部门依法对申请注册的商标进行形式审查和实质审查。形式审查主要是审查商标注册申请是否具备法定的条件和手续，从而决定对该申请是否受理。实质审查主要是对申请注册的商标是否具有法定的构成要素、商标是否具有显著特征、商标使用的文字、图形是否违背商标法规定的禁用条款以及商标是否同他人已经注册的商标相混同等进行审查。

商标局应当自收到商标注册申请文件之日起 9 个月内审查完毕。在审查过程中，商标局认为商标注册申请内容需要说明或者修正的，可以要求申请人做出说明或者修正。申请人未做出说明或者修正的，不影响商标局做出审查决定。申请注册的商标，凡不符合《商标法》有关规定或者同他人在同一种商品或者类似商品上已经注册的或者初步审定的商标相同或者近似的，由商标局驳回申请。

对驳回申请、不予公告的商标，商标局应当书面通知商标注册申请人。商标注册申请人不服的，可以自收到通知之日起 15 日内向商标评审委员会申请复审。商标评审委员会应当自收到申请之日起 9 个月内做出决定，并书面通知申请人。有特殊情况需要延长的，经国务院工商行政管理部门批准，可以延长 3 个月。当事人对商标评审委员会的决定不服的，可以自收到通知之日起 30 日内向人民法院起诉。

然后，对申请注册的商标予以公告。对通过初步审定公告的商标，商标管理部门予以公告。自公告之日起 3 个月内，在先权利人、利害关系人认为违反《商标法》相关规定的，可以向商标局提出异议。

对初步审定、予以公告的商标提出异议的，商标管理部门应当听取异议人和被异议人陈述事实和理由，经调查核实后，做出决定，并书面通知异议人和被异议人。商标局做出准予注册决定，异议人不服的，可以向商标评审委员会请求宣告该注册商标无效。商标局做出不予注册决定，被异议人不服的，可以向商标评审委员会申请复审。被异议人对商标评审委员会的决定不服的，可以向人民法院起诉。

最后，对申请注册的商标予以核准注册。公告期满无异议或者异议不成立的，对申请注册的商标予以核准注册，发给商标注册证，并予公告。

（三）注册商标的续展、变更、转让和使用许可

1. 注册商标的续展

注册商标的续展是指注册商标所有人在商标注册有效期届满前后的一定时期内，依法办理一定手续延长其注册商标有效期的制度。

根据《商标法》的规定，注册商标的有效期为 10 年，自核准注册之日起计算。经审查异议不成立而准予注册的商标，商标注册申请人取得商标专用权的时间自初审公告 3 个月满之日起计算。注册商标有效期满，需要继续使用的，应当在期满前 12 个月内申请续展注册；在此期间未能提出申请的，可以给予 6 个月的宽展期。宽展期满仍未提出申请的，注销其注册商标。续展注册可以无限制地重复进行，每次续展注册的有效期为 10 年，自该商标上一次有效期满次日起计算。

2. 注册商标的变更

注册商标需要变更注册人的名义、地址或者其他注册事项的，应当提出变更申请。

3. 注册商标的转让

注册商标的转让是指注册商标所有人依法将因注册商标产生的商标权转让给他人的行为。注册商标转让后，原注册商标所有人不再享有该注册商标的专用权，受让人成为该注册商标的所有人，享有商标专用权。

根据《商标法》的规定，转让注册商标的，转让人和受让人应当签订转让协议，并共同向商标管理部门提出申请，受让人应当保证使用该注册商标的商品质量。转让注册商标经核准后，发给受让人相应证明，并予以公告。受让人自公告之日起享有商标专用权。

4. 注册商标的使用许可

注册商标的使用许可是指注册商标所有人通过签订商标使用许可合同，许可他人使用其注册商标，同时收取一定的许可使用费。

根据《商标法》的规定，商标注册人可以通过签订商标使用许可合同，许可他人使用其注册商标。许可人应当监督被许可人使用其注册商标的商品质量，被许可人应当保证使用该注册商标的商品质量。经许可使用他人注册商标的，必须在使用该注册商标的商品上标明被许可人的名称和产品产地。

5. 注册商标的无效宣告

已经注册的商标，不符合商标注册的条件的，或者以欺骗手段或其他不正当手段取得

注册的，由商标管理部门宣告该注册商标无效；其他单位或个人可以请求商标评审委员会宣告该注册商标无效。

已经注册的商标，存在下列情形之一的，自商标注册之日起五年内，在先权利人或者利害关系人可以请求商标评审委员会宣告该注册商标无效。

（1）违反《商标法》第十三条规定，就相同或类似商品申请注册的商标是复制、摹仿或翻译他人未在中国注册的驰名商标；或就不相同或不相类似商品申请注册的商标是复制、摹仿或者翻译他人已经在中国注册的驰名商标，误导公众，致使该驰名商标注册人的利益可能受到损害的。

（2）违反《商标法》第十五条规定，未经授权，代理人或代表人以自己的名义将被代理人的商标进行注册。

（3）违反《商标法》第十六条规定，已注册的商标中有商品的地理标志，而该商品并非来源于该标志所标示的地区，误导公众的。

（4）违反《商标法》第三十一条规定，已注册的商标损害他人现有的在先权利，以不正当手段抢先注册他人已经使用并有一定影响的商标。

对恶意注册的，驰名商标所有人不受五年的时间限制。

（四）商标使用的管理

商标的使用是指将商标用于商品、商品包装或者容器以及商品交易文书上，或者将商标用于广告宣传、展览以及其他商业活动中，用于识别商品来源的行为。商标使用的管理是指商标管理部门对注册商标、未注册商标的使用进行监督管理，并对违反《商标法》规定的侵权行为予以制裁的活动。

1. 对已注册商标使用的管理

使用注册商标，有下列行为之一的，由商标管理部门责令限期改正或撤销其注册商标：①自行改变注册商标的；②自行改变注册商标的注册人名义、地址或其他注册事项的；③注册商标成为其核定使用的商品的通用名称或者没有正当理由连续三年不使用的。

对商标局撤销或者不予撤销注册商标的决定，当事人不服的，可以自收到通知之日起 15 日内向商标评审委员会申请复审。商标评审委员会应当自收到申请之日起 9 个月内做出决定，并书面通知当事人。有特殊情况需要延长的，经国务院工商行政管理部门批准，可以延长 3 个月。当事人对商标评审委员会的决定不服的，可以自收到通知之日起 30 日内向人民法院起诉。法定期限届满，当事人对商标局做出的撤销注册商标的决定不申请复审或者对商标评审委员会做出的复审决定不向人民法院起诉的，撤销注册商标的决定、复审决定生效。被撤销的注册商标，由商标局予以公告，该注册商标专用权自公告之日起终止。

2. 对未注册商标使用的管理

未注册的商标不享有商标专用权，但由于我国对商标注册采取自愿原则，除国家规定必须使用注册商标的商品外，允许商品生产者、经营者或者服务提供者合法使用未注册商标。未注册商标的使用同样涉及商标专用权的保护、商标或者服务质量的保证和消费者利益的保障，因而商标管理工作也包括对未注册商标使用的管理。《商标法》第五十二条规定，将未注册商标冒充注册商标使用的，或者使用的未注册商标属于禁止使用的标志的，由地方工商行政管理部门予以制止，限期改正，并可以予以通报，违法经营额 5 万元以上的，可以处违法经营额百分之二十以下的罚款，没有违法经营额或者违法经营额不足 5 万元的，可以处 1 万元以下的罚款。

【案例】广东阳春市A公司于2008年3月向中国商标局申请为其生产加工的茶叶注册"阳春"商标。4 月 10 日，商标局审查后认为"阳春"是市级以上行政区划名称而驳回申请。A公司向商标评审委员会申请复审。而阳春市B公司一直使用"阳春"为其生产茶叶的商标，但该商标未经商标局核准注册。

［试分析］

（1）商标局驳回A公司申请的决定是否正确？为什么？

（2）如果商标审核委员会经复核后，予以初步审定并最后批准注册，A 公司取得注册商标专用权，那么B公司能否继续使用其未注册的"阳春"商标？

【分析】

（1）商标局驳回申请的决定是不正确的。因为根据商标法规定，县级以上行政区划的名称如果有其他含义的可以作为商标注册。"阳春"一词不仅是地名，更具有特殊含义，如阳春三月。

（2）不能再继续使用。因为 A 公司已取得"阳春"注册商标专用权，B 公司不能继续在相同或相类似的商品上使用该商标。

（五）注册商标的保护

注册商标的专用权，以核准注册的商标和核定使用的商品或服务为限。保护商标专用权是我国《商标法》的核心。对侵犯注册商标专用权的行为，国家用法律的手段予以制裁，以保护商标注册人的合法权益。

1. 侵犯注册商标专用权的行为

根据《商标法》的规定，有下列行为之一的，均属侵犯注册商标专用权：①未经商标注册人的许可，在同一种商品上使用与其注册商标相同的商标的；②未经商标注册人的许可，在同一种商品上使用与其注册商标近似的商标，或者在类似商品上使用与其注册商标相同或者近似的商标，容易导致混淆的；③销售侵犯注册商标专用权的商品的；④伪造、擅自制造他人注册商标标识或者销售伪造、擅自制造的注册商标标识的；⑤未经商标注册人同意，更换其注册商标并将该更换商标的商品又投入市场的；⑥故意为侵犯他人商标专用权行为提供便利条件，帮助他人实施侵犯商标专用权行为的；⑦给他人的注册商标专用权造成其他损害的。

有以下情形之一的，注册商标专用权人无权禁止他人正当使用。

（1）注册商标中含有的本商品的通用名称、图形、型号，或者直接表示商品的质量、主要原料、功能、用途、重量、数量及其他特点，或者含有的地名的；

（2）注册商标中含有的商品自身的性质产生的形状、为获得技术效果而需有的商品形状或者使商品具有实质性价值的形状的；

（3）商标注册人申请商标注册前，他人已经在同一种商品或者类似商品上先于商标注册人使用与注册商标相同或者近似并有一定影响的商标的，注册商标专用权人无权禁止该使用人在原使用范围内继续使用该商标，但可以要求其附加适当区别标识。

2. 商标侵权行为的法律责任

（1）民事责任。侵犯他人注册商标专用权的，应当承担停止侵害、消除影响、赔偿损失等民事责任。

侵犯商标专用权的赔偿数额，按照权利人因被侵权所受到的实际损失确定；实际损失难以确定的，可以按照侵权人因侵权所获得的利益确定；权利人的损失或者侵权人获得的利益难以确定的，参照该商标许可使用费的倍数合理确定。对恶意侵犯商标专用权，情节严重的，可以在按照上述方法确定数额的一倍以上三倍以下确定赔偿数额。赔偿数额应当包括权利人为制止侵权行为所支付的合理开支。

人民法院为确定赔偿数额，在权利人已经尽力举证，而与侵权行为相关的账簿、资料主要由侵权人掌握的情况下，可以责令侵权人提供与侵权行为相关的账簿、资料；侵权人不提供或者提供虚假的账簿、资料的，人民法院可以参考权利人的主张和提供的证据判定赔偿数额。权利人因被侵权所受到的实际损失、侵权人因侵权所获得的利益、注册商标许可使用费难以确定的，由人民法院根据侵权行为的情节判决给予300万元以下的赔偿。

此外，销售不知道是侵犯注册商标专用权的商品，能证明该商品是自己合法取得的并说明提供者的，不承担赔偿责任。

（2）行政责任。侵犯他人注册商标专用权的，应当承担停止侵害、没收、罚款等行政责任。

对侵犯注册商标专用权的行为，工商行政管理部门有权依法查处。工商行政管理部门认定侵权行为成立的，责令立即停止侵权行为，没收、销毁侵权商品和主要用于制造侵权商品、伪造注册商标标识的工具，违法经营额5万元以上的，可以处违法经营额五倍以下的罚款，没有违法经营额或者违法经营额不足5万元的，可以处25万元以下的罚款。对5年内实施两次以上商标侵权行为或者有其他严重情节的，应当从重处罚。销售不知道是侵犯注册商标专用权的商品，能证明该商品是自己合法取得并说明提供者的，由工商行政管理部门责令停止销售。

（3）刑事责任。工商行政管理部门在依法查处侵犯注册商标专用权的行为时，发现涉嫌犯罪的，应当及时移送司法机关依法处理。侵犯注册商标专用权，情节严重的，应当承担管制、拘役、有期徒刑、罚金等刑事责任。

3. 驰名商标的特殊保护

2014年7月3日，国家工商行政管理总局局务会议审议通过《驰名商标认定和保护规定》，并予以公布。

驰名商标是在中国为相关公众所熟知的商标。我国《商标法》第十四条规定，认定驰名商标应当考虑下列因素：①相关公众对该商标的知晓程度；②该商标使用的持续时间；

③该商标的任何宣传工作的持续时间、程度和地理范围；④该商标作为驰名商标受保护的记录；⑤该商标驰名的其他因素。

为了保护驰名商标所有人的合法权益，我国对驰名商标制定了有别于一般商标的特殊保护规定，具体表现在：

（1）就相同或类似商品申请注册的商标是复制、摹仿或翻译他人未在中国注册的驰名商标，容易导致混淆的，不予注册并禁止使用。

（2）就不相同或不相类似商品申请注册的商标是复制、摹仿或翻译他人已经在中国注册的驰名商标，误导公众，致使该驰名商标注册人的利益可能受到损害的，不予注册并禁止使用。

五、知识产权的国际保护

（一）《保护工业产权巴黎公约》

《保护工业产权巴黎公约》简称《巴黎公约》，是最早签订的一项关于保护专利权、商标权的国际公约，也是迄今为止在保护工业产权方面影响最大的国际公约。该《公约》于1883 年 3 月 24 日在法国巴黎签订，于 1884 年 7 月 7 日正式生效。在一百多年历史中，《巴黎公约》前后已作过 8 次修改，现行有效的是 1967 年 7 月 14 日在斯德哥尔摩修订的文本。我国于 1985 年 3 月 19 日起正式成为该公约的成员国。

《巴黎公约》全文共三十条，分为实体与行政两大部分。这里，仅就实体部分的主要内容加以介绍。

1.《巴黎公约》的保护范围

《巴黎公约》把工业产权的保护对象界定为专利、实用新型、外观设计、商标、服务标记、厂商名称、货源标记或原产地名称、制止不正当竞争。同时规定，对工业产权应做最广义的理解，不仅应适用于工业和商业本身，而且也应同样适用于农业和采掘业，适用于一切制成品或天然产品，如酒类、谷物、烟叶、水果、牲畜、矿产品、啤酒等。

2. 国民待遇原则

这是《巴黎公约》的第一个基本原则。《巴黎公约》第二、第三条规定，任何该联盟成员国的国民，在联盟其他成员国国内应享有各该国法律或今后给予该国国民的各种便利，不论他们在该国有无永久住所或营业所。非联盟成员国的国民如果在成员国领土内有永久住所或者有真实的正当的工商营业所者，享有与联盟成员国国民同样的待遇。

按照《巴黎公约》的规定，国民待遇原则适用于各成员国依其国内法律给予本国国民的各种待遇。这里的“国内法律”，不仅包括成文法，而且包括法院判例，还包括工业产权管理部门在行政管理上的惯例。

《巴黎公约》在规定国民待遇原则的同时，也划出了一个在实行国民待遇时允许保留的范围。在涉及工业产权保护领域中，凡是有关司法及行政程序、司法管辖权问题的法律，以及有关文件送达地址、代理人资格问题的法律，各成员国都可以声明保留，即不给外国人以国民待遇。

3. 优先权原则

《巴黎公约》第四条规定，联盟成员国的国民就一项发明、实用新型、外观设计或商标首先在某个成员国提出授权申请，自该项申请提出之日起一定期限内（对发明和实用新型为 12 个月，外观设计和商标为 6 个月），如果该申请人向联盟其他成员国也提出了同样的申请，则联盟其他成员国都必须承认该项申请在第一个国家中递交的日期，并把这一日期看作申请人在本国递交申请的日期。

4. 强制性许可原则

根据《巴黎公约》第五条规定，专利发明自申请之日起满 4 年或自批准专利之日起满 3 年，取得专利权的发明，无正当理由，没有实施或没有完全实施其专利的，专利主管机关可以根据有关单位的请求，给予实施专利的强制许可。此种强制许可不具有专有性，是非独占性的，除了取得强制许可的第三人外，专利权人仍可以自己使用、制造、销售专利发明，仍有权发放专利实施许可证。同时，获得强制许可的第三人只有自己实施发明的权利，不得转让强制许可，除非连同使用该项强制许可的企业一并转让。取得强制许可的第三人仍应付给专利权人合理的报酬。另外，在采取强制许可措施后仍不足以防止专利权人对专利权的滥用时，在颁发第一个强制许可证届满两年后可以撤销该项专利权。

5. 独立性原则

《巴黎公约》第四条第二款、第六款规定，各成员国所授予的专利权和商标权是相互独立的，即各成员国在授权条件、权利期限和权利无效或注销等方面有权根据本国法律的具体规定独立作出决断，不受其他成员国就同一专利或商标所作决断的影响。

6. 驰名商标的保护

根据《巴黎公约》第六条的规定，无论驰名商标本身是否取得了商标注册，各成员国都应禁止他人使用相同或类似驰名商标的商标，拒绝注册与驰名商标相同或类似的商标。

（二）《商标国际注册马德里协定》

《商标国际注册马德里协定》于 1891 年 4 月 14 日缔结，1892 年 7 月 15 日生效。中国于 1989 年 10 月 4 日正式成为该协定的成员国。

《商标国际注册马德里协定》全文共十八条，其中前九条是实质性条款，后九条是行政性条款。该协定的实质性条款的主要内容如下。

1. 商标国际注册

按照《马德里协定》，缔约国国民在本国注册商标之后，可以向世界知识产权组织国际局申请国际注册。国际局审查同意后，即将该商标予以公布，并通知申请人要求给予保护的各缔约国。被要求保护的缔约国接到国际局的通知后，如果不同意接受，应当在 1 年内向国际局提出，并说明同样适用于本国商标的驳回理由。如果在 1 年内未提出驳回，该商标即被认为在该国注册生效。协定还规定，商标国际注册的申请人，必须先在所属国注册，然后由所属国注册当局向国际局提出国际注册的申请。

2. 国际注册的效力和有效期

商标从国际局注册生效的日期起，在未予驳回的有关缔约国发生效力，并得到其承认和保护，如同该商标直接在那里获准注册一样。办理国际注册的每个商标，都享有《巴黎公约》规定的优先权。国际局注册的商标，其有效期为 20 年，期满可以请求续展。续展期也为 20 年，续展期的期限自上一次期限届满时起算。

3. 国际注册与国内注册的关系

《马德里协议》规定，从获准国际注册之日起的 5 年内，如该商标在其所属国已全部或者部分不再享受法律保护，该商标国际注册所得到的法律保护，也全部或部分不再享有权利。但是，从获准国际注册之日起满 5 年以上，这种国际注册与商标所有人在其所属国的注册没有关系。无论在所属国是否全部或部分失去法律保护，都不影响该商标国际注册所产生的权利。

（三）《保护文学艺术作品伯尔尼公约》

《保护文学艺术作品伯尔尼公约》（以下简称《伯尔尼公约》）于 1886 年 9 月签订，中国于 1992 年 10 月 15 日成为该公约的成员国。《伯尔尼公约》的内容，包括三个基本原则、一系列应给予最低限度保护的规定和一些对发展中国家的特殊规定。

1.《伯尔尼公约》的基本原则

（1）国民待遇原则。对于在一个成员国中最初产生的作品，即作者属于该国国民者，或者作品第一次在该国出版者，在每一个其他成员国中必须给予和该成员国给它本国公民的作品一样的保护。

（2）自动保护原则。《伯尔尼公约》第五条第二款规定，受保护作品的作者如果有权依照公约享有和行使国民待遇所提供的有关权利，则不需要履行任何手续，便在一切成员国中受到保护。按照这一原则，只要作者是公约成员国国民或非成员国国民但在成员国有惯常住所或作品首先在成员国内出版，那么，该作者的作品就自动在所有成员国内享有著作权。这里的"不需要履行任何手续"是指无需登记注册，无需交样书，也无需在作品上加注任何形式的标记。

（3）独立保护原则。《伯尔尼公约》还规定了著作权独立保护原则，即各成员国所提供的著作权保护不受作品在起源国受保护状况的影响，亦即在符合公约中最低限度保护要求的前提下，作品所受到的保护程度以及为保护作者权利而向其提供的补救方法完全由被要求给予保护的国家的法律规定。

2.《伯尔尼公约》的最低保护标准

《伯尔尼公约》对成员国在作品的保护范围、提供的著作权保护方面提出了最低保护标准的要求，具体规定如下。

关于作品的保护范围，应当包括文学、科学及艺术领域中的每一种作品，不论它们的表现形式如何，起码应包括如下作品：书、小册子及其他文学作品；讲演及其同类作品；戏剧作品；哑剧；配有或不配有文字的音乐作品；电影作品；绘画、雕刻、摄影等艺术作品；地理学、建筑学、解剖学或科学方面的图表、图式及主体作品。

关于著作权的范围，各成员国不仅应保护作者的经济权利，还应保护作者的精神权利；作者的经济权利，起码要包括翻译权、公演权、广播权、复制权、改编权等，但这些专用权要受到“合理使用”的限制。

关于作品版权的保护期，不得少于作者有生之年加死后五十年。

（四）《世界版权公约》

《世界版权公约》于 1955 年 9 月生效，我国于 1992 年 10 月 30 日成为该公约的成员国。《世界版权公约》共有正文二十一条和两个附加议定书，各种规定大都是原则性的。《世界版权公约》的主要内容如下。

1. 国民待遇原则

该公约对国民待遇原则的规定比《伯尔尼公约》中的规定相对要简单一些，但在适用国民待遇时都以作者的“人身标准”和作品的“地理标准”为附属条件，都采取“作者国籍”和“作品国籍”为标准，同时也规定将经常居住成员国内的外国人及无国籍人视为本国国民。因此，从总体上看两个公约的国民待遇原则大致是相同的。

2. 附条件的自动保护原则

附条件的自动保护原则也叫非自动保护原则，它是照顾到一些国家诸如泛美公约联盟国家不实行自动保护的传统，采取的一种变通的协调方法。按照这一原则，凡出版的作品，必须在首次出版时在每一份复制品上都加注“版权标记”，方能享有公约的版权国际保护。版权标记有 3 项内容：标有 C 字样，版权所有者的姓名和首次出版的年份。注明版权标记的书页，在中国出版业称为版权页。

3. 保护范围

公约要求成员国对文学、科学、艺术三大类作品的作者及其版权所有者的权利应提供充分有效的保护，并确定了成员国至少保护的 7 种具体作品，即文学作品、音乐作品、戏剧作品、电影作品、绘画作品、雕刻作品和雕塑作品。但文学作品中，如法律条文、司法判决、公开场合的演讲、新闻报道等，成员国有权不予保护。此外，口头作品显然未列入《公约》保护的范围。与《伯尔尼公约》相比较，《世界版权公约》保护的主体范围要宽些。它不仅保护作者，还保护版权所有者，诸如作者的雇主、委托作品的委托人、电影制片人等作品的原始所有人；而《伯尔尼公约》只保护作者的权利。但《世界版权公约》在保护的客体上要少得多，并且范围较明确，而在《伯尔尼公约》中就详细列出了 30 多种受保护的作品。

4. 版权的保护期限

一般情况下，受《公约》保护的作品的保护期不得少于作者有生之年及其死后二十五年。但是，如果某成员国在《公约》对其生效之前，国内立法中已将作品的保护期规定为自该作品首次出版后一段时间，则可以保持其规定，但不得少于自作品首次出版之日起二十五年。

5.《世界版权公约》的效力

《世界版权公约》的规定，如与《伯尔尼公约》条款发生矛盾时，服从《伯尔尼公约》；各国之间达成的协定，如与《世界版权公约》的条款发生矛盾时，服从《世界版权公约》。

思考练习题

一、选择题

1. 李某创作了一篇学术论文，发表后被多家杂志社、网站无偿转载。王某将该论文翻译成英文，张某将该论文翻译成维吾尔族文，均未经李某同意就在国内出版，也未支付李某任何报酬。下列哪一个观点是正确的？（　　）

A. 杂志社、网站转载该学术论文的行为不构成侵权

B. 王某和张某的行为不构成侵权

C. 王某的行为构成侵权，张某的行为不构成侵权

D. 王某的行为不构成侵权，张某的行为构成侵权

2. 根据我国《商标法》的规定，下列哪项可以作为商标提出注册申请？（　　）

A. "熊猫牌"衬衣　　B. "韩国牌"化妆品

C. "红十字"感冒药　　D. "锋利牌"菜刀

3. 在相同商品上申请注册类似商标，甲公司使用在先，乙公司申请在先，商标专用权应当授予（　　）。

A. 甲公司　　B. 乙公司

C. 甲公司和乙公司　　D. 双方协商确定

4. 下列各项中，依法可以申请方法专利的是（　　）。

A. 心脏病治疗方法　　B. 教师上课的方法

C. 稻谷新品种　　D. 食品真空保鲜的方法

5. 某研究所工作人员甲在工作之余自行完成了一项发明创造，但其利用的辅助物质条件来源于研究所。关于该发明创造，下列表述正确的是（　　）。

A. 属于职务发明，专利申请权归研究所　　B. 属于职务发明，专利申请权归甲

C. 属于非职务发明，专利申请权归研究所　　D. 属于非职务发明，专利申请权归甲

二、判断题

1. 公民的作品，其发表权、署名权、修改权、保护作品完整权、财产权利的保护期为作者终生及其死亡之后五十年，截止于作者死亡之后第五十年的 12 月 31 日。（　　）

2. 发明专利权的期限是二十年，实用新型和外观设计专利权的期限为十年，均自申请日起计算。期满可以续展。（　　）

3. 为生产经营目的使用、许诺销售或者销售不知道是未经专利权人许可而制造并售出的专利侵权产品，能证明该产品合法来源的，不承担赔偿责任。（　　）

4. 县级以上行政区划的地名或公众知晓的外国地名不得作为商标。但是地名具有其他含义或作为集体商标、证明商标组成部分的除外。已经注册的使用地名的商标继续有效。（　　）

5. 注册商标中含有的本商品的通用名称、图形、型号，或者直接表示商品的质量、

主要原料、功能、用途、重量、数量及其他特点，或者含有的地名，注册商标专用权人有权禁止他人正当使用。（ ）

三、简答题

1. 简述著作权的保护期限。
2. 授予专利权必须具备哪些条件？
3. 简述关于驰名商标的特殊保护。

四、案例分析

2011 年起甲公司自行研制生产自行车，2012 年 8 月 18 日，甲公司向商标局提出申请注册“健特”牌商标使用在其生产的自行车上。乙公司于 2012 年年初开始生产自行车，并于 2012 年 8 月 18 日向商标局提出“健特”牌商标的注册申请。同时，丙家具厂一直使用“健特”牌商标在其生产的家具上，但没有提出商标注册申请。

试分析：

（1）商标局应该将“健特”牌商标专用权授予哪家公司？为什么？

（2）商标局授予“健特”牌商标专用权后，其他公司能否继续使用“健特”牌商标在其生产的商品上？为什么？

第三节　竞争法律制度

【本节重点】

1. 不正当竞争的行为的类型。
2. 垄断行为的类型。

【引例】

360 诉腾讯垄断案

360 诉腾讯垄断案最初源于 2010 年的“3Q 大战”。360 方面称，起因是腾讯模仿 360 安全卫士推出“QQ 医生”(后改名为 QQ 电脑管家)。2010 年 2 月 12 日，腾讯以其 QQ 升级时默认捆绑的方式，全面推广“QQ 医生”这款产品，打响了“3Q 大战”的第一枪。随后，360 则推出了一款名为“360 扣扣保镖”的安全工具。360 称该工具全面保护 QQ 用户的安全，包括阻止 QQ 查看用户隐私文件、防止木马盗取 QQ 以及给 QQ 加速，过滤广告等功能。腾讯对此反应强烈，2010 年 11 月 3 日晚 6 点发布《致广大 QQ 用户的一封信》，宣布在装有 360 软件的计算机上停止运行 QQ 软件，用户必须卸载 360 软件才可登录 QQ，强迫用户“二选一”，导致大量用户被迫删除了 360 的软件，两公司强烈对抗。

在工信部的调停下，腾讯恢复兼容 360 软件，两公司分别向用户致歉。随后两家的战场由计算机变为法律，腾讯起诉 360 不正当竞争，360 则起诉腾讯垄断。360 认为，腾讯长期以来滥用其市场支配地位，使用模仿、捆绑、交叉补贴等方式强行推广自己的产品，尤其是在2010年11月3日，腾讯为打压360安全产品，强迫用户“二选一”的行为，是垄断法中典型限制交易行为，应依法承担停止侵权并赔偿损失的民事责任。双方相互提起三起诉讼案件，其中360起诉腾讯垄断一案尤为引人注目。2014年10月16日上午，最高人民法院对该案作出判决，认定腾讯旗下的QQ并不具备市场支配地位，360终审败诉。

评析：

竞争立法是保障我国社会主义市场经济正常运行的重要法律。市场经济的本质特点是由市场对社会资源的配置起基础作用，而市场是通过竞争来配置资源的，因此，每一个市场经济国家都立法维护正常有序的竞争环境。我国也相继制定实施了《中华人民共和国反不正当竞争法》（以下简称《反不正当竞争法》）和《中华人民共和国反垄断法》（以下简称《反垄断法》）。

腾讯强迫用户“二选一”，这直接关系到广大互联网用户的切身利益，在当时引起了社会的广泛关注，是互联网领域和反垄断领域的“世纪大案”。案件的审理，不但对互联网行业竞争秩序的完善影响重大，而且对其他行业的竞争秩序的完善和反垄断法案件的审理也起到重要的借鉴意义。

在该案中，QQ作为一个即时通信的互联网平台，国内占有率超过2/3，法院认定QQ并不具备市场支配地位，是从全球市场的范围来判断的结果。因此，即使案件已经审结，个中的争议亦未尘埃落定。诉讼中，腾讯推出了微信产品，有稀释QQ的市场份额的考虑。

从这个案例我们可以看到，有了竞争法律的调整，行业竞争日趋规范有序，而充分的市场竞争，又促使经营者不断推陈出新，创造出更新更好的产品，形成更合理的市场交易条件，给社会经济发展和消费者都带来福祉。

一、反不正当竞争法

（一）反不正当竞争法概述

反不正当竞争法是调整在制止不正当竞争行为过程中发生的社会关系的法律规范的总称。反不正当竞争法的调整对象是在市场竞争过程中发生的社会关系，即市场竞争关系，它包括在确立反不正当竞争管理监督体制中发生的关系，在确定不正当竞争行为中发生的关系以及在制裁不正当竞争行为中发生的关系。

1993年9月2日，第八届全国人大常委会第三次会议通过了《反不正当竞争法》，该法于1993年12月1日起施行。2007年1月12日，最高人民法院发布了《最高人民法院关于审理不正当竞争民事案件应用法律若干问题的解释》（法释〔2007〕2号）。这是我国《反不正当竞争法》的主要渊源。

1. 反不正当竞争法的立法宗旨

《反不正当竞争法》第一条规定，为保障社会主义市场经济健康发展，鼓励和保护公平竞争，制止不正当竞争行为，保护经营者和消费者的合法权益，制定本法。由此规定可以看出，我国《反不正当竞争法》主要有以下立法宗旨：一是保障社会主义市场经济的健康发展。作为调整市场竞争关系的反不正当竞争法，其首要目标是要保护竞争机制，维护社会经济秩序，使整个社会经济能够正常而有效地运转。二是鼓励和保护公平竞争，制止不正当竞争。不正当竞争则以故意规避法律或者直接违反法律、政策为前提，以牟取非法利益为目的，采取不符合法律、政策的规定，或者与正当商业交往格格不入的行为作为竞争手段，损害了消费者和其他经营者的合法权益，破坏了社会主义市场经济的健康发展。三是保护经营者和消费者的合法权益。反不正当竞争法既要维护整个社会经济秩序，又要对具体的受害经营者和消费者的利益给予充分的保护。这不仅有利于恢复被不正当竞争行为破坏了的经济秩序，而且还有利于鼓励和引导经营者和消费者依法维护自己的合法权益。

2. 国外有关反不正当竞争法简介

随着自由竞争资本主义向垄断资本主义发展，以垄断、限制交易为主要内容的不正当竞争行为日益增多。美国 1879 年出现了第一个托拉斯组织——洛克菲勒美孚石油公司，其后，在其他行业也都出现了托拉斯组织。托拉斯给社会经济生活的各个方面带来很多问题，矛盾与冲突日益增加。因此，1890 年美国通过了第一部反托拉斯法《谢尔曼法》，该法禁止以契约或以托拉斯的形式共谋控制贸易，并将此规定为犯罪。《谢尔曼法案》成了公认的现代意义上反不正当竞争法建立的标志。

此后，有关公约或协定相继产生。1894 年，由 32 个国家参加的《关于制裁虚假的或易误解的商品来源标记马德里协定》在马德里签订并通过；1900 年，世界知识产权组织签订的《保护工业产权巴黎公约》在布鲁塞尔修订时，将反不正当竞争写进了公约。1929 年，泛美公约也规定了反不正当竞争问题，公约列举了各种不正当竞争实例并规定缔约国应以立法形式对此类行为给予制裁并使受害者得到赔偿。

（二）不正当竞争的行为

根据《反不正当竞争法》第二条规定，不正当竞争是指经营者在竞争中违反本法规定，损害其他经营者的合法权益，扰乱社会经济秩序的行为。本法所称的经营者，是指从事商品生产、经营或提供服务的自然人、法人和非法人组织。如下是《反不正当竞争法》第二章规定的各种不正当竞争行为。

1. 混淆行为

经营者不得实施下列混淆行为，引人误认为是他人商品或者与他人存在特定联系：

（1）擅自使用与他人有一定影响的商品名称、包装、装潢等相同或者近似的标识；

（2）擅自使用他人有一定影响的企业名称（包括简称、字号等）、社会组织名称（包括简称等）、姓名（包括笔名、艺名、译名等）；

（3）擅自使用他人有一定影响的域名主体部分、网站名称、网页等；

（4）其他足以引人误以为是他人商品或者与他人存在特定联系的混淆行为。

2. 商业贿赂行为

经营者不得采用财物或者其他手段贿赂下列单位或者个人，以谋取交易机会或者竞争优势：

（1）交易相对方的工作人员；

（2）受交易相对方委托办理相关事务的单位或者个人；

（3）利用职权或者影响力影响交易的单位或者个人。

经营者在交易活动中，可以以明示方式向交易相对方支付折扣，或者向中间人支付佣金。经营者向交易相对方支付折扣、向中间人支付佣金的，应当如实入账。接受折扣、佣金的经营者也应当如实入账。

经营者的工作人员进行贿赂的，应当认定为经营者的行为；但是，经营者有证据证明该工作人员的行为与为经营者谋取交易机会或者竞争优势无关的除外。

3. 利用广告进行虚假宣传

经营者不得对其商品的性能、功能、质量、销售状况、用户评价、曾获荣誉等作虚假或者引人误解的商业宣传，欺骗、误导消费者。经营者不得通过组织虚假交易等方式，帮助其他经营者进行虚假或者引人误解的商业宣传。

经营者具有下列行为之一，足以造成相关公众误解的，可以认定为引人误解的虚假宣传行为：一是对商品作片面的宣传或者对比的；二是将科学上未定论的观点、现象等当作定论的事实用于商品宣传的；三是以歧义性语言或者其他引人误解的方式进行商品宣传的。而以明显的夸张方式宣传商品，不足以造成相关公众误解的，不属于引人误解的虚假宣传行为。人民法院应当根据日常生活经验、相关公众一般注意力、发生误解的事实和被宣传对象的实际情况等因素，对引人误解的虚假宣传行为进行认定。

4. 侵犯商业秘密的行为

商业秘密是指不为公众所知悉，能为权利人带来经济利益，具有实用性并经权利人采取保密措施的技术信息和经营信息。商业秘密具有秘密性、价值性、实用性这三个特性。《反不正当竞争法》规定以下几种情况属侵犯商业秘密：

（1）以盗窃、贿赂、欺诈、胁迫或者其他不正当手段获取权利人的商业秘密；

（2）披露、使用或者允许他人使用以前项手段获取的权利人的商业秘密；

（3）违反约定或者违反权利人有关保守商业秘密的要求，披露、使用或者允许他人使用其所掌握的商业秘密。

第三人明知或者应知商业秘密权利人的员工、前员工或者其他单位、个人实施前款所列违法行为，仍获取、披露、使用或者允许他人使用该商业秘密的，视为侵犯商业秘密。

5. 不正当的有奖销售行为

这种行为是指经营者在市场交易中，违反有关法律法规的规定，采取欺骗性的有奖销售手段推销商品的行为。具体包括：

（1）所设奖的种类、兑奖条件、奖金金额或者奖品等有奖销售信息不明确，影响兑奖；

（2）采用谎称有奖或者故意让内定人员中奖的欺骗方式进行有奖销售；

（3）抽奖式的有奖销售，最高奖的金额超过五万元。

6. 诋毁竞争对手商业信誉的行为

经营者不得编造、传播虚假信息或者误导性信息，损害竞争对手的商业信誉、商品声誉。商业信誉和商品声誉对经营者而言是至关重要，良好的信誉往往是经过长期努力逐渐形成的。经营者的商业信誉和商品声誉遭受不法侵害后往往遭致商品滞销的严重后果，诋毁竞争对手商业信誉的行为是一种严重危害公平竞争秩序的违法行为。

7. 网络不正当行为

经营者利用网络从事生产经营活动，应当遵守法律法规。经营者不得利用技术手段，通过影响用户选择或者其他方式，实施下列妨碍、破坏其他经营者合法提供的网络产品或者服务正常运行的行为：

（1）未经其他经营者同意，在其合法提供的网络产品或者服务中，插入链接、强制进行目标跳转；

（2）误导、欺骗、强迫用户修改、关闭、卸载其他经营者合法提供的网络产品或者服务；

（3）恶意对其他经营者合法提供的网络产品或者服务实施不兼容；

（4）其他妨碍、破坏其他经营者合法提供的网络产品或者服务正常运行的行为。

【案例】甲公司生产的“凤岗”牌白酒，在国内市场上较有名气，属于驰名商品。后来，乙公司推出“凤岗”牌高粱酒，其酒瓶形状和瓶贴标签的图样、色彩与“凤岗”牌几乎一样，但使用的注册商标、商品名称以及公司名称地址均不同。

［试分析］乙公司的行为是否构成不正当竞争？为什么？

【分析】乙公司的行为构成不正当竞争。《反不正当竞争法》的规定，经营者不得擅自使用与他人有一定影响的商品名称、包装、装潢等相同或者近似的标识，引人误认为是他人商品或者与他人存在特定联系。擅自使用他人有一定影响的商品名称、包装、装潢等行为是商标侵权行为，也是不正当竞争行为。本案中，甲公司“凤岗”牌白酒属于驰名商标，有一定市场影响力。乙公司属于擅自使用与他人相同或近似的包装、装潢，属于不正当竞争行为。

（三）对涉嫌不正当竞争行为的调查

监督检查部门调查涉嫌不正当竞争行为，可以采取下列措施：

（1）进入涉嫌不正当竞争行为的经营场所进行检查；

（2）询问被调查的经营者、利害关系人及其他有关单位、个人，要求其说明有关情况或者提供与被调查行为有关的其他资料；

（3）查询、复制与涉嫌不正当竞争行为有关的协议、账簿、单据、文件、记录、业务函电和其他资料；

（4）查封、扣押与涉嫌不正当竞争行为有关的财物；

（5）查询涉嫌不正当竞争行为的经营者的银行账户。

采取上述规定的措施，应当向监督检查部门主要负责人书面报告，并经批准。采取其中第（4）项、第（5）项规定的措施，应当向设区的市级以上人民政府监督检查部门主要负责人书面报告，并经批准。监督检查部门调查涉嫌不正当竞争行为，应当遵守《中华人民共和国行政强制法》和其他有关法律、行政法规的规定，并应当将查处结果及时向社会公开。

监督检查部门调查涉嫌不正当竞争行为，被调查的经营者、利害关系人及其他有关单位、个人应当如实提供有关资料或者情况。监督检查部门及其工作人员对调查过程中知悉的商业秘密负有保密义务。对涉嫌不正当竞争行为，任何单位和个人有权向监督检查部门举报，监督检查部门接到举报后应当依法及时处理。监督检查部门应当向社会公开受理举报的电话、信箱或者电子邮件地址，并为举报人保密。对实名举报并提供相关事实和证据的，监督检查部门应当将处理结果告知举报人。

（四）不正当竞争行为的法律责任

1. 民事责任

经营者违反《反不正当竞争法》的规定，给被侵害的经营者造成损害的，应当承担损害赔偿的民事责任。被侵害的经营者的损失难以计算的，赔偿数额为侵权人在侵权期间因侵权所获得的利润，并应当承担被侵害的经营者因调查该经营者侵害其合法权益的不正当竞争行为所支付的合理费用。经营者实施混淆或者侵犯他人商业秘密的不正当竞争行为的，权利人因被侵权所受到的实际损失、侵权人因侵权所获得的利益难以确定的，由人民法院根据侵权行为的情节判决给予权利人三百万元以下的赔偿。这是承担不正当竞争行为损害赔偿责任的一般原则。

2. 行政责任

（1）经营者实施混淆行为的，由监督检查部门责令停止违法行为，没收违法商品。违法经营额五万元以上的，可以并处违法经营额五倍以下的罚款；没有违法经营额或违法经营额不足五万元的，可以并处二十五万元以下的罚款。情节严重的，吊销营业执照。经营者登记的企业名称存在混淆行为的，应当及时办理名称变更登记；名称变更前，由原企业登记机关以统一社会信用代码代替其名称。

（2）经营者实施商业贿赂行为的，由监督检查部门没收违法所得，处十万元以上三百万元以下的罚款。情节严重的，吊销营业执照。

（3）经营者对其商品作虚假或者引人误解的商业宣传，或者通过组织虚假交易等方式帮助其他经营者进行虚假或者引人误解的商业宣传的，由监督检查部门责令停止违法行为，处二十万元以上一百万元以下的罚款；情节严重的，处一百万元以上二百万元以下的罚款，可以吊销营业执照。经营者发布虚假广告的，依照《中华人民共和国广告法》的规定处罚。

（4）经营者侵犯他人商业秘密的，由监督检查部门责令停止违法行为，处十万元以上五十万元以下的罚款；情节严重的，处五十万元以上三百万元以下的罚款。

（5）经营者实施不正当的有奖销售的，由监督检查部门责令停止违法行为，处五万元以上五十万元以下的罚款。

（6）经营者损害竞争对手商业信誉、商品声誉的，由监督检查部门责令停止违法行为、消除影响，处十万元以上五十万元以下的罚款；情节严重的，处五十万元以上三百万元以下的罚款。

（7）经营者妨碍、破坏其他经营者合法提供的网络产品或者服务正常运行的，由监督检查部门责令停止违法行为，处十万元以上五十万元以下的罚款；情节严重的，处五十万元以上三百万元以下的罚款。

经营者从事不正当竞争，有主动消除或者减轻违法行为危害后果等法定情形的，依法从轻或者减轻行政处罚；违法行为轻微并及时纠正，没有造成危害后果的，不予行政处罚。

经营者从事不正当竞争，受到行政处罚的，由监督检查部门记入信用记录，并依照有关法律、行政法规的规定予以公示。

经营者因从事不正当竞争而应承担民事责任、行政责任和刑事责任，其财产不足以支付的，优先用于承担民事责任。

妨害监督检查部门依照本法履行职责，拒绝、阻碍调查的，由监督检查部门责令改正，对个人可以处五千元以下的罚款，对单位可以处五万元以下的罚款，并可以由公安机关依法给予治安管理处罚。

当事人对监督检查部门作出的决定不服的，可以依法申请行政复议或者提起行政诉讼。

监督检查部门的工作人员滥用职权、玩忽职守、徇私舞弊或者泄露调查过程中知悉的商业秘密的，依法给予处分。

3. 刑事责任

经营者实施不正当竞争行为，构成犯罪的，依法追究其刑事责任。

二、反垄断法

（一）垄断的概念和分类

垄断是指少数企业凭借其经济实力对生产和市场进行控制，并在一定的市场领域内从实质上限制竞争的一种市场状态。垄断可根据市场占有的情况，分为独占垄断、寡头垄断和联合垄断。独占垄断也称为完全垄断，是指一家企业对整个行业的生产、销售和价格有完全的排他性的控制能力，在该行业内部不存在任何竞争。寡头垄断是指市场上只有为数不多的企业生产、销售某种特定的产品或者服务，每个企业都占有一定的市场份额，对价格实施了排他性的控制，但它们相互之间又存在一定的竞争。联合垄断是指多个相互间有竞争关系并有相当经济实力的企业，通过限制竞争协议等形式，联合控制某一行业市场的状态。

（二）《反垄断法》所规制的垄断行为

《反垄断法》是调整国家在制止市场主体以控制市场为目的的反竞争行为过程中所发生的经济关系的法律规范的总称。我国《反垄断法》于 2007 年 8 月 30 日第十届全国人民代表大会常务委员会第二十九次会议通过，于 2008 年 8 月 1 日起正式施行。2012 年 1 月 30 日，最高人民法院通过了《关于审理因垄断行为引发的民事纠纷案件应用法律若干问题的规定》，该司法解释自 2012 年 6 月 1 日起施行。《反垄断法》调整的主要是具有竞争关系的经营者之间的法律关系。《反垄断法》将各种垄断行为分为垄断协议、滥用市场支配地位、经营者集中和滥用行政权力排除、限制竞争四类。

1. 垄断协议

垄断协议是指两个或两个以上的经营者以协议、决议或其他协同行为实施的限制竞争的行为。垄断协议主要有横向垄断协议、纵向垄断协议与行业协会组织的垄断协议。

横向垄断协议又称水平垄断协议，是指两个或两个以上因经营同类产品或服务而在生产或销售过程中处于同一经营阶段的同业竞争者之间的垄断协议。《反垄断法》禁止的横向垄断协议包括：①固定或者变更商品价格；②限制商品的生产数量或者销售数量；③分割销售市场或者原材料采购市场；④ 限制购买新技术、新设备或者限制开发新技术、新产品；⑤联合抵制交易；⑥ 国务院反垄断执法机构认定的其他垄断协议。

纵向垄断协议又称垂直垄断协议，是指两个或两个以上在同一产业中处于不同阶段而有买卖关系的企业间的垄断协议。《反垄断法》禁止的纵向垄断协议包括：①固定向第三人转售商品的价格。转售是指转售市场中的转售者通过批量购买经营者的服务，再将其零售给个人和企业客户，通过赚取其中的差价来盈利的行为。②限定向第三人转售商品的最低价格。③国务院反垄断执法机构认定的其他垄断协议。

《反垄断法》第十六条规定，行业协会不得组织本行业的经营者从事依法禁止的垄断行为。

此外，《反垄断法》还规定了垄断协议的例外情形。若经营者证明所达成的协议不会严重限制相关市场的竞争，并且能够使消费者分享由此产生的利益，不构成垄断协议。《反垄断法》第十五条规定，经营者能够证明所达成的协议属于下列情形之一的，不适用关于禁止垄断协议的规定：①为改进技术、研究开发新产品的；②为提高产品质量、降低成本、增进效率，统一产品规格、标准或者实行专业化分工的；③为提高中小经营者经营效率，增强中小经营者竞争力的；④为实现节约能源、保护环境、救灾救助等社会公共利益的；⑤因经济不景气，为缓解销售量严重下降或者生产明显过剩的；⑥为保障对外贸易和对外经济合作中的正当利益的；⑦法律和国务院规定的其他情形。

2. 滥用市场支配地位

市场支配地位是指经营者在相关市场内具有能够影响、控制商品价格、数量或其他交易条件，或者能够阻碍、影响其他经营者进入相关市场能力的市场地位。“市场支配地位”的界定要从该经营者在相关市场的市场份额、财力和技术条件、其他经营者进入相关市场的难易程度等因素来判断。

禁止具有市场支配地位的经营者从事下列滥用市场支配地位的行为：①以不公平的高价销售商品或者以不公平的低价购买商品；②没有正当理由，以低于成本的价格销售商品；③没有正当理由，拒绝与交易相对人进行交易；④没有正当理由，限定交易相对人只能与其进行交易或者只能与其指定的经营者进行交易；⑤没有正当理由搭售商品，或者在交易时附加其他不合理的交易条件；⑥没有正当理由，对条件相同的交易相对人在交易价格等交易条件上实行差别待遇；⑦国务院反垄断执法机构认定的其他滥用市场支配地位的行为。

3. 经营者集中

经营者集中是指经营者通过合并，资产购买，股份购买，合同约定（联营、合营），人事安排，技术控制等方式取得对其他经营者的控制权或者能够对其他经营者施加决定性影响的情形。“集中”这个概念在德国叫卡特尔，美国则称之为托拉斯。

《反垄断法》第二十条规定了经营者集中的三种情形：①经营者合并。经营者合并是指两个或两个以上的企业通过订立合并协议，根据相关法律合并为一家企业的法律行为。②经营者通过取得股权或者资产的方式取得对其他经营者的控制权。③经营者通过合同等方式取得对其他经营者的控制权或者能够对其他经营者施加决定性影响。例如，委托经营、联营，或者通过合同控制其他经营者的人事、财务安排或者其他重要决策，也属于经营者集中的方式之一。

经营者集中达到国务院规定的申报标准的，经营者应当事先向国务院反垄断执法机构申报，未申报的不得实施集中。经审查，经营者集中具有或者可能具有排除、限制竞争效果的，反垄断执法机构应当作出禁止经营者集中的决定。但是，经营者能够证明该集中对竞争产生的有利影响明显大于不利影响，或者符合社会公共利益的除外。对不予禁止的经营者集中，反垄断执法机构可以决定附加减少集中对竞争产生不利影响的限制性条件。

4. 滥用行政权力排除、限制竞争

滥用行政权力排除、限制竞争亦称行政垄断或行政性垄断，是指拥有行政权力的政府机关以及其他依法具有管理公共事务职能的组织滥用行政权力，排除、限制竞争的各种行为。判断是否构成滥用行政权力排除、限制竞争，一般应考虑以下因素：①从行为的实施者来看，必须是行政机关或者依照法律、法规授权具有管理公共事务职能的其他组织。这两类主体的特点是均拥有一定的行政权力。②行为主体实施了“滥用行政权力”的行为。③该行为产生了破坏市场机制、损害公平竞争秩序，排除或者限制竞争的严重后果。

关于滥用行政权力排除、限制竞争，《反垄断法》的规定主要如下。

（1）行政机关和法律、法规授权的具有管理公共事务职能的组织不得滥用行政权力，限定或者变相限定单位或者个人经营、购买、使用其指定的经营者提供的商品。

（2）行政机关和法律、法规授权的具有管理公共事务职能的组织不得滥用行政权力，实施下列行为，妨碍商品在地区之间的自由流通：对外地商品设定歧视性收费项目、实行歧视性收费标准，或者规定歧视性价格；对外地商品规定与本地同类商品不同的技术要求、检验标准，或者对外地商品采取重复检验、重复认证等歧视性技术措施，限制外地商品进入本地市场；采取专门针对外地商品的行政许可，限制外地商品进入本地市场；设置关卡或者采取其他手段，阻碍外地商品进入或者本地商品运出；妨碍商品在地区之间自由流通的其他行为。

（3）行政机关和法律、法规授权的具有管理公共事务职能的组织不得滥用行政权力，以设定歧视性资质要求、评审标准或者不依法发布信息等方式，排斥或者限制外地经营者参加本地的招标投标活动。

（4）行政机关和法律、法规授权的具有管理公共事务职能的组织不得滥用行政权力，采取与本地经营者不平等待遇等方式，排斥或者限制外地经营者在本地投资或者设立分支机构。

（5）行政机关和法律、法规授权的具有管理公共事务职能的组织不得滥用行政权力，强制经营者从事本法规定的垄断行为。

（6）行政机关不得滥用行政权力，制定含有排除、限制竞争内容的规定。

（三）对涉嫌垄断行为的调查

1. 反垄断调查采取的措施

反垄断执法机构依法对涉嫌垄断行为进行调查。对涉嫌垄断行为，任何单位和个人有权向反垄断执法机构举报。反垄断执法机构应当为举报人保密。举报采取书面形式并提供相关事实和证据的，反垄断执法机构应当进行必要的调查。

反垄断执法机构调查涉嫌垄断行为，可以采取下列措施：①进入被调查的经营者的营业场所或者其他有关场所进行检查；②询问被调查的经营者、利害关系人或者其他有关单位或者个人，要求其说明有关情况；③查阅、复制被调查的经营者、利害关系人或者其他有关单位或者个人的有关单证、协议、会计账簿、业务函电、电子数据等文件、资料；④查封、扣押相关证据；⑤查询经营者的银行账户。

2. 执法机构和被调查经营者的权利与义务

反垄断执法机构调查涉嫌垄断行为，执法人员不得少于二人，并应当出示执法证件。执法人员进行询问和调查，应当制作笔录，并由被询问人或者被调查人签字。反垄断执法机构及其工作人员对执法过程中知悉的商业秘密负有保密义务。被调查的经营者、利害关系人或者其他有关单位或者个人应当配合反垄断执法机构依法履行职责，不得拒绝、阻碍反垄断执法机构的调查。被调查的经营者、利害关系人有权陈述意见。反垄断执法机构应当对被调查的经营者、利害关系人提出的事实、理由和证据进行核实。

3. 反垄断调查的中止和终止

反垄断执法机构对涉嫌垄断行为调查核实后，认为构成垄断行为的，应当依法作出处理决定，并可以向社会公布。对反垄断执法机构调查的涉嫌垄断行为，被调查的经营者承诺在反垄断执法机构认可的期限内采取具体措施消除该行为后果的，反垄断执法机构可以决定中止调查。中止调查的决定应当载明被调查的经营者承诺的具体内容。反垄断执法机构决定中止调查的，应当对经营者履行承诺的情况进行监督。经营者履行承诺的，反垄断执法机构可以决定终止调查。有下列情形之一的，反垄断执法机构应当恢复调查：①经营者未履行承诺的；②作出中止调查决定所依据的事实发生重大变化的；③中止调查的决定是基于经营者提供的不完整或者不真实的信息作出的。

（四）法律责任

经营者、行政机关和法律、法规授权的具有管理公共事务职能的组织及其直接负责的主管人员和其他直接责任人员、反垄断执法机构工作人员等，违反《反垄断法》的有关规定的，依法应当承担相应的法律责任。

（1）经营者达成并实施垄断协议的，由反垄断执法机构责令停止违法行为，没收违法所得，并处上一年度销售额 1%以上 10%以下的罚款；尚未实施所达成的垄断协议的，可以处 50 万元以下的罚款。经营者主动向反垄断执法机构报告达成垄断协议的有关情况并提供重要证据的，反垄断执法机构可以酌情减轻或者免除对该经营者的处罚。行业协会违反本法规定，组织本行业的经营者达成垄断协议的，反垄断执法机构可以处 50 万元以下的罚款；情节严重的，社会团体登记管理机关可以依法撤销登记。

（2）经营者滥用市场支配地位的，由反垄断执法机构责令停止违法行为，没收违法所得，并处上一年度销售额 1%以上 10%以下的罚款。

（3）经营者违反法律规定实施集中的，由国务院反垄断执法机构责令停止实施集中、限期处分股份或者资产、限期转让营业以及采取其他必要措施恢复到集中前的状态，可以处 50 万元以下的罚款。

（4）行政机关和法律、法规授权的具有管理公共事务职能的组织滥用行政权力，实施排除、限制竞争行为的，由上级机关责令改正；对直接负责的主管人员和其他直接责任人员依法给予处分。反垄断执法机构可以向有关上级机关提出依法处理的建议。法律、行政法规对行政机关和法律、法规授权的具有管理公共事务职能的组织滥用行政权力实施排除、限制竞争行为的处理另有规定的，依照其规定。

（5）对反垄断执法机构依法实施的审查和调查，拒绝提供有关材料、信息，或者提供虚假材料、信息，或者隐匿、销毁、转移证据，或者有其他拒绝、阻碍调查行为的，由反垄断执法机构责令改正，对个人可以处 2 万元以下的罚款，对单位可以处 20 万元以下的罚款；情节严重的，对个人处 2 万元以上 10 万元以下的罚款，对单位处 20 万元以上 100 万元以下的罚款；构成犯罪的，依法追究刑事责任。

（6）反垄断执法机构工作人员滥用职权、玩忽职守、徇私舞弊或者泄露执法过程中知悉的商业秘密，构成犯罪的，依法追究刑事责任；尚不构成犯罪的，依法给予行政处分。

思考练习题

一、选择题

1. 根据《反不正当竞争法》的规定，下列行为属于不正当竞争行为中的混淆行为的是（　　）。

A. 甲厂在其产品说明书中作夸大其词的不实说明

B. 乙商场在有奖销售中把所有的奖券刮奖区都印上“谢谢惠顾”字样

C. 丙厂的矿泉水使用“清风”商标，而“清风矿泉水厂”是当地另一知名矿泉水厂的企业名称

D. 丁酒厂将其在当地评奖会上的获奖证书复印在所有的产品包装上

2. 以下行为属于不正当竞争的是（ ）。

A. 季节性降价

B. 擅自使用与他人有一定影响的商品名称、包装、装潢等相同或者近似的标识

C. 侵犯商业秘密行为

D. 利用广告进行虚假宣传

3. 根据《反不正当竞争法》的规定，抽奖式的有奖销售，其最高奖的金额不得超过（ ）。

A. 10000 元 B. 30000 元 C. 50000 元 D. 60000 元

4. 根据《反垄断法》的规定，下列（ ）选项构成垄断协议。

A. 某品牌的汽车刹车系统有缺陷的事实被公布后，十几家汽车销售公司联合声明拒绝销售该品牌汽车

B. 数家钢铁企业就采用一种新型安全生产技术达成一致意见

C. 某行业协会组织本行业的企业就防止进口某商品时的恶性竞争达成保护性协议

D. 五家大型房地产公司的代表就商品房价格达成共识，随后一致采取涨价行动

5. 根据《反垄断法》的规定，对于经营者从事的下列滥用市场支配地位的行为，反垄断执法机构进行违法性认定时，无须考虑行为是否有正当理由的是（ ）。

A. 搭售商品 B. 以不公平的高价销售商品

C. 拒绝与交易相对人进行交易 D. 限定交易相对人只能与其进行交易

二、判断题

1. 经营者擅自使用对他人有一定影响的域名主体部分、网站名称、网页等。（ ）

2. 以盗窃、利诱、胁迫或者其他不正当竞争手段获取权利人的商业秘密，构成不正当竞争行为。（ ）

3. 没有正当理由，限定交易相对人只能与其进行交易或者只能与其指定的经营者进行交易，属于滥用市场支配地位。（ ）

4. 反垄断执法机构调查涉嫌垄断行为，执法人员不得少于三人，并应当出示执法证件。执法人员进行询问和调查，应当制作笔录，并由被询问人或者被调查人签字。（ ）

5. 经营者集中达到国务院规定的申报标准的，经营者应当事先向国务院反垄断执法机构申报，未申报的不得实施集中。（ ）

三、简答题

1. 简述不正当竞争的行为的类型。

2. 简述《反垄断法》规定的垄断行为的类型。

3. 《反垄断法》规定的垄断协议有哪几种？

第四节 产品质量法

【本节重点】

1. 产品质量的监督管理制度。
2. 产品质量法律责任。

【引例】 产品质量法案例

2015 年 8 月 10 日，吴某从甲超市购买了 6 瓶某牌子的啤酒，该啤酒的生产厂家为乙啤酒厂。晚饭时，李某接受吴某的宴请，打开其中一瓶啤酒，啤酒突然爆炸，弹起的瓶盖击中李某的眼睛，玻璃碎片溅起将李某的脸、胳膊多处划伤。李某住院治疗花去 2000 元。李某要求超市赔偿其全部医疗费及误工费、营养费。超市认为啤酒爆炸伤人不应由超市负责，而应该由该啤酒的生产厂家乙啤酒厂负责。经有关部门鉴定，结论如下：由于瓶内啤酒的压力严重超过规定标准导致啤酒爆炸，责任在于乙啤酒厂。李某向所在地方人民法院起诉，要求超市和乙啤酒厂赔偿他因啤酒爆炸所遭受的损失。最后，人民法院认为超市作为销售者，在进货时已经检查了啤酒的产品合格证，对于产品质量事故的发生没有过错，遂判决乙啤酒厂承担产品质量责任。

评析：

制定《产品质量法》，旨在加强质量监督管理，提高产品质量水平；明确产品质量责任；保护消费者的合法权益，维护社会经济秩序。我国《产品质量法》第二十六条对产品质量责任作了明确的规定，生产者应当对其生产的产品质量负责。产品质量应符合下列要求：不存在危及人身、财产安全的不合理的危险，有保障人体健康和人身、财产安全的国家标准、行业标准的，应当符合该标准。乙啤酒厂生产的啤酒瓶内压力严重超标，导致啤酒爆炸，存在着危及人身、财产安全的危险，没有达到产品质量要求。因此，法院判决乙啤酒厂承担产品质量责任是有法律依据的。该判决保障了消费者李某的合法权益，使其人身损害得到赔偿，同时，也将促使乙啤酒厂提高其产品质量水平。

当前，我国正在进行供给侧改革。我国供给的矛盾不是量上不够，而是质上不足。供给侧改革的重点不是数量的增加，而是质量和效率的改善。只有加大有效供给，增加优质供给，才能更好地提振消费信心，激活消费需求，释放消费潜力，促进经济转型升级。因此，应把提升质量作为新常态下经济发展的目标和内生动力之一。现行的产品质量法律制度偏重对质量问题的政府管理，而对于质量发展和质量促进仍是空白，迫切需要制定质量促进性立法进行有益补充，为质量强国建设提供制度保障。

一、产品质量立法概况

产品质量是指国家有关法律法规、质量标准以及合同规定的对产品适用、安全和其他特性的要求。产品质量法是指调整生产者、销售者以及监督管理过程中，因产品质量而发生的各种社会关系的法律规范的总称。

1993 年 2 月 22 日，第七届全国人民代表大会常务委员会第三十次会议通过的《产品质量法》。2000 年 7 月 8 日，第九届全国人民代表大会常务委员会第十六次会议对产品质量法进行了修正。《产品质量法》的内容主要包括产品质量的监督管理、生产者和销售者的产品质量和义务、产品质量损害赔偿、违反产品质量法应承担的法律责任等。在产品质量的法律关系中，主体是生产者、销售者、使用者、消费者、有关的社会团体和中介机构以及质量监督管理机构；客体是产品和行为（监督行为，制造、销售等行为）。《产品质量法》所称产品是指经过加工、制作，用于销售的产品。建设工程不属于《产品质量法》的“产品”范围。

在《中华人民共和国消费者权益保护法》（以下简称《消费者权益保护法》）、《反不正当竞争法》《中华人民共和国食品安全法》（以下简称《食品安全法》）、《中华人民共和国标准化法》（以下简称《标准法》）、《中华人民共和国计量法》（以下简称《计量法》）等法律、法规中也有关于产品质量的规定。为了明确产品质量责任，强化产品生产者、经营者的法律责任，《中华人民共和国侵权责任法》（以下简称《侵权责任法》）第五章“产品责任”对产品责任作了专门的规定。我国现行《刑法》设置了“生产、销售伪劣商品罪”，为更有效地制裁制造销售伪劣商品违法犯罪行为，维护市场经济秩序提供了法律依据。

二、我国产品质量的监督管理制度

产品质量的监督制度是指国家有关部门及由有关部门授权的质量技术监督机构、消费者组织和个人，依照一定的标准体系或者合同要求，采用一定的技术和法律手段，对生产者和销售者生产经营的产品质量进行检查、监督、处罚、奖励的制度体系，包括产品质量的监督体制、标准制度、认证制度、监督检查及检验制度等。

（一）产品质量监督管理体制

我国产品质量监督实行分级管理体制。国务院产品质量监督部门主管全国产品质量监督工作。我国目前的国务院产品质量监督机构是国家质量监督检验检疫总局，国务院其他有关部门在各自的职责范围内负责产品质量监督工作。县级以上地方产品质量监督部门主管本行政区域内的产品质量监督工作，县级以上地方人民政府其他有关部门在各自的职责范围内负责产品质量监督工作。

此外，根据《产品质量法》，任何单位和个人有权对违反《产品质量法》规定的行为向产品质量监督部门或其他有关部门检举，产品质量监督部门和有关部门应当为检举人保密，并按照有关规定给予奖励。消费者有权就产品质量问题，向产品的生产者、销售者查询，向产品质量监督部门、工商行政管理部门及有关部门申诉。保护消费者权益的社会组织可以就消费者反映的产品质量问题建议有关部门负责处理，支持消费者对因产品质量造成的损害向人民法院起诉。

由此，我国逐步建立了统一监督与分工监督，国家监督与社会监督、消费者监督相结合的产品质量监督体制。

（二）产品质量监督管理制度

1. 产品质量标准制度

产品质量要符合有关标准。标准是生产、流通、科研和建设工程等活动中通用的技术依据。产品质量的标准化制度，是关于产品质量标准的制定、实施、监督检查的各项规定的总和，它是产品质量监督和管理的依据和基础。国家鼓励推行科学的质量管理办法，采用先进的科学技术，鼓励企业产品质量达到并且超过行业标准、国家标准和国际标准。根据《标准化法》的规定，企业生产的产品质量标准分为国家标准、行业标准、地方标准和企业标准。《产品质量法》主要规定产品质量标准监督方面的内容。《产品质量法》规定，产品应当符合一定的标准。对于可能危及人体健康和人身、财产安全的工业产品，必须符合保障人体健康和人身、财产安全的国家标准、行业标准；未制定国家标准、行业标准的，必须符合保障人体健康和人身、财产安全的要求。禁止生产、销售不符合保障人体健康和人身、财产安全的标准和要求的工业产品。

2. 产品生产许可证制度

为了保证产品安全，国家实行生产许可证制度。2005 年 9 月 1 日起实施的《工业产品生产许可证管理条例》规定，国家对生产关系公共安全、人体健康、生命财产安全的重要工业产品的企业实行生产许可证制度。国务院工业产品生产许可证主管部门会同有关部门并征求消费者协会及行业协会的意见，制定国家实行生产许可证的工业产品目录。任何企业未取得生产许可证不得生产列入目录的产品，任何单位和个人不得销售或者在经营活动中使用未取得生产许可证的列入目录的产品。

3. 质量认证制度

质量认证包括企业质量体系认证和产品质量认证。

（1）企业质量体系认证。这是指依据国际通用的“质量管理和质量保证”系列标准，经过认证机构对企业的质量体系进行审核，通过颁发认证证书的形式，证明企业的质量体系和质量保证能力符合相应要求的活动。

目前国际上通用的质量管理系列标准，是指 ISO（International Organization for Standardization），即国际标准化组织于 1987 年 3 月发布的质量体系标准。ISO 是由各国标准化团体（ISO 成员团体）组成的世界性联合会。代表中国的组织为国家标准化管理委员会（Standardization Administration of the People’s Republic of China，SAC）。ISO 质量体系标准包括 ISO9000、ISO10000 及 ISO14000 三种系列。ISO9000 标准明确了质量管理和质量认证体系，适用于生产型及服务型企业，包括三个体系标准和八条指导方针。现在采用此标准、获得认证已被认为是通向国际市场的通行证。我国现已采用了 ISO 9000 标准。ISO10000 标准为从事审核质量管理和质量认证体系提供了指导方针。ISO14000 标准则明确了环境质量管理体系。

（2）产品质量认证。这是指依据产品标准和相应技术要求，经认证机构确认并通过颁发认证证书和认证标志来证明某一产品符合相应标准和相应技术要求的活动。产品质量认证分为安全认证和合格认证，是证明某一产品符合特定标准或技术规范。带有认证标志产品的生产企业要接受认证机构的复查，确保出厂的认证产品持续稳定符合规定标准要求。

产品质量认证不同于企业质量体系认证。产品质量认证的对象是某种特定的产品，企业质量体系认证的对象是企业保证产品质量的综合能力。经认证合格的，由认证机构颁发产品质量认证证书，准许企业在产品或者其包装上使用产品质量认证标志。仅获得企业质量体系认证证书的企业，不得在其产品上使用产品质量认证标志。

4. 产品质量的监督检查制度

产品质量的监督检查制度是产品质量监督部门依据行政职权，对生产、流通领域的产品实行质量监督的一项制度。

产品质量监督检查以抽查为主要方式。通常重点抽查以下三类产品：一是可能危及人体健康和人身、财产安全的产品；二是影响国计民生的重要工业产品；三是消费者、有关组织反映有质量问题的产品。抽查的样品应当在市场上或者企业成品仓库内的待销产品中随机抽取。产品质量监督部门应当定期发布其监督抽查的产品的质量状况公告。监督抽查所需的检验费用按照国务院规定列支，不得向被检查人收取。

生产者、消费者对抽查检验结果有异议的，可以自收到检验结果之日起 15 日内向实施监督抽查的产品质量监督部门申请复检，由受理复检的产品质量监督部门作出复检结论。逾期不改正的，由省级以上人民政府质量监督部门予以公告；公告后经复查仍不合格的，责令停业，限期整顿；整顿期满后经复查产品质量仍不合格的，吊销营业执照。监督抽查的产品有严重质量问题的，给予罚款、没收等处罚。构成犯罪的，依法追究刑事责任。

三、生产者、销售者的产品质量责任和义务

《产品质量法》中规定的生产者、销售者的产品质量责任，实际上是指生产者和销售者对产品质量应承担的义务。由于产品的设计、制造是保证产品质量最重要的环节之一，因此，各国产品质量立法在确定产品质量责任和义务主体时，通常把重点放在生产者一方。而产品的销售者是产品实现其使用价值的中间环节，也应当承担一定的产品质量责任和义务。

1. 生产者的产品质量责任和义务

生产者应当对其生产的产品质量负责。产品质量应符合下列要求。

（1）保证产品内在质量符合要求，包括：第一，不存在危及人身、财产安全的不合理的危险，有保障人体健康和人身、财产安全的国家标准、行业标准的，应当符合标准；第二，具备产品应当具备的使用性能，但是，对产品存在使用性能的瑕疵作出说明的除外；第三，符合在产品或者其包装上注明采用的产品标准，符合以产品说明、实物样品等方式表明的质量状况。

（2）生产者生产的产品或者其包装上的标识必须真实，并符合下列要求：第一，有产品质量检验合格证明；第二，有中文标明的产品名称、生产厂厂名和厂址；第三，根据产

品的特点和使用要求，需要标明产品规格、等级、所含主要成分的名称和含量的，用中文相应予以标明；需要事先让消费者知晓的，应当在外包装上标明，或者预先向消费者提供有关资料；第四，限期使用的产品，应当在显著位置清晰地标明生产日期和安全使用期或者失效日期；第五，使用不当，容易造成产品本身损坏或者可能危及人身、财产安全的产品，应当有警示标志或者中文警示说明；第六，易碎、易燃、易爆、有毒、有腐蚀性、有放射性等危险物品以及储运中不能倒置和其他有特殊要求的产品，其包装质量必须符合相应要求，依照国家有关规定作出警示标志或者中文警示说明，标明储运注意事项。裸装食品，根据产品特点难以附加标识的除外。

（3）不得违反法律的禁止性规定：第一，不得生产国家明令淘汰的产品；第二，不得伪造产地，不得伪造或者冒用他人的厂名、厂址；第三，不得伪造或者冒用认证标志等质量标志；第四，生产的产品不得掺杂、掺假，不得以假充真、以次充好，不得以不合格产品冒充合格产品。

2. 销售者的产品质量责任和义务

销售者必须履行以下产品质量责任和义务。

（1）进货时的产品质量验收义务。销售者应当建立并执行进货检查验收制度，验明产品合格证明和其他标识。

（2）进货后的产品质量保持义务。销售者应当采取措施，保持销售产品的质量。

（3）不得违反法律的禁止性规定：第一，不得销售国家明令淘汰并停止销售的产品和失效、变质的产品；第二，不得伪造产地、伪造或冒用他人的厂名、厂址；第三，不得伪造或冒用认证标志等质量标志；第四，销售产品不得掺杂、掺假，不得以假充真，以次充好、以不合格品冒充合格品。

四、产品质量法律责任

产品责任和产品质量责任是两个概念。产品责任，又称产品缺陷责任，是指产品的生产者、销售者及有关机构和有关人员，因其生产或销售的产品有缺陷，造成消费者、使用者或者他人人身、财产的损害而应承担的一种民事赔偿责任。产品责任是一种特殊的侵权责任，在当事人之间存在合同关系的情况下，还可能出现违约责任的竞合。

产品质量责任则是一个综合性的概念，也是一种综合责任。产品质量责任是指行为人违反《产品质量法》所应承担的各种消极法律后果。这里的“行为人”不仅包括产品的生产者、销售者，而且包括对产品质量负有直接责任的人员以及从事产品质量监督的国家工作人员。各种“消极法律后果”既包括因产品缺陷而给他人造成人身、财产损失时，由生产者和销售者依法应承担的产品责任，也包括违反《合同法》《标准化法》等法律法规应当承担的责任；既包括民事责任，也包括行政责任和刑事责任。

（一）产品质量民事责任

生产者、销售者违反产品质量义务承担民事责任，可以分为两种情形：其一是因一般产品质量问题引发的民事责任，即产品瑕疵担保责任；其二是因缺陷产品造成人身、财产损害的民事责任，即产品侵权损害赔偿责任。

1. 产品瑕疵担保责任

产品瑕疵担保责任是指销售者违反关于产品质量的保证和承诺应当承担的法律责任。其中，产品瑕疵是指产品不具备良好的特性，不符合明示采用的产品标准或质量状况。从广义上讲，产品瑕疵包括产品存在危及人身、财产安全的不合理的危险；从狭义上讲，产品瑕疵是指产品存在除不合理危险之外的其他质量问题。

（1）承担产品瑕疵担保责任的条件。承担产品瑕疵担保责任的条件包括两个方面：一是产品不具备应当具备的使用性能而事先未作说明；二是产品质量不符合明示担保条件。承担产品瑕疵担保责任的主体是销售者，因为销售者是买卖合同关系中的出卖人，是最直接的当事人。

（2）销售者承担产品瑕疵担保责任的方式和期限。销售者承担产品瑕疵担保责任的方式是修理、更换、退货、赔偿；其中赔偿的范围，是给购买产品的一方造成的误工费、运输费、交通费等损失。承担瑕疵担保责任的期限是在明示的保证期内，国家对明示的保证期限有明确规定的，按国家有关规定执行，否则可由生产者或销售者在产品或包装标识上自我承诺并予以明示。此外，关于承担产品修、换、退的先后次序，国家有明确规定的按规定执行；无明确规定的，可由买卖双方在合同中明确；如合同中未明确的，销售者应按消费者的要求承担修、换、退货责任。销售者承担了对其销售的产品的瑕疵担保责任后，可依据法律和合同的规定进行追偿。

2. 产品侵权损害赔偿责任

产品侵权损害赔偿责任是指产品存在缺陷，造成了消费者或他人人身财产损失，缺陷产品的生产者、销售者依法应承担的法律责任。按国际有关产品侵权责任的公约，产品侵权损害赔偿责任也称为产品责任。

（1）生产者的侵权损害赔偿责任。生产者承担产品侵权损害赔偿责任必须满足三个条件：①产品存在缺陷；②造成了人身伤害或财产损失的损害事实；③产品缺陷与损害事实之间存在着必然的因果关系。其中，缺陷是指产品存在危及人体健康，人身、财产安全的不合理的危险。缺陷可分为设计缺陷、制造缺陷、原材料缺陷、指示缺陷。产品存在缺陷是生产者承担产品责任的前提条件。

生产者对产品存在缺陷造成的损害承担严格责任。只要生产者生产的产品存在缺陷，对他人人身或财产造成了损害，生产者即使没有过错也要负赔偿责任。对生产者采用严格责任的归责原则，有利于促使生产者努力保证和提高产品质量。但有以下情况之一，生产者能证明的，可免除产品责任：①未将产品投入流通的；②产品投入流通时，引起损害的缺陷尚不存在；③将产品投入流通时的科学技术水平尚不能发现缺陷的存在。

（2）销售者的侵权损害赔偿责任。销售者实行过错责任和无过错责任并用的归责原则。即由于销售者的过错使产品存在缺陷，造成他人人身、财产损害的，销售者适用过错责任的归责原则；销售者不能指明缺陷产品的生产者也不能指明缺陷产品的供货者的，将销售者视为生产者，适用无过错责任归责原则。

缺陷产品的受害人可以向产品生产者或销售者中的任何一方要求赔偿，先行赔偿的一方有权向负责任方追偿。

关于缺陷损害赔偿的范围，《产品质量法》第四十四条规定，因产品存在缺陷，造成受害人人身伤害的，侵害人应当赔偿医疗费、治疗期间的护理费、因误工减少的收入等费用；造成残疾的，还应当支付残疾者生活自助具费、生活补助费、残疾赔偿金以及由其扶养的人所必需的生活费等费用；造成受害人死亡的，并应当支付丧葬费、死亡赔偿金以及死者生前扶养的人所必需的生活费等费用。因产品存在缺陷造成受害人财产损失的，侵害人应当恢复原状或折价赔偿，受害人因此遭受其他重大损失的，侵害人应当赔偿损失。

因产品缺陷造成损害要求赔偿的诉讼时效期间为 3 年，自当事人知道或应当知道其权益受到损害时起计算。因产品存在缺陷造成损害要求赔偿的请求权，在造成损害的缺陷产品交付最初消费者满 10 年丧失，但尚未超过明示的安全使用期的除外。

【案例】李某伙同张某从甲电风扇厂盗窃四台尚在试产阶段的家庭用电风扇，两人各分得两台。李某将其中一台电风扇以 100 元价格卖给王某（王某对该电风扇的来源并不知情）。王某在使用时，被飞出的扇页击中左边眼睛，导致左眼受伤。王某以扇叶设计及制造存在缺陷为由向甲电风扇厂提出索赔。

［试分析］王某是否有权向电风扇厂索赔？

【分析】王某无权向甲电风扇厂要求赔偿。虽然电风扇厂的产品存在缺陷，但《产品质量法》规定，未将产品正式投入流通的，生产者对缺陷产品造成的人身、财产损害不承担赔偿责任。

（二）产品质量行政责任、刑事责任

（1）对生产、销售不符合保障人体健康和人身、财产安全的国家标准、行业标准的产品的处罚。生产不符合保障人体健康和人身、财产安全的国家标准、行业标准的产品的，责令停止生产、销售，没收违法生产、销售的产品，并处违法生产、销售产品货值金额等值以上 3 倍以下的罚款；有违法所得的，并处没收违法所得；情节严重的，吊销营业执照；构成犯罪的，依法追究刑事责任。

（2）对生产、销售伪劣产品的处罚。生产者、销售者在产品中掺杂、掺假，以假充真，以次充好，或者以不合格产品冒充合格产品的，责令停止生产、销售，没收违法生产、销售的产品，并处违法生产、销售产品货值金额 50%以上 3 倍以下的罚款；有违法所得的，并处没收违法所得；情节严重的，吊销营业执照；构成犯罪的，依法追究刑事责任。

（3）对生产、销售国家明令淘汰的产品的处罚。生产国家明令淘汰的产品的，销售国家明令淘汰并停止销售的产品的，责令停止生产、销售，没收违法生产、销售的产品，并处违法生产、销售产品货值金额等值金额以下的罚款；有违法所得的，并处没收违法所得；情节严重的，吊销营业执照。

（4）对销售失效、变质产品的处罚。销售失效、变质的产品的，责令停止销售，没收违法销售的产品，并处违法销售产品货值金额 2 倍以下的罚款；有违法所得的，并处没收违法所得；情节严重的，吊销营业执照；构成犯罪的，依法追究刑事责任。

（5）对伪造产品产地、他人厂名和厂址及质量标志的处罚。生产者、销售者伪造产品产地的，伪造或者冒用他人厂名、厂址的，伪造或者冒用认证标志等质量标志的，责令改正，没收违法生产、销售的产品，并处违法生产、销售产品货值金额等值以下的罚款；有违法所得的，并处没收违法所得；情节严重的，吊销营业执照。

（6）对产品标识不符合《产品质量法》规定的处罚。产品标识不符合《产品质量法》规定的，责令改正；有包装的产品标识不符合《产品质量法》规定，情节严重的，责令停止生产、销售，并处违法生产、销售产品货值金额 30%以下的罚款；有违法所得的，并处没收违法所得。

五、产品质量纠纷的解决

1. 产品质量民事纠纷的解决途径

《产品质量法》规定，因产品质量发生民事纠纷时，当事人可以通过协商或者调解解决。当事人不愿通过协商、调解解决或者协商、调解不成的，可以根据当事人各方的协议向仲裁机构申请仲裁；当事人各方没有达成仲裁协议的，可以向人民法院起诉。

2. 当事人对行政处罚决定不服的解决途径

当事人对行政处罚决定不服的，可以直接按照《中华人民共和国行政复议法》（以下简称《行政复议法》）的有关规定申请复议，也可以按照《中华人民共和国行政诉讼法》（以下简称《行政诉讼法》）的有关规定直接向人民法院起诉。

3. 遵循民事赔偿责任优先原则

在实际生活中，违反《产品质量法》规定的行为人，在实施某一违法行为时，可能需要承担几种不同的法律责任，包括民事赔偿责任和行政罚款、刑事罚金等。在行为人的财产不足以同时支付时，为了维护民事违法行为受害者的合法权益，《产品质量法》确立了民事赔偿责任优先的原则，即行为人违反《产品质量法》规定，应当承担民事赔偿责任和行政罚款、刑事罚金的，当其财产不足以同时支付时，应先承担民事赔偿责任。

思考练习题

一、选择题

1. 依照《产品质量法》的规定，下列产品中，（　　）属于该法所称的产品。

A. 大米　　B. 冰毒

C. 建筑工程　　D. 原油

2. 我国《产品质量法》规定，生产者承担产品责任的归责原则是（　　）。

A. 过失责任原则　　B. 严格责任原则

C. 过错责任原则　　D. 公平责任原则

3. 因产品存在缺陷造成损害要求赔偿的请求权，在产品交付最初消费者满一定期限后丧失，但尚未超过明示安全使用期的除外，该一定期限是（　　）。

A. 2 年　　　　　　B. 3 年　　　　　　C.5 年　　　　　　D.10 年

二、判断题

1. 生产者承担产品侵权损害赔偿责任必须满足三个条件，包括：产品存在缺陷；造成了人身伤害或财产损失的损害事实；产品缺陷与损害事实之间存在着必然的因果关系。（　　）

2. 质量认证包括企业质量体系认证和产品质量认证。（　　）

3. 我国《产品质量法》规定，销售者对产品存在缺陷造成的损害承担严格责任，生产者实行过错责任和无过错责任并用的归责原则。（　　）

三、简答题

1. 生产者可免除产品责任的情形有哪些?

2. 简述我国《产品质量法》关于产品生产者的禁止性义务。

3. 简述产品责任的构成要件。

四、案例分析

某年 1 月，陈某从甲商场购买了一条 A 厂生产的电热毯。在正常使用的过程中，电热毯漏电导致火灾，陈某被烧伤致残，家中价值 2 万元的财产被烧毁。事后，陈某与甲商场协商赔偿的事情，甲商场认为该电热毯漏电导致的损害应该由生产者承担，让陈某自已去找 A 厂索赔。陈某遂起诉到法院。

试分析：

（1）陈某应该最迟在什么时间提起诉讼?

（2）陈某可以要求谁承担赔偿责任?

（3）陈某可能获得哪些赔偿?

第五节　消费者权益保护法

【本节重点】

1. 消费者的权利。

2. 经营者的义务。

3. 消费者权益争议的解决。

【引例】　拉手网一分钱秒杀深圳东部华侨城门票活动引争议

2015 年 2 月 11～15 日，深圳市消委会收到 200 多宗关于拉手网单方面取消东部华侨城团购秒杀门票的投诉。消费者反映：拉手网于 2 月 11 日晚推出东部华侨城套票 0.01 元团购活动，有效期为 2 月 11～18 日，但消费者到现场后无法兑票入场；2 月 12 日，拉手网擅自将有效期修改为截止到 2015 年 2 月 12 日，并通过官方微博发布致歉声明，称有关该秒杀活动由于秒杀模块出现故障，导致不能及时进行秒杀限制，因此取消了本次秒杀活动。消费者不满拉手网单方取消活动，要求拉手网给予正常使用该门票。另外，2 月 12 日中午，该团购已经结束，已有 206865 人购买了原价为 260 元的团购票（大侠谷+茶溪谷套票）。除了上述套票外，原价 180 元、团购售价 0.01 元的大峡谷门票也有 34703 人购买。粗略计算，票面价值超过 6000 万元。

深圳市消委会接到投诉后，密切关注事态发展，并开展全面调查。同时，向深圳市信访局及深圳市市场监管局总值班室报告相关情况。鉴于事件涉及人数众多，投诉不断增加，加上春节临近，事态有进一步升级扩大的趋势，为保护消费者合法权益、维护社会稳定，2 月 15 日，深圳市消委会对拉手网展开现场调查及公开约谈，参加约谈的还有市消委会律师团律师以及深圳商报、深圳电视台等媒体记者。东部华侨城相关负责人应邀参加约谈会议。

拉手网相关负责人解释称，事件是拉手网技术原因秒杀模块出现故障，导致不能及时对秒杀数额进行限制，取消本次活动是出于"公共安全"考虑，对每个用户赔偿 10 元拉手券是互联网行业的"行业惯例"，不可更改。东部华侨城负责人表示，本次秒杀活动由于拉手网方面限量措施失效导致数量超卖，并且因为拉手网未能关联东部华侨城票务平台门票 ID，导致用户下单后仅能收到拉手网单方发出的拉手券号和密码短信，未获得东部华侨城票务平台发送的二维码和验证码，因此无法换取纸质门票入园游览。

评析：

此次事件的直接原因是拉手网不按标准操作流程操作导致的。事件发生后，拉手网对待消费者的态度缺乏诚意，将问题简单归咎于"技术原因"而且迟迟未有全面的调查结论。拉手网只从自身角度并仅依据行业惯例提出解决方案，欠缺公平诚信，也缺乏事实和法律依据，其单方面解除合约属于违约行为，应承担赔偿责任。

随着互联网的发展以及年轻人消费模式的变化，近年来涉及互联网消费者权益纠纷的案件日益增多，引起广泛关注。为保护消费者合法权益、维护市场公平秩序，涉及该类案件，经营者应该从以下方面着手解决纠纷：一是尽快查清导致法律纠纷的原因，及时如实全面地向社会和消费者公布；二是不能以技术原因作为推卸责任的理由，不能以行业惯例作为解决问题的唯一依据，应本着平等、公平、诚实信用的原则，依法、妥善解决消费纠纷，切实保护消费者合法权益；三是对相关消费者的诉求，应分门别类地制定合法合理的赔偿方案。

一、消费者权益保护法概述

改革开放以来，我国消费者合法权益保护问题日益受到重视。在实际经济生活中，侵犯消费者合法权益的行为时有发生。为了保护消费者的合法权益，维护社会经济秩序，促进社会主义市场经济健康发展，第八届全国人大常委会第四次会议于 1993 年 10 月 31 日通过了《消费者权益保护法》，该法于 1994 年 1 月 1 日起正式施行。2009 年 8 月 27 日第十一届全国人民代表大会常务委员会第十次会议通过该法的第一次修正。2013 年 10 月 25

日十二届全国人大常委会第五次会议通过该法的第二次修正。

消费者权益保护法是调整在保护消费者权益过程中发生的社会关系的法律规范的总称。其中，消费者是指生活资料的消费者，即为了满足个人生活消费的需要而购买、使用商品或者接受服务的人。消费者权益是指消费者依法享有的权利及该权利受到保护时给消费者带来的应得的利益。我国《消费者权益保护法》从主体及其行为的角度规定了该法的适用范围，即消费者为了生活消费需要，购买、使用商品或接受服务，其权益受法律保护；经营者为消费者提供其生产、销售的商品或提供服务，应当遵守该法。

二、消费者的权利

消费者的权利是消费者利益在法律上的体现，消费权作为一种基本人权是生存权的重要组成部分。世界上最早提出消费者权利的是美国已故总统肯尼迪。1962 年 3 月 15 日，肯尼迪向国会提交了《关于保护消费者权益的总统特别咨文》，在这份特别咨文中首次提出了消费者应当享有的权利：消费安全的权利；取得消费资讯的权利；自由选择商品的权利；合法申诉的权利。由于该咨文对消费者具有重要意义，因此 3 月 15 日这一天被确定为“世界消费者权益日”。

我国《消费者权益保护法》规定，消费者享有以下权利。

（1）保障安全权。《消费者权益保护法》第七条规定，消费者在购买使用商品和接受服务时享有人身、财产安全不受损害的权利。消费者有权要求经营者提供的商品和服务，符合保障人身、财产安全的要求。据此，消费者有权要求经营者提供的商品和服务符合保障人身健康、财产安全的国家标准、行业标准；尚未制定国家标准、行业标准的，必须符合保障人身健康和财产安全的要求。

（2）知情权。消费者享有知悉其购买、使用的商品或者接受的服务的真实情况的权利。消费者有权根据商品或服务的不同情况，要求经营者提供商品的价格、产地、生产者、用途、性能、规格、等级、主要成分、生产日期、有效期限、检验合格证明、使用方法说明书、售后服务，或者服务的内容、规格、费用等有关情况。

（3）自主选择权。消费者有权自主选择提供商品或者服务的经营者，自主选择商品品种或者服务方式，自主决定购买或者不购买任何一种商品、接受或不接受任何一项服务。消费者在自主选择商品或服务时，有权进行比较、鉴别和挑选。

（4）公平交易权。消费者在购买商品或接受服务时，有权获得质量保障、价格合理、计量正确等公平交易条件，有权拒绝经营者的强制交易行为。

（5）依法求偿权。消费者在因购买、使用商品或接受服务时受到人身、财产损害时，依法享有获得赔偿的权利。依法求偿权是弥补消费者所受损害的必不可少的救济性权利。

（6）依法结社权。消费者享有依法成立维护自身合法权益的社会团体的权利，如消费者协会。

（7）知识获取权。消费者享有获得有关消费和消费者权益保护方面的知识的权利。作为消费者，应当努力掌握所需商品或者服务的知识和使用技能，正确使用商品，提高自我保护意识。

（8）人格权。消费者在购买、使用商品和接受服务时，享有其人格尊严、民族风俗习惯得到尊重的权利。它包括人格尊严、民族风俗习惯获得尊重。

（9）监督批评权。消费者享有对商品和服务以及对保护消费者权益工作进行监督的权利；消费者有权检举、控告侵害消费者权益的行为和国家机关及其工作人员在保护消费者权益工作中的违法失职行为；有权对保护消费者权益工作情况提出批评与建议。

三、经营者的义务

经营者与消费者是消费法律关系中两个对应的主体。消费者的权利，相应也就是经营者的义务，即生产者、销售者和服务提供者的义务。《消费者权益保护法》规定，经营者应当履行以下义务。

（1）依照法律或依照约定履行的义务。经营者向消费者提供商品或者服务，应当依照《消费者权益保护法》和其他有关法律、法规的规定履行义务。经营者和消费者有约定的，应当按照约定履行义务，但双方的约定不得违背法律、法规的规定。

（2）听取意见和接受监督的义务。经营者应当听取消费者对其提供的商品或者服务的意见，接受消费者的监督。

（3）保障人身和财产安全的义务。经营者应当保证其提供的商品或者服务符合保障人身、财产安全的要求。对可能危及人身、财产安全的商品和服务，应当向消费者作出真实的说明和明确的警示，并说明和标明正确使用商品或者接受服务的方法以及防止危害发生的方法。宾馆、商场、餐馆、银行、机场、车站、港口、影剧院等经营场所的经营者，应当对消费者尽到安全保障义务。

经营者发现其提供的商品或者服务存在缺陷，有危及人身、财产安全危险的，应当立即向有关行政部门报告和告知消费者，并采取停止销售、警示、召回、无害化处理、销毁、停止生产或者服务等措施。采取召回措施的，经营者应当承担消费者因商品被召回支出的必要费用。

（4）提供真实信息的义务。经营者向消费者提供有关商品或者服务的质量、性能、用途、有效期限等信息，应当真实、全面，不得作虚假或者引人误解的宣传。经营者对消费者就其提供的商品或者服务的质量和使用方法等问题提出的询问，应当作出真实、明确的答复。经营者提供商品或者服务应当明码标价。

采用网络、电视、电话、邮购等方式提供商品或者服务的经营者，以及提供证券、保险、银行等金融服务的经营者，应当向消费者提供经营地址、联系方式、商品或者服务的数量和质量、价款或者费用、履行期限和方式、安全注意事项和风险警示、售后服务、民事责任等信息。

（5）标明经营者真实名称和标记的义务。经营者应当标明其真实名称和标记。租赁他人柜台或者场地的经营者，也应当标明其真实名称和标记。

（6）出具相应单据或凭证的义务。经营者提供商品或者服务，应当按照国家有关规定或者商业惯例向消费者出具购货凭证或者服务单据；消费者索要购货凭证或者服务单据的，经营者必须出具。

（7）保证商品和服务质量的义务。经营者应当保证在正常使用商品或者接受服务的情况下其提供的商品或者服务应当具有的质量、性能、用途和有效期限；但消费者在购买该商品或者接受该服务前已经知道其存在瑕疵，且存在该瑕疵不违反法律强制性规定的除外。经营者以广告、产品说明、实物样品或者其他方式表明商品或者服务的质量状况的，应当保证其提供的商品或者服务的实际质量与表明的质量状况相符。

经营者提供的机动车、计算机、电视机、电冰箱、空调器、洗衣机等耐用商品或者装饰装修等服务，消费者自接受商品或者服务之日起 6 个月内发现瑕疵，发生争议的，由经营者承担有关瑕疵的举证责任。

（8）依照规定或者约定承担“三包”或和其他责任的义务。经营者提供的商品或者服务不符合质量要求的，消费者可以依照国家规定、当事人约定退货，或者要求经营者履行更换、修理等义务。没有国家规定和当事人约定的，消费者可以自收到商品之日起 7 日内退货；7 日后符合法定解除合同条件的，消费者可以及时退货，不符合法定解除合同条件的，可以要求经营者履行更换、修理等义务，运输等必要费用也由经营者承担。

（9）进行公平、合理交易的义务。经营者在经营活动中使用格式条款的，应当以显著方式提请消费者注意商品或者服务的数量和质量、价款或者费用、履行期限和方式、安全注意事项和风险警示、售后服务、民事责任等与消费者有重大利害关系的内容，并按照消费者的要求予以说明。经营者不得以格式条款、通知、声明、店堂告示等方式，作出排除或者限制消费者权利、减轻或者免除经营者责任、加重消费者责任等对消费者不公平、不合理的规定，不得利用格式条款并借助技术手段强制交易。格式条款、通知、声明、店堂告示等含有前款所列内容的，其内容无效。

（10）不侵犯消费者人身权的义务。经营者不得对消费者进行侮辱、诽谤，不得搜查消费者的身体及其携带的物品，不得侵犯消费者的人身自由。

（11）保护消费者信息安全的义务。经营者收集、使用消费者个人信息，应当遵循合法、正当、必要的原则，明示收集、使用信息的目的、方式和范围，并经消费者同意。经营者收集、使用消费者个人信息，应当公开其收集、使用规则，不得违反法律、法规的规定和双方的约定收集、使用信息。

经营者及其工作人员对收集的消费者个人信息必须严格保密，不得泄露、出售或者非法向他人提供。经营者应当采取技术措施和其他必要措施，确保信息安全，防止消费者个人信息泄露、丢失。在发生或者可能发生信息泄露、丢失的情况时，应当立即采取补救措施。经营者未经消费者同意或者请求，或者消费者明确表示拒绝的，不得向其发送商业性信息。

【案例】2015 年 7 月 18 日，刘某（20 岁，女）在某市某大型购物广场购物。下午 3 时，刘某从该大型购物广场里面的甲玉器店出来时，被甲玉器店的工作人员（女）拦住了。工作人员怀疑刘某拿了甲玉器店的一件玉器，要求搜查刘某的大衣口袋和手提包。刘某当即断然拒绝。该工作人员遂叫来保安人员，强行将刘某带到保安室，该工作人员检查刘某的大衣口袋和手提包，但没有发现该玉器店的玉器，便让刘某离开。刘某于 2015 年 7 月 28 日向某市人民法院提起诉讼，要求甲玉器店公开赔礼道歉，并赔偿其精神损失费 1 万元。

［试分析］甲玉器店是否构成侵犯刘某的权利？刘某可以诉请甲玉器店赔偿精神损失费吗？

【分析】本案中甲玉器店构成侵犯刘某的人格尊严权。《消费者权益保护法》规定，消费者在购买、使用商品和接受服务时，享有其人格尊严、民族风俗习惯得到尊重的权利。包括人格尊严、民族风俗习惯获得尊重。经营者不得对消费者进行侮辱、诽谤，不得搜查消费者的身体及其携带的物品，不得侵犯消费者的人身自由。本案甲玉器店应当公开向刘某赔礼道歉，并赔偿刘某精神损失费。

四、国家对消费者合法权益的保护

国家保护消费者的合法权益不受侵害。根据《消费者权益保护法》的规定，国家对消费者合法权益的保护主要体现在以下几个方面。

（1）制定法律、法规予以保护。保护消费者合法权益，立法是基础。我国为了保护消费者权益，制定了《消费者权益保护法》，该法是保护消费者合法权益的基本法律。此外，《产品质量法》《反不正当竞争法》《食品安全法》等也体现了对消费者合法权益的保护。另外，国家机关还可以制定、发布有关法令、命令、规章等，对保护消费者合法权益进行政策调整。为了充分体现和保护消费者合法权益，国家制定有关法律、法规和政策时，应当听取消费者的意见和要求。

（2）行政保护。《消费者权益保护法》第三十一条、第三十二条规定，各级人民政府应当加强领导，组织、协调、督促有关行政部门做好保护消费者合法权益的工作。各级人民政府应当加强监督，预防危害消费者人身、财产安全行为的发生，及时制止危害消费者人身、财产安全的行为。各级人民政府工商行政管理部门和其他有关行政部门应当依照法律、法规的规定，在各自的职责范围内，采取措施，保护消费者的合法权益。有关行政部门应当听取消费者及其社会团体对经营者交易行为、商品和服务质量问题的意见，及时调查处理。

（3）司法保护。有关国家机关应当依照法律、法规的规定，惩处经营者在提供商品和服务中侵害消费者合法权益的违法犯罪行为。人民法院应当采取措施，方便消费者提起诉讼。对符合《民事诉讼法》规定的起诉条件的消费者权益争议，必须受理，及时审理。

五、消费者权益争议的解决

（一）解决争议的途径

《消费者权益保护法》第三十九条规定，消费者和经营者发生消费者权益争议的，可以通过以下途径解决：①与经营者协商解决；②请求消费者协会调解；③向有关行政部门申诉；④根据与经营者达成的仲裁协议提请仲裁机构仲裁；⑤向人民法院提起诉讼。

（二）承担损害赔偿责任的主体的确定

消费者的合法权益受到损害的，可根据不同情况，分别按照下列规定向有关当事人要求赔偿。

（1）向生产者、销售者、服务者求偿。消费者在购买、使用商品时，其合法权益受到损害的，可以向销售者要求赔偿。销售者赔偿后，属于生产者的责任，或者属于向销售者提供商品的其他销售者的责任，销售者有权向生产者及其他销售者追偿。消费者也可以向生产者要求赔偿，属于销售者责任的，生产者赔偿后，有权向销售者追偿。消费者在接受服务时，其合法权益受到损害的，可以向服务者要求赔偿。

消费者在展览会、租赁柜台购买商品或接受服务，其合法权益受损害的，可以向销售者或服务者要求赔偿；展览会结束后或柜台租赁期满后，也可以向展览会的举办者、柜台的出租者要求赔偿。展览会的举办者、柜台的出租者赔偿后，有权向销售者或者服务者追偿。

（2）向变更后的企业求偿。消费者合法权益受到损害，因原企业分立、合并的，可以向变更后承担其权利义务的企业要求赔偿。

（3）向营业执照的使用人或持有人求偿。使用他人营业执照的经营者提供商品或服务，损害消费者合法权益的，消费者可以向其要求赔偿，也可以向其营业执照的持有人要求赔偿。

（4）向从事虚假广告行为的经营者和广告的经营者求偿。经营者利用虚假广告提供商品或服务，损害消费者合法权益的，消费者可以请求向其要求赔偿；广告的经营者发布虚假广告的，消费者可以请求主管部门予以惩处；广告的经营者不能提供经营者的真实姓名、名称、地址的，应当承担赔偿责任。

六、法律责任

《消费者权益保护法》规定，侵犯消费者合法权益应承担的法律责任有民事责任、行政责任和刑事责任。

（一）侵犯消费者合法权益的民事责任

1. 经营者承担民事责任的情形

经营者提供的商品或者服务有下列情形之一的，除《消费者权益保护法》另有规定外，应当依照《产品质量法》和其他有关法律、法规的规定，承担民事责任：①商品存在缺陷的；②不具备商品或者其包装上注明采用的商品标准的；③不符合在商品或者其包装上注明采用的商品标准的；④不符合商品说明、实物样品等方式表明的质量状况的；⑤生产国家明令淘汰的商品或者销售失效、变质的商品的；⑥销售的商品数量不足的；⑦服务的内容和费用违反约定的；⑧对消费者提出的修理、重做、更换、退货、补足商品数量、退还货款和服务费用或者赔偿损失的要求，故意拖延或者无理拒绝的；⑨法律、法规规定的其他损害消费者权益的情形。

2. 经营者承担的民事责任的具体形式

经营者损害消费者合法权益，分别根据以下不同的情况承担不同的民事责任。

（1）经营者提供商品或者服务，造成消费者或者其他受害人人身伤害的，应当支付医疗费、治疗期间的护理费、因误工减少的收入等费用；造成残疾的，还应当支付残疾者生活自助器具费、生活补助费、残疾赔偿金以及由其扶养的人所必需的生活费等费用；造成消费者或者其他受害人死亡的，应当支付丧葬费、死亡赔偿金以及由死者生前扶养的人所必需的生活费等费用。

（2）经营者违反法律规定，对消费者进行侮辱诽谤，搜查消费者的身体及其携带的物品，侵犯消费者的人身自由或人格尊严的，应当停止侵害、恢复名誉、消除影响、赔礼道歉并赔偿损失。

（3）经营者提供商品或服务，造成消费者财产损害的，应当按照消费者的要求，以修理、重作、更换、退货、补足商品数量、退还货款和服务费用或者赔偿损失等方式承担民事责任。消费者与经营者另有约定的，应当按照约定履行。

（4）经营者以预收款方式提供商品或者服务的，应当按照约定提供。未按照约定提供的，应当按照消费者的要求履行约定或者退回预付款；并应当承担预付款的利息、消费者必须支付的合理费用。

（5）经营者提供商品或者服务有欺诈行为的，应当按照消费者的要求增加赔偿其受到的损失，增加赔偿的金额为消费者购买商品的价款或者接受服务的费用的 3 倍；增加赔偿的金额不足 500 元的，为 500 元。法律另有规定的，依照其规定。

经营者明知商品或者服务存在缺陷，仍然向消费者提供，造成消费者或者其他受害人死亡或者健康严重损害的，受害人有权要求经营者赔偿损失，并有权要求所受损失二倍以下的惩罚性赔偿。

此外，根据《食品安全法》第一百四十八条的规定，消费者因不符合食品安全标准的食品受到损害的，可以向经营者要求赔偿损失，也可以向生产者要求赔偿损失。接到消费者赔偿要求的生产经营者，应当实行首负责任制，先行赔付，不得推诿；属于生产者责任的，经营者赔偿后有权向生产者追偿；属于经营者责任的，生产者赔偿后有权向经营者追偿。生产不符合食品安全标准的食品或者经营明知是不符合食品安全标准的食品，消费者除要求赔偿损失外，还可以向生产者或者经营者要求支付价款 10 倍或者损失 3 倍的赔偿金；增加赔偿的金额不足 1000 元的，为 1000 元。但是，食品的标签、说明书存在不影响食品安全且不会对消费者造成误导的瑕疵的除外。

（二）侵犯消费者合法权益的行政责任

经营者有下列情形之一，除承担相应的民事责任外，其他有关法律、法规对处罚机关和处罚方式有规定的，依照法律、法规的规定执行；法律、法规未作规定的，由工商行政管理部门或者其他有关行政部门责令改正，可以根据情节单处或者并处警告、没收违法所得、处以违法所得 1 倍以上 10 倍以下的罚款，没有违法所得的，处以 50 万元以下的罚款；情节严重的，责令停业整顿、吊销营业执照：①提供的商品或者服务不符合保障人身、财产安全要求的；②在商品中掺杂、掺假，以假充真，以次充好，或者以不合格商品冒充合格商品的；③生产国家明令淘汰的商品或者销售失效、变质的商品的；④伪造商品的产地，伪造或者冒用他人的厂名、厂址，篡改生产日期，伪造或者冒用认证标志等质量标志的；⑤销售的商品应当检验、检疫而未检验、检疫或者伪造检验、检疫结果的；⑥对商品或者服务作虚假或者引人误解的宣传的；⑦拒绝或者拖延有关行政部门责令对缺陷商品或者服务采取停止销售、警示、召回、无害化处理、销毁、停止生产或者服务等措施的；⑧对消费者提出的修理、重作、更换、退货、补足商品数量、退还货款和服务费用或者赔偿损失的要求，故意拖延或者无理拒绝的；⑨侵害消费者人格尊严、侵犯消费者人身自由或者侵害消费者个人信息依法得到保护的权利的；⑩法律、法规规定的对损害消费者权益应当予以处罚的其他情形。

经营者有上述违法情形的，除依照法律、法规规定予以处罚外，处罚机关应当将其记入信用档案，向社会公布。

（三）侵犯消费者合法权益的刑事责任

经营者违反本法规定提供商品或者服务，侵害消费者合法权益，构成犯罪的，依法追究刑事责任。以暴力、威胁等方法阻碍有关行政部门工作人员依法执行职务的，依法追究刑事责任，但拒绝、阻碍有关行政部门工作人员依法执行职务，未使用暴力、威胁方法的，由公安机关依照《中华人民共和国治安管理处罚法》（以下简称《治安管理处罚法》）的规定处罚。国家机关工作人员玩忽职守或者包庇经营者侵害消费者合法权益的行为的，由其所在单位或者上级机关给予行政处分；情节严重，构成犯罪的，依法追究刑事责任。

思考练习题

一、选择题

1. 经营者提供的机动车、计算机、电视机、电冰箱、空调器、洗衣机等耐用商品或者装饰装修等服务，消费者自接受商品或者服务之日起六个月内发现瑕疵，发生争议的，由（　　）承担有关瑕疵的举证责任。

A. 消费者　　B. 销售方　　C. 经营者　　D. 经营者和消费者

2. 经营者提供商品或者服务有欺诈行为的，应当按照消费者的要求增加赔偿其受到的损失，增加赔偿的金额为消费者购买商品的价款或者接受服务的费用的（　　）。

A. 1倍　　B. 2倍　　C. 3倍　　D. 10倍

3. 以下（　　）不属于消费者的权利。

A. 知情权　　B. 公平交易权　　C. 监督权　　D. 执法权

二、判断题

1. 经营者不得以格式条款、通知、声明、店堂告示等方式，作出排除或者限制消费者权利、减轻或者免除经营者责任、加重消费者责任等对消费者不公平、不合理的规定，

不得利用格式条款并借助技术手段强制交易。( )

2. 广告经营者、发布者设计、制作、发布关系消费者生命健康商品或者服务的虚假广告，造成消费者损害的，应当由提供该商品或者服务的经营者承担责任。( )

3. 标明经营者真实名称和标记的义务，即经营者应当标明其真实名称和标记。租赁他人柜台或者场地的经营者，也应当标明其真实名称和标记。( )

三、简答题

1. 消费者享有哪些权利?

2. 消费者和经营者之间争议的解决途径有哪些?

3. 简述我国《消费者权益保护法》关于消费者信息保护的规定。

四、案例分析

李某把仅穿了两次的价值 8000 元的西服送到干洗店干洗。干洗店的店堂告示上写着：如有损坏，按洗衣费二倍赔偿。西服干洗费为每件 100 元人民币。洗衣店给李某开具了取衣凭条，上面其中金额一栏写着“干洗费 100 元”。三天后，李某取西服时，发现其西服袖子有明显的熨痕，有约 3 厘米长缝补过的补丁。李某要求干洗店赔偿其损失，干洗店负责人只愿意按洗衣费的 2 倍即 200 元赔偿李某，李某坚决不同意，双方发生争执。

试分析：

(1) 干洗店的店堂告示有效吗？干洗店只按干洗费 2 倍赔偿给李某合法吗?

(2) 李某可以采取什么途径来保护自己的合法权益?

第五章 宏观调控法律制度

第一节 国有资产管理法律制度

【本节重点】

1. 国有资产的分类。
2. 企业国有资产管理体制。
3. 关系企业国有资产出资人权益的重大事项。

【引例】白云农工商联合公司法定代表人张新华涉嫌贪污国有资产案

位于广州市东北郊的白云农工商联合公司（以下简称白云公司），是广州市属国营农场系统最大的一个综合性企业，全公司拥有土地总面积 2.5 万多亩，职工 1.3 万人。1998 年 6 月至 2013 年 5 月，被告人张新华担任白云公司经理。2003 年后，张新华未经上级同意，借企业改制安置职工之名，私自成立广田公司，由原白云公司一些干部出资持股。张新华先虚构下属企业向广田公司借款，再声称无力偿还，通过虚假诉讼，以土地抵债。在评估土地价值时，利用中介机构故意把价值压低。2006 年，张新华又擅自成立完全私营性质的广州新雨田置业有限公司，与广田公司合并，使得国有资产彻底私有化。张新华占有新雨田公司 25.4%的股份，贪污国有资产价值人民币 2.84 亿，个人所占股份折合人民币 7227 万元。

2014 年 12 月 10 日，广州中院一审宣判，张新华犯贪污罪、受贿罪、非国家工作人员受贿罪，决定执行死刑，剥夺政治权利终身，并处没收个人全部财产。

评析：

企业国有资产属于全民所有，强化对国有资产的监管，是加强国有资产保护，保障全民利益的根本措施。张新华案折射出国企监管体制的不足。国企的监管部门并不少，上有国资委、外有纪委，内部也有监事会、纪检人员，但这些监督力量并没有充分发挥作用。国资委、央企或国企及其二级、三级企业，属于多层委托代理的监管模式。从形式上看，国资委通过派驻企业负责人，对资产保值增值、企业兼并重组进行监管，但从一定程度上来说，监督游离在企业运行之外，国有资产被国有企业领导人所掌握。

企业改制属于关系企业国有资产出资人权益的重大事项，《企业国有资产法》《企业国有资产交易监督管理办法》等法律法规对此作了特别规定，以防范在改制过程中出现损害出资人利益的现象。2014 年《政府工作报告》提出“加快发展混合所有制经济”，国企民企融合成为新一轮国资国企改革重头戏。值此之际，张新华案敲响了警钟，在改革序幕拉开前，必须找准腐败风险点，通过建立改制的规则、办法堵塞漏洞。国有资产监管部门要严密监控国有企业改制转制的领域，加强改制过程中信息的披露，强调改制审计，特别关注巨额往来款项等重点科目，杜绝暗箱操作，严格把好决策程序、资产评估、产权交易等容易造成国资流失的环节，防止贪腐分子借机侵吞国有资产。

一、国有资产管理法律制度概述

（一）国有资产的概念和分类

国有资产是属于国家所有的一切财产和财产权利的总称，泛指国家作为投资者，投资于各种类型的企业，用于生产、经营或者服务性活动而形成的国有资产及其权益。

国有资产按照用途和性质划分，可分为经营性国有资产、行政事业性国有资产和资源性国有资产等。

经营性国有资产是指国家作为投资者，投资于各种类型的企业，用于生产、经营或者服务性活动而形成的国有资产及其权益。经营性国有资产是国有资产中最重要的组成部分，是国有资产存量增长的基本渠道，也是国有资产管理的重点。经营性国有资产营运的直接目的就是实现资本的增值，并通过多种经营方式，如授予经营权、控股或者参联经营、委托经营、承包经营、租赁经营等来实现营利的目的。

行政事业性国有资产是指党政机关、各级政府及其派出机构以及国有事业单位等组织占有、使用和管理的国有资产。该类国有资产形成后一般由占有单位无偿使用，使用非经营性资产不得以营利为目的。

资源性国有资产是指以资源形态存在并具有开发价值的国有资源，即在现有条件下，通过对资源的开发，能带来一定经济价值的，根据法律规定，其权属为国家所有的各种自然资源，主要包括：土地、矿藏、水流、森林、草原等。

此外，国有资产还包括我国各级人民政府及政府有关部门和国有企业、事业单位用国有资产向境外投资及其投资收益形成的，或者依法认定为国家所有的境外国有资产。

（二）我国国有资产管理立法

国有资产管理,是指国有资产的所有者（即国家）对所有权属于国家的各类资产的经营和使用，进行组织、指挥、协调、监督和控制的一系列活动的总称。具体地说，就是对国有资产的占有、使用、收益和处置进行管理，从而实现国有资产的保值与增值。

国有资产管理法是调整在国家对国有资产进行管理过程中发生的经济关系的法律规范的总称。我国的国有资产立法，按照所规范的国有资产的不同类型分别立法。

规范经营性国有资产的基本法律是《中华人民共和国企业国有资产法》（以下简称《企业国有资产法》）。为了维护国家基本经济制度，巩固和发展国有经济，加强对国有资产的保护，发挥国有经济在国民经济中的主导作用，维护国有资产权益，保障国有资产安全，防止国有资产流失，实现国有资产保值增值，我国已经建立了以《企业国有资产法》

为龙头，包括《企业国有资产监督管理暂行条例》《企业国有资产交易监督管理办法》《企业国有资产评估管理暂行办法》《企业国有资产产权登记管理办法》《国务院关于改革和完善国有资产管理体制的若干意见》《关于进一步推进国有企业贯彻落实“三重一大”决策制度的意见》《地方国有资产监管工作指导监督办法》等一系列行政法规、行政规章和规范性文件为主要内容的企业国有资产监管法律体系。

行政事业性国有资产的管理由财政部 2006 年 5 月 30 日发布的《行政单位国有资产管理暂行办法》和《事业单位国有资产管理暂行办法》等法规加以调整。

二、企业国有资产管理法律制度

企业国有资产法主要由三个方面的制度构成：①企业国有资产管理与监督体制；②国家出资企业法律制度；③企业国有资产管理制度。企业国有资产管理制度包括七个方面：国家出资企业管理者的选择与考核制度；重大事项管理权；企业改制管理制度；与关联方交易管理制度；资产评估管理制度；国有资产转让管理制度以及国有资本经营预算制度。

（一）企业国有资产法的适用范围

企业国有资产，仅指国有资产中的经营性国有资产。《企业国有资产法》第二条规定，企业国有资产是指国家对企业各种形式的出资所形成的权益。企业国有资产具有以下两个特征。

（1）企业国有资产是国家以各种形式对企业的出资形成的。国家对企业的出资，是指各级政府以及政府授权投资的部门、机构投入企业的、作为企业资本金组成部分的资产。国家对企业的出资有多种形式，既可以以货币出资，也可以以实物、知识产权、土地使用权等可以用货币估价并可以依法转让的非货币财产作价出资。

（2）企业国有资产是国家作为出资人对出资企业所享有的一种权益。企业国有资产与企业法人财产不同。企业国有资产是指国家作为出资人对所出资企业所享有的权益，而不是指国家出资企业的各项具体财产。出资人将出资投入企业，所形成的企业的厂房、机器设备等企业的各项具体财产，属于企业的法人财产权。依照物权法等法律规定，企业法人的不动产和动产，由企业依照法律、行政法规和企业章程享有占有、使用、收益和处分的权利。出资人对企业法人财产不具有直接的所有权，其对企业享有的是出资人权利，具体体现为资产收益、参与重大决策和选择管理者等权利。

（二）企业国有资产管理体制

1. 企业国有资产出资人和所有权人

企业国有资产属于国家所有。国家实行由国务院和地方人民政府分别代表国家履行出资人职责，享有所有者权益，权利、义务和责任相统一，管资产和管人、管事相结合的国有资产管理体制。国务院确定的关系国民经济命脉和国家安全的大型国家出资企业，重要基础设施和重要自然资源等领域的国家出资企业，由国务院代表国家履行出资人职责。其他的国家出资企业，由地方人民政府代表国家履行出资人职责。

2. 企业国有资产的管理原则

国务院和地方人民政府应当按照政企分开、社会公共管理职能与国有资产出资人职能分开、不干预企业依法自主经营的原则，依法履行出资人职责。

（三）国有资产基础管理制度

国有资产基础管理工作是国家作为出资人全面掌握国有资产状况及其发展变化的基础，也是防止国有资产流失的制度基础。目前国务院和国务院财政主管部门与国有资产监督管理机构对国有资产基础管理已作出一系列规定，初步建立了一套国有资产基础管理制度。按照有关规定，国有资产基础管理的内容主要包括产权界定、产权登记、资产评估监管、清产核资、资产统计、综合评价等。

（1）产权界定，是依法划分财产所有权和经营权、使用权等产权归属，明确各类产权主体行使权利的财产范围及管理权限的法律行为。产权界定是划清国有资产的产权边界，明确国有资产出资人权利和义务的重要手段。

（2）产权登记，是对企业的资产、负债、所有者权益等产权状况进行登记，依法确认产权归属关系的行为。国家出资企业通过产权登记取得的国有资产产权登记证，是确认企业产权归属的法律凭证。

（3）资产评估监管，是政府通过制定资产评估行为规则，对评估项目进行核准或者备案等方式对企业资产评估进行监管的行为。通过资产评估，准确体现国有资产的价值，促进企业国有资产的有序流转，防止国有资产损失。

（4）清产核资，是国有资产监督管理机构根据国家专项工作要求或企业特定经济行为的需要，组织企业进行财务清理、财产清查，并依法认定企业的各项资产损益，从而真实反映企业的资产价值和重新核定企业国有资本金的活动。

（5）资产统计，是对国有资产运营情况进行收集、审核、汇总和分析的行为。它是全面掌握国家出资企业发展情况和国有资产分布状况的基础工作，是推进国有经济布局和结构性调整的基本依据。

（6）综合评价，即综合绩效评价，是以投入产出分析的方法，通过建立综合评价体系，对照相应行业评价标准，对企业特定期间的赢利能力、资产质量、财务风险、经营增长以及管理状况等进行综合评判，包括任期绩效评价和年度绩效评价。

（四）履行出资人职责的机构及其职责

1. 履行出资人职责的机构

国务院和地方人民政府设立的国有资产监督管理委员会（以下简称国资委），根据本级人民政府的授权，代表本级人民政府对国家出资企业履行出资人职责。

国务院和地方人民政府根据需要，可以授权其他部门、机构代表本级人民政府对国家出资企业履行出资人职责。

2. 履行出资人职责的机构的职责

（1）依法制定或者参与制定国家出资企业的章程。

（2）委派的股东代表参加国有资本控股公司、国有资本参股公司召开的股东会会议、股东大会会议，按照委派机构的指示提出提案、发表意见、行使表决权，并将其履行职责的情况和结果及时报告委派机构。

（3）依法律法规和企业章程履行出资人职责，保障出资人权益，防止国有资产损失。

（4）维护企业作为市场主体依法享有的权利，除依法履行出资人职责外，不得干预企业经营活动。

（5）对本级人民政府负责，向本级人民政府报告履行出资人职责的情况，接受本级人民政府的监督和考核，对国有资产的保值增值负责。

（6）定期向本级人民政府报告有关国有资产总量、结构、变动、收益等汇总分析的情况。

（五）国家出资企业

国家出资企业，是指国家出资的国有独资企业、国有独资公司，以及国有资本控股公司、国有资本参股公司。

1. 国家出资企业的权利

（1）法人财产权和经营管理权。国家出资企业对其动产、不动产和其他财产依照法律、行政法规以及企业章程享有占有、使用、收益和处分的权利。国家出资企业依法享有的经营自主权和其他合法权益受法律保护。

（2）投资收益权。国家出资企业对其所出资企业依法享有资产收益、参与重大决策和选择管理者等出资人权利。

2. 国家出资企业的义务

（1）国家出资企业从事经营活动，应当遵守法律、行政法规，加强经营管理，提高经济效益，接受人民政府及其有关部门、机构依法实施的管理和监督，接受社会公众的监督，承担社会责任，对出资人负责。

（2）国家出资企业应当依法建立和完善法人治理结构，建立健全内部监督管理和风险控制制度。

（3）国家出资企业应当建立健全财务、会计制度。

（4）国家出资企业应当依照法律、行政法规以及企业章程的规定，向出资人分配利润。

3. 国家出资企业的组织机构

国家出资企业应当依法建立和完善法人治理结构。国有独资公司、国有资本控股公司和国有资本参股公司依照《公司法》的规定设立监事会。监事会对董事、高级管理人员执行职务的行为进行监督，对企业财务进行监督检查。

国家出资企业依照法律规定，通过职工代表大会或者其他形式，实行民主管理。

（六）国家出资企业管理者的选择与考核

1. 国家出资企业管理者的选择

《企业国有资产法》规定，履行出资人职责的机构任命或者建议任命的董事、监事、高级管理人员，应当具备下列条件：①有良好的品行；②有符合职位要求的专业知识和工作能力；③有能够正常履行职责的身体条件；④法律、行政法规规定的其他条件。

2. 国家出资企业管理者的任命程序

对拟任命或者建议任命的董事、监事、高级管理人员的人选，应当按照规定的条件和程序进行考察。考察合格的，按照规定的权限和程序任命或者建议任命。

3. 对国家出资企业管理者的考核

履行出资人职责的机构应当对其任命的企业管理者进行年度和任期考核，并依据考核结果决定对企业管理者的奖惩。国有独资企业、国有独资公司和国有资本控股公司的主要负责人，应当接受依法进行的任期经济责任审计。此外，《企业国有资产法》还规定了管理者的薪酬标准以及接受任期经济责任审计等事项。

【案例】上市公司格力电器因董事长朱江洪退休，于 2012 年 5 月 25 日召开股东大会，选举董事会成员。前珠海市国资委副主任周少强以大股东格力集团总裁、党委书记之职成为董事候选人。但是，在当天的选举中，周少强得票数仅为 36.6%，意外落选，原副董事长兼总裁董明珠当选董事长，并继续兼任总裁。

［试分析］珠海市国资委能够任命周少强为格力电器公司的董事长吗?

【分析】格力集团是国有独资公司，珠海市国资委可以任命周少强为集团总裁。但是，格力电器公司是上市公司，属于国有资本参股公司，珠海市国资委不能直接任命周少强为董事长，而只能通过格力集团向格力电器公司股东大会推举其为董事候选人，最终由格力电器公司依《公司法》和公司章程选举确定。

（七）关系企业国有资产出资人权益的重大事项

关系企业国有资产出资人权益的重大事项是指国家出资企业合并、分立、改制、上市，增加或者减少注册资本，发行债券，进行重大投资，为他人提供大额担保，转让重大财产，进行大额捐赠，分配利润，以及解散、申请破产等重大事项。《企业国有资产法》对关系企业国有资产出资人权益的重大事项作出了具体的规定，主要内容包括：

1. 一般规定

国家出资企业发生上述重大事项，应当遵守法律、行政法规以及企业章程的规定，不得损害出资人和债权人的权益。

重要的国有独资企业、国有独资公司、国有资本控股公司的合并、分立、解散、申请破产以及法律、行政法规和本级人民政府规定应当由履行出资人职责的机构报经本级人民政府批准的重大事项，履行出资人职责的机构在作出决定或者向其委派参加国有资本控股公司股东会会议、股东大会会议的股东代表作出指示前，应当报请本级人民政府批准。

国家出资企业的合并、分立、改制、解散、申请破产等重大事项，还应当听取企业工会的意见，并通过职工代表大会或者其他形式听取职工的意见和建议。

2. 特别规定

《企业国有资产法》从维护国有资产出资人权益的立场出发，除了对上述重大事项进行了一般规定，还专门对如下事项作了特别规定：①企业改制的决策程序、改制方案的制定、资产价值的确定；②与关联方交易的规则；③资产评估的规则；④国有资产转让的基本要求、原则、方式，以及向管理层转让、向境外投资者转让限制等。此外，《关于进一步推进国有企业贯彻落实"三重一大"决策制度的意见》对国有和国有控股企业的重大事项决策、重要干部任免、重要项目安排、大额资金的使用，必须经集体讨论作出决定的制度作了特别规定；《企业国有资产交易监督管理办法》对国家出资企业的产权转让、资产转让和增资等重大事项的也作出了特别规定。

（八）国有资本经营预算

1. 国有资本经营预算的含义与预算的收支范围

国有资本经营预算，是指国家以所有者身份依法取得国有资本收益，并对所得收益进行分配而发生的各项收支预算，是政府预算的重要组成部分。1995 年 11 月 22 日国务院发布的《中华人民共和国预算法实施条例》第二十条规定："各级政府预算按照复式预算编制，分为政府公共预算、国有资产经营预算、社会保障预算和其他预算。"2007 年 9 月 8 日国务院发布《国务院关于试行国有资本经营预算的意见》，决定开始试行国有资本经营预算。《企业国有资产法》将国有资本预算制度上升为法律，该法第五十八条、第五十九条规定：建立健全国有资本经营预算制度，对取得的国有资本收入及其支出实行预算管理。

应当纳入国有资本经营预算的收入和支出包括：①从国家出资企业分得的利润；②国有资产转让收入；③从国家出资企业取得的清算收入；④其他国有资本收入。

2. 经营预算的编制

国有资本经营预算按年度单独编制，纳入本级政府预算，报本级人民代表大会批准。预算支出按照当年预算收入规模安排，不列赤字。国务院和有关地方政府财政部门负责国有资本经营预算草案的编制工作，履行出资人职责的机构向财政部门提出由其履行出资人职责的国有资本经营预算建议草案。预算管理的具体办法和实施步骤，由国务院规定，报全国人民代表大会常务委员会备案。

（九）国有资产监督

企业国有资产属于全民所有，强化对国有资产的监督，是加强国有资产保护，保障全民利益，巩固和发展国有经济的根本措施。对国有资产的监督，根据监督主体的不同，可以分为各级人民代表大会对本级政府的监督、国务院和地方人民政府对其授权履行出资人职责的机构的监督和社会公众的监督。各级人民代表大会常务委员会通过听取和审议本级人民政府履行出资人职责的情况和国有资产监督管理情况的专项工作报告，组织对本法实施情况的执法检查等，行使监督职权。国务院和地方人民政府主要通过审计的手段履行监督职权。任何单位和个人有权对造成国有资产损失的行为进行检举和控告。

（十）法律责任

为了确保法律的贯彻实施，保护各方的合法利益，《企业国有资产法》分别规定了履行出资人职责的机构不依法履行出资人职责，履行出资人职责的机构的工作人员渎职行为，履行出资人职责的机构委派的股东代表与国家出资企业的董事、监事、高级管理人员违法行为以及资产评估机构、会计师事务所违法行为的法律责任。

三、行政事业单位国有资产管理法律制度

为了规范和加强行政事业单位国有资产管理，财政部发布了《行政单位国有资产管理暂行办法》和《事业单位国有资产管理暂行办法》。

（一）行政单位国有资产管理法律制度

1. 行政单位国有资产的概念

行政单位是指各级人大机关、行政机关、党的机关、政协机关、审判机关、检察机关以及各民主党派机关（以下统称行政单位）等。行政单位的国有资产，是指由各级行政单位占有、使用的，依法确认为国家所有，能以货币计量的各种经济资源的总称，即行政单位的国有（公共）财产。行政单位国有资产的形成渠道主要有：行政单位用国家财政性资金形成的资产、国家调拨给行政单位的资产、行政单位按照国家规定组织收入形成的资产，以及接受捐赠和其他经法律确认为国家所有的资产，其表现形式为固定资产、流动资产和无形资产等。

2. 行政单位国有资产管理的内容和管理原则

（1）行政单位国有资产管理的内容，包括：资产配置、资产使用、资产处置、资产评估、产权界定、产权纠纷调处、产权登记、资产清查、资产统计报告和监督检查等。

（2）行政单位国有资产管理活动，应当遵循以下原则：①资产管理与预算管理相结合；②资产管理与财务管理相结合；③实物管理与价值管理相结合。

3. 行政单位国有资产管理体制

行政单位国有资产管理实行国家统一所有，政府分级监管，单位占有、使用的管理体制。各级财政部门是政府负责行政单位国有资产管理的职能部门，对行政单位国有资产实行综合管理。财政部门根据工作需要，可以将国有资产管理的部分工作交由有关单位完成。有关单位应当完成所交给的国有资产管理工作，向财政部门负责，并报告工作的完成情况。行政单位对本单位占有、使用的国有资产实施具体管理。各级财政部门和行政单位应当明确国有资产管理的机构和人员，加强行政单位国有资产管理工作。

4. 行政单位国有资产管理

（1）资产配置。行政单位购置有规定配备标准的资产，应当按照标准进行配备，即必须按照规定程序报经同级财政部门审批同意后，各单位才能将资产购置项目列入单位年度部门预算，未经批准，不得列入部门预算，也不得列入单位经费支出；对没有规定配备标准的资产，应当从实际需要出发，从严控制，合理配备。财政部门对要求配置的资产，能通过调剂解决的，原则上不重新购置。

（2）收入管理。行政单位资产有偿使用收入和处置收入，属于政府非税收入，是财政收入的重要组成部分，实行“收支两条线”管理。

（3）统计报告。行政单位经财政部门审核批复的统计报告，应当作为预算管理和资产管理的依据和基础。

（4）资产使用。行政单位应当建立严格的国有资产管理责任制，将国有资产管理责任落实到人。行政单位不得用国有资产对外担保（法律另有规定除外），不得以任何形式用占有、使用的国有资产举办经济实体。行政单位拟将占有、使用的国有资产对外出租、出借的，必须事先上报同级财政部门审核批准。未经批准，不得对外出租、出借。财政部门应当根据实际情况严格控制，从严审批。对行政单位中超标配置、低效运转或者长期闲置的国有资产，同级财政部门有权调剂使用或者处置。

（5）资产处置。资产处置是指行政单位国有资产产权的转移及核销，包括各类国有资产的无偿转让、出售、置换、报损、报废等。资产处置应当由行政单位国有资产管理部门会同财务部门、技术部门审核鉴定，提出意见，按审批权限报送审批，未经批准不得处置。

（6）采用实物费用定额编制相关经费预算。财政部门开展实物费用定额工作，根据各单位办公用房、车辆的实际占有数量和按实物量平均计算的费用定额标准，计算考核这部分公用经费。

（二）事业单位国有资产管理法律制度

1. 事业单位国有资产的概念

事业单位包括各行业的事业单位，如科学、文教、卫生事业单位、抚恤和福利事业单位等。事业单位国有资产，是指事业单位占有、使用的，依法确认为国家所有，能以货币计量的各种经济资源的总称，即事业单位的国有（公共）资产。

事业单位国有资产包括国家拨给事业单位的资产，事业单位按照国家规定运用国有资产组织收入形成的资产，以及接受捐赠和其他经法律确认为国家所有的资产，其表现形式为流动资产、固定资产、无形资产和对外投资等。

2. 事业单位国有资产管理的原则

事业单位国有资产管理活动，应当坚持下列原则：①资产管理与预算管理相结合的原则。推行实物费用定额制度，促进事业资产整合与共享共用，实现资产管理和预算管理的紧密统一。②所有权和使用权相分离的原则。③资产管理与财务管理、实物管理与价值管理相结合的原则。

3. 事业单位国有资产管理体制

事业单位国有资产管理体制的基本内容。事业单位国有资产实行国家统一所有，政府分级监管，单位占有、使用的管理体制。其中，各级政府财政部门是政府负责事业单位国有资产管理的职能部门，对事业单位的国有资产实施综合管理。事业单位的主管部门负责对本部门所属事业单位的国有资产实施监督管理。事业单位负责对本单位占有、使用的国有资产实施具体管理。

4. 事业单位国有资产配置、使用与处置

（1）资产配置。事业单位国有资产配置，是指财政部门、主管部门、事业单位等根据事业单位履行职能的需要，按照国家有关法律、法规和规章制度规定的程序，通过购置或者调剂等方式为事业单位配备资产的行为。事业单位国有资产配置应当符合以下条件：①现有资产无法满足事业单位履行职能的需要；②难以与其他单位共享、共用相关资产；③难以通过市场购买产品或者服务的方式代替资产配置，或者采取市场购买方式的成本过高。事业单位国有资产配置应当符合规定的配置标准；没有规定配置标准的，应当从严控制，合理配置。对长期闲置、低效运转或者超标准配置的资产，原则上由主管部门进行调剂，并报同级财政部门备案。购置纳入政府采购范围的资产，应当按照国家有关政府采购的规定执行。

（2）资产使用。事业单位国有资产的使用，包括单位自用和对外投资、出租、出借、担保等方式。事业单位应当建立健全资产购置、验收、保管、使用等内部管理制度。应当对实物资产进行定期清查，做到账账、账卡、账实相符，加强对本单位专利权、商标权、著作权、土地使用权、非专利技术、商誉等无形资产的管理，防止无形资产流失。事业单位利用国有资产对外投资、出租、出借和担保等应当进行必要的可行性论证，并提出申请，经主管部门审核同意后，报同级财政部门审批，财政部门和主管部门应加强对上述行为的风险控制。

（3）资产处置。事业单位国有资产处置是指对其占有、使用的国有资产进行产权转让或者注销产权的行为。处置方式包括出售、出让、转让、对外捐赠、报废、报损以及货币性资产损失核销等。事业单位处置国有资产，应当严格履行审批手续，未经批准不得自行处置。资产处置应当遵循公开、公正、公平的原则。出售、出让、转让、变卖资产数量较多或者价值较高的，应当通过拍卖等市场竞价方式公开处置。

5. 事业单位国有资产评估与清查

事业单位有下列情形之一的，应当对下列相关国有资产进行评估：①整体或者部分改制为企业；②以非货币性资产对外投资；③合并、分立、清算；④资产拍卖、转让、置换；⑤整体或者部分资产租赁给非国有单位；⑥确定涉讼资产价值的包括；⑦法律、行政法规规定的其他需要进行评估的事项。

但是，如属于以下情形之一的，则可以不进行资产评估：①经批准事业单位整体或者部分资产无偿划转；②行政、事业单位下属的事业单位之间的合并、资产划转、置换和转让；③发生其他不影响国有资产权益的特殊产权变动行为，报经同级财政部门确认可以不进行资产评估的。

思考练习题

一、选择题

1.《企业国有资产法》所称企业国有资产是指（　　）。

A. 国家对企业各种形式的出资

B. 国家对企业各种形式的出资所形成的权益

C. 国家出资企业的厂房、机器设备、存活、债权等

D. 国家出资企业中的国有净资产

2.（　　）分别代表国家对国家出资企业履行出资人职责，享有出资人权益。

A. 国务院　　B. 国务院和地方人民政府

C. 全国人大常委会　　D. 全国和地方各级人大常委会

3. 下列不属于国家出资企业的是（　　）。

A. 国务院国资监管机构出资100%的公司　　B. 某省国资监管机构持股51%的公司

C. 某省国资监管机构持股 49%的公司　　D. 某村集体出资 100%的公司

二、简答题

1. 简述国有资产的分类。

2. 简述企业国有资产管理体制。

3. 简述企业国有资产管理制度的主要内容。

三、案例分析

国家出资企业向出资人分配利润，是国家出资企业应当履行的一种义务。所分得的利润，是国家财政收入的来源之一，应当纳入国有资本经营预算。我国国有资产投资数额巨大，国家出资企业实现的利润也非常可观，但是，长期以来国家出资企业向出资人分配的利润却相当有限，与某些国企系统的高工资高福利形成鲜明对比，导致老百姓未能充分享受到国家经济发展的成果。

中共十八届三中全会决定提出提高国有资本收益上缴公共财政的比例，2020 年提高到 30%，更多用于保障和改善民生。2015 年，财政部又发布《关于进一步提高中央企业国有资本收益收取比例的通知》，将国有独资企业应缴利润收取比例在原来的基础上提高 5%。

试分析：

（1）确定国家出资企业上缴利润的比例应当综合考虑哪些因素?

（2）国有资产投资应该投向哪些经济领域?

第二节　财政法律制度

【本节重点】

1. 财政法的体系。

2. 我国的预算体系。

3. 政府采购的原则。

4. 国库集中收付的概念。

【引例】某市利用国开发展基金夹层投资建设职业技术学院新校区案

2015 年 10 月，根据某市政府、市国资委、市财政局的安排，该市国有独资公司水务投资集团有限公司（乙方，以下简称“水务集团”）及其下属子公司——自来水安装工程有限公司（丙方，以下简称“安装公司”）与国家开发银行下属企业——国开发展基金有限公司（甲方，以下简称“国开基金”）签订《投资协议》。协议约定：甲方以夹层投资的方式，向丙方增资 1.1 亿元，甲方需在 2015 年 12 月 31 日前实际缴清该 1.1 亿元出资，甲方增资后丙方注册资本变更为 1.4 亿元，甲方认缴出资占 78.57%；甲方的出资专项用于该市职业技术学院新校区建设；甲方不向丙方委派董事、监事和高级管理人员，股东会是丙方最高权力机构，股东会表决可能影响甲方权益的“重大事件”时，应经全体股东所持表决权三分之二以上决议通过；甲方投资期为 10 年，投资期满，由乙方负责按照 1.1 亿元的价格收购甲方对丙方的投资，甲方也可以选择其他市场化的退出办法；乙方和丙方承诺，在投资期内，甲方每年通过现金分红、回购溢价等方式取得投资收益，甲方的投资收益率按照 1.2%/年计算。当月，该市财政局出具《关于同意国开发展基金专项基金项目有关事宜的意见》，称同意由市级财政对上述《投资协议》约定的甲方投资收益进行补足，并承诺将补足投资收益的资金和乙方收购股权的资金 100%分年纳入财政预算管理，确保上述两项资金及时足额到位。

评析：

政府财政收入的形式有税收、国有资产收益、专项收入（例如铁路建设基金收入、征收排污费收入等）和其他收入（例如规费收入、罚没收入、国有土地有偿使用收入等），其中税收是我国财政收入最主要的形式。税收收益权在中央和地方之间的划分，实行分税制的管理体制。按照分税制，首先根据中央和地方政府的事权，确定中央和地方财政支出范围，再根据财权与事权相统一的原则，依据税收收益权归属的不同将税种划分为中央税、地方税、中央地方共享税。

当前，地方政府所承担的任务和其财力不匹配，民生责任、稳定责任、发展责任都在地方政府，但地方政府分得的税收收入有限，这一财力与任务的矛盾，迫使地方政府通过卖地、搞房地产和举债等方式来增收，导致地方政府调控房价缺乏动力、地方政府债台高筑等独特现象出现。因此，现行财税体制改革势在必行，重新划分事权和财权，真正实现事权和财权相统一。

根据《预算法》的规定，地方政府可以在国务院确定的限额内，通过发行地方政府债券举借债务，除这种方式外，地方政府及其所属部门不得以任何方式举借债务。但是，一些地方政府在人大批准发行的债务之外，还以各种名义、方式举借债务，如“明股暗债”“兜底回购”等，这些实质也是地方政府的隐形债务。

本案例就是一宗典型的“明股暗债”的例子。整个操作表面上是国开基金对安装公司投资入股，由水务集团负责回购股权，但是，国开基金的投资本金和收益的回收，都是由地方财政资金支付，投资收益远低于银行贷款利息，投资款专项用于不产生任何商业利润的职业技术学院的建设，因此，其实质是地方政府向国开基金举债办学。这些隐形债务往往没有被列入地方债务的统计数据中，缺乏监控，容易形成违约风险。

一、财政法律制度概述

（一）财政与财政法的概念

财政，是指国家为满足公共欲望而取得、使用和管理资财活动的总称。财政包括中央财政和地方财政。它是国家参与国民收入分配和再分配的重要手段，在宏观调控和保障社会稳定方面具有重要作用。财政具有以下三方面职能：资源配置职能、分配调节职能和保障稳定和发展职能。

财政法，是调整国家为了满足公共欲望而取得、使用和管理资财过程中发生的社会关系的法律规范的总称。

（二）财政法的体系

我国财政法的体系主要包括以下几个方面：

（1）预算法律制度。

（2）政府采购法律制度。

（3）国库集中收付制度。

二、预算法律制度

（一）预算法概述

1. 预算的概念与原则

预算，是经法定程序批准的各级政府和实行预算管理的各部门、各单位一定期间的财政或财务收支计划。

预算有国家预算和单位预算之分。国家预算由中央预算和地方预算组成；单位预算，是指实行预算管理的国家机关、社会团体、国有事业单位的经费预算和企业国有资本经营预算。

预算应遵循公开性、完整性、真实性、统一性和年度性原则。

2. 预算法的概念

预算法是调整在国家进行预算资金的筹集、分配、使用和管理过程中发生的经济关系的法律规范的总称。预算法的渊源主要有《中华人民共和国预算法》（以下简称《预算法》）和《中华人民共和国预算法实施条例》（以下简称《预算法实施条例》）。《预算法》是我国预算管理工作的根本性法律，是制定其他预算法规的基本依据，也是我国财政法规体系中的核心法、骨干法。

3. 我国的预算体系

各国根据财政法原理，实行一级政府一级预算，每级财政都建立一级总预算的原则。根据我国的政权结构，我国的国家预算分为中央预算和地方预算共五级，具体为：①中央预算；②省级（省、自治区、直辖市）预算；③市级预算；④县级预算；⑤乡级预算。每级预算由一般公共预算、政府性基金预算、国有资本经营预算、社会保险基金预算组成。

（二）预算管理职权

预算管理职权，是指根据统一领导、分级管理、权责结合的原则，各级预算主体在预算活动中享有的权利和职责。

各级权力机关的预算管理职权分为以下几类。

（1）各级人民代表大会及其常务委员会的职权。①全国人民代表大会及其常务委员会：审查和批准中央和地方预算草案及执行情况的报告；改变或撤销全人大及常委会关于预算、决算不适当的决议。②县级以上地方各级人民代表大会及其常务委员会：审查和批准本级总预算草案及执行情况的报告；改变或撤销本级预算不适当的决议和命令。③乡、民族乡、镇的人民代表大会的职权：审查和批准本级预算执行情况的报告；撤销本级预算不适当的决定和命令。

（2）各级政府的职权。①国务院：编制中央预算、决算草案；向全人大作关于预算草案的报告；将各级预算汇总后报全人大常委会备案；组织预算的执行；决定预算费的动用；编制预算调整方案；监督预算执行；改变或撤销各级预算的不适当决议；向全人大及常委会报告预算的执行情况。②县级以上地方各级政府：编制本级预算、决算草案；向本级人大作本级预算草案的报告；将下一级政府报送备案的预算汇总后报本级人大常委会备案；组织本级总预算的执行。③民族乡、镇政府的职权：编制本级预算、决算草案；向本级人大作关于本级预算草案的报告；组织本级预算的执行；决定本级预算费的动用；编制本级预算的调整方案，向本级人大报告本级预算的执行情况。

（3）各级政府财政部门的职权。①国务院财政部门：具体编制中央预算、调整方案、决算草案；具体组织中央和地方预算的执行（执行权）；提出中央预算预备费动用方案（提案权）；具体编制中央预算的调整方案；定期向国务院报告中央和地方预算的执行情况（报告权）。②地方各级政府财政部门：具体编制本级预算、决算草案；具体组织本级总预算的执行；提出本级预算预备费动用方案；具体编制本级预算的调整方案；定期向本级政府和上一级政府财政部门报告本级总预算的执行情况。

（4）各部门、各单位的职权：编制、执行本部门、本单位预算、决算，并向本级政府财政部门报告预算的执行情况，按照国家规定上缴预算收入，安排预算支出，并接受国家有关部门的监督。

（三）预算收支范围

国家预算由预算收入和预算支出组成。

1. 预算收入

（1）预算收入的范围：一般公共预算收入包括各项税收收入、行政事业性收费收入、国有资源(资产)有偿使用收入、转移性收入和其他收入。

（2）预算收入的种类：预算收入根据主体不同，分为中央预算收入、地方预算收入和中央地方共享预算收入。

除上述预算收入外，各地方、部门、各单位还有一部分预算外资金，也是国家的财政收入。

2. 预算支出

（1）预算支出的形式。一般公共预算支出按照其功能分类，包括一般公共服务支出，外交、公共安全、国防支出，农业、环境保护支出，教育、科技、文化、卫生、体育支出，社会保障及就业支出和其他支出。一般公共预算支出按照其经济性质分类，包括工资福利支出、商品和服务支出、资本性支出和其他支出。

（2）预算支出的主体。预算支出划分为中央预算支出和地方预算支出。中央预算支出是由中央财政承担并列入中央预算的支出，包括中央本级支出和中央返还或者补助地方的支出；地方预算支出是由地方财政承担并列入地方预算的支出，包括地方本级支出和地方按照规定上解中央的支出。

政府性基金预算、国有资本经营预算和社会保险基金预算的收支范围，按照法律、行政法规和国务院的规定执行。

（四）预算管理程序

预算管理程序包括预算的编制、审批、执行和调整。

1. 编制

（1）预算年度：我国国家预算年度自公历1月1日起至12月31日止。

（2）预算草案的编制依据：中央和地方各级政府预算按照复式预算编制，分为政府公共预算、国有资产经营预算、社会保障预算和其他预算；编制依据应参考上一年预算执行情况和本年度收支预测进行编制。

2. 审批

中央预算由全国人民代表大会审查和批准，地方政府预算由本级人民代表大会审查和批准。

各级预算批准后要及时向上一级政府备案；最后国务院将预算汇总后，报全国人民代表大会常务委员会备案。国务院和县级以上政府，对下一级报送备案的预算，认为有不当之处的，当提请本级人大常委会审议决定。

预算批准后，应及时向本级各部门批复预算。

3. 执行

各级预算由本级政府组织执行，具体工作由各级政府财政部门负责，必须依法、及时、足额。预算的收入和支出必须通过国库进行。

4. 调整

预算调整是指经过全国人民代表大会批准的中央预算和经过地方人民代表大会批准的本级预算，在执行中因特殊情况需要增加支出或减少收入，使原批准的收支平衡的预算总支出超过总收入，或者使原批准的预算中举借债务的数额增加的部分变更。各级政府对必须进行的预算调整，应编制预算调整方案。未经批准，不得调整预算。

在预算执行中，因上级政府返还或给予补助而引起的预算收支变化，不属于预算调整。各级政府对必须进行的预算调整，应编制预算调整方案。未经批准，不得调整预算。

（五）决算

1. 决算的概念

决算是对年度预算收支执行结果的会计报告，是预算执行的总结，是国家管理预算活动的最后一道程序。它包括决算报表和文字说明两个部分。

2. 决算草案的编制

决算草案由各级政府、各部门、各单位在每一预算年度终了后按国务院规定的时间编制，具体事项由国务院财政部门部署。各部门对所属各单位的决算草案，应当审核并汇总编制本部门的决算草案，在规定的期限内报本级政府财政部门审核。

3. 决算的审批

国务院财政部门编制中央决算草案，报国务院审定后，由国务院提请全国人民代表大会常务委员会审查和批准。

县级以上地方各级政府财政部门编制本级决算草案，报本级政府审定后，由本级政府提请本级人民代表大会常务委员会审查和批准。

乡、民族乡、镇政府编制本级决算草案，提请本级人民代表大会审查和批准。

各级政府决算批准后，财政部门应当向本级各部门批复决算。

（六）预算外资金的法律监管

1. 预算外资金的概念

预算外资金是指国家机关、事业单位、社会团体、具有行政管理职能的企业主管部门和政府委托的其他机构，为履行或代行政府职能，依据法律法规和具有法律效力的规章，而收取、提取、募集和安排使用的、未纳入国家预算管理的各种财政性资金。

2. 预算外资金管理法律制度

预算外资金是国家财政性资金，由财政部门建立统一财政专户，实行收支两条线管理。收取或提取预算外资金必须依法定的项目、范围、标准和程序执行。财政部设立中央财政专户和地方财政专户，分别办理中央和地方预算外资金的收缴与拨付。部门和单位的预算外资金，必须按国家规定合理使用，并将各项支出的用途在有关财务报表中反映和说明，预算外资金会计决算由部门和单位在年度终了后按财政部的要求编制。预算外资金的监督分内部监督和外部监督，违反规定应承担相应的行政责任和刑事责任。

（七）预算决算监督与违法责任

1. 预算决算监督

预算决算的监督根据主体不同，分为权力机关的监督、政府的监督和政府专门机关的监督。权力机关行使监督权的主要形式是组织调查和询问或者质询。

（1）权力机关的监督：①全国人大及其常委会对中央和地方预算、决算进行监督。②县级以上地方各级人大及其常委会对本级和下级政府预算、决算进行监督。③乡、民族乡、镇人民代表大会对本级预算、决算进行监督。

（2）各级政府的监督：①各级政府监督下级政府的预算执行；下级政府应定期向上级政府报告预算执行情况。②各级政府财政部门负责监督本级各部门及所属单位预算执行，并向本级和上级政府财政部门报告。③各级政府审计部门对本级各部门、各单位和下级政府的预算执行、决算实行审计监督。

（3）政府专门机关的监督。各级审计机关应当依照《中华人民共和国审计法》（以下简称《审计法》）以及有关法律、行政法规的规定，对本级预算执行情况，对本级各部门和下级政府预算的执行情况和决算，进行审计监督。

2. 违反预算法的法律责任

违反预算法的法律责任，主要包括擅自变更预算、擅自动用国库库款和违法进行预算收支的法律责任。为了纠正财政违法行为，维护国家财政经济秩序，国务院发布了《财政违法行为处罚处分条例》，对各类主体的财政违法行为及相应的处罚处分做出了较为细致的规定。

三、政府采购法律制度

（一）政府采购法概述

1. 政府采购的概念、特征与原则

政府采购，又称公共采购，《中华人民共和国政府采购法》（以下简称《政府采购法》）第二条规定了政府采购的法律定义：“政府采购，是指各级国家机关、事业单位和团体组织，使用财政性资金采购依法制定的集中采购目录以内的或采购限额标准以上的货物、工程和服务的行为。”

政府采购具有采购主体的特定性、采购资金的公共性、采购程序的法定性、采购目的的公益性等特征。政府采购不仅是指具体的采购过程，而且是采购政策、采购程序、采购过程及采购管理的总称，是一种对公共采购管理的制度，是一种政府行为，本质是一种公款购买活动，即由政府拨款进行购买。所以政府采购应遵循公开透明、公平竞争、公正以及诚实信用的原则。

2. 政府采购法的渊源

政府采购法是调整在政府采购过程中形成的社会关系的法律规范的总称。政府采购法的渊源主要是《政府采购法》。《政府采购法》是规范我国政府采购活动的根本性法律，也是制定其他政府采购法规制度的基本依据，其立法宗旨是规范政府采购行为，提高政府采购资金的使用效益，维护国家利益和社会公共利益，保护政府采购当事人的合法权益，促进廉政建设。

除《政府采购法》外，政府采购法律制度的构成还包括国务院有关部门制定的相关行政规章和地方人大、地方政府制定的规范本行政区域内政府采购活动的地方性法规和政府规章。如《政府采购信息公告管理办法》（财政部令第 19 号）、《政府采购货物和服务招标投标管理办法》（财政部令第 18 号）、《工程建设项目货物招标投标办法》（发改委、建设部、铁道部、交通部、信息产业部、水利部、民航总局第 27 号令）等。

（二）政府采购法的主体

1. 政府采购的主体

政府采购的主体亦即采购人，是指使用财政性资金采购依法制定的集中采购目录以内的或者限额标准以上的货物、工程和服务的国家机关、事业单位和团体组织。

政府采购活动过程中涉及的当事人，除了采购人外，还包括以下两种：

（1）采购代理机构。采购代理机构是指具备一定条件，经政府有关部门批准而依法拥有政府采购代理资格的社会中介机构。

（2）供应商。供应商指向采购人提供货物、工程或者服务的法人，其他组织或者自然人，包括任何有供货条件的个人和企业。作为政府采购活动的供应商，必须具备《政府采购法》规定的条件。

2. 监督政府采购活动的主体

政府采购使用财政性资金，应接受广大纳税人的监督。《政府采购法》第十三条规定，各级政府财政部门是政府采购监督管理部门；各级政府其他有关部门在各自职能范围内依法履行与政府采购活动有关的监督管理职责。其中，审计机关进行审计监督；监察机关对参与政府采购活动的国家机关、国家公务员和国家行政机关任命的其他人员实施监督。

（三）政府采购的资金范围

政府采购资金为财政性资金和需要由财政偿还的公共借款。财政性资金是指预算内资金、预算外资金，以及与财政资金相配套的单位自筹资金的总和。资金的最终来源为纳税人的税收和政府对公共服务的收费。

（四）政府采购的对象、方式和程序

1. 政府采购的对象

《政府采购法》规定，政府采购的对象是依法制定的集中采购目录以内或者限额标准以上的货物、工程和服务。属于中央预算的政府采购项目，其集中采购目录和政府采购限额标准由国务院确定并公布。属于地方预算的政府采购项目，其集中采购目录和政府采购限额标准由省、自治区、直辖市人民政府或者其授权的机构确定并公布。

2. 政府采购的执行模式

（1）集中采购。集中采购是指由一个专门的政府采购机构负责本级政府的全部采购任务；采购单位必须委托集中采购机构代理采购，采购单位不得擅自自行组织采购。列入集中采购的项目往往是一些大宗的、通用性的项目，或者是一些社会关注程度较高、影响较大的特定商品、大型工程和重要服务类项目。

（2）分散采购。分散采购是指纳入政府采购范围的、在集中采购目录以外或者采购限额标准以下的货物、工程和服务，由各需求单位自行组织或委托采购代理机构实施的采购活动。分散采购的项目往往是一些在限额标准以下的、专业化程度较高或单位有特定需求的项目，一般不具有通用性的特征。

3. 政府采购的方式

根据是否存在公开竞争，可将政府采购方式分为竞争性采购（如公开招标、邀请招标、竞争性谈判等）和非竞争性采购（如询价采购、单一来源采购、自营工程等）两类。

4. 政府采购的程序

政府采购使用财政性资金，应当严格按照批准的预算执行。负责编制部门预算职责的部门，在编制下一财政年度的部门预算时，应将该财政年度政府采购的项目及资金预算列出，报本级财政部门汇总。部门预算的审批，按预算管理权限和程序进行。我国《政府采购法》对不同类型的政府采购方式所涉及的程序作出了具体规定，政府采购应依据程序要素法定原则，严格按相应的程序规定采购。

（五）政府采购的监督检查

各级人民政府财政部门是负责政府采购监督管理的部门，该部门不得设置集中采购机构，不得参与政府采购项目的采购活动。

采购代理机构与行政机关不得存在隶属关系或其他利益关系。

审计和监督机关应当对政府采购进行审计监督。监察机关应当加强对参与政府采购活动的国家机关、国家公务员和国家行政机关任命的其他人员的监察。

任何单位和个人对政府采购中的违法行为，有权控告和检举。

（六）政府采购争议的解决

政府采购争议是指供应商与政府采购人、采购代理机构、政府采购监管部门及其他有关政府部门之间发生的与政府采购相关的纠纷。《政府采购法》规定了以下解决途径：

（1）询问、质疑与投诉。供应商对政府采购活动事项有疑问的，可以向采购人提出询问；供应商认为采购文件、采购过程和中标、成交结果使自己的权益受到损害的，可以依法以书面形式提出质疑；对答复不满意或未作答复的，可以按规定向同级政府采购监管部门投诉。

（2）行政复议或诉讼。投诉人对政府采购监管部门的投诉处理决定不服，或监管部门逾期未作处理的，可以依法申请行政复议或向人民法院提起行政诉讼。

四、国库集中收付制度

（一）国库集中收付制度的概念与特征

1. 国库集中收付的概念

国库集中收付，是指以国库单一账户体系为基础，将所有财政性资金都纳入国库单一账户体系管理，收入直接缴入国库和财政专户，支出通过国库单一账户体系支付到商品和劳务供应者或用款单位的一项国库管理制度。

2. 国库集中收付制度的特征

（1）财政部门在中央银行或商业银行开设国库单一账户。所有财政性资金均纳入国库单一账户运作和管理，财政资金不得在国库单一账户体系外运行。

（2）财政资金收入收缴和支出方式运作规范。未支用的资金均保留在国库单一账户，由财政部门代表政府进行管理运作。

（3）财政设立专门的国库现金管理和支付执行机构。

（二）国库单一账户体系

1. 国库单一账户的概念

国库单一账户体系，是指实行财政国库集中支付后，用于所有财政性资金收支核算管理的账户体系。

2. 国库单一账户体系的构成

国库单一账户体系主要由国库单一账户、财政部门和预算单位零余额账户、预算外资金财政专户、特设专户构成。

财政部门是持有和管理国库单一账户体系的职能部门，任何单位不得擅自设立、变更或撤销国库单一账户体系中的各类银行账户。

（三）财政收入收缴方式和程序

1. 收缴方式

（1）直接缴库。指由缴款单位或缴款人按有关法律法规规定，直接将应缴收入缴入国库单一账户或预算外资金财政专户。

（2）集中汇缴。指由征收机关按有关法律规定，将所收到的应缴收入汇总缴入国库单一账户或预算外资金财政专户。

2. 收缴程序

（1）直接缴库程序。直接缴库的税收收入，在经纳税申报审核无误后，由纳税人通过开户银行将税款缴入国库单一账户。

（2）集中汇缴程序。小额零散税收和法律另有规定的应缴收入，由征收机关在收缴收入的当日汇总缴入国库单一账户。

（四）财政支出支付方式和程序

1. 支付方式

支付方式按发出支付令的不同主体，有以下两种支付方式。

（1）财政直接支付。这是指是由财政部门开具支付指令，通过国库单一账户体系，直接将财政资金支付到收款人或用款单位账户。

实行财政直接支付的支出包括：①工资支出、购买支出以及中央对地方的专项转移支付，拨付企业大型工程项目或大型设备采购的资金等。②转移支出，中央对地方的一般性转移支付中的税收返还、原体制补助、过渡期转移支付、结算补助等支出，对企业的补贴和未指明购买内容的某些专项支出等。

（2）财政授权支付。财政授权支付是指预算单位根据财政授权，自行开具支付指令，通过国库单一账户体系将资金支付到收款人账户。

实行财政授权支付的支出包括：未实行财政直接支付的购买支出和零星支出。

2. 财政支出支付程序

（1）财政直接支付的程序是：预算单位申请、财政部门向国库支付执行机构开具支付令、代理银行划拨资金、资金清算、出具入账通知书、会计处理。

（2）财政授权支付的程序是：预算单位申请月度用款限额、通知支付银行、代理银行办理支付、代理银行办理资金清算、预算单位使用资金。

思考练习题

一、单选题

1. 下列选项中，不属于我国国家预算体系的是（　　）。

A. 中央预算

B. 省级(省、自治县、直辖市)预算

C. 县市级(县、自治县、不设区的市、市辖区)预算

D. 县级以上地方政府的派出机关预算

2. 下列关于国库单一账户体系的说法中错误的是（　）。

A. 国库单一账户在中国人民银行开设，主要用于管理预算内资金的收付

B. 财政部门零余额账户主要用于财政直接支付

C. 预算单位零余额账户可以办理转账、提取现金等结算业务

D. 预算外财政资金专户用于记录核算和反映预算单位的特殊专项支出活动

二、多选题

1. 省级预算包括（　　）。

A. 省预算　　B. 自治区预算　　C. 市预算　　D. 直辖市预算

2. 下列各项中，构成国库单一账户体系的有（　　）。

A. 国库单一账户

B. 财政部门零余额账户

C. 预算单位零余额账户

D. 经国务院和省级人民政府批准或授权财政部门批准开设的特殊专户

三、判断题

1. 根据国库集中收付制度，所有财政性资金都纳入国库管理，收入直接缴入国库单一账户，支出由国库单一账户直接支付到商品和劳务供应者或用款单位。（　　）

2. 根据国库集中收付制度，所有财政性资金都纳入国库管理，收入直接缴入国库单一账户体系，支出由国库单一账户体系直接支付到商品和劳务供应者或用款单位。（　　）

3. 政府采购只能分散采购。（　　）

4. 采购未纳入集中采购目录的政府采购项目，只能自行采购。（　　）

四、案例分析

广州格力空调销售有限公司向广州市天河区人民法院起诉广州市财政局，称：2008年9月28日至2008年10月29日期间，广州市政府采购中心对外发布了"'广州市番禺中心医院空调采购项目'子包二"公开招标的采购公告。原告按照招标文件的内容和条件参加了投标。广州市政府采购中心于同年11月4日开标，并依法组建评标委员会对投标文件进行评审。

评标委员会对包括原告在内5家投标供应商的投标文件进行检查、比较和分析后，一致推荐投标报价为1707万元的原告为排列第一的预中标供应商。广州市政府采购中心于2008年11月5日给原告发送了书面的《关于提交有关投标资料原件予采购人核对的函》，称原告"成为子包二的中标候选供应商"。原告按要求向对方提供了相关材料的原件。

2008年11月18日，广州市政府采购中心委托原先的评标专家对该采购项目的投标文件进行第二次评审和比较，并按照第二次评标结果确定中标供应商。同月21日，广州市政府采购中心在其网站上发布消息，报价金额2151万元的广东省石油化工建设集团公司中标。

为此，原告向广州市政府采购中心、番禺区财政局提出质疑和投诉，番禺区财政局驳回了原告的投诉请求。原告不服，向广州市财政局提起行政复议，广州市财政局撤销了番禺区财政局的处理决定，责令其重新作出行政决定。

番禺区财政局于2009年6月8日在政府采购专家库中随机抽取7名专家组成核实小组，其核实结论为：原告的投标文件不符合招标文件中带星号指标的要求，番禺区财政局据此驳回了原告的投诉。原告不服，再次向广州市财政局申请复议，广州市财政局维持了番禺区财政局的决定，原告遂向法院起诉广州市财政局。

试分析：

政府采购争议的解决有哪几种方式？

第三节 税收法律制度

【本节重点】

1. 税法的构成要素。
2. 我国现行税收体系。
3. 我国现行税收征管体制。

【引例】 关于落实税收法定原则的大人议案

在 2013 年的全国人民代表大会上，人大代表赵冬苓联合另外 31 位代表，提交了《关于终止授权国务院制定税收暂行规定或者条例的议案》。这份议案被称为当年两会“最有含金量的议案”。2014 年，赵冬苓又提出议案，希望 5 年内税收立法权收归人大，建议有关方面给出路线图和时间表。在 2015 年的全国人民代表大会上，《立法法》修正案高票通过，确立了“税率法定”条款；全国人大明确表示，在 2020 年之前全面落实税收法定原则。2016 年，赵冬苓再提议案，税收法定权力若下放应下放给地方人大。赵冬苓等代表连续几年提出的议案，使税收法定原则备受关注。

评析：

税收是国家财政收入最主要的来源。税收征收权是国家基本权力，税收征收行为涉及公民财产的减损，通常情况下属于法律保留事项，即只有国家权力机关（我国的国家权力机关是人民代表大会）才是税收立法的合法机关，这就是税收法定原则。税收法定是国际通常做法。但是，我国税收立法却是一种政府主导的“税收立法行政化”模式。我国现有税种中，只有 4 个是全国人大立法征收的，分别是个人所得税、企业所得税、车船税和环境保护税，其他都是国务院根据早年的全国人大授权，通过制定税收暂行条例来征收的。这种模式曾经起到积极的作用，因为这样税收可以快速调整以随时适应社会的变化。但是，随着我国政治经济各方面的发展，社会主义市场经济体制的进一步完善，税收授权立法所造成的政府既当运动员又当裁判员的情况已不合时宜，导致了行政权力的膨胀，延缓了财税法治的进程。因此，才有了赵冬苓等人大代表提出的由人大收回税收立法权的议案。

税收法定原则的目的是让纳税人能充分参与税收立法，让民意充分博弈，让制度更加稳健，从而让税收更加公平、正义。税收公平、正义是税收和税法的最高价值理念，与整个社会实质意义上的公平和正义密切相关。《中华人民共和国个人所得税法》是一部在民意充分博弈的基础上获得通过的法律，也是人大充分践行“开门立法”原则的典范。

中共十八届三中全会明确提出了落实税收法定原则，全国人大也明确表示在 2020 年之前全面落实税收法定原则，即税收法定原则已经不是要不要落实的问题，而是如何全力推进的问题，那么全国人大就应尽快制定路线图和时间表，逐步构建我国以税收法律为主、税收行政法规为辅的新型税收法律体系。

一、税收法律制度概述

（一）税收的概念与特征

1. 税收的概念

税收是政府为了满足社会公共需要，凭借政治权力，强制、无偿地取得财政收入的一种形式。

2. 税收的作用

（1）税收是国家组织财政收入的主要形式。

（2）税收是国家调控经济运行的重要手段。

（3）税收具有维护国家政权的作用。

（4）税收是国际经济交往中维护国家利益的可靠保证。

（二）税收的特征

税收与国家取得财政收入的其他方式相比，具有以下三个特征。

（1）强制性。税收的强制性是指纳税人必须依法纳税，否则会受到法律制裁。

（2）无偿性。税收的无偿性是指国家征税后，税款即成为财政收入，不再直接归还纳税人，也不支付任何报酬。这是税收的关键特征。

（3）固定性。税收的固定性是指国家以法定形式预先作出规定，纳税人、征税对象、税率和征税方法，均是预先固定的。固定性是税收区别于其他财政收入的主要标志。

（三）税收的分类

税收的分类，亦即税种的分类。一国的税收体系由不同的税种构成，依不同的标准，可作多种分类，对税收进行科学分类，有利于建立合理的税收结构，充分发挥各类税收的功能。税收的主要分类如下。

（1）按征税对象分类，可将全部税收划分为流转税类、所得税类、财产税类、资源税类和行为税类五种类型。

（2）按征收管理的分工体系分类，可分为工商税类、关税类。工商税类主要由税务机关负责征收管理；关税类由海关负责征收管理。

（3）按照税收收入的支配权限分类，可分为中央税、地方税和中央地方共享税。

中央税属于中央政府的财政收入，如关税，海关代征的进口环节消费税和增值税，消费税，城市维护建设税等。

地方税属于地方各级政府的财政收入，如城镇土地使用税、契税、资源税等。

中央地方共享税属于中央和地方政府财政共同收入，由双方按一定的比例分享，如增值税、企业所得税、（证券交易）印花税、资源税等。

（4）按照计税标准不同进行分类，可分为从价税、从量税和复合税。

从价税是以课税对象的价格作为计税依据，一般实行比例税率和累进税率，税收负担比较合理，如我国现行的增值税、企业所得税、个人所得税等税种。

从量税是以课税对象的实物量作为计税依据征收的一种税，一般采用定额税率，如我国现行的车船使用税、土地使用税、消费税中的啤酒和黄酒等。

复合税是以从价加从量来计算应纳税金，目前只有消费税中的卷烟和白酒是按复合方式计算税金的。

（四）税法立法

税法是指国家权力机关和行政机关制定的用以调整国家与纳税人之间在税收征纳方面的权利与义务关系的法律规范的总称，是经济法的重要组成部分。

税法按功能作用不同，分为税收实体法和税收程序法。

税收实体法具体规定了各种税种的征收对象、征收范围、税目、税率等，是税法的主体。我国对现行开征的每一种税均制定了单行法律或者行政法规，包括：《中华人民共和国企业所得税法》（以下简称《企业所得税法》）《中华人民共和国个人所得税法》（以下简称《个人所得税法》）《中华人民共和国车船税法》（以下简称《车船税法》）《中华人民共和国环境保护税法》（以下简称《环境保护法》）《中华人民共和国增值税暂行条例》（以下简称《增值税暂行条例》）《中华人民共和国消费税暂行条例》（以下简称《消费税暂行条例》）《中华人民共和国进出口关税条例》（以下简称《进出口关税条例》）《中华人民共和国房产税暂行条例》（以下简称《房产税暂行条例》）《中华人民共和国城镇土地使用税暂行条例》（以下简称《城镇土地使用税暂行条例》）《中华人民共和国耕地占用税暂行条例》（以下简称《耕地占用税暂行条例》）《中华人民共和国契税暂行条例》（以下简称《契税暂行条例》）《中华人民共和国土地增值税暂行条例》（以下简称《土地增值税暂行条例》）《中华人民共和国印花税暂行条例》（以下简称《印花税暂行条例》）《中华人民共和国城市维护建设税暂行条例》（以下简称《城市维护建设税暂行条例》）《中华人民共和国车辆购置税暂行条例》（以下简称《车辆购置税暂行条例》）《中华人民共和国资源税暂行条例》（以下简称《资源税暂行条例》）等。除此以外，国务院财税主管部门还出台了一系列与上述法律、行政法规配套实施的规章和规范性文件，如《增值税暂行条例实施细则》《消费税暂行条例实施细则》等。

税收程序法主要包括税收管理法、纳税程序法、发票管理法、税务机关组织法、税务争议处理法等。具体有《中华人民共和国税收征收管理法》（以下简称《税收征收管理法》）、《税务争议处理办法》等。

我国税收立法应当遵循税收法定原则、税收公平原则、税收效率原则和税收社会政策原则。

（五）税法的构成要素

税法的构成要素，是税法不可缺少的要件，是各种单行税法都具备的共同的基本要素的总称。税法由以下要素构成：

1. 征税人

征税人指代表国家行使税收管理权的各级征税机关，由国家的各级税务机关、财政部门和海关等部门代表国家征税，行使税收征收权、税收管理权、税收入库权。

2. 纳税义务人

纳税义务人是负有纳税义务的自然人、法人或其他组织，指纳税人和依法负有代扣代缴、代收代缴税款义务的扣缴义务人。

3. 征税对象

征税对象也叫课税对象，是指对什么征税。征税对象包括物和行为，是区别一种税与另一种税的重要标志，是税法最基本的要素。

4. 税目

税目是税法规定的征税对象中的具体项目，是征税对象范围的具体体现，税目一般不作为税法的一个独立构成要素。有的税种划分了税目，如消费税、个人所得税等；也有的税种未划分税目，如企业所得税。

5. 税率

税率是计算税额的尺度，反映了征税的深度，是税收法律制度中的核心要素。我国现行的税率主要有：比例税率、定额税率、累进税率。

（1）比例税率是指对同一征税对象，不论数量多少，数额大小均按同一比例征税的税率，如企业所得税税率为25%。

（2）定额税率是指对单位征税对象规定固定的税额，而不采取百分比的形式，如啤酒的消费税率是250元/吨。

（3）累进税率是根据征税对象数额的大小，规定不同等级的税率。即征税对象数额越大，税率越高；数额越小，税率越低。一般多在收益课税中使用，有全额累进税率（目前我国未采用）、超额累进税率（如个人所得税中的工资薪金所得）、超率累进税率（如土地增值税）三种形式。

6. 计税依据（税基）

计税依据是计算应纳税额的依据，分为从价计征、从量计征和复合计征三种。从价计征以计税金额为计税依据；从量计征以计税数量为计税依据；复合计征既包括从量计征又包括计价从征。

7. 纳税环节

纳税环节是指税法规定的征税对象在从生产到消费的流转过程中应当缴纳税款的环节。它关系到税收由谁负担、税款能否足额及时入库和纳税人纳税是否便利等问题。如流转税在生产和流转环节纳税，所得税在分配环节纳税。

8. 纳税期限

纳税期限是纳税人在发生纳税义务后，应依法缴纳税款的期限。超过纳税期限未缴税的，属于欠税，应依法加收滞纳金。

9. 纳税地点

纳税地点是纳税人依据税法规定向征税机关申报纳税的具体地点。我国税法上规定的纳税地点主要有：机构所在地、经济活动发生地、财产所在地、报关地等。

10. 减免税规定

减免税法规定是国家对某些纳税人和征税对象给予鼓励和照顾的一种特别规定。

（1）减税和免税。减税是从应征税款中减征部分税款，免税是免征全部税款。减免税有永久减免税和定期减免税之分。

（2）起征点。起征点是对征税对象达到一定数额开始征税的界限。征税对象的数额未达到起征点的不征税；达到或超过起征点的，就其全部数额征税，而不是仅就超过部分征税。

（3）免征额。免征额指对征税对象总额中免予征税的数额。它是按照一定标准从计税依据总额中预先减除的数额。免征额部分不纳税，只对超过免征额的部分征税。

11. 税收法律责任

税收法律责任是指税收法律关系主体因违反税法所应承担的法律后果，主要有以下两种。①行政责任，包括补缴税款，加收滞纳金、吊销税务登记证、罚款等；②刑事责任，对违反税法情节严重构成犯罪的行为，必须依法承担刑事责任。

（六）税收体制

税收体制，是指在相关国家机关之间划分税收方面权力的各种制度。相关的国家机关在税收方面的权力简称税权，主要包括税收立法权和税收收益权。税收立法权主要由国家立法机关及其授权的国家行政机关行使。关于税收收益权的划分，我国自 1994 年起实行分税制的财政管理体制。

分税制首先是按中央和地方政府的事权，合理确定中央和地方财政支出范围（中央财政主要承担国家安全、外交、重点建设支出和中央国家机关及直属行政事业经费等，其他由地方政府负责），再根据财权与事权相统一的原则，将税种划分为中央税、地方税、中央地方共享税，以此实现对税收征管权和税收收益权的划分。

二、流转税法律制度

流转税法，是调整以流转额为征税对象的税收关系的法律规范的总称。流转额是指在商品流转中商品销售收入额和经营活动所取得的劳务或业务收入额。流转税，国际上通称商品与劳务税。主要包括增值税、消费税和关税等。流转税是我国税收收入的主要来源。它是一种间接税，纳税人往往不是税收的实际负担者。

（一）增值税法

1. 增值税的概念

依据《增值税暂行条例》的规定，增值税是对在我国境内“销售货物或者提供加工、修理修配劳务以及进口货物”的企业和个人，就其货物销售或者提供劳务的“增值额”和货物进口金额为计税依据而课征的一种“流转税”。但是，自 2016 年 5 月 1 日起我国全面实行“营改增”后，对原营业税的征税范围内的“提供应税劳务、转让无形资产和销售不动产”所产生的增值额也课征增值税。

2. 增值税的纳税人

在我国境内销售货物、提供加工、修理修配劳务、进口货物、提供应税服务、转让无形资产、销售不动产的单位和个人，为增值税的纳税人。

按照经营规模的大小和会计核算健全与否等标准，增值税纳税人可分为一般纳税人和小规模纳税人。一般纳税人的特点是增值税进项税额可以抵扣销项税额，可以使用增值税专用发票。小规模纳税人不实行增值税进项税额与销项税额的抵扣制度，不可以使用增值税专用发票。

3. 增值税的扣缴义务人

境外的单位或者个人在境内提供应税服务，在境内未设经营机构的，以其代理人为增值税扣缴义务人；在境内没有代理人的，以接受方为增值税扣缴义务人。

4. 增值税的征税对象

增值税的征收对象是对销售货物、提供加工、修理修配劳务、进口货物、提供应税服务、转让无形资产、销售不动产的增值额。

5. 增值税税率

增值税采用比例税率，一般纳税人的税率分为三档：①基本税率为 17% ；②低税率，从 6%到 11%不等；③零税率，适用于出口货物。小规模纳税人实行简易办法征税，采用征收率 3%计税。

【案例】某一般纳税人企业 7 月份发生商品销售的含税价格为 175500 元，增值税的税率为 17%。该月份购进货物发生进项税额 8500 元。

［**试分析**］该纳税人 7 月份增值税应纳税额为多少？

【分析】销售货物的销项税额=175500÷（1+17%）×17%=25500（元），则 7 月份应纳税额=25500–8500=17000（元）。

6. 增值税征收管理

（1）纳税义务发生的时间：①采取直接收款方式销售货物，无论货物是否发出，均为收到销售款或者取得索取销售款凭据的当天。②采取托收承付和委托银行收款方式销售货物，为发出货物并办妥托收手续的当天。③采取赊销和分期收款方式销售货物，为书面合同约定的收款日期的当天，无书面合同的或者书面合同没有约定收款日期的，为货物发出的当天。④预收货款方式销售货物的，为货物发出的当天。纳税人提供有形动产租赁服务采取预收款方式的，其纳税义务发生时间为收到预收款的当天。⑤委托其他纳税人代销货物的，为收到代销清单的当天，未收到清单的以发出货物满 180 天的当天。⑥销售应税劳务的，为提供劳务同时收讫销售款或者取得索取销售款凭据的当天。⑦纳税人发生视同销售货物行为的，为为货物移送的当天。⑧进口货物，其纳税义务的发生时间为报关进口的当天。⑨增值税扣缴义务发生时间为纳税人增值税纳税义务发生的当天。

（2）纳税期限。纳税期限，由主管税务机关根据纳税人应纳税额的大小分别核定；不能按照固定期限纳税的，可以按次纳税。

增值税的纳税期限有：1 日、3 日、5 日、10 日、15 日、1 个月或 1 个季度。以 1 个月或 1 个季度为纳税期限的，自期满之日起 15 日内申报纳税；以 1 日、3 日、5 日、10 日、15 日为纳税期限的，自期满之日起 5 日内预缴税款，于次月 1 日起 15 日内申报纳税并结清上月税款；纳税人进口货物的，自海关填发税款缴纳书之日起 15 日内缴纳税款；纳税人出口货物的，按月向税务机关申报办理该项出口货物退税。

（3）纳税地点。固定业户向其机构所在地的主管税务机关申报纳税。固定业户到外县（市）销售货物或者应税劳务，应当申请开具《外出经营活动税收管理证明》，并向其机构所在地的主管税务机关申报纳税。未开具该证明的，应当向销售地或者劳务发生地的主管税务机关申报纳税。非固定业户应当向销售地或劳务发生地的主管税务机关申报纳税。进口货物的，向报关地海关申报纳税。

（二）消费税法

1. 消费税的概念

消费税是对在我国境内从事“生产”“委托加工”和“进口”应税消费品的单位和个人征收的一种流转税，是对“特定的消费品和消费行为”在“特定的环节”征收的一种流转税。

2. 消费税的纳税人

在我国境内生产、委托加工和进口应税消费品的单位和个人，以及国务院确定的销售应税消费品的其他单位和个人，为消费税的纳税人。

3. 消费税的征税对象和税目

消费税的征税对象是生产、委托加工和进口的应税消费品。消费税的征税对象分为 14 个税目：烟、酒及酒精、化妆品、贵重首饰及珠宝玉石、鞭炮和焰火、成品油、汽车轮胎、小汽车、摩托车、高尔夫球及球具、高档手表、游艇、木质一次性筷子、实木地板。

4. 消费税的计税依据和税率

消费税的计税依据是生产、委托加工和进口的应税消费品的销售额或销售数量。消费税的税率有比例税率、定额税率两种。比例税率共设 10 档，最低税率为 1%，最高税率为 45%。黄酒、啤酒、成品油适用定额税率。卷烟、白酒则适用从价定率和从量定额复合计税的办法计算应纳税额。

5. 消费税征收管理

（1）纳税义务发生时间。①纳税人销售应税消费品，采用赊销和分期收款结算方式的，为销售合同规定的收款日期的当天；采用预收货款结算方式的，为发出应税消费品的当天；采用托收承付和委托银行收款方式的，为发出应税消费品并办妥托收手续的当天；采用其他结算方式的，为收讫或者取得索取销售款的凭据的当天。②纳税人自产自用的应税消费品，为货物移送使用的当天。③纳税人委托加工的应税消费品，为纳税人提货的当天。④纳税人进口的应税消费品，为报关进口的当天。

（2）纳税期限。消费税的纳税期限与增值税的基本相同。

（3）纳税地点。①纳税人销售、自产自用应税消费品，应当向纳税人核算地主管税务机关申报纳税；②委托个人加工的应税消费品，由委托方向其机构所在地或者居住地主管税务机关申报纳税；③委托单位加工的应税消费品，由受托方向其所在地主管税务机关代收代缴消费税；④进口的应税消费品，由进口人或其代理人向报关地海关申报纳税；⑤纳税人销售的应税消费品，如因质量等原因由购买者退回时，经所在地主管税务机关审核批准后，可退还已征收的消费税税款。但不能自行直接抵减应纳税款。

（三）关税法

关税是以进出国境或关境的货物或物品的流转额为征税对象的一种税。关税的主要法律依据有《中华人民共和国海关法》《进出口关税条例》及其附件《中华人民共和国海关进出口税则》等。

1. 关税的纳税人

关税的纳税人是进口货物的收货人、出口货物的发货人和进境物品的所有人、进口邮件的收件人等。

2. 关税的征税对象

关税的征税对象是进出国境或关境的货物或物品。其中，货物是指贸易性的进出口商品；物品是指出入境旅客随身携带的行李和物品、个人邮递物品及以其他方式进出国境关境的个人物品等。

3. 关税的税率

关税的税率分进口税率和出口税率两大类。在进口税率中，分情况设置有最惠国税率、协定税率、特惠税率、普通税率、关税配额税率、报复性税率等。对进出口的货物，在一定时期内可以实行暂定税率。

4. 关税的应纳税额计算

关税的计税依据是完税价格或应税数量。进口货物以海关审定的成交价格为基础的到岸价格为完税价格。出口货物以海关审定的货物的离岸价格、扣除出口关税后为完税价格。进出口货物的成交价格不能确定的，由海关与纳税义务人磋商后，估定该货物的完税价格。

三、所得税法律制度

所得税又称收益税，是以纳税人的所得额或收益额作为征税对象的税种。所得税是我国第二大税种，我国目前采用的是以流转税和所得税并重的复税制模式。所得税按纳税人的负担能力来确定税收负担，体现国家对社会成员收入水平的调节。

（一）企业所得税法

企业所得税是对在我国境内的企业和其他取得收入的组织的生产经营所得和其他所得征收的一种税。我国现行《中华人民共和国企业所得税法》是 2007 年 3 月 16 日通过、2008 年 1 月 1 日起施行的，该法适用于除个人独资企业和合伙企业外的各类企业。

1. 企业所得税的纳税人

企业所得税的纳税人是在中华人民共和国境内的企业和其他取得收入的组织。企业所得税的纳税人分为居民企业和非居民企业。

（1）居民企业：①依照中国法律、法规在中国境内成立的企业；②依照外国（地区）法律成立但实际管理机构在中国境内的企业。

（2）非居民企业：①依照外国（地区）法律、法规成立且实际管理机构不在中国境内，但在中国境内设立机构、场所的企业；②在中国境内未设立机构、场所，但有来源于中国境内所得的企业。

2. 征税对象

企业所得税的征税对象是企业的生产经营所得、其他所得和清算所得。

3. 企业所得税的税率

企业所得税采用比例税率，具体税率如表 5-1 所示。

表 5-1　企业所得税税率表

纳税人	征税对象和税率
居民企业	境内境外的全部所得，按 25%交税
	对符合条件的小型微利企业，减按 20%的税率征收；
	对国家重点扶持的高新技术企业，减按 15%的税率征收。
非居民企业	与境内机构、场所有实际联系的境内境外所得，按 25%交税
	与境内机构、场所没有实际联系的境内所得，按 20%交税
	在境内未设机构、场所，但有来源于境内所得，按 20%交税

4. 企业所得税征收管理

（1）纳税地点：①居民企业，按登记注册地为纳税地点。②非居民企业，在中国境内设立机构、场所的，以机构、场所所在地为纳税地点。

（2）纳税期限：企业所得税按年计征，分月或分季预缴，年终汇算清缴，多退少补。

（3）纳税申报：①企业所得税的纳税年度，自公历 1 月 1 日起至 12 月 31 日止。②按月或按季预缴的，应当自月份或者季度终了之日起 15 日内，向税务机关报送预缴企业所得税纳税申报表，预缴税款。同时要提交财务会计报表。③企业应当自年度终了后 5 个月内向税务机关报送年度企业所得税纳税申报表，并汇算清缴，结清应缴或应退税款。④企业交纳所得税以人民币计算。所得以人民币以外的货币计算的，应当折合成人民币计算并缴纳税款。⑤企业在纳税年度内无论盈利或者亏损，都应当在法定期限内向税务机关报送企业所得税纳税申报表。

（二）个人所得税法

个人所得税是以自然人的各类应税所得为征税对象的一种税。现行法律、法规主要是《个人所得税法》《中华人民共和国个人所得税法实施条例》及其他配套法规。

1. 个人所得税的纳税人

个人所得税的纳税人包括自然人、个体工商户、个人独资企业和合伙企业的投资者等。个人所得税的纳税人根据其住所和居住时间两个标准，分为居民纳税人和非居民纳税人两类。

（1）居民纳税义务人。居民纳税义务人是指在中国境内有住所，或者无住所但在中国境内居住满 1 年的个人。居民纳税义务人负有无限纳税义务，其从中国境内和境外取得的所得，都要在中国缴纳个人所得税。

（2）非居民纳税义务人。非居民纳税义务人是指在中国境内无住所又不居住，或者无住所而在中国境内居住不满 1 年的个人。非居民纳税义务人承担有限纳税义务，仅就其从中国境内取得的所得，在中国缴纳个人所得税。

2. 个人所得税的税目和税率

个人所得税实行超额累进税率与比例税率相结合的税率体系。

（1）工资、薪金所得，适用 3%～45%的 7 级超额累进税率（如表 5-2 所示）。

表 5-2 个人所得税税率表（工资、薪金所得适用）

级数	应纳税所得额(含税)	税率(%)	速算扣除数
1	不超过 1500 元的	3	0
2	超过 1500 元至 4500 元的部分	10	105
3	超过 4500 元至 9000 元的部分	20	555
4	超过 9000 元至 35000 元的部分	25	1005
5	超过 35000 元至 55000 元的部分	30	2755
6	超过 55000 元至 80000 元的部分	35	5505
7	超过 80000 元的部分	45	13505

说明：本表中应纳税所得额（含税），是指每月收入金额–各项社会保险金（五险一金）–起征点 3500 元（外籍 4800 元）的余额。

（2）个体工商户的生产经营所得，适用 5%～35%的 5 级超额累进税率。

（3）稿酬所得，适用 20%的比例税率，并按应纳税额减征 30%，故实际税率为 14%。

（4）劳务报酬所得，适用 20%的比例税率。对劳务报酬所得一次收入畸高的，可以实行加成征收。应纳税所得额一次超过 2 万至 5 万元的部分，按照税法规定计算应纳税额后，再按照应纳税额加征 5 成，超过 5 万元的部分，加征 10 成。

（5）特许权使用费所得，利息、股息、红利所得，财产租赁所得、财产转让所得，偶然所得和其他所得，适用比例税率，税率为 20%。

3. 个人所得税征收管理

（1）自行申报纳税义务人。符合下列条件之一的，为自行申报纳税义务人。①年所得 12 万元以上的；②从中国境内两处或者两处以上取得工资、薪金所得的；③从中国境外取得所得的；④取得应税所得，没有扣缴义务人的；⑤国务院规定的其他情形。

（2）代扣代缴。按税法规定负有扣缴义务的单位或个人，在向个人支付应税所得时，从所得中扣除应纳税额并缴入国库，同时向税务机关报送扣缴个人所得税报告表。

四、财产税法律制度

财产税是以纳税人的某些特定财产的数量或价值额为征税对象的一类税。

（一）房产税法

房产税，是以纳税人拥有的房产为征税对象的一种税。现行的房产税法渊源为《房产税暂行条例》。

1. 房产税的纳税人

房产税由产权所有人缴纳。产权属于全民所有的，由经营管理的单位缴纳。

2. 房地产税的计税依据

房产税依照房产原值一次减除 10%至 30%后的余值计算缴纳。具体减除幅度，由省、自治区、直辖市人民政府规定。这样规定，既有利于各地区根据本地情况，因地制宜地确定计税余值，又有利于平衡各地税收负担，简化计算手续，提高征管效率。

没有房产原值作为依据的，由房产所在地税务机关参考同类房产核定。

房产出租的，以房产租金收入为房产税的计税依据。

3. 房产税的税率

房产税的税率，依照房产余值计算缴纳的，税率为 1.2%；依照房产租金收入计算缴纳的，税率为 12%。

4. 房产税的减免规定

下列房产免纳房产税：①国家机关、人民团体、军队自用的房产；②由国家财政部门拨付事业经费的单位自用的房产；③宗教寺庙、公园、名胜古迹自用的房产；④个人所有非营业用的房产；⑤经财政部批准免税的其他房产。除此之外，纳税人纳税确有困难的，可由省、自治区、直辖市人民政府确定，定期减征或者免征房产税。

5. 房产税的征收管理

（1）房产税的纳税期限。房产税按年征收、分期缴纳。纳税期限由省、自治区、直辖市人民政府规定。

（2）房地产税纳税地点。房产税在房产所在地缴纳。

（二）城镇土地使用税法

城镇土地使用税，是对使用土地（农业用地除外）的单位和个人，以其实际占用的土地面积为计税依据征收的一种税。城镇土地使用税以实际占用土地面积（平方米）为计税标准，从量计征，采用地区差别定额税率，规定每平方米应税土地的年税额幅度。现行城镇土地使用税法渊源为《城镇土地使用税暂行条例》及其实施细则。

1. 城镇土地使用税的纳税人

在城市、县城、建制镇、工矿区范围内使用土地的单位和个人，为城镇土地使用税的纳税人。

2. 城镇土地使用税的计税依据

城镇土地使用税以纳税人实际占用的土地面积为计税依据，依照规定税额计算征收。

3. 城镇土地使用税的税率

城镇土地使用税每平方米年税额如下：①大城市 1.5 元至 30 元；②中等城市 1.2 元至 24 元；③小城市 0.9 元至 18 元；④县城、建制镇、工矿区 0.6 元至 12 元。城镇土地使用税的具体适用税额，由地方人民政府在上述税额幅度内确定。

4. 城镇土地使用税的减免规定

下列土地免缴城镇土地使用税：①国家机关、人民团体、军队自用的土地；②由国家财政部门拨付事业经费的单位自用的土地；③宗教寺庙、公园、名胜古迹自用的土地；④市政街道、广场、绿化地带等公共用地；⑤直接用于农、林、牧、渔业的生产用地；⑥经批准开山填海整治的土地和改造的废弃土地，从使用的月份起免缴土地使用税 5 年至 10 年；⑦由财政部另行规定免税的能源、交通、水利设施用地和其他用地。

5. 城镇土地使用税的征收管理

（1）城镇土地使用税的纳税期限。城镇土地使用税按年计算、分期缴纳。缴纳期限由省、自治区、直辖市人民政府确定。新征用的土地，依照下列规定缴纳土地使用税：①征用的耕地，自批准征用之日起满 1 年时开始缴纳土地使用税；②征用的非耕地，自批准征用次月起缴纳土地使用税。

（2）城镇土地使用税纳税地点。城镇土地使用税由土地所在地的税务机关征收。

（三）车船税法

1. 概述

车船税，是对在我国境内拥有或管理的车船，按其种类、吨位、使用性质定额征收的一种税。现行车船税法渊源为《车船税法》及《中华人民共和国车船税法实施条例》。

2. 车船税的纳税人

在我国境内属于《车船税法》规定的车辆、船舶的所有人或者管理人，为车船税的纳税人。从事机动车第三者责任强制保险业务的保险机构为机动车车船税的扣缴义务人，应当在收取保险费时依法代收车船税，并出具代收税款凭证。

3. 车船税的征税对象

车船税的征税对象是依法应当在车船登记管理部门登记的机动车辆和船舶以及依法不需要在车船登记管理部门登记的在单位内部场所行驶或者作业的机动车辆和船舶。车船管理部门，是指公安、交通、农业、渔业、军事等依法具有车船管理职能的部门。

4. 车船税的税率

车船税采用定额税率，税额由省级政府依照《车船税法》所附《车船税税目税额表》规定的税额幅度和国务院的规定确定。例如，乘用车［按发动机汽缸容量（排气量）分档］1.0升（含）以下的，每辆车年基准税额为60元至360元；1.0升以上至1.6升（含）的，每辆车年基准税额为300元至540元。

5. 车船税的减免规定

下列车船免征车船税：①捕捞、养殖渔船；②军队、武装警察部队专用的车船；③警用车船；④依照法律规定应当予以免税的外国驻华使领馆、国际组织驻华代表机构及其有关人员的车船。

对节约能源、使用新能源的车船可以减征或者免征车船税；对受严重自然灾害影响纳税困难以及有其他特殊原因确需减税、免税的，可以减征或者免征车船税。具体办法由国务院规定，并报全国人民代表大会常务委员会备案。

省、自治区、直辖市人民政府根据当地实际情况，可以对公共交通车船，农村居民拥有并主要在农村地区使用的摩托车、三轮汽车和低速载货汽车定期减征或者免征车船税。

6. 车船税的征收管理

（1）车船税的纳税期限。车船税按年申报缴纳，纳税义务发生时间，为取得车船所有权或管理权的当月。

（2）车船税纳税地点。车船税的纳税地点为车船的登记地或者车船税扣缴义务人所在地。依法不需要办理登记的车船，车船税的纳税地点为车船的所有人或者管理人所在地。

（四）契税法

契税，是指在我国境内转移土地、房屋权属，以其价值或交换差价为征税对象，对该权属承受人征收的一种税。现行契税法渊源主要是《契税暂行条例》）及《契税暂行条例施行细则》。

1. 契税的纳税人

在我国境内转移土地、房屋权属，承受的单位和个人为契税的纳税人。转移土地、房屋权属是指下列行为：①国有土地使用权出让；②土地使用权转让，包括出售、赠与和交换，不包括农村集体土地承包经营权的转移；③房屋买卖；④房屋赠与；⑤房屋交换。

2. 契税的计税依据

契税的计税依据是：①国有土地使用权出让、土地使用权出售、房屋买卖，以成交价格为计税依据。②土地使用权赠与、房屋赠与，由征收机关参照土地使用权出售、房屋买卖的市场价格核定。③土地使用权交换、房屋交换，以所交换的土地使用权、房屋的价格差额为计税依据。④以划拨方式取得土地使用权，经批准转让房地产时，由房地产转让者补交契税，计税依据为补交的土地使用权出让费用或者土地收益。

若成交价格明显低于市场价格并且无正当理由的，或者所交换土地使用权、房屋的价格的差额明显不合理并且无正当理由的，由征收机关参照市场价格核定。

3. 契税的税率

契税的税率为成交价或交换差价的 3%～5%，由省级政府在此幅度内确定，报财政部和国家税务总局备案。

4. 契税的减免规定

有下列情形之一的，减征或者免征契税：①国家机关、事业单位、社会团体、军事单位承受土地、房屋用于办公、教学、医疗、科研和军事设施的，免征；②城镇职工按规定第一次购买公有住房的，免征；③因不可抗力灭失住房而重新购买住房的，酌情准予减征或者免征；④财政部规定的其他减征、免征契税的项目。

5. 契税的征收管理

（1）契税的纳税期限。契税的纳税义务发生时间，为纳税人签订土地、房屋权属转移合同的当天，或者纳税人取得其他具有土地、房屋权属转移合同性质凭证的当天。纳税人应当自纳税义务发生之日起 10 日内办理纳税申报，并在契税征收机关核定的期限内缴纳税款。

（2）契税纳税地点。契税征收机关为土地、房屋所在地的财政机关或者税务机关。

五、行为目的税法

行为目的税是以纳税人的特定行为或事实为征税对象的一类税。其目的是对某些特定行为加以规范、引导、控制和管理。

（一）土地增值税

土地增值税，是对转让国有土地使用权、地上建筑物及其附着物所取得的增值收入为征税对象的一种税。现行土地增值税法渊源主要是《土地增值税暂行条例》及其实施细则。

1. 土地增值税的纳税人

土地增值税的纳税人为转让国有土地使用权、地上建筑及其附着物（以下简称“转让房地产”）并取得收入的单位和个人。

2. 土地增值税的计税依据

土地增值税的计税依据是纳税人转让房地产所取得的增值额。转让房地产的增值额，是纳税人转让房地产的收入减除税法规定的扣除项目金额后的余额。扣除项目具体包括六项内容：取得土地使用权所支付的金额、房地产开发成本、房地产开发费用、与转让房地产有关的税金、财政部确定的其他扣除项目、旧房及建筑物的扣除金额。

纳税人有下列情形之一的，按照房地产评估价格计算征收：①隐瞒、虚报房地产成交价格的；②提供扣除项目金额不实的；③转让房地产的成交价格低于房地产评估价格，又无正当理由的。

3. 土地增值税的税率

土地增值税实行四级超率累进税率：①增值额未超过扣除项目金额 50%的部分，税率为 30%。②增值额超过扣除项目金额 50%、未超过扣除项目金额 100%的部分，税率为 40%。③增值额超过扣除项目金额 100%、未超过扣除项目金额 200%的部分，税率为 50%。④增值额超过扣除项目金额 200%的部分，税率为 60%。上面所列四级超率累进税率，每级“增值额未超过扣除项目金额”的比例，均包括本比例数。

4. 土地增值税的减免规定

有下列情形之一的，免征土地增值税：①纳税人建造普通标准住宅出售，增值额未超过扣除项目金额 20%的；②因国家建设需要依法征用、收回的房地产。

5. 土地增值税的征收管理

纳税人应当自转让房地产合同签订之日起七日内向房地产所在地主管税务机关办理纳税申报，并在税务机关核定的期限内缴纳土地增值税。

（二）印花税法

印花税是对经济活动和经济交往中书立、领受、使用的应税经济凭证所征收的一种税。因纳税人主要是通过在应税凭证上粘贴印花税票来完成纳税义务，故名印花税。现行印花税法渊源主要是《印花税暂行条例》及其实施细则。

1. 印花税纳税义务人

在我国境内书立、领受《印花税暂行条例》所列举凭证的单位和个人，都是印花税的纳税义务人，应当按照规定缴纳印花税。具体有：立合同人、立据人、立账簿人、领受人、使用人。

2. 印花税征税对象

印花税征税对象有五类：①购销、加工承揽、建设工程勘查设计、建设工程承包、财产租赁、货物运输、仓储保管、借款、财产保险、技术合同或者具有合同性质的凭证；②产权转移书据；③营业账簿；④房屋产权证、工商营业执照、商标注册证、专利证、土地使用证、许可证照；⑤经财政部确定征税的其他凭证。

3. 印花税税率

我国现行印花税采用比例税率和定额税率两种。

（1）印花税比例税率分为 1‰、0.5‰、0.3‰、0.05‰四档。按比例税率征收的应税项目包括：各种合同及具有合同性质的凭证、记载资金的账簿和产权转移书据等。

（2）适用定额税率的权利、许可证照和营业账簿中的其他账簿，采取按件征收固定税额，单位税额均为每件 5 元。

4. 印花税的减免规定

下列凭证免纳印花税：①已缴纳印花税的凭证的副本或者抄本；②财产所有人将财产赠给政府、社会福利单位、学校所立的书据；③经财政部批准免税的其他凭证。

5. 印花税的征收管理

印花税实行由纳税人根据规定自行计算应纳税额，购买并一次贴足印花税票的缴纳办法。应纳税凭证应当于书立或者领受时贴花。

（三）城市维护建设税法

城市维护建设税简称城建税，是按增值税、消费税、营业税的税额为计税依据，专用于城市维护建设资金来源而设置的一个附加税税种。现行城市维护建设税法的渊源是《城市维护建设税暂行条例》。

1. 城建税的纳税义务人

城建税以缴纳增值税、消费税、营业税（以下简称“三税”）的单位和个人为纳税义务人。

2. 城建税的征税范围

根据《城市维护建设税暂行条例》第五条的规定，凡是依照税法规定缴纳增值税、消费税、营业税的单位和个人都应同时缴纳城建税。这样，城建税的征税范围不仅包括城市、县城、建制镇，而且也包括农村。

3. 城建税的纳税环节和计税依据

城建税是在纳税人缴纳增值税、消费税、营业税的同时缴纳，并以纳税人实际缴纳的增值税、消费税、营业税三税税额为计税依据。对增值税、消费税、营业税三税加收的滞纳金和罚款不作为城建税的计税依据。

4. 城建税的税率

城建税是根据城市维护建设资金的不同层次的需要而设计的，实行分区域的差别比例税率，即按纳税人所在城市、县城或镇等不同的行政区域分别规定不同的比例税率。具体规定为：①纳税人所在地在市区的税率为 7%；②纳税人所在地在县城、镇的税率为 5%；③纳税人所在地不在市区、县城、县属镇的，税率为 1%；④纳税人在外地发生缴纳增镇税、消费税、营业税的，按纳税发生地的适用税率计征城建税。

5. 城建税的减免和征收管理

城市维护建设税的征收、管理、纳税环节、奖罚等事项，比照消费税、增值税、营业税的有关规定办理。

（四）车辆购置税法

车辆购置税是对取得并自用应税车辆行为的单位和个人征收的一种税。现行车辆购置税法的渊源为《车辆购置税暂行条例》和《中华人民共和国关于车辆购置税征收管理办法》。

1. 车辆购置税的纳税人

车辆购置税的纳税人是在我国境内购买、进口、自产、受赠、获奖或者以其他方式取得并自用应税车辆行为的单位和个人。

2. 车辆购置税的计税依据

（1）纳税人购买自用的应税车辆的计税依据，为纳税人购买应税车辆而支付给销售者的全部价款和价外费用，不包括增值税税款。

（2）纳税人进口自用的应税车辆的计税依据，为关税完税价格、关税和消费税之和。

（3）纳税人自产、受赠、获奖或者以其他方式取得并自用的应税车辆的计税价格，由主管税务机关参照最低计税价格核定。最低计税价格由国家税务总局参照应税车辆市场平均交易价格制定。

3. 车辆购置税的税率

车辆购置税的税率为10%。

4. 车辆购置税的减免规定

车辆购置税的免税、减税，按照下列规定执行：①外国驻华使馆、领事馆和国际组织驻华机构及其外交人员自用的车辆，免税；②中国人民解放军和中国人民武装警察部队列入军队武器装备订货计划的车辆，免税；③设有固定装置的非运输车辆，免税；④有国务院规定予以免税或者减税的其他情形的，按照规定免税或者减税。

5. 车辆购置税的征收管理

车辆购置税实行一次征收制度。

六、资源税法

资源税，是对在我国境内开发利用水、森林、草场、滩涂等资源或者开采应税矿产品、生产盐的单位和个人取得的收入征收的一种税。现行资源税法的渊源《资源税暂行条例》、《资源税暂行条例实施细则》和财税〔2016〕53 号《关于全面推进资源税改革的通知》等。

1. 资源税的纳税人

资源税的纳税人是在我国境内开发利用水、森林、草场、滩涂等资源或者开采应税矿产品、生产盐的单位和个人。

2. 资源税的征收范围

根据《资源税暂行条例实施细则》，资源税的征税范围为原油、天然气：指专门开采或与原油同时开采的天然气、煤炭、其他非金属矿原矿、黑色金属矿原矿和有色金属矿原矿、固体盐、液体盐。《关于全面推进资源税改革的通知》扩大了征税范围，一方面开展水资源税改革试点工作，采取水资源费改税方式，先在河北省试点，再选择其他地区逐步扩大试点范围，条件成熟后在全国推开；另一方面逐步将其他自然资源纳入费改税征收范围，各省级人民政府可以结合本地实际，根据森林、草场、滩涂等资源开发利用情况提出征收资源税的具体方案建议，报国务院批准后实施，待全面开征资源税条件成熟后，再考虑在全国范围统一规定对森林、草场、滩涂等资源征税。

3. 资源税的计税依据

资源税有从价计征、从量计征两种方法。

（1）从价计征的计税依据为纳税人销售应税资源的销售额，包括纳税人向购买方收取的全部价款和价外费用，但不包括收取的增值税销项税额。从价定率征收原适用于原油、天然气、煤炭、稀土、钨、钼等 6 个资源品目，根据《关于全面推进资源税改革的通知》，对《资源税税目税率幅度表》中列举名称的 21 种矿产资源品目和未列举名称的其他金属矿也实行从价计征，计税依据为原矿、精矿（或原矿加工品）、氯化钠初级产品或金锭的销售额。

（2）从量计征的计税依据为纳税人销售应税资源的销售数量。从量计征适用于水资源以及经营分散、多为现金交易且难以控管的黏土、砂石。对《资源税税目税率幅度表》中未列举名称的其他非金属矿产品，按照从价计征为主、从量计征为辅的原则，由省级人民政府确定计征方式。

4. 资源税的税率

《资源税税目税率幅度表》对不同的资源税税目制定了不同的税率幅度。对《资源税税目税率幅度表》中列举名称的资源品目，由省级人民政府在规定的税率幅度内提出具体适用税率建议，报财政部、国家税务总局确定核准。对未列举名称的其他金属和非金属矿产品，由省级人民政府根据实际情况确定具体税目和适用税率，报财政部、国家税务总局备案。

5. 资源税的减免规定

对符合条件的采用充填开采方式采出的矿产资源，资源税减征 50%；对符合条件的衰竭期矿山开采的矿产资源，资源税减征 30%；对鼓励利用的低品位矿、废石、尾矿、废渣、废水、废气等提取的矿产品，由省级人民政府根据实际情况确定是否减税或免税，并制定具体办法。

6. 资源税的征收管理

纳税人销售应税产品，纳税义务发生时间为收讫销售款或者取得索取销售款凭据的当天。纳税期限为 1 日、3 日、5 日、10 日、15 日或者 1 个月，由主管税务机关核定；不能按固定期限计算纳税的，可以按次计算纳税。纳税人应纳的资源税，应当向应税产品或者生产所在地主管税务机关缴纳。

七、税收征管法律制度

（一）税收征收管理法的概念

税收征收管理法，是税务机关进行税收征收管理和纳税人纳税程序方面的法律规范的总称，其主要内容包括税务管理、税款征收、税务检查以及纳税人和税务人员违反税法的法律责任等。我国现行的税收征管法律规范主要是《税收征收管理法》和《税收征收管理法实施细则》等。

（二）税务管理

1. 税务登记

税务登记又称纳税登记，是指纳税人在办理设立、变更、注销等商事登记后向税务机关申报办理登记手续，是国家税收征管工作的第一个环节。税务登记种类包括：开业登记，变更登记，停业、复业登记，注销税务登记，外出经营报验登记等。

2015 年 10 月 1 日起，我国实行工商营业执照、组织机构代码证、税务登记证“三证合一”的登记制度改革，新设立企业、农民专业合作社领取由工商行政管理部门核发加载法人和其他组织统一社会信用代码的营业执照后，无需再次进行税务登记，不再领取税务登记证。

2. 账簿、凭证管理

账簿、凭证是纳税人进行生产经营活动必不可少的原始资料，关系到应纳税额的计算，也是税务机关进行税务监督的主要依据。纳税人、扣缴义务人应建立健全财务会计制度，按规定设置账簿，根据合法、有效凭证记账，进行核算。纳税人应当妥善保管账簿、记账凭证、报表、完税凭证、发票、出口凭证以及其他涉税资料。发票是指在购销商品、提供或者接受服务以及从事其他经营活动中，开具、收取的收付款凭证。它是确定经济收支行为发生的法定凭证，是会计核算的原始依据，也是税务稽查的重要依据。发票由税务机关统一印制和管理，纳税人应按照规定开具、使用和取得发票。

3. 纳税申报

纳税申报是指纳税人、扣缴义务人按照税法规定的期限和内容向税务机关提交有关纳税事项书面报告的法律行为。纳税申报的方式有直接申报、邮寄申报、数据电文申报（电子申报）以及其他方式。

（三）税款征收

税款征收是国家税收征收机关依照税收法律、法规规定，将纳税人的应纳税款征缴入库的一系列税收管理活动的总称。税务机关应当依法征收税款，不得违反法律法规的规定开征、停征、多征、少征、提前征收、延缓征收或者摊派税款。除税务机关、税务人员以及经税务机关机关依法委托的单位和人员外，任何单位和个人不得进行税款的征收活动。

1. 税款征收方式

税款征收方式有查账征收、查定征收、查验征收、定期定额征收、核定征收、代扣代缴、代收代缴、委托代征以及其他方式。

2. 税款征收保障制度

（1）税收保全措施。规定的纳税期限届满之前，发现纳税人有逃避纳税义务的行为的，为实现保全税收的目的，税务机关可以责成纳税人提供纳税担保，如果纳税人不提供担保，可以采取税收保全措施。保全的措施有：通知银行或者其他金融机构冻结纳税人相当于应纳税款金额的存款；扣押、查封纳税人的价值相当于应纳税款的商品、货物或者其他财产。

（2）税收强制执行。纳税人、扣缴义务人未按照规定的期限缴纳或者解缴税款，或者纳税担保人未按照规定的期限缴纳所担保的税款的，由税务机关责令限期缴纳，逾期仍未缴纳的，税务机关可以采取下列强制执行措施：①书面通知其开户银行或者其他金融机构从其存款中扣缴税款；②依法拍卖或者变卖其价值相当于应纳税款的商品、货物或者其他财产，以拍卖或者变卖所得抵缴税款。

（3）欠税追收保障制度。①离境清税制度。欠缴税款的纳税人或者他的法定代表人需要出境的，应当在出境前向税务机关结清应纳税款、滞纳金或者提供担保。否则，税务机关可以通知出境管理机关阻止其出境。②税收优先权制度。税务机关征收税款，税收优先于无担保债权，优先于税款发生后设置的抵押权、质权、留置权，优先于罚款、没收违法所得。③欠税公告制度。税务机关应当对纳税人欠缴税款的情况定期予以公告。④欠缴税款数额较大的纳税人在处分其不动产或者大额资产之前，应当向税务机关报告。⑤税务机关依法行使代位权、撤销权。

（四）税务检查

税务检查，是税务机关依法对纳税人履行纳税义务和代征、代扣、代缴税款义务的情况进行检验、核查的活动。税务检查的权限有：查账权、实地检查权、询问权、单证查核权、存款账户检查权等。

（五）纳税人和扣缴义务人违反税收征管法的法律责任

1. 纳税人违反税务登记管理规定的法律责任

（1）纳税人"未按照规定期限办理"税务登记、变更或注销登记，由税务机关责令限期改正，可以处以2000元以下的罚款；情节严重的，处以2000~10000元的罚款。

（2）纳税人"不办理"税务登记的，由税务机关责令限期改正；逾期不改正的，经税务机关提请，由工商行政管理机关吊销其营业执照。

2. 纳税人违反税务申报管理规定的法律责任

（1）纳税人"未按照规定期限"办理纳税申报的，由税务机关责令限期改正，可以处以2000元以下的罚款；情节严重的，可以处以2000~10000元的罚款。

（2）纳税人"不进行"纳税申报，不缴或者少缴应纳税款的，由税务机关追缴其不缴或者少缴的税款、滞纳金，并处不缴或者少缴的税款50%以上5倍以下的罚款。

3. 纳税人偷税的法律责任

（1）偷税行为的界定。偷税是指纳税人采取伪造、变造、隐匿、擅自销毁账簿、记账凭证，或者在账簿上多列支出或者不列、少列收入，或者经税务机关通知申报而拒不申报或者进行虚假的纳税申报的手段，不缴或者少缴应纳税款的行为。

（2）偷税行为的法律责任。对于纳税人的偷税行为，由税务机关追缴其不缴或少缴的税款、滞纳金，并处以不缴或少缴税款 50%以上 5 倍以下的罚款；构成犯罪的，依法追究刑事责任。

4. 纳税人逃税的法律责任。纳税人欠缴应纳税款，采取转移或者隐匿财产的手段，妨碍税务机关追缴欠缴的税款的行为。对逃税行为由税务机关追缴欠缴的税款、滞纳金，并处欠缴税款 50%以上 5 倍以下的罚款；构成犯罪的，依法追究刑事责任。

5. 纳税人抗税的法律责任

抗税，是指纳税人、扣缴义务人以"暴力、威胁"方法拒不缴纳税款的行为。对抗税行为，除由税务机关追缴其拒缴的税款、滞纳金外，依法追究刑事责任。情节轻微、未构成犯罪的，由税务机关追缴其拒缴的税款、滞纳金，并处拒缴税款 1 倍以上 5 倍以下的罚款。

6. 纳税人骗税的法律责任

纳税人有骗税行为，由税务机关追缴其骗取的退税款，并处骗取税款 1 倍以上 5 倍以下的罚款；构成犯罪的，依法追究刑事责任。

7. 扣缴义务人的法律责任

对扣缴义务人应扣未扣、应收未收的税款，由税务机关向纳税人追缴税款，对扣缴义务人处以应扣未扣、应收未收税款 50%以上 3 倍以下的罚款。

思考练习题

一、计算题

1. 某交通运输企业为增值税一般纳税人，适用税率为 11%。2015 年 9 月，该企业提供国内货物运输服务取得价税款合计 288600 元，不考虑其他因素，该企业当月应缴纳的增值税应纳税额是多少？

2. 王某为中国公民，2015 年 7 月取得工资 10000 元，当月又取得了半年度奖金 6000 元，则王某当月应缴纳的个税是多少？

二、名词解释

1. 分税制
2. 偷税

三、简答题

1. 简述税法的构成要素。
2. 简述税收的分类。
3. 简述我国现行税收体系。

四、案例分析

契税是政府调控房地产市场的常用手段之一。2016 年 2 月 22 日起，执行由财政部、国家税务总局、住房城乡建设部三部门联合发布的《关于调整房地产交易环节契税、营业税优惠政策的通知》，该通知对房地产交易环节的契税税率进行了调整，详见表 5-3。

表 5-3 契税调整前后的税率对照表

购房情况	建筑面积	调整前税率	调整后税率
首套住房	90（含）平方米以下	普通 1%，非普通 3%	1%
	90～144 平方米	普通 1.5%，非普通 3%	1.5%
	144 平方米以上	3%	1.5%
第二套改善性住房	90（含）平方米以下	3%	1%
	90 平方米以上	3%	2%

试分析：该契税调整政策出台对房地产交易产生的影响。

第四节 金融法律制度

【本节重点】

1. 货币政策工具。
2. 商业银行存款业务的基本原则。
3. 银行业监管机构的监管措施。
4.《保险法》的基本原则。

【引例】 农业银行39亿元票据买入返售业务案

2016 年 1 月 22 日，中国农业银行正式公告称，北京分行票据买入返售业务发生重大风险事件，经核查，涉及风险金额为 39.15 亿元。公安机关已立案侦查。公安部和银监会已将该案件上报国务院。

该案涉及的事实是：农行北京分行与某银行进行一笔银行承兑汇票转贴现业务，在回购到期前，票据应存放在农行北京分行的保险柜里。但实际情况是，票据在回购到期前，被某重庆票据中介提前取出，用来与另外一家银行进行了回购贴现交易，而资金并未回到农行北京分行的账上，而是非法进入了股市。由于股价下跌，出现巨额资金缺口无法兑付。

评析：

票据贴现是指资金的需求者，将未到期的商业票据、银行承兑票据或短期债券向银行或贴现公司要求变成现款，银行或贴现公司收进这些未到期的票据或债券，按票面金额扣除贴现日至到期日的利息后付给现款，到票据到期时再向出票人收款。票据因可贴现而成为企业重要的融资工具。票据贴现属于银行中间业务的一种。

根据《商业银行法》规定，安全性是银行经营的原则之一，银行应当建立完善有效的风险控制系统。但是，最近几年，利用票据贴现非法套取银行资金的现象非常突出，成为了商业银行风险控制最薄弱的环节，也是银行业监管的重点之一。这种套取银行资金的做法，通常是由票据中介与银行票据部内部勾结，将票据进行多次转贴现，卖给其他商业银行，套取几个月的大额资金，到期再将资金平上，就能够神不知鬼不觉地使用资金多月。但是，随着股市、实体经济不断下行，套现的资金无法还上，风险就出现了。

银行是市场经济中的重要主体，以银行业为主体的金融业对国家经济的繁荣与发展、社会的稳定乃至国家的安全具有重要意义，因此银行业向来是管制最严格的行业。银监会是我国银行业监管机构。事实上，银监会从 2009 年以来几乎每年都会下发通知，警示各种违规票据业务，在 2015 年底已加大对票据业务的风险管控。2015 年底，银监会下发《关于票据业务风险提示的通知》（“203 号文”）称，按照 2015 年现场检查计划，各银监局分别对辖内部分银行业金融机构 2015 年上半年票据业务进行了现场检查。检查发现，相关银行业金融机构在办理票据业务中均不同程度存在不审慎行为，并列举了七大违规问题，其中之一就与农行票据案类似。

除农行这件案件外，又陆续爆出了中信银行、宁波银行等多家银行的票据风险案，可以预见，接下来金融系统会加大清查力度，银行业监管将会更加严格。

一、金融法律制度概述

（一）金融与金融法的概念

金融是货币资金融通的简称，是以银行等金融机构为中心的信用活动，以及在信用基础上组织起来的货币流通。金融连接着生产、交换、分配和消费等各个环节，在市场经济活动中发挥着不可替代的重要作用，被认为是现代经济的核心。

金融法是调整货币资金融通和信用活动中所发生的金融关系的法律规范的总称。金融关系包括在商业金融活动中形成的金融交易关系和政府金融活动中形成的金融调控和金融监管关系。

（二）我国的金融立法概况

1995 年以来我国颁布了《中华人民共和国银行法》（以下简称《中国人民银行法》）、《中华人民共和国商业银行法》（以下简称《商业银行法》）《票据法》《保险法》《中华人民共和国银行业监督管理法》（以下简称《银行业监督管理法》）《中华人民共和国反洗钱法》（以下简称《反洗钱法》）等一系列法律法规。加入世贸组织以后，我国市场经济建设不断完善，我国金融立法已经逐步与国际金融规则接轨。2003 年修订的《中国人民银行法》将原属于中国人民银行履行的对银行业的监督管理职能划分出来，移交给银监会；中国人民银行则主要专注于货币政策的制定和执行，维护货币的稳定以及对金融市场进行宏观调控，促进金融市场的繁荣发展。

二、中央银行法律制度

（一）中央银行法概述

1. 中央银行法的概念

中央银行，是指负责制定和执行国家货币信用政策，调节货币流通和信用活动，实施金融监管，并在一国金融体系中居于主导地位的金融机构。中央银行法，是关于中央银行的性质、职能、组织体系、业务范围等方面的法律规范的总称。我国的中央银行是中国人民银行。我国的中央银行法是指《中国人民银行法》。

2.《中国人民银行法》的立法目的与基本原则

《中国人民银行法》第一条规定，中国人民银行法的立法目的是："确立中国人民银行的地位，明确其职责，保证国家货币政策的正确制定和执行，建立和完善中央银行宏观调控体系，维护金融稳定。"中国人民银行法的基本原则主要是：宏观调控原则、独立行使货币权原则和强化金融监管的原则。

（二）中国人民银行的法定职责与业务

中国人民银行是一个独立的法人，是特殊的金融机构，是在国务院领导下对金融业实施监管的国家机关。中国人民银行作为中央银行，充当三种角色：政府的银行 、发行的银行、银行的银行。所谓政府的银行，是指它由政府设立，成为政府主管金融业的职能机关，代表政府从事国内、国际有关金融活动。所谓发行的银行，是指它为国家唯一的货币发行机关。所谓银行的银行，是指它与商业银行的特殊业务关系，它成为商业银行的最后贷款人。

1. 中国人民银行的法定职责

中国人民银行的职能为：在国务院领导下，制定和执行货币政策，防范和化解金融风险，维护金融稳定。

中国人民银行的法定职责主要有：①发布与履行其职责有关的命令和规章；②依法制定和执行货币政策；③发行人民币，管理人民币流通；④监督管理银行间同业拆借市场和银行间债券市场；⑤实施外汇管理，监督管理银行间外汇市场；⑥监督管理黄金市场；⑦持有、管理、经营国家外汇储备、黄金储备；⑧经理国库；⑨维护支付、清算系统的正常进行；⑩指导、部署金融业反洗钱工作，负责反洗钱的资金监测；⑪负责金融业的统计、调查、分析和预测；⑫作为国家的中央银行，从事有关的国际金融活动；⑬国务院规定的其他职责。

2. 中国人民银行不得从事的业务和工作：①不得对银行业金融机构的账户透支；②不得对政府财政透支，不得直接认购、包销国债和其他政府债券；③不得向地方政府、各级政府部门提供贷款，不得向非银行金融机构以及其他单位和个人提供贷款，但国务院决定中国人民银行可以向特定的非银行金融机构提供贷款的除外；④不得向任何单位和个人提供担保。

（三）中国人民银行的组织机构

中国人民银行实行行长负责制。中国人民银行设立货币政策委员会，作为制定货币政策的咨询议事机构。中国人民银行总部设在北京，根据履行职责的需要在全国设立分支机构，作为总行的派出机构。各分支机构按总行的授权，负责本辖区的金融监督管理，承办有关业务，无独立地位；总行对分支机构实行集中统一领导和管理。

（四）人民币的发行与管理

1. 人民币的法律地位

我国的法定货币是人民币。人民币是我国境内流通、使用的唯一合法货币，国家禁止外币在国内市场自由流通。

2. 人民币的法定管理部门

人民币的发行决定权在中央政府，即国务院。人民币的法定管理部门是中国人民银行，负责人民币的统一印制、发行、兑换、收回、销毁等工作 。

3. 关于人民币的禁止性规定

首先，任何人不得以拒收、印售代币券等方式否认人民币在中国境内的法律地位，否则会依法受到行政处罚。其次，伪造、变造人民币，或是出售、购买、运输、持有、使用伪造、变造的人民币，或是故意毁损人民币、非法使用人民币图样等，均为违法行为。

【案例】北师大珠海分校一家面馆谢绝现金只接受手机电子支付，该面馆开业后甚至一直不设收银台、收银员，不刷卡不收现金，所有用餐者均须刷微信二维码点餐并支付餐费。

［试分析］该面馆谢绝现金的做法是否违法?

【分析】根据《中国人民银行法》《人民币管理条例》相关规定，我国的法定货币是人民币；以人民币支付我国境内的一切公共的和私人的债务，任何单位和个人不得拒收。北师大珠海分校面馆采用电子支付方式收款的行为是合法行为，但其“谢绝现金”的做法属于拒收人民币情形，是一种违法行为。事件经媒体报道后，中国人民银行珠海市中心支行迅速派员赴现场进行调查并督促涉事面馆整改。整改后，该面馆撤下了“谢绝现金”的“温馨提示”，并接受用餐者现金付款的方式，用餐者可以自由选择使用手机电子支付或现金支付的方式。

（五）货币政策与金融监管

1. 货币政策

货币政策又称中央银行货币政策，是中央银行调节货币供求以实现宏观经济调控目标的方针和政策的总称，是国家宏观经济政策的重要组成部分。正确制定和实施货币政策是各国中央银行的主要职责。依据《中国人民银行法》第三条规定，我国的“货币政策目标是保持货币币值的稳定，并以此促进经济的增长。”中央银行在执行货币政策时，需要采用多种货币政策工具。

《中国人民银行法》第二十三条规定了中国人民银行为执行货币政策，可以运用如下货币政策工具：①要求银行业金融机构按照规定的比例交存存款准备金；②确定中央银行基准利率；③为在中国人民银行开立账户的银行业金融机构办理再贴现；④向商业银行提供贷款；⑤在公开市场上买卖国债、其他政府债券和金融债券及外汇；⑥国务院确定的其他货币政策工具。

2. 中国人民银行的监督管理

（1）中国人民银行对下列事项有直接检查监督权：①执行有关存款准备金管理规定的行为；② 与中国人民银行特种贷款有关的行为，其中中国人民银行特种贷款是指国务院决定的由中国人民银行向金融机构发放的用于特定目的的贷款；③执行有关人民币管理规定的行为；④执行有关银行间同业拆借市场、银行间债券市场管理规定的行为；⑤执行有关外汇管理规定的行为；⑥执行有关黄金管理规定的行为；⑦代理中国人民银行经理国库的行为；⑧执行有关清算管理规定的行为；⑨执行有关反洗钱规定的行为。

（2）中国人民银行的建议检查监督权：中国人民银行根据执行货币政策和维护金融稳定的需要，可以建议银监会对银行业金融机构进行检查监督。银监会应当自收到建议之日起三十日内予以回复。

（3）中国人民银行在特定情况下的检查监督权：当银行业金融机构出现支付困难，可能引发金融风险时，为了维护金融稳定，中国人民银行经国务院批准，有权对银行业金融机构进行检查监督。

三、商业银行法律制度

（一）商业银行与商业银行法的概述

1. 商业银行与商业银行法的概念

商业银行是以营利为目的，以多种金融负债方式筹集资金，以及以多种金融资产为经营对象，具有信用创造功能的金融机构。我国的商业银行是指依照《商业银行法》和《公司法》设立的吸收公众存款、发放贷款、办理结算等业务的企业法人。简言之，商业银行是经营货币金融业务的特殊企业。

商业银行法是调整商业银行的组织和活动的法律规范的总称。我国现行商业银行法渊源主要有《商业银行法》《商业银行法实施细则》《外资银行管理条例》《外资银行管理条例实施细则》等。

2. 商业银行的法律特征

（1）商业银行不是中央银行，没有进行金融行政管理的权利和职责。

（2）商业银行不是政策性银行，不承担国家政策性金融业务。

（3）商业银行是有限责任公司或股份有限公司，受《公司法》约束，以其全部法人财产承担民事责任。

（4）商业银行与客户之间是平等的民事法律关系。

3. 商业银行的经营原则

《商业银行法》规定，商业银行以安全性、流动性、效益性为经营原则，实行自主经营，自担风险，自负盈亏，自我约束。

（二）商业银行的设立和组织机构

1. 商业银行的设立

设立商业银行，应当符合《商业银行法》和《公司法》规定的条件，经国务院银行业监督管理机构审查批准，由其颁发经营许可证，并凭该许可证向工商行政管理部门办理登记，领取营业执照。

2. 商业银行的组织机构

商业银行的组织形式、组织机构适用《公司法》的规定。国有独资商业银行设立监事会，监事会对国有独资商业银行的信贷资产质量、资产负债比例、国有资产保值增值等情况以及高级管理人员违反法律、行政法规或者章程的行为和损害银行利益的行为进行监督。

商业银行根据业务需要可以在境内外设立分支机构。设立分支机构必须经国务院银行业监督管理机构审查批准。在我国境内的分支机构，不按行政区划设立。商业银行对其分支机构实行全行统一核算，统一调度资金，分级管理的财务制度。商业银行分支机构不具有法人资格，在总行授权范围内依法开展业务，其民事责任由总行承担。

（三）商业银行的业务管理规定

1. 商业银行存款业务的基本原则

（1）存款业务经营特许制。未经国务院银行业监督管理机构批准，任何单位和个人不得从事吸收公众存款等商业银行业务，任何单位不得在名称中使用“银行”字样。

（2）存款机构依法交存存款准备金。商业银行应当按照中国人民银行的规定，向中国人民银行交存存款准备金，留足备付金。

（3）存款机构依法留足备付金。备付金是商业银行和其他金融机构为保证存款支付和资金清算的清偿资金，主要表现为商业银行的库存现金和在中央银行的存款。

（4）依法确定并公告存款利率。商业银行应当按照中国人民银行规定的存款利率的上下限，确定存款利率，并予以公告。

2. 存款业务管理规定

存款业务分为个人储蓄存款业务和单位存款业务。商业银行办理个人储蓄存款业务，应当遵循存款自愿、取款自由、存款有息、为存款人保密的原则。商业银行有权拒绝任何单位或者个人查询、冻结、扣划存款人的存款，但法律另有规定的除外。商业银行应当保证存款本金和利息的支付，不得拖延、拒绝支付存款本金和利息。

3. 贷款业务管理规定

贷款业务是商业银行的核心业务。《商业银行法》规定，商业银行根据国民经济和社会发展的需要，在国家产业政策指导下开展贷款业务。商业银行从事贷款业务，应当严格控制风险，具体的措施有：①对借款人的借款用途、偿还能力、还款方式等情况进行严格审查。②实行审贷分离、分级审批的制度。③要求借款人提供担保。④与借款人订立书面合同。⑤不得向关系人发放信用贷款；向关系人发放担保贷款的条件不得优于其他借款人同类贷款的条件。

4. 中间业务管理规定

中间业务，是指银行不需动用自己的资金，依托业务、技术、机构、信誉行业人才等优势，以中间人的身份代理客户承办收付和其他委托事项，提供各种金融服务并收取手续费的业务。它与资产业务、负债业务共同构成商业银行的三大业务类型。《商业银行法》规定，商业银行在我国境内不得从事信托投资和证券经营业务，不得向非自用不动产投资或者向非银行金融机构和企业投资；商业银行办理票据承兑、汇兑、委托收款等结算业务，应当按照规定的期限兑现，收付人账，不得压单、压票或者违反规定退票。

四、银行业监管法律制度

（一）银行业监管法的概念

银行业监管法，是调整在国家金融监管机构对银行业金融机构及其业务活动进行监督管理过程中所发生的社会关系的法律规范的总称。银行业金融机构，是指在我国境内设立的商业银行、城市信用合作社、农村信用合作社等吸收公众存款的金融机构以及政策性银行。对金融资产管理公司、信托投资公司、财务公司、金融租赁公司以及经国务院银行业监督管理机构批准设立的其他金融机构的监督管理，也适用银行业监管法的规定。银行是市场经济中的重要主体，以银行业为主体的金融业对国家经济的繁荣与发展、社会的稳定乃至国家的安全具有重要意义，因此银行业从来都是各国管制最严格的行业。

我国银行业监管法最主要的渊源是《银行业监管法》，它是我国银行业监管方面的基本法，其立法目的是加强对银行业的监督管理，规范管理行为，防范和化解银行业风险，保护存款人和其他客户的合法权益，促进银行业健康发展。除《银行业监管法》外，我国还制定颁布了一系列与之相配套的行政法规和部门规章，如《商业银行流动性风险管理办法（试行）》和《外资银行管理条例实施细则》等。

（二）银行业监管机构及其职责

1. 银行业监管机构

中国银行业监督管理委员会（以下简称“银监会”）是国务院银行业监督管理机构，银监会根据《银行业监管法》和国务院的授权，统一监督管理商业银行等各类银行业金融机构。根据履行职责的需要，银监会在 31 个省、直辖市、自治区以及 5 个计划单列市共设 36 个银监局，在 36 个银监局下设银监分局及监管办事处。银监会对派出机构实行统一领导和管理。

2. 银监会的监管职责

银监会的基本职责，是根据《银行业监管法》和国务院授权，统一监管银行业金融机构，维护银行业的合法、稳健运行。

3. 银监会的监管管理的目标

银行业监督管理的目标是促进银行业的合法、稳健运行，维护公众对银行业的信心。银行业监督管理应当保护银行业公平竞争，提高银行业竞争能力。

（三）银行业监管机构的监管措施

1. 常规监管措施

银监会对银行业金融机构的常规监管措施主要有五项：市场准入、现场检查、非现场检查、高管谈话和强制信息披露。

（1）市场准入。银行业金融机构的市场准入包括三个方面：机构、业务和高级管理人员的准入。机构准入是指批准金融机构法人或分支机构的设立、变更；业务准入是指批准金融机构的业务范围以及开办新的产品和服务；高级管理人员准入是指对金融机构董事及高级管理人员的任职资格进行审查核准。

（2）现场检查。现场检查是指银监会根据审慎监管的要求，监管人员通过实地查阅银行业金融机构经营活动的账表、文件、档案等各种资料和座谈询问等方法，对银行业金融机构的风险性和合规性进行分析、检查、评价和处理的一种监管手段。

（3）非现场检查。非现场检查是指银监会根据审慎监管的要求，通过收集有关银行业金融机构经营活动的相关数据资料，运用一定的技术方法，研究分析银行业金融机构的总体状况、风险管理状况以及合规情况等，发现其风险管理中存在的问题，并对其稳健性进行评价。

（4）监管谈话。银监会根据履行职责的需要，可以与银行业金融机构董事、高级管理人员进行监督管理谈话，要求其就银行业金融机构的业务活动和风险管理的重大事项作出说明。

（5）强制信息披露。银行业监督管理机构应当责令银行业金融机构按照规定，如实向社会公众披露财务会计报告、风险管理状况、董事和高级管理人员变更以及其他重大事项等信息。

2. 临时处置措施

（1）整改。银监会有权对违反审慎经营规则的银行业金融机构进行整改。

（2）接管、重组。银行业金融机构已经或者可能发生信用危机，严重影响存款人和其他客户合法权益的，银监会可以实行接管或者促成机构重组。

（3）撤销。银行业金融机构有违法经营、经营管理不善等情形，不予撤销将严重危害金融秩序、损害公众利益的，银监会有权予以撤销。

（4）查询账户、冻结违法资金。银监会有权查询涉嫌金融违法的银行业金融机构及其工作人员以及关联行为人的账户；对涉嫌转移或者隐匿违法资金的，可以申请司法机关予以冻结。

（5）延伸调查权。延伸调查权也称相关调查权，是指银监会对银行业金融机构的客户、股东及相关利益方的调查权。赋予银行业监管机构相关调查权，有利于及时发现并查处银行违法案件，保护银行及客户的资金安全，有利于防范银行业风险和保持银行业稳定，实现银行业监管目标。

五、外汇管理法律制度

（一）外汇管理法概述

1. 外汇的概念

外汇是国外汇兑的简称，外汇是以外币表示的可以用作国际清偿的支付手段和资产。外汇包括：①外币现钞；②外币支付凭证或支付工具（包括票据、银行存款凭证、银行卡等）；③外币有价证券（包括债券、股票等）；④特别提款权；⑤其他外汇资产。

2. 外汇管理的概念与类型

（1）外汇管理的概念。外汇管理，又称外汇管制，是指一国依法对所辖境内的外汇收支、买卖、借贷、转移以及国际间结算、外汇汇率和外汇市场所实施的行政限制性措施。外汇管理的作用在于：①稳定本国货币的外汇汇率；②防范外汇风险，保护国内市场，促进经济发展；③平衡本国国际收支。

（2）外汇管理的类型。根据各国对外汇管理的宽严程度的不同，可以将外汇管制分为三种类型：①实行严格外汇管制的的模式。多数发展中国家均属这种类型。②实行部分外汇管制的的模式。这种模式是指原则上经常项目不加以限制，对资本与金融项目实行程度不等的管制。我国的外汇管制属于此种类型。③放松外汇管制的模式。采用这种管制模式的国家和地区准许本国和本地区货币自由兑换，对经常项目和资本项目都不加以限制。一些工业很发达的国家以及国际收支有盈余的国家和地区采取这种模式，如美国、英国、瑞士等。

3. 外汇管理机关及外汇管理的对象

我国外汇管理机关是国家外汇管理局及其分局、支局。外汇管理的对象是境内机构、个人、驻华机构、来华人员的外汇收支或者经营活动。

《中华人民共和国外汇管理条例》(以下简称《外汇管理条例》)于 2008 年 8 月 1 日国务院第 20 次常务会议修订通过，是我国外汇管理的基本法规。根据《外汇管理条例》附则规定，保税区、边境贸易和边民互市不适用该条例。保税区的外汇管理适用《保税区外汇管理办法》；边境贸易和边民互市的外汇管理适用《边境贸易外汇管理办法》。此外，为贯彻落实《个人外汇管理办法》(《中国人民银行令》[2006] 第 3 号)，国家外汇管理局制定了《个人外汇管理办法实施细则》。

(二)我国外汇管理制度的主要内容

1. 经常项目和资本项目外汇管理制度

我国的外汇收支分为经常项目外汇和资本项目外汇，对它们分别实施不同的管理措施。

(1)经常项目外汇管理制度。经常项目，是指国际收支中涉及货物、服务、收益及经常转移的交易项目等。经常项目外汇收支，包括贸易收支、劳务收支和单方面转移等。国家对经常性国际支付和转移不予限制。

(2)资本项目外汇管理制度。资本项目，是指国际收支中引起对外资产和负债水平发生变化的交易项目，包括资本转移、直接投资、证券投资、衍生产品及贷款等。我国对资本项目的外汇管理相对较严，实行跨境投资登记、许可制度、外债规模管理制度、对外担保许可制度、向境外提供商业贷款登记制度、资本项目外汇收支结汇售汇制度。

2. 金融机构外汇业务管理制度

根据《外汇管理条例》的规定，我国对金融机构的外汇业务管理，实行外汇经营许可制度、外汇综合头寸管理制度和外汇利润结汇许可制度。

3. 人民币汇率和外汇市场管理制度

(1)人民币汇率管理制度。汇率是指一国货币与另一国货币相互折算的比率，汇率的高低由外汇市场供求关系和其他有关政治经济因素所决定，同时又对一国的国际收支和经济发展起着重要的反作用。人民币汇率实行以市场供求为基础的、有管理的浮动汇率制度。

(2)外汇市场管理制度。外汇市场是指进行外汇买卖的场所。经营结汇、售汇业务的金融机构和符合国务院外汇管理部门规定条件的其他机构，可以按照国务院外汇管理部门的规定在银行间外汇市场进行外汇交易。外汇市场交易应当遵循公开、公平、公正和诚实信用的原则。国务院外汇管理部门依法监督管理全国的外汇市场，根据外汇市场的变化和货币政策的要求，对外汇市场进行调节。

4. 外汇监督检查制度

外汇管理机关有权有外汇收支或者外汇经营活动的机构和个人进行监督检查，对涉嫌外汇违法行为进行调查取证。

5. 违反外汇管理的法律责任

违反外汇管理的各种行为，一般包括逃汇行为、套汇行为、扰乱金融行为、违反外债管理行为、违反外汇账户管理行为、违反外汇核销管理行为以及违反外汇经营管理行为等。逃汇是指违反国家规定，逃避监管，将外汇资金移存境外的行为。套汇是指采取各种方式非法换取外汇或取得外汇收益的行为。

违反外汇管理的，根据不同情况，由外汇管理机关责令改正，并分别处以警告、没收违法所得、罚款、责令整顿或吊销经营外汇业务许可证等处罚；构成犯罪的，依法追究刑事责任。

六、保险法律制度

（一）保险法概述

1. 保险法的概念

保险法是调整商业保险关系的法律规范的总称。商业保险关系具体包括保险营业关系和保险监管关系。保险从不同角度可以有不同的分类。例如，基于保险的性质不同，可以分为商业保险和社会保险；基于保险的实施方式不同，可以分为强制保险和自愿保险等。通常，社会保险又称社会保障，由社会保障法进行调整。

我国《中华人民共和国保险法》（以下简称《保险法》）所称的保险，是指投保人根据合同约定，向保险人支付保险费，保险人对于合同约定的可能发生的事故因其发生所造成的财产损失承担赔偿保险金责任，或者当被保险人死亡、伤残、疾病或达到合同约定的年龄、期限时承担给付保险金责任的商业保险行为。

保险法的渊源主要是《保险法》，此外，最高人民法院先后发布了《关于适用〈中华人民共和国保险法〉若干问题的解释》（一）、（二）、（三），对《保险法》的具体适用提供指导意见。

2.《保险法》的基本原则

（1）公序良俗原则。

（2）自愿原则。

（3）近因原则。近因原则是指危险事故的发生与损失结果的形成，须有直接的后果关系，保险人才对发生的损失补偿责任。

（4）投保人最大诚信原则。保险活动当事人行使权利、履行义务应当遵循诚实信用原则。

（5）保险利益原则。保险利益是指投保人或者被保险人对保险标的具有法律上承认的利益。

（二）保险合同的订立、生效、履行与解除

1. 保险合同的概念

保险合同是指投保人和保险人约定保险权利义务的协议。投保人，是指与保险人订立保险合同，并按照保险合同负有支付保险费义务的人。保险人，是指与投保人订立保险合同，并按照合同约定承担赔偿或者给付保险金责任的保险公司。被保险人，是指其财产或

者人身受保险合同保障，享有保险金请求权的人。投保人可以为被保险人。保险标的，是指作为保险对象的财产及其有关利益或者人的寿命和身体。受益人，是指人身保险合同中享有保险金请求权的人，是保险关系的关系人。投保人、被保险人可以为受益人。

2. 保险合同的成立、生效和履行

保险合同的成立、生效和履行，除保险法另有规定外，可适用《合同法》的一般规定。

根据保险法的规定，下列保险合同或保险条款无效：①超额保险；②人身保险投保人对被保险人无保险利益；③未经被保险人同意的以死亡为给付保险金条件的保险。

3. 保险合同的解除

除保险法另有规定或者保险合同另有约定外，保险合同成立后，投保人可以解除合同，保险人不得解除合同。货物运输保险合同和运输工具航程保险合同，保险责任开始后，合同当事人不得解除合同。

保险法规定，有下列情形之一的，保险人可以解除保险合同：①投保人违反告知义务；②被保险人或者受益人谎称发生事故索赔；③投保人、被保险人故意造成保险事故；④投保人、被保险人未按约定履行对保险标的的安全保护义务；⑤保险标的危险程度显著增加；⑥投保人申报的年龄不真实；⑦人身保险合同效力中止满二年未复效的。

4. 保险公司的资金运用

保险公司的资金运用必须稳健，遵循安全性原则。保险公司的资金运用限于下列形式：①银行存款；②买卖债券、股票、证券投资基金份额等有价证券；③投资不动产；④国务院规定的其他资金运用形式。

（三）保险代理人和保险经纪人

保险代理人是根据保险人的委托，向保险人收取佣金，并在保险人授权的范围内代为办理保险业务的机构或者个人。保险代理机构包括专门从事保险代理业务的保险专业代理机构和兼营保险代理业务的保险兼业代理机构。

保险经纪人是基于投保人的利益，为投保人与保险人订立保险合同提供中介服务，并依法收取佣金的机构。

保险代理机构、保险经纪人应当具备国务院保险监督管理机构规定的条件，取得保险监督管理机构颁发的经营保险代理业务许可证、保险经纪业务许可证。

保险专业代理机构、保险经纪人的高级管理人员，应当品行良好，熟悉保险法律、行政法规，具有履行职责所需的经营管理能力，并在任职前取得保险监督管理机构核准的任职资格。

保险代理人、保险代理机构的代理从业人员、保险经纪人的经纪从业人员，应当品行良好，具有从事保险代理业务或者保险经纪业务所需的专业能力。

（四）保险业监督管理

保险监督管理机构遵循依法、公开、公正的原则，对保险业实施监督管理，维护保险市场秩序，保护投保人、被保险人和受益人的合法权益。保险监督管理机构应当建立健全保险公司偿付能力监管体系，对保险公司的偿付能力实施监控；对违规经营的保险公司依法进行整改、接管、撤销、清算，并对其直接责任人员采取相应的处理措施。

思考练习题

一、判断题

1. 我国的中央银行是中国银行。（　　）

2. 在人身保险合同中，被保险人指定的受益人，应经投保人同意。（　　）

3. 我国对经常性国际支付和转移不予限制。（　　）

二、简答题

1.《保险法》的基本原则有哪些？

2. 外汇管制的类型有哪些？

3. 商业银行的经营原则是什么？

4. 中国人民银行可以运用的货币政策工具有哪些？

三、案例分析

某公司有一座仓库，董事会责成经理对仓库投保火灾险。公司经理在保险公司陈述时称仓库堆放金属零件和少量的汽车轮胎，无易燃易爆物品。保险公司以该仓库处在居民区，周围的火源比较多，为安全起见，反复声明易燃易爆物品对仓库安全的意义。但某公司经理称没有问题。保险公司遂与某公司订立了仓库火灾保险合同。

在合同生效的第三个月，保险公司发现该仓库里还堆放了 20 桶汽油，汽油属于高度危险物品，保险公司当即要求某公司将汽油立即转移出去，但某公司表示没有其他仓库存放，拒绝转移汽油。保险公司决定解除该保险合同。

在合同解除的第三天，仓库发生火灾，损失 100 万元。某公司认为保险合同是双方签订的，保险公司无权单方解除，故合同继续有效，保险公司应当赔偿损失。

试分析：

（1）某公司投保时的陈述是否符合《保险法》的规定？

（2）保险公司在订立保险合同时的说明有何意义？

（3）某公司在仓库里堆放汽油属于《保险法》规定的何种行为？

（4）保险公司能否单方面解除保险合同？

（5）某公司能否要求保险公司赔偿损失？

第五节　价格法律制度

【本节重点】

1. 价格的形式。

2. 经营者的价格权利和义务。

3. 实行政府指导价、政府定价的商品和服务的范围。

4. 价格总水平调控的措施。

【引例】 我国自2017年起放开所有盐产品价格

2016 年 4 月 22 日，国务院印发《盐业体制改革方案》(以下简称《方案》)。在完善食盐专营制度的基础上，该《方案》明确，从 2017 年 1 月 1 日开始，放开所有盐产品价格，取消食盐准运证，允许现有食盐定点生产企业进入流通销售领域，食盐批发企业可开展跨区域经营。从 2018 年 1 月 1 日开始，现有食盐定点生产企业和批发企业可依照新的规定申请许可，根据许可范围从事相应的经营活动。

评析：

根据《中华人民共和国价格法》(以下简称《价格法》)的规定，在我国，商品和服务的价格有市场调节价、政府指导价和政府定价三种形式。市场调节价是我国目前最主要的价格形式。政府指导价和政府定价主要适用于与国民经济发展和人民生活关系重大的极少数商品价格、资源稀缺的少数商品价格、自然垄断经营的商品价格、重要的公用事业价格、重要的公益性服务价格。

我国食盐售价长期以来实行政府专营和统一定价，这对于保障食盐供应和稳定食盐价格起到过积极的作用。但是，从市场供求看，目前食盐产业正面临产能过剩的困扰。全国食盐年度需求量平均为 1000 万吨左右，但食盐定点企业产量已经超过 4000 万吨，是需求量的 4 倍多。在此背景下，完全具备了取消政府定价，放开食盐价格，引入市场竞争，实行市场调节价的条件。

一直以来因为属于政府定价商品，普通食盐零售价每袋只有 2 元(500 克)，不能按质论价，抑制了食盐新品种开发。发达国家食盐品种很多，日本市场的食盐品种多达近千种。食盐价格开放后，生产企业创新产品的积极性被调动起来，将使食盐市场供给层次更为丰富，给消费者带来更多的选择。

一、价格与价格法律制度概述

(一)价格概述

1. 价格的概念

价格是商品价值的货币表现，是商品生产和商品交换的产物，它反映的是人们进行商品交换的经济关系。

2. 价格的范围

价格有广义和狭义的区别。狭义的价格是指商品价格和服务价格；广义的价格除此之外还包括生产要素的价格，如劳动力价格——工资；资金价格——利率等。价格法所指的价格是狭义的价格。我国《价格法》第二条指出“本法所称的价格包括商品价格和服务价格。商品价格是指各类有形产品和无形资产的价格。服务价格是指各类有偿服务的收费。”

（二）价格法律制度概述

价格法是调整价格关系的法律规范的总称。价格法的调整对象是指与价格的制定、执行和监督有关的各种价格关系。价格法律制度的根本要求是要尽力保证价格信息的准确、客观，禁止人为地操纵、控制价格，以及当价格出现不正常波动时，如何利用政府的宏观调控手段，促使价格保持平稳，进而促进国家宏观经济的稳定发展。

我国从 1979 年开始进行价格体制改革至今，一起都很重视价格法制的建设和理论研究。从 1995 年起政府开始逐步推行价格管理的规范化、法制化，并寻求相应的法律支撑，颁布了一系列的价格法律规范。1997 年 12 月 29 日由第八届人大常委会第二十九次会议审议通过了《价格法》，该法于 1998 年 5 月 1 日正式实施，标志着我国新的价格制度的确立，它是我国现行调整价格关系的基本法律。在《价格法》颁布后，我国先后制定了一系列的价格法规：《关于商品和服务实行明码标价的规定》《禁止价格欺诈行为的规定》《价格违法行为举报规定》《价格违法行为行政处罚规定》《反价格垄断规定》和《政府制定价格听证办法》等，构建起较为完善的价格运行法律制度，使价格法成为经济法中的一个重要的、独立的子部门法。

在我国境内发生的价格行为都适用《价格法》。但利率、汇率、保险费率、证券及期货价格，适用其他有关法律、行政法规的规定，而不适用《价格法》。此外，国家机关的收费具体管理办法应由国务院另法规定。

二、价格管理体制与价格形式的法律规定

（一）价格管理体制

价格管理体制主要是指价格管理机构的设置、权限的划分和职能划分等规定。我国的价格管理机构是政府各级物价主管部门和其他有关部门。《价格法》对其分工做出了明确规定：国务院价格主管部门统一负责全国的价格工作；国务院其他有关部门在各自的职责范围内，负责有关的价格工作。县级以上地方各级政府价格主管部门负责本行政区域内的价格工作；县级以上地方各级政府其他有关部门在各自的职责范围内，负责有关的价格工作。

（二）价格形式的法律规定

《价格法》根据不同的定价主体和价格形成的途径，将价格划分为市场调节价、政府指导价和政府定价三种形式。根据《价格法》第三条规定，我国目前大多数商品和服务价格实行市场调节价，极少数商品和服务价格实行政府指导价或政府定价。

（1）市场调节价。是指由经营者自主制定，通过市场竞争形成的价格。是我国目前主要的一种价格形式。

（2）政府指导价。是指由政府价格主管部门或者其他和政府定价有关的部门，按照定价权限和范围规定基础价及其浮动幅度，指导经营者制定的价格。政府指导价有三种形式：浮动价格、最高限价和最低保护价。这种价格形式的优点在于将政府对价格有限度的必要的干预与经营者的自主定价权有机地结合在一起。它的适用范围不大，仅限于《价格

法》规定的极少数商品和服务的价格，因此属于一种次要的价格形式。

（3）政府定价。是指依照《价格法》的规定，由政府价格主管部门或其他有关部门，依照定价的权限和范围制定的价格，它体现了国家对价格活动的微观干涉，涉及的仅是极少数商品和服务的价格，也属次要的价格形式。政府确定政府定价时，应遵循价格听证制度的规定，从而使政府定价更科学、合理，也便于为社会所接受。凡属政府定价范围的商品或服务的价格，经营者不得擅自定价。

三、经营者的价格行为

《价格法》所称的经营者，是指从事生产、经营商品或提供有偿服务的法人、其他组织和个人。市场调节价是由经营者自主制定，通过市场竞争形成的价格。

（一）经营者定价的原则和依据

经营者在现行价格体制下，属于主要的定价主体。《价格法》规定经营者定价应当遵循公平、合法和诚实信用的原则；定价的基本依据是生产经营成本和市场供求情况。经营者的定价依据反映了价值规律的基本要求，也是经营者定价的基本原则的充分体现。

（二）经营者定价的范围

《价格法》第六条明确规定了实行市场调节价的范围。按照这一条规定，市场调节价的范围是指未列入政府指导价和政府定价范围内并适应在市场竞争中形成的商品和服务价格。具体是指：商品和服务比较丰富，不属于资源稀缺的范围；商品和服务不具有自然垄断性，是可以由多个经营者同时经营的商品和服务品种；商品和服务不属于关系国计民生的特别重要的品种。

（三）经营者的价格权利和义务

1. 经营者的价格权利

《价格法》规定，经营者进行价格活动享有以下 5 方面的价格权利：①自主制定属于市场调节的价格；②在政府指导价规定的幅度内制定价格；③制定属于政府指导价、政府定价产品范围内的新产品的试销价格，特定产品除外；④检举、控告侵犯其依法自主定价权利的行为；⑤经营者有权对政府指导价和政府定价提出意见或建议。

2. 经营者的价格义务

经营者在享有价格权利的同时，必须依法承担以下价格义务：①经营者应当努力改进生产经营管理，降低生产经营成本，为消费者提供合格的商品和服务，并在市场竞争中获取合法利润；②经营者应当根据其经营条件建立、健全内部价格管理制度，准确记录与核定商品和服务的生产经营成本，不得弄虚作假；③经营者进行价格活动，应当遵守法律、法规，执行依法制定的政府指导价、政府定价和法定的价格干预措施、紧急措施；④经营者销售、收购商品和提供服务，应当按照政府价格主管部门的规定明码标价，注明商品的品名、产地、规格、等级、计价单位、价格或者服务的项目、收费标准等有关情况。经营者不得在标价之外加价出售商品，不得收取任何未予标明的费用；⑤经营者在进行经营活动过程中，不得利用价格手段，进行不正当竞争损害国家利益或者其他经营者、消费者的合法权益。

经营者不得有下列不正当价格行为：①相互串通、操纵市场价格，损害其他经营者或者消费者的合法权益；②除依法降价处理鲜活商品、季节性商品、积压商品等商品外，为了排挤竞争对手或者独占市场，以低于成本的价格倾销，扰乱正常的生产经营秩序，损害国家利益或者其他经营者的合法权益；③捏造、散布涨价信息，哄抬价格，推动商品价格过高上涨；④利用虚假的或者使人误解的价格手段，诱骗消费者或者其他经营者与其进行交易；⑤提供相同商品或者服务，对具有同等交易条件的其他经营者实行价格歧视；⑥采取抬高等级或者服务，对具有同等交易条件的其他经营者实行价格歧视；⑦违反法律、法规的规定牟取暴利；⑧法律、行政法规禁止的其他不正当价格行为。

【案例】国家发改委经调查发现，2009 年 10 月 17 日，吉林玉米中心批发市场有限公司等多家企业召集国内 16 个省区市上百家绿豆经销企业，在吉林某酒店召开“全国第一届绿豆产销行情研讨会”。会上，不时有代表散布“绿豆产量会出现明显减少”“价格上涨已成必然”“会议有利于经营者对未来市场预期达成共识”等言辞。会议组织者还向部分与会企业印发了会议纪要和不实的绿豆产销调研报告。会后，参加会议的经销企业纷纷入市收购绿豆，而其销售价格则不断暴涨，绿豆零售价从正常的每公斤 6 元左右涨至 16 元左右。

［试分析］吉林玉米批发市场等企业串通涨价的行为是什么性质的行为？

【分析】发改委认为，吉林玉米批发市场等企业互相串通，散布涨价消息，操纵市场价格，在客观上对全国绿豆市场上涨起到了推波助澜的作用。2010 年 7 月 1 日，吉林省价格主管部门对吉林玉米批发市场有限公司处以 100 万元罚款。

四、政府定价管理

（一）政府指导价和政府定价的范围

在社会主义市场经济体制下，有少数商品价格与国民经济发展和人民生活关系非常重大，如果这些商品价格由市场竞争形成，商品价格的波动常会影响国民经济的安全运行和人民生活水平的提高，也会引起市场价格总水平的震荡，所以，政府对这些少数商品的价格在必要时实行政府指导价或政府定价，以保证国民经济健康、持续、稳定发展。

政府定价行为，是指政府价格主管部门或其他有关部门，依照定价权限和范围制定政府定价和政府指导价的活动。市场经济条件下，价格主要由市场形成，只有极少数商品和服务根据国家法律法规规定和经济政策的需要实行政府定价。一个国家实行政府定价管理的范围，在一定程度上表明了它的市场化程度，也影响着政府通过价格手段调控经济运行的能力。

《价格法》规定，下列 5 类商品和服务价格，政府在必要时可以实行政府定价和政府指导价：①与国民经济发展和人民生活关系重大的极少数商品价格；②资源稀缺的少数商品价格；③自然垄断经营的商品价格；④重要的公用事业价格；⑤重要的公益性服务价格。

《价格法》确定了以上 5 类可实行政府定价和政府指导价的商品和服务，但具体的实行政府定价和政府指导价的品种及其管理权限，根据定价目录确定。定价目录包括中央定价目录和地方定价目录。中央定价目录由国务院价格主管部门制定、修订，报国务院批准后公布。地方定价目录由省级政府价格主管部门按照中央定价目录规定的定价权限和具体适用范围制定，经本级政府审核同意，报国务院价格主管部门审定后公布。省级以下地方政府不得制定定价目录。

（二）政府指导价、政府定价的依据

政府制定或调整价格，应当遵循公平、公正和效率的原则。制定政府指导价和政府定价，应当依据以下要素。

（1）有关商品或者服务的社会平均成本。

（2）市场供求状况。

（3）国民经济与社会发展需求。

（4）社会承受能力。社会承受能力指社会各方对出现在市场上的价格的承受和接受能力，即市场上的购买者实际的购买能力。

（三）政府指导价和政府定价的权限

国务院价格主管部门和其他有关部门，按照中央定价目录规定的权限制定政府指导价和政府定价，其中重要的商品和服务的政府指导价、政府定价应当按照规定经国务院批准。

省、自治区、直辖市人民政府价格主管部门和其他有关部门，按照地方定价目录规定的权限制定本地区执行的政府指导价和政府定价。

市、县人民政府可以根据省、自治区、直辖市人民政府的授权，按照地方定价目录规定的权限制定本地区执行的政府指导价和政府定价。

（四）制定政府指导价、政府定价的程序

政府定价和政府指导价的制定和调整的程序是：提出调价或定价申请、进行价格和成本调查、通过调价定价听证会进行价格听证、集体审议、作出是否调价或定价的决策意见、申请批准、公布价格、定期检测与跟踪调查等几个阶段。

价格听证是指行政主体在作出影响行政相对人合法权益的决定之前，由行政主体告知决定理由和听证权利，行政相对人随之向行政主体表达意见、提供证据，以及行政主体听取其意见、接纳其证据的程序所构成的一种法律制度。《价格法》第二十三条规定，制定关系群众切身利益的公用事业价格、公益性服务价格、自然垄断经营的商品价格等政府指导价、政府定价，应当建立听证会制度，由政府价格主管部门主持，征求消费者、经营者和有关方面的意见，论证其必要性、可行性。

五、价格总水平调控

（一）价格总水平与价格总水平调控的目标

价格水平又称物价水平，它是价格的动态反映，按其范围不同，可分为单个商品价格水平、分类商品价格水平和价格总水平。价格总水平又称为物价总水平，指一个国家在一定时期内全部商品价格变动的平均和综合，或者说是一个国家一定时期内各种商品价格的综合平均水平。对价格总水平实施调节和控制，防止其剧烈波动，是国家进行宏观经济调控的重要目标，也是价格管理的核心内容。

价格总水平调控，是指国家利用经济、法律和行政手段，对价格总水平的变动进行干预和约束，以保证价格总水平调控目标的实现。价格总水平调控的目标就是：保持价格总水平的基本稳定。

稳定的市场价格总水平对于保持国民经济持续稳定健康发展具有重要意义。因此，作为价格行为基本准则的《价格法》，不仅规范微观价格行为，也规范宏观价格行为。

（二）价格总水平调控的措施

1. 经济政策措施

《价格法》第二十六条规定了价格总水平调控的经济政策措施。主要是：综合运用货币政策、财政政策和进出口政策，即通过调整货币发行量、增减财政收支、控制投资规模和根据市场供求情况实施进出口优惠政策，调剂余缺等经济政策措施，以便间接实现价格总水平的宏观调控。

2. 价格调控措施

调控价格主要用经济手段，但在特殊情况下，也不排斥必要的行政手段的调节。

（1）政府通过建立商品储备制度和设立调节基金，调控价格稳定市场。

（2）建立价格监测制度，对重要商品、服务价格变动进行监测。

（3）建立重要农产品的价格保护制度，在某一时间当市场购买价低于生产经营成本时，政府在收购中实行保护价格。

（4）采取价格干预措施。当重要商品和服务价格显著上涨或有可能显著上涨时，国务院和省、自治区、直辖市人民政府可以对部分价格采取限定差价率或者利润率，规定限价，实行提价申报制度和调价备案制度等干预措施：①限定差价率或利润率；②规定限价；③实行提价申报制度和调价备案制度等。

（5）采取价格干预的紧急措施。当市场价格总水平出现剧烈波动等异常状态时，国务院可以采取以下价格干预的紧急措施：①临时集中定价权限；②部分或全面冻结价格。

省、自治区、直辖市人民政府采取前款规定的干预措施，应当报国务院备案。此外，当市场价格总水平出现异常状态时，国务院可在全国范围内或部分区域内采取临时集中定价权限，部分或全面冻结价格的紧急措施。

以上干预和紧急措施不是永久性的，当引起上述措施的情形消除之后，应及时解除干预措施、紧急措施。

六、价格的监督检查

价格监督检查，是指价格主管部门或其他有关部门、社会团体和人民群众、消费者等主体对价格违法行为所进行的监督和检查、审理和处置等活动的总称。它是价格管理的一项重要内容。价格监督检查主要包含有政府价格主管部门对价格的监督检查以及社会监督和舆论监督。

（一）价格监督检查机构及其职责

价格监督的执法主体是县级以上的各级人民政府的价格主管部门。根据《价格法》，政府价格主管部门进行价格监督检查时，可以行使下列职权。

（1）询问当事人或者有关人员，并要求其提供证明材料和与价格违法行为有关的其他资料。

（2）查询、复制与价格违法行为有关的账簿、单据、凭证、文件及其他资料，核对与价格违法行为有关的银行资料。

（3）检查与价格违法行为有关的财物，必要时可责令当事人暂停相关营业。

（4）在证据可能灭失或者以后难以取得的情况下，可以依法先行登记保存，当事人或者有关人员不得转移、隐匿或者销毁。

（二）社会监督与舆论监督

《价格法》规定，消费者组织、职工价格监督组织、居民委员会、村民委员会等组织，以及消费者有权对价格行为进行社会监督；新闻单位有权进行价格舆论监督。任何人和单位均有权通过政府价格主管部门设立的举报制度对价格违法行为进行举报。根据《检举揭发价格违法案件奖励办法》规定，政府价格主管部门应当对举报者给予鼓励，并负责为举报者保密。

七、违反价格法的法律责任

（一）经营者的法律责任

（1）民事责任：经营者因价格违法行为致使消费者或者其他经营者多付价款的，应当退还多付部分；造成损害的，应当依法承担赔偿责任。

（2）行政责任：经营者有违反价格法的行为的，依据其违法行为的性质和情节，可对其处以责令改正、没收违法所得、罚款、责令停业整顿、由工商行政管理机关吊销营业执照等行政处罚。

（二）政府及其部门以及工作人员的法律责任

（1）行政责任：地方各级人民政府或者有关部门违反规定，超越定价权限和范围擅自制定、调整价格或者不执行法定的价格干预措施、紧急措施的，责令改正，并可以通报批评；对直接负责的主管人员和其直接责任人员，依法给予行政处分。

（2）刑事责任：价格工作人员泄露国家秘密、商业秘密以及滥用职权，徇私舞弊、玩忽职守，索贿受贿，构成犯罪的，依法追究刑事责任；尚不构成犯罪的，依法给予处分。

思考练习题

一、简答题

1. 价格有哪三种形式？
2. 经营者有哪些价格权利和义务？

3. 哪些商品和服务的价格实行政府定价？

4. 价格总水平调控的措施有哪些？

二、案例分析

2015 年国庆期间，南京的朱先生与亲友前往青岛旅游。10 月 4 日，在一家餐厅用餐时，点了一份虾，点餐时菜单上标价 38 元。结账时，店老板按每只虾 38 元的价格收费，朱先生认为 38 元是每份虾的价格，双方于是发生争执。经过多方协商后，朱先生一行人支付了 2000 元的餐费后离开。朱先生随后向物价局投诉。经查，该餐厅的价目单显示："海捕大虾 38 元"，旁边没有标明计价方式是按"一个"还是"一份"，但在价目单的最下方，有"以上海鲜单个计价"的说明。

试分析：该餐厅按照每只虾 38 元收费的做法有没有违反《价格法》的规定？对其依法应当如何处理？

第六章 劳动与社会保障法

第一节 劳动法

【本节重点】

1. 劳动合同的订立。
2. 劳动合同的变更。
3. 劳动合同的解除。

【引例】 何某与深圳某实业有限公司劳动合同争议案

2008 年 8 月何某高职毕业后，应聘在深圳某实业有限公司任设计师助理，当时劳动合同的服务期是 1 年。2009 年 8 月 28 日，何某与公司续签劳动合同 1 年，但合同的用人单位却是“深圳某贸易有限公司”。此后何某得知，2008 年 1 月 1 日起实施的《劳动合同法》规定，用人单位与劳动者连续订立两次有固定期限劳动合同后，再续订劳动合同时，应当签订无固定期限劳动合同。何某还了解到，“实业公司”和“贸易公司”的老板是同一个人，他注册“贸易公司”的目的就是用来和员工签劳动合同。只要员工每年在这两家公司之间轮换签订劳动合同，员工就永远签不到无固定期限劳动合同。

无固定期限劳动合同，是指用人单位与劳动者约定无确定终止时间的劳动合同。《劳动合同法》中规定有下列情形之一，劳动者提出或者同意续订、订立劳动合同的，除劳动者提出订立固定期限劳动合同外，应当订立无固定期限劳动合同：（一）劳动者在该用人单位连续工作满十年的；（二）用人单位初次实行劳动合同制度或者国有企业改制重新订立劳动合同时，劳动者在该用人单位连续工作满十年且距法定退休年龄不足十年的；（三）连续订立二次固定期限劳动合同，且劳动者没有本法第三十九条和第四十条第一项、第二项规定的情形，续订劳动合同的。用人单位自用工之日起满一年不与劳动者订立书面劳动合同的，视为用人单位与劳动者已订立无固定期限劳动合同。另外，用人单位在裁减人员时，也应当优先留用与本单位订立无固定期限劳动合同的劳动者。

由于深圳某贸易有限公司只是与何某签署了书面合同的“名义用人单位”，但有关用人单位的权利义务实质上却是由深圳某实业有限公司享有和履行的，因此与何某具有劳动关系的是虽未签书面合同但存在事实劳动关系的深圳某实业有限公司，而非仅仅签了劳动合同却未实际行使权利履行义务的深圳某贸易有限公司，据此深圳某实业有限公司只要在事实上与何某连续订立了二次固定期限劳动合同，后决定续订劳动合同，就仍然负有订立无固定期限劳动合同的法定义务。

评析：

随着《劳动法》《劳动合同法》等法律的相继施行和不断完善,劳动合同制度在我国得以长足发展，用人单位和劳动者也都树立了劳动合同意识。目前我国劳动合同普遍呈现出短期化现象，这是由长期以来劳动力供过于求、可替代性强等因素造成的。建立健全劳动合同期限制度是维护劳动关系和谐及社会稳定的迫切需求。无固定期限劳动合同福利性过重使得用人单位规避行为层出不穷，加之劳动合同立法的统一性和刚性，又一定程度上增加了无固定期限劳动合同适用的难度。通过无固定期限劳动合同实现劳动关系的稳定性和长期化,将是一项长期而艰巨的任务。

一、劳动法概述

（一）劳动法的概念

劳动法是调整劳动关系以及与劳动关系密切联系的其他社会关系的法律规范的总称。劳动法是我国社会主义法律体系中的一个重要的独立部门。

劳动法的调整对象包括两个方面的关系：其一，劳动关系，这是劳动法调整的最重要、最基本的关系；其二，与劳动关系有着密切联系的关系，这些关系本身并不是劳动关系，但是与劳动关系有着密切联系，包括：处理劳动争议而发生的关系；执行社会保险方面的关系；监督劳动法律、法规执行方面的关系；工会组织与企业、事业单位、国家机关之间的关系；劳动管理方面发生的关系。

我国的劳动法律、法规范围广泛，主要有全国人民代表大会及其常务委员会通过和颁布的有关劳动的法律、法规；国务院制定的劳动行政法规；国务院各部委制定的劳动规章；地方性劳动法规；我国政府批准生效的国际劳工组织通过的劳动公约和建议书；工会制定的经政府部门认可或工会与国务院有关部委联合公布的有关劳动问题的规范性文件。1994 年 7 月 5 日第八届全国人大常委会第八次会议通过的《中华人民共和国劳动法》（以下简称《劳动法》）是我国劳动法的基本法，它的颁布是我国劳动法制建设的重大突破，对于劳动者，乃至社会成员劳动法律意识的培养、将来劳动法的更加科学化奠定了基础。

2007 年 6 月 29 日第十届全国人民代表大会常务委员会第二十八次会议审议通过《劳动合同法》，自 2008 年 1 月 1 日起施行。2012 年 12 月 28 日，第十一届全国人民代表大会常务委员会第三十次会议表决通过关于修改劳动合同法的决定，自 2013 年 7 月 1 日起施行。这对于推进劳动保障制度建设和加强劳动保障监察执法，特别是对于完善我国劳动合同制度，构建和发展和谐的劳动关系，具有十分重要的意义。

（二）劳动法的适用范围

我国《劳动法》第二条规定，在中华人民共和国境内的企业、个体经济组织（以下统称“用人单位”）和与之形成劳动关系的劳动者，适用本法。国家机关、事业单位、社会团体和与之建立劳动合同关系的劳动者，依照本法执行。

（三）劳动法律关系

劳动法律关系，是指用人单位与劳动者之间，在实现劳动过程中依据劳动法律规范形成的劳动权利与劳动义务关系。它是劳动关系在法律上的表现，是劳动关系为劳动法调整的结果。

劳动法律关系由主体、内容和客体三个要素构成。

1. 劳动法律关系的主体

劳动法律关系的主体是指依照劳动法律规范参与劳动法律关系，并享有权利和承担义务的当事人，包括劳动者和用人单位。

劳动者是指达到法定年龄、具有劳动能力，以从事某种社会劳动获取收入为主要生活来源的自然人，包括我国公民、外国人、无国籍人。他们是依照法律或劳动合同的约定，在用人单位管理下从事劳动并获取劳动报酬的自然人。

用人单位是指依法招用和管理劳动者，并按法律规定或合同约定向劳动者提供劳动条件、劳动保护和支付劳动报酬的单位。根据现行法律规定，用人单位包括企业、个体经济组织、国家机关、事业组织、社会团体。

2. 劳动法律关系的内容

劳动法律关系的内容，就是依照劳动法规定，劳动法律关系主体双方享有的劳动权利和承担的劳动义务。

（1）劳动者的权利与义务。根据《劳动法》及有关法律法规的规定，劳动者的基本劳动权利有：享有平等就业和选择职业的权利、取得劳动报酬的权利、休息休假的权利、获得劳动安全卫生保护的权利、接受职业技能培训的权利、享受社会保险和福利的权利、提请劳动争议处理的权利以及法律规定的其他劳动权利。劳动者的基本义务有：劳动者应当完成劳动任务，提高职业技能，执行劳动安全卫生规程，遵守劳动纪律和职业道德。

（2）用人单位的权利与义务。劳动法律关系主体的权利与义务具有统一性和对应性。因此，劳动者的权利，即是用人单位的义务；劳动者的义务，即是用人单位的权利。《劳动法》还特别规定，用人单位应当依法建立和完善规章制度，保障劳动者享有劳动权利和履行劳动义务。

3. 劳动法律关系的客体

劳动法律关系的客体，是指劳动法律关系主体双方的劳动权利和劳动义务所共同指向的对象。对劳动者来说，劳动法律关系的客体即劳动者通过用人单位组织的各种各样的劳动活动，实现劳动权利与履行劳动义务，为国家和社会创造物质财富和精神财富。对用人单位来说，劳动法律关系的客体即通过组织劳动，发展经济，并在发展生产的基础上改善劳动者的生活水平。

二、劳动合同

（一）劳动合同的概念

劳动合同，又称劳动契约、劳动协议，是指用人单位与劳动者确立劳动关系、明确双方权利和义务的协议。劳动合同是确立用人单位与劳动者劳动关系的基本前提和法律形式，是劳动关系的核心。根据这种协议，劳动者加入企事业单位、国家机关、社会团体等用人单位内，担任一种职务或一定种类工作，并遵守所在单位的内部劳动规则和制度；用人单位应及时分配被录用者的工作，按照劳动的数量和质量支付报酬，并提供劳动法规定和双方协商的劳动条件。劳动合同是组织社会劳动，合理配置劳动力资源，避免或减少劳动争议，稳定劳动关系，提高劳动生产率，促进社会经济发展的重要手段。

（二）劳动合同的法律特征

（1）劳动合同的主体具有特定性。劳动合同的主体，即双方当事人，一方是用人单位，另一方是劳动者，都具有法律的特定性。我国《劳动法》第二条明确规定，中华人民共和国境内的企业、个体经济组织和与之形成劳动关系的劳动者；国家机关、事业单位、社会团体和与之建立劳动关系的劳动者，都是劳动合同的主体。

（2）在劳动合同履行中劳动者具有从属性。用人单位与劳动者在签订劳动合同时，遵循合法、公平、平等自愿、协商一致、诚实信用的原则，双方法律地位平等。但在劳动合同履行过程中，劳动者必须参加到用人单位的劳动组织中去，担任一定的职务或工种工作，服从用人单位的行政领导和指挥，遵守劳动纪律。因而，在劳动合同履行期间，劳动者在身份上、组织上和经济上从属于用人单位。

（3）劳动合同是双务、有偿、诺成合同。首先，劳动者作为用人单位的一个成员，承担一定的工种或职务工作，并遵守用人单位的内部劳动规则和其他规章制度；用人单位负责按合同约定分配工作或工种，按照劳动者劳动的数量和质量支付劳动报酬，并根据劳动法律、法规和双方协议约定，提供各种劳动条件、社会保险和福利待遇。因此，劳动合同是双务、有偿合同。其次，劳动合同只需用人单位与劳动者双方意思表示一致即可成立，而不以劳动者提供劳动或者用人单位支付劳动报酬为成立条件，因而又是诺成合同。

（4）劳动合同是不同于一般的民事合同。首先，劳动合同的主体是劳动者和用人单位，双方实际上是既平等又从属的关系，民事合同的主体双方之间法律地位平等，相互之间没有隶属性；其次，订立劳动合同的目的是建立劳动关系，由劳动法调整，订立民事合同的目的是设立、变更、终止民事关系，由民法调整；最后，劳动合同受国家干预较多，民事合同贯彻合同自由原则，所受限制较少。

（三）劳动合同的种类

（1）有固定期限的劳动合同。这是指用人单位和劳动者约定合同终止时间的劳动合同。

（2）无固定期限的劳动合同。这是指用人单位和劳动者约定无确定终止时间的劳动合同。有下列情形之一，劳动者提出或者同意续订、订立劳动合同的，除劳动者提出订立固定期限劳动合同外，应当订立无固定期限劳动合同：①劳动者在该用人单位连续工作满10 年的；②用人单位初次实行劳动合同制度或者国有企业改制重新订立劳动合同时，劳动者在该用人单位连续工作满 10 年且距离法定退休年龄不足 10 年的；③连续订立两次固定期限劳动合同，且劳动者没有《劳动合同法》第三十九条和第四十条第 1 项、第 2 项规定的情形，续订劳动合同的。用人单位自用工之日起满 1 年不与劳动者订立书面劳动合同的，视为用人单位与劳动者已订立无固定期限劳动合同。

（3）以完成一定工作为期限的劳动合同。这是指将完成某项工作或工程作为合同终止日期的劳动合同。

（四）劳动合同的内容

劳动合同的内容是指用人单位与劳动者双方通过平等协商所达成的关于劳动权利和劳动义务的具体条款。劳动合同的内容是劳动合同的核心部分，根据条款内容是否由法律规定为合同必须具备的，可将劳动合同内容分为法定内容和商定内容。

1. 法定内容

法定内容，是指由国家劳动法规所规定，双方当事人签订的劳动协议中必须具备的条款。根据我国《劳动合同法》第十七条的规定，劳动合同的法定条款有：①用人单位的名称、住所和法定代表人或者主要负责人；②劳动者的姓名、住址和居民身份证或者其他有效身份证明；③劳动合同的期限；④工作内容和工作地点；⑤工作时间和休息休假；⑥劳动报酬；⑦社会保险；⑧劳动保护、劳动条件和职业危害防护；⑨法律、法规规定应当纳入劳动合同的其他事项。

2. 商定内容

商定内容是指劳动者和用人单位之间在法定条款之外，根据双方的具体情况，经过协商议定的劳动合同条款。常见的商定内容有：①试用期；②保守秘密；③培训；④补充保险和福利待遇等。

（五）劳动合同的订立

1. 用人单位和劳动者的义务

用人单位招用劳动者时，应当如实告知劳动者工作内容、工作条件、工作地点、职业危害、安全生产状况、劳动报酬，以及劳动者要求了解的其他情况；用人单位有权了解劳动者与劳动合同直接相关的基本情况，劳动者应当如实说明。

用人单位招用劳动者，不得扣押劳动者的居民身份证和其他证件，不得要求劳动者提供担保或者以其他名义向劳动者收取财物。

【案例】王某到某公司应聘填写录用人员情况登记表时，隐瞒了自己曾先后 2 次受行政、刑事处分的事实，与公司签订了 3 年期限的劳动合同。事隔 3 日，该公司收到当地检察院对王某不起诉决定书。经公司进一步调查得知，王某曾因在原单位盗窃电缆受到严重警告处分，又盗窃原单位苫布被查获，因王某认罪态度较好，故不起诉。订立劳动合同，应当遵循合法、公平、平等自愿、协商一致、诚实信用的原则。本案中，王某在填写录用人员情况登记表时，隐瞒了自己曾先后 2 次受行政、刑事处分的事实，是一种不诚实，不善意的行为，违背了诚实信用原则。虽然签订合同是双方自愿的，但这种自愿是建立在虚假材料的基础上的，本质上违背了平等自愿的原则。

2. 订立书面劳动合同

建立劳动关系，应当订立书面劳动合同。已建立劳动关系，未同时订立书面劳动合同的，应当自用工之日起一个月内订立书面劳动合同。用人单位与劳动者在用工前订立劳动合同的，劳动关系自用工之日起建立。

劳动合同由用人单位与劳动者协商一致，并经用人单位与劳动者在劳动合同文本上签字或者盖章生效。劳动合同文本由用人单位和劳动者各执一份。

（六）劳动合同的变更、解除和终止

1. 劳动合同的变更

用人单位与劳动者协商一致，可以变更劳动合同约定的内容。变更劳动合同，应当采取书面形式。

用人单位变更名称、法定代表人、主要负责人或者投资人等事项，不影响劳动合同的履行。用人单位发生合并或者分立等情况，原劳动合同继续有效，劳动合同由继承其权利和义务的用人单位继续履行。

2. 劳动合同的解除

劳动合同的解除是指在劳动合同依法成立后，尚未履行完毕之前，当事人根据约定或法律规定提前终止合同效力的法律行为。劳动合同的解除可以是双方的法律行为，也可以是单方的法律行为。

以劳动合同解除的依据为标准，可将劳动合同的解除分为法定解除和约定解除。法定解除是指劳动者或用人单位在符合法律、法规的情况下解除劳动合同，约定解除是指用人单位与劳动者协商一致，或者当事人一方按照集体合同或劳动合同的约定行使解除权，解除劳动合同；以劳动合同解除的方式为标准，可将劳动合同的解除分为协议解除和单方解除，协议解除是指经当事人协商一致而解除劳动合同，单方解除是指享有解除权的一方当事人以单方意思解除劳动合同。

3. 劳动合同的终止

劳动合同的终止是指劳动合同终止的条件出现，劳动合同当事人的权利和义务归于消灭。在劳动合同签订后，双方当事人不得随意终止劳动合同。只有当法律规定或当事人约定的情况出现，劳动合同才能终止。我国《劳动合同法》第四十四条规定，有下列情形之一的，劳动合同终止：①劳动合同期满的；②劳动者开始依法享受基本养老保险待遇的；③劳动者死亡、或者被人民法院宣告死亡或者宣告失踪的；④用人单位被依法宣告破产的；⑤用人单位被吊销营业执照、责令关闭、撤销或者用人单位提前解散的；⑥法律、法规规定的其他情形。

三、集体合同

（一）集体合同的概念

集体合同是指用人单位与劳动者就劳动报酬、工作时间、休息休假、劳动安全卫生、保险福利等事项在平等协商一致的基础上签订的书面协议。集体合同是工会组织（或职工代表）代表职工与用人单位订立的，就企业、事业单位有关内部劳动关系问题达成的协议，是具体贯彻《劳动法》调整劳动关系的一种法律制度。

（二）我国实行集体合同制度的意义

集体合同制度在社会主义建设中具有重要的作用和重大意义，在保护劳动者利益和协调关系方面，集体合同具有劳动法规和劳动合同所无法取代的功能，具体体现在以下方面。

（1）弥补劳动立法的不足。我国目前还有一批单项劳动法规和规章尚未制定出来，一些具体的实施办法有待于通过集体合同规定下来。通过集体合同，可以在一定范围内就劳动利益和劳动关系协调的问题作出约定，从而更具体地规范劳动关系，对劳动立法不完备起补充作用。

（2）协调劳动关系，维护劳动者合法权益，为建立和谐劳动关系服务。集体合同的签订，可以把用人单位与劳动者之间的矛盾通过平等协商的方式加以解决，防止用人单位侵犯劳动者的合法权益，在劳动者和用人单位之间建立相互依靠、相互支持的合作关系，形成和谐的劳动关系。

（3）加强用人单位民主管理，充分调动劳动者的劳动积极性和创造性。集体合同体现出劳动者参加民主管理的原则，是用人单位管理民主化的重要形式，可以增强劳动者的工作责任感。

（三）集体合同的内容

《劳动法》第三十二条第一款规定，企业职工一方与企业可以就劳动报酬、工作时间、休息休假、劳动安全卫生、保险福利等事项，签订集体合同。2004 年 1 月 20 日劳动和社会保障部发布的《集体合同规定》对集体合同的内容进一步作出规定，《规定》第八条提出，集体协商双方可以就下列多项或某项内容进行集体协商，签订集体合同或专项集体合同：①劳动报酬；②工作时间；③休息休假；④劳动安全与卫生；⑤补充保险和福利；⑥女职工和未成年工特殊保护；⑦职业技能培训；⑧劳动合同管理；⑨奖惩；⑩裁员；⑪集体合同期限；⑫变更、解除集体合同的程序；⑬履行集体合同发生争议时的协商处理办法；⑭违反集体合同的责任；⑮双方认为应当协商的其他内容。

（四）集体合同的效力

集体合同中劳动条件和劳动报酬等标准不得低于当地人民政府规定的最低标准；用人单位与劳动者订立的劳动合同中劳动报酬和劳动条件等标准不得低于集体合同规定的标准。

依法生效的集体合同对用人单位和劳动者具有约束力。

四、用人单位的内部劳动规则

（一）用人单位内部劳动规则的概念

用人单位内部劳动规则，也称作雇佣规则、工作规则或从业规则，是指用人单位依法制定在本单位实施、组织劳动过程和进行劳动管理的规章制度。这一概念有三层含义：首先，它是用人单位规章制度的组成部分，内部劳动规则以用人单位为制定主体，除组织劳动过程和进行劳动管理方面的规章制度之外，其他方面的规章制度不属于用人单位内部劳动规则；其次，用人单位内部劳动规则是用人单位制定的，我国《劳动法》第四条规定，用人单位应当建立和完善规章制度，保障劳动者享有劳动权利和履行劳动义务。用人单位内部劳动规则只能在用人单位内部适用；最后，用人单位内部劳动规则对用人单位和劳动者均具有约束力。

（二）用人单位内部劳动规则的立法模式

各国用人单位内部劳动规则的立法，已形成以下两种模式。

1. 授权式立法模式

这种立法模式是指在立法中只规定用人单位制定内部劳动规则的权限和程序，对内部劳动规则内容则不作规定或者仅列举规定其应含事项，而将内部劳动规则内容的确定权完全授予用人单位，只要不违反法律的强制性规定即可。《法国劳动法典》《日本劳动标准法》中关于雇佣规则的规定都属于这种模式。

2. 纲要式立法模式

这种立法模式是指在立法中除了对内部劳动规则的制定权限和程序作出规定外，还对其内容作出纲要式规定，要求用人单位以此作为制定内部劳动规则的依据和标准。苏联、东欧社会主义国家的劳动法采用此种模式。1954 年我国政务院制定的《国营企业内部劳动规则纲要》和国务院 1982 年制定的《企业职工奖惩条例》、1986 年制定的《国营企业辞退违纪职工暂行规定》，都是关于内部劳动规则的基本规定，各企业制定的内部劳动规则，必须与之相符。

（三）用人单位内部劳动规则的制定程序

各国劳动法关于用人单位内部劳动规则的制定程序，一般只作原则性规定。内部劳动规则的制定程序中，既有法定程序，也有非法定程序。法定程序是法律规定的程序，非法定程序是用人单位自行规定的环节或者有关国家机关指定必备的环节。

用人单位内部劳动规则制定程序中的法定程序，一般有以下几个环节。

（1）劳动者参与。内部劳动规则虽然是用人单位制定的，但是只有在吸收和体现了劳动者的意志，或者得到劳动者认同的情况下，才能确保其实施，因而劳动法立法中要求内部劳动规则制定程序中应当有劳动者参与的环节。

（2）报送审查或备案。内部劳动规则涉及劳动法规政策的实施，同职工利益密切相关，为了保证内部劳动规则合法和保护全体职工利益，需要将内部劳动规则的制定置于国家的监督之下。

（3）正式公布。内部劳动规则是以全体劳动者为约束对象，应当为劳动者所了解，才能遵照执行，因此要求用人单位必须正式公布内部劳动规则。在我国、立法明确要求，内部劳动规则必须由用人单位法定代表人签署并加盖公章，以正式文件的形式公布，从公布之日起生效，未经公布则不能生效。

（四）用人单位内部劳动规则的效力

1. 用人单位内部劳动规则具有法律效力

在我国，一般认为，用人单位内部劳动规则并不是法律，但具有法律效力。这是因为：①用人单位内部劳动规则的效力来自法律的赋予。我国《宪法》规定，遵守劳动纪律是公民的一项基本义务。《劳动法》规定，用人单位应当依法建立和完善规章制度，劳动者应当遵守劳动纪律。②用人单位内部劳动规则是法律的延伸和具体化。用人单位内部劳动规则的主要内容都是依据有关法律制定的，是对有关法律法规内容的具体展开。因此可以说，内部劳动规则是实施劳动法律规范的必要手段，法律应当赋予内部劳动规则以效力。③用人单位内部劳动规则是劳动合同的附件。在劳动合同订立过程中，劳动者有权了解用人单位内部劳动规则，用人单位订立劳动合同，并在合同中约定劳动者应当遵守劳动纪律，用人单位应当按照本单位规章制度提供劳动条件和劳动待遇，这表明劳动者承认内部劳动规则并愿意受其约束。④用人单位内部劳动规则是实现劳动过程的自治规范。用人单位内部劳动规则是用人单位和劳动者依法自律的手段，反映了用人单位和全体劳动者的共同意志，法律应当认定其法律效力。

2. 用人单位内部劳动规则生效的必要条件

（1）制定主体合法。内部劳动规则只能由单位行政制定，但并非单位行政中的任何一个管理机构都有权制定内部劳动规则。一般认为，有权代表用人单位制定内部劳动规则的，应当是单位行政系统中处于最高层次、对于用人单位的各个组成部分和全体劳动者有权实行全面和统一管理的机构。

（2）制定程序合法。在制定内部劳动规则的过程中，凡属于法定必要程序的，都必须严格执行；集体合同和有效内部劳动规则对制定程序若有规定的，也应当遵循。

（3）内容必须合法。用人单位内部劳动规则的效力来自法律的赋予，其内容只有符合法律的规定才能产生法律效力。《劳动法》第八十九条规定，用人单位制定的劳动规章制度违反法律、法规规定的，由劳动行政部门给予警告，责令改正；对劳动者造成损害的，应当承担赔偿责任。

五、劳动基准

劳动基准，也称为劳动标准，是国家为保护劳动者的利益而制定的劳动条件与劳动待遇的最低标准。用人单位只能高于劳动标准向劳动者提供劳动条件和劳动待遇，而不能低于劳动标准约定的劳动条件和劳动报酬。

（一）工作时间和休息休假

1. 工作时间

工作时间是指劳动者为履行劳动义务，在法定限度内应当从事劳动或工作的时间。劳动者每天应工作的时数叫工作日，每周应工作的天数叫工作周。根据我国的立法和实践，现阶段我国工作时间包括以下内容。

（1）标准工作日。这是指法定的在正常情况下普遍适用的，按照正常作息办法安排的工作日和工作周。从 1995 年 5 月 1 日起，我国的标准工作日为每日工作 8 小时，每周工作 40 小时。标准工作日是计算其他工作日种类的依据。

（2）缩短工作日。这是指法定的在特殊条件下实行的工作时间少于标准工作日长度的工作日。根据《国务院关于职工工作时间的规定》，在特殊条件下从事劳动和有特殊情况，需要适当缩短工作时间的，按照国家有关规定执行。目前我国已实行缩短工作日的劳动者主要有以下几类：从事矿山井下、高山、有毒有害、特别繁重体力劳动的劳动者；从事夜班工作的劳动者；在哺乳期工作的女职工；未成年工和怀孕女工。

（3）延长工作日。这是指超过标准工作日或工作周的工作时间。《劳动法》规定，用人单位由于生产经营需要，经与工会和劳动者协商后可以延长工作时间，它适用于从事受自然条件或技术条件限制的季节性作业的职工，并且只能在一年中的某段时间实行，以后再以实行缩短工作日或补休的方式，抵补超过标准工作日长度的工时。

（4）不定时工作日。这是指没有固定工作时间限制的工作日，主要适用于一些因工作性质或工作条件不受标准工作时间限制的工作。

（5）综合计算工作日。这是指用人单位根据生产和工作特点，分别采取以周、月、季、年等为周期综合计算劳动者工作时间的一种工时形式，其平均日工作时间和平均周工作时间应与法定标准工作时间基本相同。

2. 休息休假

休息休假，是指劳动者在工作时间以外，依照法律规定不从事生产和工作，由个人支配的时间，包括劳动者每天休息的时数、每周休息的天数、节假日、年休假、探亲假等。休息权是我国宪法规定的公民的基本权利之一，休息休假的规定是实现劳动者休息权的一项重要保障。

根据《劳动法》和有关劳动法规的规定，劳动者的休息时间主要有以下几种。

（1）工作日内的间歇时间。这是指在工作日内给予劳动者休息和就餐的时间，一般不得少于半小时。

（2）两个工作日间的休息时间。这是指劳动者在一个工作日结束后至下一个工作日开始前的休息时间。

（3）公休假日。一般每周工作 5 天，劳动者可以享有 2 天的公休假日。

（4）法定节假日。根据劳动法的规定，用人单位在下列节日期间应当依法安排劳动者休假：元旦、春节、国际劳动节、国庆节及法律、法规规定的其他休假节日。

（5）探亲假。这是指劳动者享有保留工资、工作岗位而同分居两地的父母或配偶团聚的假期。

（6）年休假。这是指劳动者每年享有保留原职和工资的连续假期。

（二）工资制度

工资是指用人单位依据国家有关规定或劳动合同的约定，以货币形式直接支付给本单位劳动者的劳动报酬。《劳动法》第四十七条规定，用人单位根据本单位的生产经营特点和经济效益，依法自主确定本单位的工资分配方式和工资水平。

1. 工资的构成

我国立法所规定的工资，一般由以下几部分组成。

（1）计时工资。这是指按计时工资标准和工作时间支付给个人的劳动报酬。

（2）计件工资。这是指对已做工作按计件单价支付的劳动报酬。

（3）奖金。这是指用人单位对劳动者的超额劳动或增收节支实绩所支付的奖励性报酬。

（4）津贴和补贴。津贴是指为了补偿劳动者特殊或额外的劳动消耗和生活费用而支付的劳动报酬，补贴是指为了保障劳动者工资水平不受物价影响而支付的报酬。

（5）加班加点工资。这是按规定因劳动者加班加点而支付的报酬。

（6）特殊情况下支付的工资。

2. 最低工资制度

（1）最低工资标准的确定。最低工资是指劳动者在法定工作时间内提供正常劳动的前提下，其所在用人单位应支付的最低工资。《劳动法》第四十八条规定，最低工资的具体标准由省、自治区、直辖市人民政府规定，报国务院备案。《劳动法》第四十九条规定，确定和调整最低工资标准应当综合参考下列因素：①劳动者本人及平均赡养人口的最低生活费用；②社会平均工资水平；③劳动生产率；④就业状况；⑤地区之间经济发展水平的差异。

（2）最低工资的保障与监督。为保证用人单位支付给劳动者的工资不低于当地最低工资标准，要求用人单位必须将政府对最低工资的有关规定告知本单位劳动者。用人单位支付给劳动者的工资不得低于其适用的最低工资。各级人民政府劳动行政主管部门负责对最低工资执行情况进行检查和监督。违反法律规定的，要承担相应的法律责任。

3. 工资的法律保障

工资的法律保障是指用人单位必须按照劳动法的有关规定支付劳动者工资，禁止任意克扣工资，国家对用人单位工资制度实行监督的制度。《劳动法》第五十条规定，不得克扣或者无故拖欠劳动者的工资。有关劳动法律、法规对克扣工资作了限制性规定。2004年9月10日，劳动和社会保障部与建设部为维护建设领域农民工的合法报酬权益，规范建筑业企业工资支付行为，颁布实施了《建筑领域农民工工资支付管理暂行办法》。企业必须严格按照《劳动法》《工资支付暂行规定》和《最低工资规定》等有关规定支付农民工工资，不得拖欠或克扣。

（三）劳动安全卫生

劳动安全卫生是指对劳动者在劳动场所中的生命安全和身体健康的法律保护。

1. 劳动安全技术规程

工厂安全技术规程主要包括厂院、工作场所、机器设备、电气设备、锅炉和气瓶等的安全措施；建筑安装工程安全技术规程包括施工现场的安全、脚手架的安全、土石方工程、拆除工程及高处作业的安全；矿山安全技术规程包括矿山设计、矿山开采、作业场所的安全；等等。

2. 劳动卫生规程

劳动卫生规程包括防止粉尘危害；防止有毒有害物质危害；防止噪声和强光刺激；防暑降温、防冻取暖和防湿；具备良好的通风和照明；设置生产辅助设施和个人防护用品；等等。

3. 劳动安全卫生管理制度

我国的劳动安全卫生管理制度主要有以下几项：安全生产责任制度；安全生产教育制度；安全技术措施计划制度；安全卫生责任制度；安全卫生检查制度；劳动安全卫生监察制度；伤亡事故报告和处理制度。

（四）女职工和未成年工的特殊保护

女职工和未成年工的特殊保护是劳动法的重要组成部分，也是国家保护妇女和未成年人合法权益的重要内容。女职工的特殊保护，是指根据女职工生理特点和抚育子女的需要，对其在劳动法律关系中所应享有的特殊权益的保护。未成年工是指年满 16 周岁未满 18 周岁的劳动者，未成年工的保护是指根据未成年工生长发育的特点和接受义务教育的需要，对其在劳动过程中的安全健康所采取的特殊劳动保护。

六、劳动争议处理

（一）劳动争议的概念

劳动争议又称劳动纠纷，是指劳动者或工会与用人单位因劳动问题引起的纠纷。2007 年 12 月 29 日第十届全国人民代表大会常务委员会第三十一次会议通过了《劳动争议调解仲裁法》，自 2008 年 5 月 1 日起施行。该法第二条规定了我国劳动争议的范围：①因确认劳动关系发生的争议；②因订立、履行、变更、解除和终止劳动合同发生的争议；③因除名、辞退和辞职、离职发生的争议；④因工作时间、休息休假、社会保险、福利、培训以及劳动保护发生的争议；⑤因劳动报酬、工伤医疗费、经济补偿或者赔偿金等发生的争议；⑥法律、法规规定的其他劳动争议。

（二）劳动争议的处理机构及基本处理原则

1. 劳动争议的处理机构

（1）劳动争议调解委员会。发生劳动争议，当事人可以到下列调解组织申请调解：①企业劳动争议调解委员会；②依法设立的基层人民调解组织；③在乡镇、街道设立的具有劳动争议调解职能的组织。其中，企业劳动争议调解委员会由职工代表和企业代表组成。职工代表由工会成员担任或者由全体职工推举产生，企业代表由企业负责人指定。企业劳动争议调解委员会主任由工会成员或者双方推举的人员担任。企业劳动争议调解委员会具有广泛代表性，能反映各方面意见，所提调解意见比较符合实际，便于劳动者和用人单位共同执行。

（2）劳动争议仲裁委员会。这是指依法成立的行使劳动争议仲裁权的劳动争议处理机构。劳动争议仲裁委员会按照统筹规划、合理布局和适应实际需要的原则设立。省、自治区人民政府可以决定在市、县设立；直辖市人民政府可以决定在区、县设立。直辖市、设区的市也可以设立一个或者若干个劳动争议仲裁委员会。劳动争议仲裁委员会不按行政区划层层设立。劳动争议仲裁委员会由劳动行政部门代表、工会代表和企业方面代表组成，它所做出的生效裁决对劳动争议双方当事人具有法律效力，并且依靠国家强制力保障其执行。

（3）人民法院。劳动争议案件由用人单位所在地或者劳动合同履行地的基层人民法院管辖，人民法院民事审判庭审理劳动争议案件。我国对劳动争议实行又裁又审的做法，即劳动仲裁是诉讼的前置程序。劳动者和用人单位不服劳动仲裁裁决的，可以向人民法院起诉。但是，下列裁决是终局裁决，劳动者不服的可以向人民法院起诉，但是用人单位不可以：①追索劳动报酬、工伤医疗费、经济补偿或者赔偿金，不超过当地月最低工资标准 12 个月金额的争议；②因执行国家的劳动标准在工作时间、休息休假、社会保险等方面发生的争议。上述裁决具有法定情形的，用人单位可以申请人民法院予以撤销。

2. 劳动争议处理的基本原则

解决劳动争议，应当根据事实，遵循合法、公正、及时、着重调解的原则，依法保护当事人的合法权益。

七、劳动监察

劳动监察是指依法有监督检查权的机构，对用人单位执行劳动法情况进行的行政督察制度。根据《劳动法》第八十五条规定，县级以上各级人民政府劳动行政部门开展的对劳动法律、法规的监督检查活动属于行政监督，从而明确了劳动行政部门在劳动法监督检查中的地位。

2004 年 11 月 1 日，国务院发布《劳动保障监察条例》，明确了劳动保障监察职责与监察事项，规定了劳动保障行政部门实施劳动保障监察应当履行的 4 项职责：①宣传劳动保障法律、法规和规章，督促用人单位贯彻执行；②检查用人单位遵守劳动保障法律、法规和规章的情况；③受理对违反劳动保障法律、法规或者规章的行为的举报、投诉；④依法纠正和查处违反劳动保障法律、法规或者规章的执行。

劳动监察的工作方式主要有：经常性地进行监督检查；集中力量进行突击性监督检查；对重点单位进行监督检查；联合有关部门开展集中大检查；实行年检。

根据劳动法规定，对于违反劳动保障法律法规的行为要进行处罚，处罚种类有：警告、罚款、吊销执照、责令停产整顿等。

思考练习题

一、简答题

1. 劳动合同有哪些法律特征?
2. 我国实行集体合同的意义是什么?
3. 最低工资制度的主要内容是什么?

二、选择题

计时工资，是指按（　　）支付给个人的劳动报酬。

A. 计时工资标准和工作时间　　B. 已做工作按计件单价

C. 按劳动者的超额劳动或增收节支实绩　　D. 因劳动者加班加点

第二节 社会保障法

【本节重点】

1. 社会保障的内容。
2. 社会保险的种类。
3. 社会保险的特征。

【引例】 关于社会保险强制性的案例

2012年2月1日，经工商局核准登记，B公司正式成立。曹某被该企业聘用为部门经理，双方于2月15日签订了1年期的劳动合同。合同约定：曹某的年薪为36万元；鉴于企业在创业阶段，经营艰难，故上述年薪已一并涵盖国家规定的各类补助、住房公积金、养老保险费、交通补助、工作午餐补助等；职工自行办理商业养老保险，企业不再负担为职工办理社会养老保险的费用。曹某对此未表示异议。

评析：

《社会保险法》第十条、第二十三条、第三十三条、第四十四条、第五十三条分别规定了职工应当参加基本养老保险、基本医疗保险、工伤保险、失业保险和生育保险，其中，基本养老保险、基本医疗保险、失业保险由用人单位和职工共同缴纳保费，工伤保险费、生育保险由用人单位负责缴纳保费。《劳动法》第七十二条规定，用人单位和劳动者必须依法参加社会保险，缴纳社会保险费。可见，职工社会保险不同于自由投保的商业保险，是法定的强制性保险，用人单位和职工都有参加职工社会保险的法定义务，必须无条件参加，依法缴纳社会保险费。因此，用人单位和职工之间关于不参加社会保险的约定，与社会保险法、劳动法等法律、法规的强制性规定相抵触，属于无效约定。即使该约定是职工真实意思的表示，职工事后仍可反悔，提出用人单位为其办理社会保险手续的请求仍能得到法律的支持。用人单位不得以职工同意不参加社会保险为由，主张不参加社会保险。

社会保险是社会保障制度中最重要的一项内容。社会保险是我国建设社会主义和谐社会的内在要求和必要保证，具有重大的意义。它能够实现国民收入的再分配，保障劳动者的基本生活，实现社会公平，维护社会的安定；它能够增进劳动者的体质，促进劳动者的身体健康；它能够促进生产的发展，保证经济的正常运行；它能够服务于基层和社会，方便群众的生活。因此，社会保险是我国必不可少的一项制度，广大职工和用人单位均应当认识到国家建立社会保险制度的积极意义，依法参加社会保险。

一、社会保障法概述

（一）社会保障法的概念

社会保障是对暂时或永久丧失劳动能力、失业以及因各种原因生活困难的社会成员予以物质帮助，并进而提升全体社会成员生活质量的制度。社会保障一词最早出现在 1935 年美国颁布的《社会保障法》中，此后社会保障一词逐渐在世界各国所建立的对社会成员给予物质帮助的法律制度中被广泛采用。社会保障包括社会救济、社会保险、社会福利、优抚安置、社会互助等联合保障。

社会保障法是调整社会保障关系的法律规范的总称。它是调整以国家和社会为主体，为了保证有困难的劳动者和其他社会成员以及特殊社会群体成员的基本生活，并逐步提高其生活质量而发生的社会关系的法律规范的总称。

（二）社会保障法的法律渊源

（1）宪法。宪法作为国家的根本大法，是社会保障法律制定的依据。我国宪法对社会保障体系的基本框架作出了规定，是其他社会保障立法的依据。

（2）调整社会保障关系的法律。全国人大及其常委会制定的专门性的社会保障法律以及其他非专门性法律中关于社会保障的法律规定，是仅次于宪法的社会保障法律渊源。我国现行《社会保险法》由第十一届全国人民代表大会常务委员会第十七次会议于 2010 年 10 月 28 日通过，自 2011 年 7 月 1 日起施行。

（3）调整社会保障关系的行政法规和地方性法规、规章。我国国务院制定的行政法规是十分重要的社会保障法律渊源，是在社会保障法律体系指导下实施社会保障的具体依据；地方性法规和规章是目前我国社会保障法最丰富的渊源。

（4）国际社会保障公约。我国参加的《工业事故赔偿平等待遇公约》《经济、社会及文化权利国际公约》等国际公约是我国社会保障法的渊源之一。

（三）社会保障立法原则

（1）保障水平与经济发展水平相适应原则。社会保障旨在保障全体社会成员的基本生活需要，必须以经济发展水平为基础和条件，高于经济发展水平的社会保障水准是难以维持的，而低于经济发展水平的社会保障水准又会引起社会成员的不满。我国领土幅员辽阔，经济发展水平各地不一，社会保障水平与经济发展水平相适应，不仅指全国的总体社会保障水平和经济发展水平相适应，也指各地的社会保障水平与各地的经济发展水平要相适应。

（2）国家普遍责任原则。这一原则强调国家对其公民负有普遍的保障义务和责任。我国宪法也将社会保障作为公民的一项基本权利。

（3）社会化原则。社会保障力求为所有人提供保障，成为人人享有的公共福利，同时尽可能动员广大社会力量来共同参与社会保障事业。

（4）公平和效率相结合的原则。社会保障制度不仅应注重对社会成员基本生活与生存权的保障，而且应更注重对社会经济发展的社会效益性追求。社会保障制度在坚持效率与公平相结合的基础上，追求社会公平应当优先于追求经济效率。

（5）自我保障与群体调剂相结合原则。我国人口众多，经济发展水平相对较为落后，所以在社会保障立法中，要强调公民的自我保护意识，同时尽可能集中国家和社会的力量，来有效地帮助少数遭遇生活风险的公民。

二、社会保险

（一）社会保险的概念

社会保险是国家通过立法形式建立的，使劳动者在年老、患病、工伤、失业、生育等丧失劳动能力的情况下能够获得国家和社会补偿与帮助的一种社会保障制度。《社会保险法》规定的社会保险包括基本养老保险、基本医疗保险、生育保险、工伤保险、失业保险。

（二）社会保险的特征

（1）社会保险具有强制性。社会保险一般由国家立法，强制实施。法律规定范围内的用人单位和劳动者都必须参加，同时劳动者及其家属享受社会保险的权利是法律赋予的。

（2）社会保险具有保障性。社会保险制度的主要目的是保障在劳动者失去劳动能力后的本人及其家属的基本生活，从而保障基本的生存权利，维护社会稳定。

（3）社会保险强调国家、用人单位和个人的共同责任。社会保险按照社会风险共同承担的原则进行，统一筹集社会保险费用，建立社会保险基金。社会保险费用通常来自于国家、用人单位、劳动者三方。用人单位、劳动者共同或者一方缴纳社会保险费，国家给予财政支持，是社会保障基金筹集的基本方式。

（4）社会保险具有公益性。社会保险不以营利为目的，通常由政府组织建立并加以管理，力求以最小的成本为广大参加社会保险的人员及其家庭提供基本生活保障。

（三）基本养老保险法律制度

1. 基本养老保险的概念及其覆盖范围

养老保险是指劳动者在达到国家规定的退休年龄，或因年老完全丧失劳动能力，退出社会劳动领域后，由社会提供物质帮助，保障其基本生活需要的一种社会保险制度。

目前，我国有机关事业单位人员养老、职工基本养老保险和城乡居民养老保险三种不同的养老制度。

职工基本养老保险：与用人单位建立劳动关系的个人，都应当参加职工基本养老保险，职工参加基本养老保险具有强制性。职工养老保险实行企业与个人共同承担的“统账结合”模式。

城乡居民养老保险：年满 16 周岁（不含在校学生）、非国家机关和事业单位工作人员及不属于职工基本养老保险制度覆盖范围的城乡居民，可以在户籍地参加城乡居民养老保险。

机关和事业单位职工的退休养老通常由国家财政负担，个人不承担相应的责任。但是，2015 年 1 月 3 日，国务院印发《关于机关事业单位工作人员养老保险制度改革的决定》，决定从 2014 年 10 月 1 日起对机关事业单位工作人员养老制度进行改革，实行社会化养老，纳入养老保险体系，并逐步统一企业职工、机关事业单位人员的养老制度。

2. 享受养老保险的条件

享受职工养老保险待遇，必须达到法定退休年龄，且累计缴费满 15 年。我国现行职工法定退休年龄为：男职工满 60 周岁，女干部职工满 55 周岁，女工人满 50 周岁。达到法定退休年龄时累计缴费满 15 年的职工，按月领取基本养老金。达到法定退休年龄时累计缴费不足 15 年的，可以缴费至满 15 年，按月领取基本养老金；也可以转入城乡居民养老保险，按照国务院规定享受相应的养老保险待遇。

《社会保险法》第 17 条规定，参加基本养老保险的个人，因病或者非因工死亡的，其遗属可以领取丧葬补助金和抚恤金；在未达到法定退休年龄时因病或者非因工致残完全丧失劳动能力的，可以领取病残津贴。所需资金从基本养老保险基金中支付。

参加城乡居民养老保险的个人，年满 60 周岁、累计缴费满 15 年，且未领取国家规定的基本养老保障待遇的，可以按月领取城乡居民养老保险待遇。

3. 养老保险基金的筹集

《社会保险法》规定，基本养老保险实行社会统筹与个人账户相结合。

职工基本养老保险基金由用人单位和个人缴费以及政府补贴等组成。用人单位应当按照国家规定的本单位职工工资总额的比例缴纳基本养老保险费，计入基本养老保险统筹基金。职工应当按照国家规定的本人工资的比例缴纳基本养老保险费，记入个人账户。

城乡居民养老保险基金由个人缴费、集体补助、政府补贴构成。参加城乡居民养老保险的人员应当按规定缴纳养老保险费。省（区、市）人民政府可以根据实际情况设置缴费档次，参保人多缴多得。有条件的村集体经济组织应当对参保人缴费给予补助。鼓励其他社会经济组织、公益慈善组织、个人为参保人缴费提供资助。政府对符合领取城乡居民养老保险待遇条件的参保人全额支付基础养老金。

国有企业、国家机关、事业单位职工参加基本养老保险前，视同缴费年限期间应当缴纳的基本养老保险费由政府承担。基本养老保险基金出现支付不足时，政府给予补贴。

（四）基本医疗保险法律制度

1. 基本医疗保险的概念

医疗保险是指被保险人发生疾病风险时，从社会和国家获得医疗服务和经济补偿的社会保险制度。医疗保险，既可以指由政府提供的社会医疗保险，也可以指由市场提供的商业医疗保险。基本医疗保险指社会保障范畴的社会医疗保险。

2. 基本医疗保险的覆盖范围

基本医疗保险分为职工基本医疗保险、城乡居民基本医疗保险两种。

职工基本医疗保险是针对城镇所有用人单位和职工，以强制参保为原则的一项基本医疗保险制度。国家机关、事业单位的职工一直实行公费医疗，但随着医疗保险制度的改革，国家机关、事业单位职工逐步纳入到职工基本医疗保险体系内。

城乡居民医疗保险的覆盖范围为职工基本医疗保险参保人员以外的其他所有城乡居民。农民工和灵活就业人员依法参加职工基本医疗保险，有困难的可按照当地规定参加城乡居民医疗保险。

3. 基本医疗保险基金的筹集

职工基本医疗保险的保费由用人单位和职工双方共同负担，具体缴费比例由各统筹地区根据实际情况确定。基本医疗保险基金由统筹基金和个人账户构成，职工个人缴纳的基本医疗保险费，全部计入个人账户；职工单位缴纳的基本医疗保险费，一部分用于建立统筹基金，另一部分划入个人账户。

城乡居民医疗保险基金的筹集坚持多渠道筹资，实行个人缴费与政府补助相结合为主的筹资方式，鼓励集体、单位或其他社会经济组织给予扶持或资助。各地要统筹考虑城乡居民医保与大病保险保障需求，按照基金收支平衡的原则，合理确定城乡统一的筹资标准。享受最低生活保障的人、丧失劳动能力的残疾人、低收入家庭六十周岁以上的老年人和未成年人等所需个人缴费部分，由政府给予补贴。

4. 医疗保险待遇

职工基本医疗保险的统筹基金用于支付住院医疗和部分门诊大病费用，个人账户主要支付门诊费用、住院费用中自负部分以及在定点药店购药费用，可以结转和继承。统筹基金的具体起付标准、最高支付限额以及在起付标准以上和最高支付限额以下医疗费用的个人负担比例，由统筹地区根据以收定支、收支平衡的原则确定。参加职工基本医疗保险的个人，达到法定退休年龄时累计缴费达到国家规定年限的，退休后不再缴纳基本医疗保险费，按照国家规定享受基本医疗保险待遇，未达到国家规定年限的，可以缴费至国家规定年限。从目前各地方规定看，最低缴费年限一般为男职工三十年，女职工二十五年。

城乡居民医保基金主要用于支付参保人员发生的住院和门诊医药费用。政策范围内住院费用支付比例保持在75%左右，逐步提高门诊保障水平。

（五）工伤保险制度

1. 工伤保险的概念及适用范围

工伤保险是指职工在职业劳动中或者在规定的特殊情况下，因遭受意外伤害、患职业病暂时或永久丧失劳动能力或死亡时，职工本人或其遗属能够依法从国家或社会获得一定物质补偿以保证其基本生活所需的社会保险制度。

工伤保险主要覆盖企业和有雇工的个体工商户，此外还有一部分事业单位、社会团体、民办非企业单位、基金会、律师事务所、会计师事务所等组织也参加工伤保险。依照或参照国家公务员制度管理的事业单位、社会团体的工作人员，执行国家机关工作人员的工伤政策。

2. 工伤的认定

《工伤保险条例》第 14 条、第 15 条规定，下列情形属于工伤：①在工作时间和工作场所内，因工作原因受到事故伤害的；②工作时间前后在工作场所内，从事与工作有关的预备性或者收尾性工作受到事故伤害的；③工作时间前后在工作场所内，因履行工作职责受到暴力等意外伤害的；④患职业病的；⑤因工外出期间，由于工作原因受到伤害或发生事故下落不明的；⑥上下班途中受到机动车事故伤害的；⑦在工作时间和工作岗位，突发疾病死亡或在 48 小时内抢救无效死亡的；⑧在抢险救灾等维护国家利益、公共利益活动中受到伤害的；⑨职工原在军队服役，因战、因公负伤致残，已取得革命伤残军人证，到用人单位后旧伤复发的；⑩法律、行政法规规定应当认定为工伤或视同工伤的其他行为。

职工因下列情形之一导致本人在工作中伤亡的，不认定为工伤：①故意犯罪；②醉酒或者吸毒；③自残或者自杀；④法律、行政法规规定的其他情形。

3. 工伤认定程序

工伤认定，是指社会保险行政部门依据法律的授权，对职工因事故受到伤害或者患职业病的情形是否属于工伤或者视同工伤给予定性的行政确认行为，是职工享受工伤保险待遇的前提。职工发生工伤，经治疗伤情相对稳定后存在残疾，影响劳动能力的，应当进行劳动能力鉴定。

工伤认定的程序如下：

（1）申请

工伤认定申请以用人单位申请为原则。职工所在单位应当自事故伤害发生之日或者被诊断、鉴定为职业病之日起 30 日内，向统筹地区社会保险行政部门提出工伤认定申请。

提出工伤认定申请应当提交下列材料：工伤认定申请表；与用人单位存在劳动关系（包括事实劳动关系）的证明材料；医疗诊断证明或者职业病诊断证明书（或者职业病诊断鉴定书）。

（2）审核

社会保险行政部门受理工伤认定申请后，根据审核需要可以对事故伤害进行核实调查，用人单位、职工、工会组织、医疗机构以及有关部门应予以协助。

（3）决定与通知

社会保险行政部门应当自受理工伤认定申请之日起 60 日内作出是否认定为工伤的决定，并书面通知申请工伤认定的职工或者其近亲属和该职工所在单位。

4. 劳动能力鉴定

劳动能力鉴定是指劳动功能障碍程度和生活自理障碍程度的等级鉴定。劳动功能障碍分为十个伤残等级，最重的为一级，最轻的为十级。生活自理障碍分为三个等级：生活完全不能自理、生活大部分不能自理和生活部分不能自理。劳动能力鉴定由用人单位、工伤职工或者其近亲属向设区的市级劳动能力鉴定委员会提出申请，并提供工伤认定决定和职工工伤医疗的有关资料。

5. 工伤保险基金的筹集

工伤保险实行用人单位单方缴费制度。为使用人单位既能履行保障本单位职工合法权益的义务，同时又能分散经营风险，《社会保险法》和《工伤保险条例》规定由用人单位为本单位职工缴纳工伤保险费，职工在受到工伤事故伤害时由工伤保险基金为其支付相应的工伤保险待遇。国家根据不同行业工伤风险程度确定行业的差别费率，并根据使用工伤保险基金、工伤发生率等情况在每个行业内确定费率档次。行业差别费率和行业内费率档次由国务院社会保险行政部门制定，报国务院批准后公布施行。社会保险经办机构根据用人单位使用工伤保险基金、工伤发生率和所属行业费率档次等情况，确定用人单位缴费费率。用人单位应当按照本单位职工工资总额，根据社会保险经办机构确定的费率缴纳工伤保险费。

6. 工伤保险支付待遇

因工伤发生的下列费用，按照国家规定从工伤保险基金中支付：①治疗工伤的医疗费用和康复费用；②住院伙食补助费；③到统筹地区以外就医的交通食宿费；④安装配置伤残辅助器具所需费用；⑤生活不能自理，经劳动能力鉴定委员会确认的生活护理费；⑥一次性伤残补助金和一至四级伤残职工按月领取的伤残津贴；⑦终止或者解除劳动合同时，应当享受的一次性医疗补助金；⑧因工死亡的，其遗属领取的丧葬补助金、供养亲属抚恤金和因工死亡补助金；⑨劳动能力鉴定费。

因工伤发生下列费用，按照国家规定由用人单位支付：①治疗工伤期间的工资福利；②五级、六级伤残职工按月领取的伤残津贴；③终止或者解除劳动合同时，应当享受的一次性伤残就业补助金。

【案例】某建筑公司承包了一个工程项目，将其中部分工程违法分包给包工头张某施工，张某找来了蔡某等老乡组成施工队进行施工。蔡某在工地上工作中不慎跌伤，因没有医疗保险也没有工伤保险，自己无法支付巨额的医疗费，包工头和建筑公司之间却互相推诿扯皮。

[**试分析**] 蔡某的医疗费用应该由谁承担?

【分析】建筑公司将工程项目分包给张某，并默许张某组织蔡某等人进场施工，则在建筑公司和蔡某之间形成了事实劳动关系。蔡某依法应当参加社会保险，建筑公司应当为蔡某缴纳包括工伤保险在内的各项保费。蔡某是在工地上工作中不慎跌伤的，属于工伤的范围，本应享受工伤保险待遇，但由于建筑公司未依法缴纳工伤保险费，故应由其支付工伤保险待遇给蔡某。如建筑公司不支付的，可从工伤保险基金中先行支付，随后再由用人单位偿还。

（六）失业保险制度

1. 失业保险的概念及覆盖范围

失业保险是指国家通过立法强制实行的，由社会集中建立基金，对失业而暂时中断生活来源的劳动者提供物质帮助的一种社会保险制度。这是一种由立法确认、并由国家强制执行的、旨在保护劳动者的劳动权和生存权、维护社会安定团结和促进社会发展的法律制度。

1999 年 5 月 22 日，国务院颁布了《失业保险条例》，全面统一规范城镇所有用人单位职工的失业保险问题。按照条例规定，失业保险的覆盖范围是城镇企业、事业单位及其职工。同时，省、自治区、直辖市人民政府根据当地的实际情况，可以决定该条例适用于本行政区域内的社会团体及其专职人员、民办非企业单位及其职工、城镇个体工商户及其雇工。

2. 享受失业保险待遇的条件

失业人员符合下列条件的，从失业保险基金中领取失业保险金：①失业前用人单位和本人已经缴纳失业保险费满一年的；②非因本人意愿中断就业的；③已经进行失业登记，并有求职要求的。

失业人员失业前用人单位和本人累计缴费满一年不足五年的，领取失业保险金的期限最长为十二个月；累计缴费满五年不足十年的，领取失业保险金的期限最长为十八个月；累计缴费十年以上的，领取失业保险金的期限最长为二十四个月。重新就业后再次失业的，缴费时间重新计算，领取失业保险金的期限与前次失业应当领取而尚未领取的失业保险金的期限合并计算，最长不超过二十四个月。

3. 失业保险待遇

失业保险金是社会保险经办机构按规定支付给符合条件的失业人员的基本生活费用，是最主要的失业保险待遇，领取失业保险金是参加失业保险的职工的权利。失业保险金的标准，由省、自治区、直辖市人民政府确定，不得低于城市居民最低生活保障标准。失业人员在领取失业保险金期间，参加职工基本医疗保险，享受基本医疗保险待遇。失业人员应当缴纳的基本医疗保险费从失业保险基金中支付，个人不缴纳基本医疗保险费。失业人员在领取失业保险金期间死亡的，参照当地对在职职工死亡的规定，向其遗属发给一次性丧葬补助金和抚恤金。所需资金从失业保险基金中支付。个人死亡同时符合领取基本养老保险丧葬补助金、工伤保险丧葬补助金和失业保险丧葬补助金条件的，其遗属只能选择领取其中的一项。

4. 失业保险金的领取程序

用人单位应当及时为失业人员出具终止或者解除劳动关系的证明，并将失业人员的名单自终止或者解除劳动关系之日起十五日内告知社会保险经办机构。失业人员应当持本单位为其出具的终止或者解除劳动关系的证明，及时到指定的公共就业服务机构办理失业登记。失业人员凭失业登记证明和个人身份证明，到社会保险经办机构办理领取失业保险金的手续。失业保险金领取期限自办理失业登记之日起计算。

5. 失业保险基金的筹集

职工应当参加失业保险，由用人单位和职工按照国家规定共同缴纳失业保险费。用人单位和职工缴纳失业保险费的数额，由国务院根据收支平衡原则予以确定。目前，根据《失业保险条例》的规定，城镇企业事业单位按照本单位工资总额的百分之二缴纳失业保险费，城镇企业事业单位职工按照本人工资的百分之一缴纳失业保险费。

（七）生育保险制度

1. 生育保险制度的概念及适用范围

生育保险是对妇女劳动者因生育子女而暂时丧失劳动能力、中断工作所造成的经济损失及增加的额外支出，由国家和社会给予物质帮助的一种社会保险制度。

职工应当参加生育保险，由用人单位按照国家规定缴纳生育保险费。用人单位已经缴纳生育保险费的，其职工享受生育保险待遇；职工未就业配偶按照国家规定享受生育医疗费用待遇。

2. 享受生育保险待遇的条件

女职工享受生育保险待遇的条件为：第一，女职工所在单位已经参加生育保险；第二，生育符合国家和地方的计划生育法律法规的规定；第三，在规定的医疗机构进行生产或者流产。

3. 生育保险待遇

生育保险待遇包括生育医疗费用和生育津贴。生育医疗费用包括下列各项：①生育的医疗费用；②计划生育的医疗费用；③法律、法规规定的其他项目费用。职工有下列情形之一的，可以按照国家规定享受生育津贴：①女职工生育享受产假；②享受计划生育手术休假；③法律、法规规定的其他情形。生育津贴按照职工所在用人单位上年度职工月平均工资计发。

4. 生育保险基金的筹集

生育保险根据“以支定收、收支基本平衡”原则筹集资金，由企业按照其工资总额的一定比例向社会保险经办机构缴纳生育保险费，建立生育保险基金。生育保险费的提取比例由当地政府根据计划内生育人数和生育津贴、生育医疗费等费用确定并可根据费用支出情况适时调整，但最高不得超过工资总额的1%。

三、社会救助

（一）社会救助的概念

所谓社会救助，是指社会成员在不能维持其最低限度的生活水平时，根据有关的法律规定，有权依照法定程序要求国家和社会按照法定标准向其提供满足其最低生活需要的资金、实物或服务，而国家和社会必须依法提供这种救助的一种社会保障制度。

社会救助的基本特征为：①社会救助对象具有选择性。社会救助虽然将全体社会成员纳入保障范围，但救助行为只针对那些基本生活发生困难，经法定的机构调查和认定身份的社会成员，按照一定的标准和程序，提供经常性或临时性经济援助；②社会救助以无偿救助为主，社会救助强调社会和国家对个人的责任和义务，社会救助关系的权利义务是单方向、不对等的；③社会救助的标准是低层次的保障，社会救助是在经过严格审查之后提供满足最低限度生活需求的货币和实物，仅以维持公民基本生存为限。

（二）社会救助基金

县级以上人民政府应当将社会救助纳入国民经济和社会发展规划，建立健全政府领导、民政部门牵头、有关部门配合、社会力量参与的社会救助工作协调机制，完善社会救助资金、物资保障机制，将政府安排的社会救助资金和社会救助工作经费纳入财政预算。社会救助资金实行专项管理，分账核算，专款专用，任何单位或者个人不得挤占挪用。社会救助资金的支付，按照财政国库管理的有关规定执行。国家鼓励、支持社会力量参与社会救助。

（三）最低生活保障制度

1. 最低生活保障的含义

国家对共同生活的家庭成员人均收入低于当地最低生活保障标准，且符合当地最低生活保障家庭财产状况规定的家庭，给予最低生活保障。

1993 年，我国政府开始对城市社会救助制度进行改革，尝试建立最低生活保障制度。1997 年 9 月，在总结各地实践经验的基础上，国务院下发了《关于在全国城市建立居民最低生活保障制度的通知》，到 1999 年，全国所有城市和有建制镇的县城均建立了最低生活保障制度，同年，国务院发布《城市居民最低生活保障条例》，为城市所有居民提供最基本的生活保障。2014 年 2 月 21 日公布《社会救助暂行办法》，自 2014 年 5 月 1 日起施行。

2. 申请最低生活保障程序

（1）由共同生活的家庭成员向户籍所在地的乡镇人民政府、街道办事处提出书面申请；家庭成员申请有困难的，可以委托村民委员会、居民委员会代为提出申请。

（2）乡镇人民政府、街道办事处应当通过入户调查、邻里访问、信函索证、群众评议、信息核查等方式，对申请人的家庭收入状况、财产状况进行调查核实，提出初审意见，在申请人所在村、社区公示后报县级人民政府民政部门审批。

（3）县级人民政府民政部门经审查，对符合条件的申请予以批准，并在申请人所在村、社区公布；对不符合条件的申请不予批准，并书面向申请人说明理由。

（四）特困人员供养

国家对无劳动能力、无生活来源且无法定赡养、抚养、扶养义务人，或者其法定赡养、抚养、扶养义务人无赡养、抚养、抚养能力的老年人、残疾人以及未满 16 周岁的未成年人，给予特困人员供养。

特困人员供养内容包括：（1）提供基本生活条件；（2）对生活不能自理的给予照顾；（3）提供疾病治疗；（4）办理丧葬事宜。

（五）灾害救助制度

灾害救助是国家和社会对遭受自然灾害的社会成员进行救助，使之维持最低生活水平并脱离灾难和危险的社会救济制度。自然灾害的救助对象，是受自然灾害侵袭而遭受损害的灾区及其灾民，特重灾区的受灾人口和其他类型灾区中的重灾户，是灾害救助的基本对象。灾后救济主要包括紧急救济、灾民安置与转移、建房、医疗等，由政府提供救济口粮、衣被、建筑材料、医疗服务，维持灾民的最低生活需要。同时，发动和帮助灾民生活和生产自救，组织灾区群众恢复生产，重建家园。

（六）医疗救助制度

医疗救助是国家和社会对无力进行伤病医治的贫困社会成员进行物质帮助，以恢复其身体健康的专项社会救助制度。目前我国建立和完善医疗救助制度具有迫切性。医疗救助程序是针对政府救助而言的，一般包括申请、初审、批准、报销或结算四个环节。

（七）住房保障制度

我国目前的住房保障制度主要有住房公积金制度、经济适用住房制度、廉租住房制度。住房公积金制度是由职工和单位双方缴费，住房公积金归职工个人所有，在购买、建造自住住房及退休等情形出现时提取使用；经济适用住房制度面向城市中低收入家庭出售具有保障性质的政策性商品房的保障机制；廉租住房制度是政府向低收入家庭提供低价租用住房或租金补贴、租金减免的住房保障制度。

（八）法律援助制度

法律援助是指国家依法对经济困难人员提供无偿法律服务的制度。同时，国家也鼓励社会对法律援助活动提供捐助，支持和鼓励社会团体、事业单位等社会组织利用自身资源为经济困难的公民提供法律援助。法律援助程序一般包括：申请、审查与决定、实施、结案与支付补贴。

四、社会福利

（一）社会福利的概念

社会福利是指国家和社会通过各种福利服务、福利企业、福利津贴等方式，为社会成员提供基本生活保障并使其生活状况不断得到改善的社会政策的总称。《劳动法》规定，国家发展社会福利设施，兴建公共福利设施，为劳动者休息、休养和医疗提供条件；用人单位也应创造条件，改善集体福利待遇。

（二）社会福利的特征

（1）社会福利对象的普遍性。社会福利的享受资格与个人财产状况、宗教信仰、民族、宗族、教育程度等无关，不需要事先履行缴费义务，社会福利在一定范围内人人有份。

（2）社会福利保障目的的高层次性。社会福利在保障社会成员保持一定物质生活水平的基础上，注重提高生活质量。

（3）保障的服务性。社会福利是主要用福利服务或福利设施而很少用现金或实物为实施方式的社会保障子系统。

（4）社会福利具有广泛性。在内容上，社会福利项目众多，涉及教育、卫生保健、环境保护、文化康乐、交通、住房等关于人的衣、食、住、行和身心健康的各方面，涉及面覆盖社会生活的方方面面。

（5）社会福利具有多层次性。社会福利在保证必要的、基本的福利前提下，区别不同的对象来确定具体的标准，同时允许无偿的福利、低收费的福利、标准收费但不营利的福利等并存，为社会成员提供水平不一的福利保障。

（三）社会福利的内容

1. 公共福利

公共福利是国家和社会向全体社会成员提供的社会福利，目的是改善和提高所有社会成员的生活质量，丰富人民群众的精神生活。其内容包括：教育福利、卫生福利、文化康乐福利、环境福利。

2. 职业福利

职业福利是用人单位和社会服务机构为满足职工物质文化生活需要，保证职工一定生活质量而提供的工资收入以外的津贴、设施和福利性服务项目。其内容包括：职工集体生活福利、职工文化娱乐设施福利、职工福利补贴。

3. 特殊群体福利

特殊群体福利是指国家和社会向特定群体提供的社会福利。特定群体包括老人、妇女、儿童、残疾人等，属于社会弱势成员。

五、社会优抚

社会优抚是指国家和社会依照法律规定，对社会成员中具有光荣身份的退役军人、军人家属、烈属、伤残警察及其家属等，通过抚恤、优待和安置，确保其不低于当地群众平均生活水平并带有褒扬性质的社会保障制度。

我国目前的社会优抚管理体制由军队和政府两个系统的社会优抚管理机构构成。军队的社会优抚管理机构由军队政治部门和后勤部门组成；政府系统的社会优抚事业主要是由各级民政部门主管。

（一）优待制度

优待是指国家和社会对优抚对象提供保证一定生活水平和生活质量的资金和服务，从精神上给予高度评价。其主要内容包括：高度精神评价、物质补偿、教育优待。

（二）抚恤制度

抚恤制度是指国家负责对符合法定条件的伤残人员或死者遗属所采取的抚慰，并为保障其生活而提供具有褒扬意义和补偿性质的抚恤金。

（三）安置制度

安置制度是指国家和社会依法向退出现役的军人提供资金和服务保障，使之重返社会并适应社会的一种保障制度。

思考练习题

一、简答题

1. 我国基本养老保险的覆盖范围是什么？

2. 简述社会救助的概念及基本特征。

二、选择题

1. 享受养老保险，必须达到法定退休年龄，且累计缴费满（　　）年。

A. 18　　B. 10　　C. 8　　D. 15

2. 失业人员符合下列哪些条件的，可从失业保险基金中领取失业保险金？（　　）

A. 失业者必须处于法定劳动年龄范围之内，且具有劳动能力

B. 是非自愿失业者

C. 失业前必须缴纳了 1 年以上的失业保险费

D. 失业后必须按规定进行失业登记并积极寻找工作

三、案例分析

1. 李先生已经到了法定退休年龄，可是他的养老保险只缴了 12 年，他应该怎样做才可以享受相应的养老保险待遇？

2. 赵某是某公司的销售代理。2008 年，该公司与其签订劳动合同。合同规定，赵某可以从产品销售利润中提取 60％的提成，本人的病、伤、残、亡等企业均不负责。在一次外出公干中，由于交通事故，赵某负伤致残。赵某和该公司发生了争议并起诉到劳动行政部门，要求解决其伤残保险待遇问题。请对该案例进行分析。

第七章　自然资源与环境保护法律制度

第一节　自然资源法

【本节重点】

1. 自然资源法的基本原则。
2. 自然资源法的体系。
3. 土地管理法的主要内容。

【引例】　　　　**广东陆丰“坟爷”案**

根据公诉机关指控，2008 年初，陆丰市潭西镇政府决定筹建一个公益性生态墓园，但建设资金有困难。林某某得知后决定找人合伙投资建设“潭西镇公益性墓园”项目。2008 年 7 月 20 日，林某某以其哥哥林某某的名义，与潭西镇政府签订安福公益墓园的《委托协议书》。随即被镇政府吸收为镇社会事务办集体职工，镇政府委托其为墓园负责人。同年 8 月，墓园一期项目在潭西镇城仔山西侧开建，规划用地共约 50 亩。期间，林某某等人报经省林业部门审批同意使用林地、取得陆丰市住房和城乡规划建设局核发的《建设用地规划许可证》，后向国土部门申办相关变更土地用途审批手续，但国土部门发现该用地性质不符合现行供地政策，一直未予审批。

2009 年 6 月，林某某的合伙人因墓园用地手续未获批准等原因，决定撤资撤股。此后该项目就由林某某独资经营管理。2009 年，林某某准备启动筹建安福公墓园二期项目。同年 8 月，潭西镇政府更改林某某为墓园负责人，并吸收其为镇社会事务办集体职工，免去其兄的负责人身份。二期项目选址潭西镇城仔山脉观音山东北面，规划用地共约 100 亩。期间，林某某多次协调潭西镇政府及相关属地村委有关人员，协商二期项目征地，促成该项目进程。林某某先后分两次报经省林业部门审批同意使用林地、取得陆丰市住房和城乡规划建设局核发的《建设用地规划许可证》，但向国土部门申办相关变更土地用途审批手续后，依旧未得到审批。林某某采取一期项目的方式，在未取得国土部门用地许可的情况下，未批先建。

案发后经陆丰市国土部门现场勘测，项目两期共用地 131.7 亩，其中农用地（林地）88.13 亩、建设用地 40.98 亩、未利用地 2.59 亩，共建成 5164 穴墓穴。因涉嫌非法占地面积较大，社会影响较为恶劣，林某某被网友称为“陆丰坟爷”。

受广东省高级人民法院指定管辖，东莞市第二人民法院一审审理林某某被指控非法占用农用地罪、行贿罪一案。2015 年 12 月 31 日，该案一审宣判。法院审理认为，陆丰市潭西镇安福公益墓园违反土地管理法规，未批先建，非法占用林地，改变土地用途，数量较大，造成林地大量毁坏，林某某作为直接负责的主管人员，其行为已经构成非法占用农用地罪。林某某为了谋取不正当利益，给予国家工作人员财物，情节严重，其行为还构成行贿罪。法院以非法占用农用地罪判处林某某有期徒刑 2 年 6 个月，并处罚金 5 万元；以行贿罪判处有期徒刑 3 年。总刑期 5 年 6 个月，并处罚金 5 万元。数罪并罚，决定执行有期徒刑 5 年，并处罚金 5 万元。林某某不服，已提起上诉。

评析：

建设公益墓园，本是实行殡葬改革、节约土地资源的举措。陆丰“坟爷”案是如何走向节约土地资源的反面——毁坏大量林地的呢？

自然资源是国民经济与社会发展的重要物质基础。我国人口众多，底子薄，资源本就相对不足。随着人们生活水平的逐渐提高和人口的增长，对自然资源的需求也日益增长，同时对环境的破坏也日益加剧。既要保障经济持续增长，又要使自然资源可持续利用，就必须构建完善的自然资源法律制度，并且做到有法必依、执法必严、违法必究。

土地是自然资源中最重要的一种资源。我国的土地管理制度确立了合理利用土地和切实保护耕地的基本国策，具体制度包括：土地产权制度、土地利用规划制度、耕地保护制度、建设用地管理制度、征用土地补偿制度等。其中建设用地管理制度规定，农用地转为建设用地，必须执行严格的审批制度。本案中，安福墓园选址在林地（属于农用地）上，要转为建设用地的，林业部门以及建设规划部门的审批只是前置程序，而最后有权决定改变土地用途的审批机关是国土部门（国土资源局）。但“国土部门发现该用地性质不符合现行供地政策”，一直未予审批。这说明墓园选址不符合当地土地利用规划，墓园应当另行选址或者放弃建设。安福墓园严重违法土地管理法，未批先建，毁林面积较大，非法占用农用地的时间长，社会影响恶劣。林某某作为安福墓园的直接责任人，依法应当接受法律的惩罚。

一、自然资源法概述

（一）自然资源与自然资源法

自然资源是指存在于自然界中在一定的经济技术条件下可以被用来改善生产和生活状态的物质和能量。自然资源是人类赖以生存和发展的根本物质基础，是生产资料与劳动对象，对于经济和社会的发展有着重要的制约作用。

自然资源法是调整人们在自然资源开发、利用、保护和管理过程中所产生的各种社会关系的法律规范的总称。其目的是为了规范人们开发利用自然资源的行为，防止人类对自然资源的过度开发，改善人类赖以生存和发展的自然基础，协调人类与自然的关系，保障经济社会的可持续发展。

我国十分重视自然资源的开发利用和保护管理工作。全国人大常委会已先后颁布了《土地管理法》《森林法》《水法》《草原法》《渔业法》《水土保持法》《矿产资源法》《防沙治沙法》《野生动物保护法》等，国务院也制定了若干相关条例及规定，初步形成了自然资源法的体系。

（二）自然资源法的基本原则

（1）可持续发展原则。自然资源是有限的，可持续发展的关键是发展必须限定在自然资源和生态环境可支撑的范围内，发展要在合理利用资源、保护人类生存环境的基础上进行，实现经济、社会与环境、资源的协调发展。

（2）按照自然资源特性开发原则。按照自然资源是否可再生，可以将自然资源划分为可再生资源、不可再生资源与无限资源。在自然资源开发过程中，必须根据特定自然资源条件安排生产，发展经济，确保环境体系正常，维持生态平衡。

（3）坚持开发与节约并举原则。这一原则要求我们不仅要珍惜和节约资源，还要积极开发资源，综合利用。

二、土地管理法

（一）土地资源及其立法

土地资源是指在当前和可预见的未来对人类有用的土地。它是人类赖以生存和发展的物质基础，是社会生产活动中最基本的生产资料。目前土地资源主要由耕地、林地、草地、荒地、滩涂、山岭、各种建设用地、军事用地等组成。

目前我国土地资源的法律、法规、规章较多，已经形成了较为完善的体系。有关土地保护与管理的法律法规主要有：《土地管理法》及其实施条例、《水土保持法》及其实施条例、《土地复垦规定》《城镇国有土地使用权出让和转让暂行条例》《基本农田保护条例》《城市房地产管理法》《自然保护区土地管理办法》《农村土地承包法》等。此外，在《宪法》《农业法》《环境保护法》《矿产资源法》等相关法律中也有一些保护土地资源的内容。

（二）土地管理法的主要内容

我国的土地管理制度从根本上确立了合理利用土地和切实保护耕地的基本国策。这是制定适合我国国情的土地管理制度的出发点。

（1）土地产权制度。按照我国宪法和《土地管理法》的规定，我国实行土地的社会主义公有制，即城市的土地属于国家所有，农村和城市郊区的土地除法律规定属于国家所有的外，属于集体所有，宅基地和自留地、自留山，属于集体所有。

（2）土地利用规划制度。土地利用规划是各级人民政府依据国民经济和社会发展规划、国土整治和资源环境保护的要求、土地供给能力以及各项建设对土地的需求情况，从土地用途管理、规划管理、调查管理及土地统计管理入手，对土地的使用进行总体安排，保障土地的利用和效力的发挥。

（3）耕地保护制度。由于我国人均耕地较少，因此，保护耕地，严格限制耕地转为非耕地，是国家土地制度的重要内容。保护耕地的主要措施有：保持耕地总量动态平衡；实行基本农田保护制度；节约使用土地，禁止破坏耕地和闲置、荒芜耕地；鼓励合理开发未开发利用的土地。

（4）建设用地管理制度。任何单位和个人进行建设，需要使用土地的，必须依法申请使用国有土地；但是，兴办乡镇企业和村民建设住宅，经依法批准使用本集体经济组织农民集体所有的土地的，或者乡（镇）村公用设施和公益事业建设经依法批准使用农民集体所有的土地的除外。法律对于严格控制建设用地，规定了一些措施，如建立农用地转为建设用地的审批制度，严格征地审批程序，实行土地有偿使用制度，严格控制乡（镇）村建设用地。

（5）征用土地补偿制度。征用土地的，按照被征用土地的原用途给予补偿。征用耕地的补偿费用包括征地补偿费、安置补助费以及地上附着物和青苗的补偿费；征用城市郊区的菜地，用地单位应当按照国家有关规定缴纳新菜地开发建设基金。依照此规定支付土地补偿费和安置补助费，尚不能使需要安置的农民保持原有生活水平的，经省、自治区、直辖市人民政府批准，可以增加安置补助费，但是，土地补偿费和安置补助费的总和不得超过土地被征用前三年平均年产值的 30 倍。

三、水资源保护和水土保持法

（一）水资源保护相关立法

为了保护和合理利用水资源，许多国家都十分重视水资源保护的立法。目前，我国的水资源保护法主要由《水法》《河道管理条例》《取水许可制度实施办法》《城市供水条例》《城市节约用水管理规定》《饮用水水源保护区污染防治管理规定》和一些水污染防治的法律、法规、标准所组成。另外，各地还制定了相当数量的地方性水资源保护和管理法规与规章。

为了充分发挥水资源的综合效应，《水法》规定：开发、利用、节约、保护水资源和防治水害，应当全面规划、统筹兼顾、标本兼治、综合利用、讲求效益，发挥水资源的多种功能，协调好生活、生产经营和生态环境用水；开发、利用水资源，应当坚持兴利与除害相结合，兼顾上下游、左右岸和有关地区之间的利益，充分发挥水资源的综合效益，并服从防洪的总体安排。

（二）我国水资源保护立法的主要内容

（1）水资源归国家所有。在水资源的权属方面，我国实行单一的国家所有制。《水法》还规定了取水权，明确了有偿使用制度，《水法》第四十八条规定，直接从江河、湖泊或者地下取用水资源的单位和个人，应当按照国家取水许可制度和水资源有偿使用制度的规定，向水行政主管部门或者流域管理机构申请领取取水许可证，并缴纳水资源费，取得取水权。

（2）全面规划、综合利用。《水法》在水资源规划与配置方面，增加了国家水资源战略计划，使水资源规划制度得到了完善并增强了可实施性；在水资源的开发利用方面，特别强调生态用水的考虑，建立了鼓励开发水资源的各种制度，使水资源的开发利用及其用水顺序更加符合水资源可持续利用的要求。

（3）节约用水。《水法》在节约用水方面，提出了建立节水型社会的原则，规定了用水总量控制与定额管理相结合制度，农业、工业、生活用水控制制度以及水价的制定机制，建立了节约用水的实施机制。

四、森林资源保护法

（一）森林资源保护立法

为了保护和扩大森林资源，改善自然环境，我国制定和发布了一系列法律法规，主要有：《关于开展全民义务植树运动的决议》《森林法》《森林法实施条例》《森林防火条例》《森林采伐更新管理办法》《城市绿化条例》《森林病虫害防治条例》等。

（二）森林法的主要内容

（1）森林所有权。《森林法》第三条第二款规定，国家所有的和集体所有的森林、林木和林地，个人所有的林木和使用的林地，由县级以上地方人民政府登记造册，发放证书，确认所有权或者使用权。国务院可以授权国务院林业主管部门，对国务院确定的国家所有的重点林区的森林、林木和林地登记造册，发放证书，并通知有关地方人民政府。

（2）林业建设方针。《森林法》第五条规定，林业建设方针是“以营林为基础，普遍护林，大力造林，采育结合，永续利用”。

（3）植树造林和绿化。我国公民有植树的义务；全国森林覆盖率的奋斗目标为 30%；各级人民政府应当制定植树造林规划，国务院设立全国绿化委员会，统一组织领导全国城乡绿化工作。

（4）控制森林采伐量和采伐更新。采伐林木的单位或个人，必须按照采伐许可证的规定采伐，并按规定完成更新造林任务，更新造林的面积和株数必须大于采伐的面积和株数。

（5）森林保护措施。为了保护森林资源，国家规定了森林生态效益补偿制度、封山育林制度、群众护林制度、森林防火制度、病虫害防治制度、珍贵木材出口禁限制度、森林治安管理制度；等等。

五、草原资源保护法

（一）草原资源保护立法

我国保护草原的立法主要有：《关于保护和改善环境的若干规定》《环境保护法》《草原法》《草原防火条例》等。

（二）草原资源立法的主要内容

（1）草原权属及其转让制度。我国《草原法》规定了两种所有权：一是国家所有，国家所有的草原由国务院代表国家行使所有权；二是集体所有。同时，《草原法》对草原承包经营权以及承包经营权的转让作出了明确规定。集体所有的草原或者依法确定给集体经济组织使用的国家所有的草原，可以由本集体经济组织内的家庭或者联户承包经营。

（2）草原保护、建设、利用规划制度。国家对草原保护、建设、利用实行统一规划制度。为了保证草原保护、建设、利用规划的不断完善和更好实施，《草原法》确立了草原调查和统计制度，草原分等定级制度，草原生产、生态监控预警制度等。

（3）草原保护制度。草原保护制度包括基本草原保护制度、草原自然保护区制度、禁限制度、草原灾害防治制度、草原火灾防治制度等。

六、矿产资源保护法

（一）矿产资源保护立法

矿产资源是一个国家重要的物质基础，是人民生活、经济建设与国防建设的重要资源，为了加强对矿产资源的保护与管理，我国制定了《矿产资源法》，与该法相配套的还有《矿产资源法实施细则》《矿产资源勘查登记管理暂行办法》《全民所有制矿山企业采矿登记管理暂行办法》《矿山资源监督管理暂行办法》《石油及天然气勘查、开采登记管理暂行办法》等。

（二）我国矿产资源的管理制度

我国矿产资源的管理制度主要包括：矿产资源所有权制度；探矿权和采矿权有偿取得的制度；国家对矿产资源的勘查和开发实行统一规划、合理布局、综合勘查、合理开采及综合利用的方针；国家对矿产资源勘查实行统一的登记管理制度；开采矿产资源采用合理的开采顺序、方法和选矿工艺；开采矿产资源在遵守环境和资源保护的法律制度下进行；国家对相关采矿主体实施扶持、规划、引导和管理的制度。

七、渔业资源保护法

（一）渔业资源保护立法

我国渔业资源保护的立法主要有：《渔业法》《渔业法实施细则》《水产资源繁殖保护条例》《关于保护水库安全和水产资源的通令》《渔业水质标准》《水生野生动物保护实施条例》等。

（二）渔业法的主要内容

（1）规定渔业生产方针。《渔业法》第三条规定，国家对渔业生产实行以养殖为主，养殖、捕捞、加工并举，因地制宜，各有侧重的方针。

（2）发展养殖业的规定。国家鼓励全民所有制单位、集体所有制单位和个人充分利用适于养殖的水面、滩涂发展养殖业。

（3）规范捕捞作业。国家鼓励和扶持外海和远洋捕捞业的发展；国家根据捕捞量低于渔业资源增长量的原则，确定渔业资源的总可捕捞量；国家实行捕捞许可证制度，并加强对捕捞工具的管理。

（4）渔业资源的增殖和保护制度。该项制度的主要内容有：征收渔业资源增殖保护费；保护种质资源及其生存环境；禁止对渔业资源的严重破坏行为；对重点保护水生野生动物实施特别保护等。

八、野生动植物资源保护

（一）野生动植物资源保护立法

目前我国野生动植物保护的法律、法规和规章主要有:《野生动物保护法》《进出境动植物检疫法》及其实施条例《植物检疫条例》《野生植物保护条例》《植物新品种保护条例》《国家重点保护驯养繁殖许可证管理办法》《国家重点保护野生动物名录》《中国珍稀濒危保护植物名录》等。

（二）保护野生动植物的主要法律措施

我国保护野生动植物的主要法律措施有：规定野生动植物资源的国家所有权；建立野生动植物保护的行政管理体制；对珍贵、濒危野生动植物实行重点保护；控制野生动物的捕猎及野生动植物产品的经营；鼓励驯养繁殖野生动物；确立野生动植物保护的监督管理体制；严格管理野生动植物及其产品的经营利用和进出口活动；明确单位和个人保护野生动植物的义务和权利等。

思考练习题

一、简答题

1. 自然资源法的基本原则有哪些?
2. 简述我国自然资源法的体系。
3. 简述我国土地管理法的主要内容。
4. 我国保护野生动植物的主要法律措施是什么?

二、案例分析

被告人系方正县畜牧局畜牧场工人。黑龙江省方正县人民检察院指控：2006 年 11 月期间，被告人未经任何有关部门批准，擅自用自家的机动车，非法开垦国有草原 20.9 亩（14000 平方米）用于种植农作物。

试分析：被告人的行为性质。

第二节　环境保护法

【本节重点】

1. 环境保护的原则。
2. 环境保护基本法律制度。

【引例】 腾格里沙漠污染案

腾格里沙漠位于内蒙古、宁夏和甘肃交界处，自2014年9月以来，相继曝出内蒙古阿拉善盟腾格里工业园部分企业、宁夏中卫明盛染化公司、宁夏中卫工业园区部分企业、甘肃武威市荣华工贸有限公司等企业通过私设暗管，将未经处理的污水排入沙漠腹地，对腾格里沙漠生态环境造成严重危害。最高人民检察院挂牌督办这4起腾格里沙漠污染环境案。

在这些违规排污的企业当中，甘肃武威市荣华工贸有限公司（以下简称“荣华公司”）曾是一家明星企业。荣华公司是武威市凉州区民营企业，是一家集农业、矿产、医疗等于一体的大型企业集团，还是全国首批151家农业产业化龙头企业、甘肃省循环经济试点企业。2011年8月，按照武威市整体规划要求，荣华公司从凉州城区迁至城东11公里的发放镇沙子沟，实施易地搬迁和技改扩建。2014年5月，公司主要生产工程基本建成，但污染防治设施没有同步配套建成。在环保设施没有完全建成的情况下，荣华公司擅自投入调试生产，私设暗管向腾格里沙漠腹地排放生产废水。自2014年5月28日至2015年3月6日的9个多月，荣华公司平均日排放不达标水近1000吨，累计排放27万多吨，其中近19万吨用于荣华公司投资建成的荣生沙漠公路两侧树木绿化灌溉，8万多吨通过铺设的暗管直接排入沙漠腹地。经无人机航拍和GPS定位，确定共有大小不等污水坑塘23处，污染面积266亩。事发后，相关部门已依法勒令荣华公司涉案生产项目停产，查封主要生产设备和排污设施，撤除全部暗管，对荣华公司处以超过300万元的罚款，追缴排污费180621元。荣华公司董事长、武威市和凉州区环保部门主要负责人均已被刑事立案侦查。

2015年5月，中卫市沙坡头区人民法院率先就宁夏明盛染化有限公司向腾格里沙漠排污案作出判决，被告单位宁夏明盛染化有限公司犯污染环境罪，被处罚金500万元，公司法定代表人廉某犯环境污染罪被判处有期徒刑1年6个月，缓刑2年，并处罚金5万元。

评析：

沙漠生态环境本就较为脆弱，“沙漠排污”的后果和影响非常恶劣。“沙漠排污”其实是当前中国违法排污现状的一个缩影。加大环保执法力度，遏制企业违法排污欲念，保护业已脆弱的生态环境，成为当前环保工作的重点。当违法行为不能得到及时叫停，甚至环境违法不能受到严厉惩处，违法成本远小于违法所得时，就会对企业形成纵容，使其把违法排污当成主动选择，而让那些严格依法守法的企业感到不公平，继而恶化守法生态，所以必须加大违法打击力度。只有对企业加强监管，把环保法的规定落到实处，才能让违法者早日回到守法的正确轨道上来，发挥出环保法对环境保护的真正作用。

一、环境保护法概述

环境是指影响人类生存和发展的各种天然的和经过人工改造的自然因素的总体，包括大气、水、海洋、土地、矿藏、森林、草原、湿地、野生生物、自然遗迹、人文遗迹、自然保护区、风景名胜区、城市和乡村等。环境保护法是关于保护和改善环境、合理开发利用自然资源，防止在对自然资源（包括能源）的开发、利用过程中产生的各种环境污染或其他公害的法律规范的总称。环境保护法的主体是在环境法律关系中享有权利和承担义务的当事人。环境保护法的客体是环境法律关系主体的环境权利和义务所实际作用和影响的事物。

为了保护和改善生活环境和生态环境，防治环境污染和其他公害，保障人体健康，促进社会主义现代化建设事业的发展，我国陆续颁布了《环境保护法》及其他有关的配套法律、法规。第七届全国人民代表大会常务委员会第十一次会议于 1989 年 12 月 26 日通过了《环境保护法》。2014 年 4 月 24 日，第十二届全国人民代表大会常务委员会第八次会议修订了《环境保护法》，修正案自 2015 年 1 月 1 日起施行。它是我国保护和改善环境的基本法，是处理环境保护关系的准则。此外，全国人大常委会还于 1982 年 8 月 23 日通过、1999 年 12 月 25 日修订了《海洋环境保护法》；于 1987 年 9 月 5 日通过并于 1995 年 8 月 29 日、2000 年 4 月 29 日两次修订了《大气污染防治法》；于 1984 年 5 月 31 日通过并于 2000 年 4 月 29 日修订了《水污染防治法》。

环境保护法明确了保护环境的基本国策和环境保护坚持保护优先、预防为主、综合治理、公众参与、损害担责的原则。

二、环境保护基本法律制度

（一）环境保护的监督管理

环境保护的监督管理，其主要内容包括：编制环境保护规划；制定环境质量标准和污染物排放标准；建立健全环境监测制度；建立环境资源承载能力监测预警机制；实行环境影响评价制度；建立联合防治协调机制；鼓励和支持环保事业发展；实施现场检查制度；政府支持整治环境污染企业；鼓励和支持减排企业；实行环境保护目标责任制和考核评价制度。

（二）保护和改善环境

地方各级人民政府应当根据环境保护目标和治理任务，采取有效措施，改善环境质量。国家在重点生态功能区、生态环境敏感区和脆弱区等区域划定生态保护红线，实行严格保护。开发利用自然资源，应当合理开发，保护生物多样性，保障生态安全，依法制定有关生态保护和恢复治理方案并予以实施。国家建立健全生态保护补偿制度。国家加强对大气、水、土壤等的保护，建立和完善相应的调查监测、评估和修复制度。国家鼓励和引导公民、法人和其他组织使用有利于保护环境的产品和再生产品，减少废弃物的产生。国家建立、健全环境与健康监测、调查和风险评估制度；鼓励和组织开展环境质量对公众健康影响的研究，采取措施预防和控制与环境污染有关的疾病。

（三）防治污染和其他公害

国家促进清洁生产和资源循环利用。建设项目中防治污染的设施，应当与主体工程同时设计、同时施工、同时投产使用，即“三同时制度”。防治污染的设施应当符合经批准的环境影响评价文件的要求，不得擅自拆除或者闲置。排放污染物的企业事业单位和其他生产经营者，应当采取措施，防治在生产建设或者其他活动中产生的废气、废水、废渣、医疗废物、粉尘、恶臭气体、放射性物质以及噪声、振动、光辐射、电磁辐射等对环境的污染和危害。排放污染物的企业事业单位和其他生产经营者，应当按照国家有关规定缴纳排污费。依照法律规定征收环境保护税的，不再征收排污费，实行重点污染物排放总量控制制度。国家依照法律规定实行排污许可管理制度。对严重污染环境的工艺、设备和产品实行淘汰制度。生产、储存、运输、销售、使用、处置化学物品和含有放射性物质的物品，应当遵守国家有关规定，防止污染环境。国家鼓励投保环境污染责任保险。

（四）信息公开与公众参与

公民、法人和其他组织依法享有获取环境信息、参与和监督环境保护的权利。国务院环境保护主管部门统一发布国家环境质量、重点污染源监测信息及其他重大环境信息。重点排污单位应当如实向社会公开其主要污染物的名称、排放方式、排放浓度和总量、超标排放情况，以及防治污染设施的建设和运行情况，接受社会监督。公民、法人和其他组织发现任何单位和个人有污染环境和破坏生态行为的，有权向环境保护主管部门或者其他负有环境保护监督管理职责的部门举报。

思考练习题

一、简答题

1. 环境保护应坚持什么原则？
2. “三同时制度”是什么意思？

二、案例分析

某化工厂是一家生产化学添加剂的企业。2004 年，该厂通过了区环保局环境影响评估审批。在废水处理设施验收合格后，正式投入生产。2007 年，该化工厂为了扩大生产规模、增加企业利润，在未向环保局申报的情况下扩建了加工精制 3-硝基、4-氨基苯酚（NAP）的工艺和设备，但是污染防治设施没有相应改造，在投入生产使用前也未履行相应的审批手续。扩建的设备投入使用后，因原废水处理设施无法处理大量的新增废水，造成处理池废水外溢和直接排放，污染了附近的河道。区环保局接到举报后对化工厂进行了现场检查。但化工厂以保守技术秘密为由阻拦环保人员进入生产车间，并拒绝提供扩建工程的任何资料。环保局对排污口污水排放进行监测，监测表明污染物排放严重超过规定的排放标准。

试分析：该化工厂违反了哪些环境保护规定？

第八章 经济犯罪的处罚与经济纠纷的解决

第一节 经济犯罪的处罚

【本节重点】

1. 简述经济犯罪的分类。
2. 简述经济犯罪的法律后果。

【引例】 **吴英集资诈骗案**

吴英是原浙江本色控股集团有限公司法定代表人，因涉嫌非法吸收公众存款罪，2007年3月16日被逮捕。2009年12月18日，金华市中级人民法院作出一审判决，认定吴英于2005年5月至2007年2月间，以非法占有为目的，采用虚构事实、隐瞒真相、以高额利息为诱饵等手段，向社会公众非法集资人民币 7.7 亿元。案发时尚有 3.8 亿元无法归还，还有大量的欠债。一审以集资诈骗罪判处被告人吴英死刑，剥夺政治权利终身，并处没收个人全部财产。浙江高院二审维持原判，并报请最高人民法院复核。最高人民法院经复核认为，综合全案考虑，对吴英判处死刑，可不立即执行，裁定发回浙江高院重新审判。2012 年 5 月 21 日，浙江高院经重新审理后认为，鉴于吴英归案后如实供述所犯罪行，并主动供述了其贿赂多名公务人员的事实，其中已查证属实并追究刑事责任的 3 人。综合考虑，对吴英判处死刑，缓期二年执行。

评析：

吴英集资诈骗案引起了社会的广泛关注，除了是因为昔日的亿万富姐、一朝沦为阶下囚的轰动效应外，也是因为该案在法律上有较大争议。这些争议集中在以下两个方面：

一方面，吴英案的性质是民间借贷还是非法集资类犯罪？两者在法律上是有界限的，核心区别在于是否以非法占有为目的，但在个案中要厘清这个界限有时是很困难的。鉴于现在民间金融非常活跃，吴英案罪与非罪的争议，对于构建民间金融的合法性、安全性具有导向性意义。同时，吴英案也给了每个市场主体一个警示，在经济活动中要有足够的法律意识，不可逾越法律的界线。有的民营企业家法律意识不强，或者铤而走险，很容易自觉或者不自觉地实施了虚报注册资本、虚假出资、骗取银行贷款、偷税、漏税、职务侵占、挪用资金、行贿等违反犯罪行为，等到东窗事发就后悔莫及了。2014 年 6 月，真功夫创始人之一的蔡达标职务侵占罪和挪用资金罪一案二审审结，蔡达标获刑 14 年，这也是一个典型的例子。

另一方面，从刑事政策的角度来看，少杀慎刑是一个大的趋势，特别是在经济犯罪领域。这体现在《刑法修正案八》里面，废除了不少关于经济犯罪罪名的死刑，从而限制了我国死刑的数量。法律的功能是调整社会关系，法律调整社会关系的手段有民事责任、行政责任和刑事责任，其中刑事责任（刑罚）的手段是最严厉的，而死刑又是所有刑罚中最严厉的一种。死刑的主要作用是预防和报应，而吴英案的背景是银行贷款供不应求，民间金融活跃，仅仅靠个别案件处以极刑，并不能达到市场增加供给、加强管理的预防作用，因此，应该慎重适用死刑。从这个角度看，吴英案在我国整个法制进程中也是有很有意义的一个案件。

一、经济犯罪概述

（一）经济犯罪的概念

经济犯罪是指以牟取一定的非法经济利益为目的，在经济活动中实施的侵害社会主义经济关系和经济秩序，触犯刑法，应受刑罚处罚的行为。

（二）经济犯罪的种类

根据我国现行刑法的规定，经济犯罪可以分为如下几类。

（1）破坏社会主义经济秩序的犯罪。我国《刑法分则》第三章将这类犯罪又分为 8 种，包括：生产、销售伪劣商品罪，走私罪，妨害公司、企业管理秩序罪，破坏金融管理秩序罪，金融诈骗罪，危害税收征管罪，侵犯知识产权罪，扰乱市场秩序罪。

（2）贪污贿赂犯罪。

（3）严重破坏环境、自然资源的犯罪。

二、破坏社会主义市场经济秩序罪

1. 生产、销售伪劣商品罪

生产、销售伪劣商品罪，是指以非法牟利为目的，在市场经济活动中，违反国家产品质量管理法规，生产、销售伪劣商品，严重损坏用户和消费者利益的行为。生产、销售伪劣商品罪具体包括以下犯罪：生产、销售伪劣产品罪；生产、销售假药罪；生产、销售劣药罪；生产、销售有毒、有害食品罪；生产、销售不符合卫生标准的食品罪；生产、销售不符合标准的医用器材罪；生产、销售不符合安全标准的产品罪；生产、销售伪劣农药、兽药、化肥、种子罪；生产、销售不符合卫生标准的化妆品罪。

2. 走私罪

走私罪，是指故意违反海关法规和其他有关法律、法规的规定，逃避海关监管，非法运输、携带、邮寄国家禁止进出境的物品或国家禁止进出口的货物、物品进出境，或者偷逃应缴关税，破坏国家对外贸易管制的行为。走私罪具体包括以下犯罪：走私武器、弹药罪，走私核材料罪，走私假币罪；走私文物罪、走私贵重金属罪、走私珍贵动物罪、走私珍贵动物制品罪；走私国家禁止进出口的货物、物品罪；走私淫秽物品罪；走私废物罪；走私普通货物、物品罪。

3. 妨害公司、企业管理秩序罪

妨害公司、企业的管理秩序罪，是指违反公司、企业管理法规，在公司、企业的设立、经营、清算过程中妨害公司、企业的管理秩序的行为。妨害公司、企业的管理秩序罪具体包括如下犯罪：虚报注册资本罪；虚假出资、抽逃出资罪；欺诈发行股票、债券罪；违规披露、不披露重要信息罪；妨害清算罪；隐匿、故意销毁会计凭证、会计账簿、财务会计报告罪；虚假破产罪；非国家工作人员受贿罪；对非国家工作人员行贿罪；对外国公职人员、国际公共组织官员行贿罪；经营同类业务罪；为亲友非法牟利罪；签订、履行合同失职罪；国有公司、企业、事业单位人员失职罪；国有公司、企业、事业单位人员滥用职权罪；徇私舞弊低价折股、出售国有资产罪；背信损害上市公司利益罪。

4. 破坏金融管理秩序罪

破坏金融管理秩序罪是指违反国家对金融市场监督管理的法律、法规，从事危害国家对货币、外汇、有价证券以及金融机构、证券交易和保险公司管理的活动，破坏金融市场秩序，情节严重的行为。破坏金融管理秩序罪具体包括如下犯罪：伪造货币罪；出售、购买、运输假币罪；金融工作人员购买假币、以假币换取货币罪；持有、使用假币罪；变造货币罪；擅自设立金融机构罪；伪造、变造、转让金融机构经营许可证、批准文件罪；高利转贷罪；骗取贷款、票据承兑、金融票证罪；非法吸收公众存款罪；伪造、变造金融票证罪；妨害信用卡管理罪；窃取、收买、非法提供信用卡信息罪；伪造、变造国家有价证券罪；伪造、变造股票、公司、企业债券罪；擅自发行股票、公司、企业债券罪；内幕交易、泄露内幕信息罪；利用未公开信息交易罪；编造并传播证券、期货交易虚假信息罪；诱骗投资者买卖证券、期货合约罪；操纵证券、期货市场罪；职务侵占罪；贪污罪；公司、企业人员受贿罪；挪用资金罪、挪用公款罪；背信运用受托财产罪；违法运用资金罪；违法发放贷款罪；吸收客户资金不入账罪；违规出具金融票证罪；对违法票据承兑、付款、保证罪；逃汇罪；洗钱罪。

5. 金融诈骗罪

金融诈骗罪是指以非法占有为目的，采用虚构事实或者隐瞒事实真相的方法，骗取公私财物或者金融机构信用，破坏金融管理秩序的行为。金融诈骗罪具体包括如下犯罪：集资诈骗罪；贷款诈骗罪；票据诈骗罪、金融凭证诈骗罪；信用证诈骗罪；信用卡诈骗罪、盗窃罪；有价证券诈骗罪；保险诈骗罪。

6. 危害税收征管罪

危害税收征管罪，是指违反国家税收征管制度，妨害国家税收正常活动，情节严重的行为。危害税收征管罪具体包括如下犯罪：偷税罪；抗税罪；逃避追缴欠税罪；骗取出口退税罪、偷税罪；虚开增值税专用发票、用于骗取出口退税、抵扣税款发票罪；虚开发票罪；伪造、出售伪造的增值税专用发票罪；非法出售增值税专用发票罪；非法购买增值税专用发票、购买伪造的增值税专用发票罪；虚开增值税专用发票罪、出售伪造的增值税专用发票罪、非法出售增值税专用发票罪；非法制造、出售非法制造的用于骗取出口退税、抵扣税款发票罪；非法制造、出售非法制造的发票罪；非法出售用于骗取出口退税、抵扣税款发票罪；非法出售发票罪；盗窃罪、诈骗罪；持有伪造的发票罪。

7. 侵犯知识产权罪

侵犯知识产权罪，是指违反知识产权保护法规的规定，故意侵犯商标权、专利权、著作权等知识产权，情节严重的行为。侵犯知识产权罪具体包括如下犯罪：假冒注册商标罪；销售假冒注册商标的商品罪；非法制造注册商标标识罪；销售非法制造的注册商标标识罪；假冒专利罪；侵犯著作权罪；销售侵权复制品罪；侵犯商业秘密罪等。

8. 扰乱市场秩序罪

扰乱市场秩序罪，是指违反国家市场管理法规，实行不正当竞争或者从事其他非法市场活动，扰乱市场秩序，情节严重的行为。扰乱市场秩序罪具体包括如下犯罪：损害商业信誉、商品声誉罪；虚假广告罪；串通招投标罪；合同诈骗罪；组织、领导传销活动罪；非法经营罪；强迫交易罪；伪造、倒卖伪造的有价票证罪；倒卖车票、船票罪；非法转让、倒卖土地使用权罪；提供虚假证明文件罪；出具证明文件重大过失罪；逃避商检罪等。

三、贪污贿赂罪

贪污贿赂罪，是指国家工作人员利用职务上的便利实施的，以及其他人员或单位实施的，贪污、受贿、行贿等严重侵害公务人员职务行为廉洁性的行为。贪污贿赂罪包括：贪污罪；挪用公款罪；受贿罪；单位受贿罪；利用影响力受贿罪；行贿罪；对有影响力的人行贿罪；对单位行贿罪；介绍贿赂罪；巨额财产来源不明罪；隐瞒境外存款罪；私分国有资产罪；私分罚没财物罪。

四、破坏环境资源保护罪

破坏环境资源保护罪，是指违反法律、法规的规定，严重破坏环境、森林、珍贵树木、水产品、野生动物、耕地以及矿产等自然资源的行为。破坏环境资源保护罪包括：污染环境罪；非法处置进口的固体废物罪；擅自进口固体废物罪；走私固体废物罪；非法捕捞水产品罪；非法猎捕、杀害珍贵、濒危野生动物罪；非法收购、运输、出售珍贵濒危野生动物、珍贵、濒危野生动物制品罪；非法占用农用地罪；非法采矿罪；破坏性采矿罪；非法采伐、毁坏国家重点保护植物罪；非法收购、运输、加工、出售国家重点保护植物、国家重点保护植物制品罪；盗伐林木罪；滥伐林木罪；非法收购、运输盗伐、滥伐的林木罪。

五、经济犯罪的处罚

经济犯罪行为，应当受到刑罚处罚。经济犯罪案件经公安机关或者人民检察院侦查后，由人民检察院向人民法院提起公诉，人民法院进行审判，对犯罪嫌疑人定罪量刑。我国刑法规定的刑罚有主刑和附加刑两类。其中主刑有以下五种：管制、拘役、有期徒刑、无期徒刑、死刑；附加刑有以下三种：罚金、剥夺政治权利、没收财产。

思考练习题

简答题

1. 简述经济犯罪的主要类别。
2. 简述经济犯罪的法律后果。

第二节　经济纠纷的解决

【本节重点】

1. 解决经济纠纷的方式。
2. 仲裁的基本原则与基本制度。
3. 民事诉讼的基本原则与基本制度。

【引例】　　仲裁还是诉讼？

A 市运输公司与 B 市河东区汽车贸易公司在 C 市签订了一份汽车买卖合同，约定由汽车贸易公司向运输公司提供 35 辆载重量 10 吨的解放牌大卡车，合同履行地在 D 市河西区，同时约定合同履行过程中如有争议，应提交 D 市仲裁委员会仲裁。合同签订后，汽车贸易公司提供了 20 辆汽车后，就以价格不合理为理由拒绝提供剩余汽车，双方发生争议。运输公司按照合同约定欲向D 市仲裁委申请仲裁时，才发现D 市没有设置仲裁机构。

合同当事人约定仲裁的理应通过仲裁方式解决纠纷，但本案中由于D 市没有设置仲裁机构，故该约定无效。依据《民事诉讼法》的规定，合同纠纷可以向被告所在地及合同履行地起诉。本案中，被告位于 B 市河东区，而合同履行地在 D 市河西区，所以运输公司可依法向B 市河东区或D 市河西区的人民法院提起诉讼以维护自己的权益。

评析：

在市场经济条件下，经济纠纷的产生是不可避免的，当事人应当了解解决纠纷的方式，了解可以通过什么途径维护自己的权益。解决纠纷的方式有协商、调解、仲裁或者诉讼四种。仲裁和诉讼就是通常所指的“打官司”。仲裁和诉讼这两种方式不能同时适用，各有特点，当事人之间可以选择是将纠纷提交仲裁机构仲裁解决还是提交法院进行诉讼。如选择仲裁的，应当达成书面仲裁协议，并选定具体的仲裁机构。本案中，合同当事人虽然选择了仲裁方式解决纠纷，但合同约定的 D 市仲裁机构客观不存在，相当于没有选定仲裁机构。根据《仲裁法》第十八条的规定：“仲裁协议对仲裁事项或者仲裁委员会没有约定或者约定不明确的，当事人可以补充协议；达不成补充协议的，仲裁协议无效”。因此，运输公司不能通过仲裁的方式解决纠纷，运输公司可以到法院起诉汽车贸易公司。如运输公司到法院起诉汽车贸易公司，面临的第一个问题就是到哪间法院起诉。这涉及的是法院的管辖的问题。法院的管辖指的是上下级法院之间的分工和同级法院之间的分工。像本案这类争议金额不大、社会影响小的案件，通常由基层法院管辖。基层法院之间的分工，通常由被告住所地的法院管辖案件，合同履行地法院也有管辖权。对于合同纠纷，当事人可以在合同中约定由合同签订地法院、或者一方当事人住所地法院、或者合同履行地法院管辖，当事人有约定的，只有约定的法院有管辖权。本案中，运输公司与汽车贸易公司没有约定管辖，故运输公司可依法向B市河东区或D市河西区的人民法院起诉汽车贸易公司。

一、经济纠纷的解决机制概述

在市场经济条件下，经济纠纷的产生是不可避免的。所谓的经济纠纷，是指发生在市场主体之间，因一方或双方违反法律规定或依法生效的合同，损害对方合法权益而引起的经济争议。解决经济纠纷可以通过正式机制解决，也可以通过非正式机制解决。概括来说，当事人可以选择如下方式解决双方的纠纷。

（1）协商。经济纠纷发生以后，当事人自行协商解决，既可以节省时间和费用，也利于双方维持和发展良好的合作关系。当事人协商解决纠纷，得到我国法律的认可。当然，协商必须在法律允许的范围内开展，而且，最好制作书面文件，以防纠纷再起。

（2）调解。调解可以是民间调解，也可以是正式调解。民间调解，是指当事人自行约请中间人进行的调解。正式调解，是指由仲裁机构、人民法院进行的调解。一般来说，民间调解所达成的相关协议没有强制执行力，只有仲裁机构和人民法院进行的调解所达成的协议或调解书才具有法律强制执行力。

（3）仲裁。按照我国现行的法律制度，经济纠纷的当事人，如果不愿进行协商、调解，或者协商调解无法达成一致，就只能在仲裁和诉讼两种方式中选择其中一种，以解决双方的经济纠纷。

（4）诉讼。所谓诉讼，就是当事人通过正式的司法途径解决双方的经济纠纷。诉讼，是解决纠纷最正式的途径，也是解决纠纷最后的手段。人民法院是唯一能够行使审判权的国家机关，它所做出的判决，具有国家强制执行力。

二、仲裁制度

（一）仲裁的概念

仲裁，又称公断，是指当事人对民商事纠纷争执不下时，根据事前或事后达成的仲裁协议，提请仲裁机构对争议事项做出具有约束力的裁决。

依仲裁事项包含的法律关系是否为涉外法律关系的标准，仲裁可分为国内仲裁与涉外仲裁。涉及港、澳、台地区的争议，比照涉外纠纷处理，所以也属于涉外仲裁。

（二）仲裁的范围

我国《仲裁法》规定，平等主体的公民、法人和其他组织之间发生的合同纠纷和其他财产纠纷，可以提请仲裁。婚姻、收养、监护、抚养、继承纠纷，以及依法应当由行政机关处理的行政争议，不能仲裁。

（三）仲裁的基本原则和制度

1. 仲裁的基本原则

仲裁应当遵循以下几项原则。

（1）自愿原则。自愿原则是仲裁制度的重要原则，主要体现在以下 5 个环节：①以仲裁方式解决纠纷，应当出于当事人双方的共同意愿；②向哪个仲裁机构申请仲裁，由双方当事人协商选定；③仲裁庭的组成由当事人在仲裁员名单中自主选定，也可以委托仲裁机构的主任代为指定；④仲裁事项可由当事人协商确定；⑤仲裁的方式可由当事人商定。

（2）独立原则。仲裁的独立原则是指仲裁机构依法独立进行仲裁，不受行政机关、社会团体和个人的干涉。独立原则具体表现在：①仲裁机构不隶属于行政机关；②仲裁机构的设置以按地域设置为原则，相互独立，没有上下级之分；③仲裁庭依法对案件审理，不受仲裁协会、仲裁委员会的干预。

（3）合法、公平原则。合法、公平原则是指仲裁应当根据事实、符合法律规定，公平合理地解决纠纷。

2. 仲裁的基本制度

（1）协议仲裁制度。我国《仲裁法》规定，仲裁必须有书面仲裁协议，仲裁协议可以是合同中写明的仲裁条款，也可以是单独的仲裁协议书。仲裁协议必须包含仲裁事项及选定的仲裁委员会。《仲裁法》第十八条规定，仲裁协议对仲裁事项或者仲裁委员会没有约定或约定不明确的，当事人可以补充协议，达不成补充协议的，仲裁协议无效。

（2）或裁或审制度。或裁或审制度是指当事人可以自愿选择仲裁或者诉讼作为其解决争议的途径，当事人选择仲裁的，不能向法院起诉，选择诉讼的，则不能向仲裁机构申请仲裁。

（3）一裁终局制度。《仲裁法》规定："仲裁实行一裁终局的制度，裁决作出后，当事人就同一纠纷再申请仲裁或者向人民法院起诉的，仲裁委员会或人民法院不予受理。"

3. 仲裁的程序

按照我国《仲裁法》的规定，仲裁程序主要包括以下几个环节。

（1）申请和受理。当事人申请仲裁应当符合下列条件：①有仲裁协议；②有具体的仲裁请求和事实、理由；③属于仲裁委员会的受理范围。仲裁委员会应在收到申请书之日起 5 日内决定是否受理，并通知相关当事人。被申请人可以承认或者反驳仲裁请求，也可以提出反请求。

（2）组成仲裁庭。仲裁庭可以由 3 名仲裁员或者 1 名仲裁员组成。由 3 名仲裁员组成的，设首席仲裁员。首席仲裁员由双方共同选定或者共同委托仲裁委员会主任指定，其他两名仲裁员由当事人各自选定或各自委托仲裁委员会主任指定。当事人可对仲裁员依法提出回避申请。

（3）开庭与裁决。我国《仲裁法》规定，仲裁应当开庭进行。当事人协议不开庭的，仲裁庭可以根据仲裁申请书、答辩书及其他材料做出裁决。仲裁一般不公开进行，当事人协议公开的可以公开，但涉及国家秘密的除外。当事人应当对自己的主张提供证据。仲裁庭认为有必要收集证据的，可以自行收集。仲裁庭做出裁决前，可以先行调解，调解不成的，应当及时做出裁决。调解书与裁决书具有同等法律效力。

（4）裁决的执行。当事人应当自行履行裁决。一方当事人不履行的，另一方当事人可以依据我国《民事诉讼法》的有关规定向人民法院申请执行，无法定原因的，人民法院应当执行。人民法院有权对仲裁裁决进行合法性审核，对不合法的裁决可以裁定予以撤销或不予执行。

4. 涉外仲裁的特别规定

所谓涉外仲裁，是指中国涉外仲裁机构（中国国际经济贸易仲裁委员会和中国海事仲裁委员会），根据中、外当事人就他们之间产生的国际或涉外的契约性或非契约性的经济贸易争议、运输和海事争议达成的仲裁协议进行的仲裁。涉外仲裁机构可以聘任具有各专业知识的外籍人士担任仲裁员。涉外仲裁作出的发生法律效力的仲裁裁决，当事人请求执行的，如果被执行人或其财产不在中国境内的，应当由当事人直接向有管辖权的外国法院申请承认和执行。具体规则，则根据申请仲裁的纠纷事项，分别适用《中国国际经济贸易仲裁委员会仲裁规则》和《中国海事仲裁委员会仲裁规则》。

三、民事诉讼制度

（一）民事诉讼的概念

民事诉讼是指审判机关在当事人和其他诉讼参加人参加下，以审理、判决、 执行等方式解决经济纠纷的活动，以及由这些活动产生的各种诉讼关系的总和。

民事诉讼法，是规定人民法院审理民事案件的基本原则、制度和程序，诉讼参加人的诉讼权利和义务，以及人民法院和一切诉讼参加人进行诉讼活动应当遵循的法律规范的总和。经济纠纷作为广义民事纠纷的一种，其诉讼程序依据民事诉讼程序进行。

（二）民事诉讼法的基本原则和民事审判的基本制度

民事诉讼法的基本原则是在民事诉讼的整个过程中，或者在重要的诉讼阶段起指导作用的准则，是民事诉讼法各具体制度和条款的原则化和抽象化。我国民事诉讼法的基本原则包括：①当事人平等原则；②辩论原则；③处分原则；④调解原则；⑤诉诚实信用原则；⑥人民检察院对民事审判活动实行法律监督原则；⑦讼权利义务同等原则与对等原则。

民事审判的基本制度是人民法院进行民事审判活动的基本规程。民事审判的基本制度是针对人民法院的审判活动，规范人民法院的审判行为的，通常比较具体，不具有指导民事诉讼全过程的意义。我国民事审判的基本制度包括：①合议制度；②回避制度；③审判公开制度；④两审终审制度。

（三）管辖

管辖是指人民法院系统内，各级和同级人民法院之间受理第一审民事案件的分工与权限。按照我国《民事诉讼法》的规定，审判管辖分为级别管辖、地域管辖、移送管辖和指定管辖。

（1）级别管辖。这是按组织系统来划分各级人民法院案件管辖权限，是各级人民法院对第一审案件的纵向分工。级别管辖是根据案件的性质和影响来确定的。我国人民法院共分四级：基层人民法院、中级人民法院、高级人民法院和最高人民法院。绝大多数案件均由基层人民法院作为第一审法院。

（2）地域管辖。这是按地域标准，也就是按照人民法院的辖区和诉讼主体的隶属关系来确定案件一审管辖法院。它是同级法院受理第一审民事案件的分工。地域管辖分为一般地域管辖、特殊地域管辖、专属管辖、共同管辖和合并管辖等。最常适用的原则是一般地域管辖，又称“原告就被告”原则，即由被告住所地的人民法院管辖。

（3）移送管辖和指定管辖。移送管辖，是指人民法院发现已受理的案件本院没有管辖权，将案件移送给有管辖权的人民法院进行审理的法律制度。指定管辖，是指上级法院依照法律规定，将某具体案件指定其辖区内的下级人民法院进行审理的法律制度。

（四）民事诉讼程序

民事诉讼程序是指当事人为了达到通过诉讼以保护自己的正当权益的目的，以及人民法院为了达到正确及时解决当事人纠纷的目的，依法进行各种诉讼活动的过程。依据我国《民事诉讼法》和相关法律的规定，我国民事诉讼程序分为审判程序和执行程序，其中，审判程序又分为通常程序和特殊程序。通常程序适用于争议案件的审判，具体包括第一审程序（含普通程序和简易程序两种）、第二审程序、审判监督程序。特殊程序适用于非争议案件的审批，采用一审终审制，根据具体适用对象的不同分为以下几类程序：特别程序（适用于选民资格案件，宣告失踪、宣告死亡案件，认定公民无民事行为能力、限制民事行为能力案件，认定财产无主案件，确认调解协议案件，实现担保物权案件），督促程序，公示催告程序。

1. 第一审普通程序

第一审普通程序是人民法院审理第一审民事案件通常适用的程序。我国《民事诉讼法》规定，第一审普通程序包括起诉和受理、审理前的准备、开庭审理、诉讼中止和终结、判决和裁定。除法律另有规定外，简易程序、特别程序、第二审程序以及审判监督程序，在相应的问题上，也都适用第一审普通诉讼程序。

（1）起诉、受理和反诉。起诉是指原告向人民法院提起诉讼，请求司法保护的诉讼行为。起诉应当符合法定条件，向人民法院提交起诉状，并按被告人数提交副本。人民法院收到起诉后，经审查符合起诉条件的，应当在 7 日内立案，并通知相关当事人，认为不符合起诉条件的，应当在 7 日内裁定不予受理；原告对裁定不服的，可提起上诉。反诉，是指被告在同一诉讼程序中，针对原告提起保护或者实现自己民事权益的请求和诉讼。反诉和本诉可以合并审理。

（2）开庭审理。开庭审理，是指人民法院在当事人和其他诉讼参与人的参加下，对案件进行实体审理的诉讼活动。开庭审理分为预备、法庭调查、法庭辩论、评议审判四个阶段。人民法院审理民事案件原则上应该公开审理。

（3）民事判决、裁定和决定。民事判决是指人民法院对受理的案件，经过审理终结后，根据已经查明和确认的事实，依法做出的在实体法上解决当事人权利、义务争议的判定。民事裁定是指人民法院在审理案件或执行判决过程中，对程序上发生的问题或某些必须在判决前先行及时解决的问题所做的判定。民事决定是指人民法院为保证民事诉讼活动的顺利进行，对诉讼程序中发生的特殊事项所做出的判定。

2. 第二审程序

我国民事诉讼实行两审终审制度，也就是说，一个民事案件经过两级人民法院审判就告终结。当事人不服地方一审人民法院所做出的尚未发生法律效力的判决或裁定，在法定期间内向其上一级人民法院提起上诉，由上一级人民法院对案件进行审理所适用的程序，称为第二审程序，又称上诉审程序或终审程序。上诉原则上应当通过原审法院提出，二审法院认为符合法定条件的，应予受理。

3. 审判监督程序

审判监督程序是指当事人或具有审判监督权力的法定机关、组织和人员，认为人民法院已经发生法律效力的判决、裁定、调解书确有错误，申请或者提起再审，由人民法院对案件进行再次审理的程序。人民法院决定再审案件的，均应做出裁定，中止原判决的执行。审判监督程序可由人民法院决定再审、人民检察院抗诉提起再审和当事人申请再审三种方式。

4. 执行程序

执行是指人民法院的执行组织依据法律规定的程序，对已生效法律文书确定的内容，依法采取强制措施，强制负有法律义务的当事人履行其义务的过程。执行可分为申请执行和移交执行两种。申请执行是指当事人一方拒绝履行生效法律文书，对方当事人向有管辖权的人民法院申请执行的行为；移交执行是指判决、裁定发生法律效力后，由审理该案的审判人员将案件直接交付执行人员，随即开始执行的行为。申请执行应在法定期限内提出。人民法院在执行过程中，因出现法律规定的特殊情况，应当裁定中止执行或终结执行。

四、行政复议与行政诉讼制度

（一）行政复议制度

行政复议指行政管理相对人依法向法定的机关提出申请，由受理机关根据法定程序对行政行为的合法性和适当性进行审查并做出相应决定的活动。我国行政复议制度开始于20世纪50年代，1990年颁布并于1991年实施了《行政复议条例》。随着社会主义市场经济体制的建立，国家行政权力干预的频繁，导致行政违法行为大量出现，为规范各行政机关的行政行为，维护自然人、法人和其他社会组织的合法权益，1999年第九届全国人民代表大会常务委员会第九次会议通过了《行政复议法》，标志着我国完整的行政复议制度的建立。2007年国务院通过了《行政复议法实施条例》。2009年第十一届全国人民代表大会常务委员会第十次会议通过了《行政复议法》修正案。

1. 行政复议的范围

行政复议的范围，是指复议机关受理行政争议案件的范围。依《行政复议法》的有关规定，行政相对人可以对各级行政机关的具体行政行为提请复议，也可以对行政机关具体行政行为所依据的各行政部门的规定一并提起审查申请。

2. 行政复议的管辖

行政复议的管辖，是指复议机关受理行政复议案件的分工和权限。根据《行政复议法》的规定，基本分工和权限如下：①对县级以上的地方各级人民政府工作部门行政行为不服的，由当事人选择，可以向该部门的本级人民政府申请复议，也可以向其上一级主管部门申请复议。对海关等垂直领导的行政机关的具体行政行为不服的，向其上一级主管部门申请复议。②对地方各级人民政府的具体行政行为不服的，向上一级地方人民政府申请复议。③对国务院各部门或者省、自治区、直辖市人民政府的具体行政行为不服的，向作出该具体行政行为的国务院部门或者省、自治区、直辖市人民政府申请复议。

3. 行政复议的审理程序

行政复议一般需经历申请、受理和审理三个阶段。行政相对人认为具体行政行为侵犯其合法权益的，可以自知道该具体行政行为之日起 60 日内提出复议申请，法律另有规定的除外。复议机关在收到申请书之后，应在 5 日内对符合条件的复议申请决定受理，对不符合条件裁决不予受理的，应告知理由。行政复议原则上采用书面审理方式。复议机关根据审理结果，可作出维持、撤销、变更等决定，也可以决定被申请人在一定期限内履行。

4. 行政复议决定的效力

行政复议决定一经送达，就发生法律效力。除法律规定为终局的复议外，申请人对复议决定不服的，可依法提起诉讼。

（二）行政诉讼制度

行政诉讼，是指自然人、法人或者其他组织认为行政机关具体行政行为侵犯其合法权益，依法向人民法院提起诉讼，由人民法院进行审理并作出判决的活动。行政诉讼法是法院审理行政案件和行政诉讼参加人（原告、被告、代理人等）进行诉讼活动必须遵守的准则。它规定法院审理行政案件程序方面的法律规范和行政诉讼参加人行使权利、承担义务的各种法律规范，是现代国家据以建立行政诉讼制度的法律依据。我国《行政诉讼法》于 1989 年 4 月 4 日由第七届全国人民代表大会第二次会议通过， 1990 年 10 月 1 日起施行。2014 年 11 月 1 日，第十二届全国人大常委会第十一次会议表决通过了修改行政诉讼法的决定。

1. 行政诉讼受案范围及管辖

在现阶段，人民法院只受理因具体行政行为引起争议的案件；对于国防、外交、行政机关内部奖惩、任免等事项不得受理。

行政诉讼的管辖，基本规则参考民事诉讼的规定。对经过复议的案件，复议机关改变决定的案件的管辖，可由最初作出行政行为的行政机关所在地法院管辖，也可由复议机关所在地的法院管辖。限制人身自由的争议案件，由被告或原告所在地人民法院管辖。

2. 行政诉讼程序

行政诉讼程序，可分为一审程序、二审程序和审判监督程序。一审程序可分为起诉、受理和庭审三个阶段。行政诉讼的原告只能是行政相对人，而被告也只能是行政机关。与民事诉讼相比较，行政诉讼期间较短，而且行政案件只能由合议庭审理，其他规则与民事诉讼具有很多相似之处。

思考练习题

简答题

1. 解决经济纠纷有哪几种方式?
2. 简述民商事仲裁的基本原则和基本制度。
3. 简述民事诉讼法的基本原则和民事审判的基本制度。